भारत का राष्ट्रीय आन्दोलन

गई थी। कम्पनी के व्यापार में भी तीव्र प्रगति हुई थी। [illegible] [illegible] [illegible] [illegible] 1740 ई. [illegible] युद्ध [illegible] था।

[illegible] फ्रांस और इंग्लैण्ड [illegible] [illegible] मुगल साम्राज्य की [illegible] [illegible] [illegible] [illegible] मुगल साम्राज्य पर [illegible] आक्रमण करना खतरनाक माना [illegible] हर संभव तरीके से अपनी आमदनी बढ़ाने की नीति अपनाई। [illegible] [illegible] के शासक से मित्रता स्थापित कर [illegible] फ्रांसीसियों के विरुद्ध [illegible] सहायता प्राप्त की। [illegible] [illegible] कारण के [illegible] [illegible] [illegible] [illegible] सिंहासन से [illegible] [illegible] पूर्वी तट [illegible] [illegible] बंगाल में [illegible] [illegible] के कारण वे शांत रहे।

अठारहवीं शताब्दी के पूर्वार्द्ध में कम्पनी की आर्थिक व्यवस्था पहले की अपेक्षा और अच्छी हो गई। 1708 ई. में भारत में 61,000 पौण्ड [illegible] का माल [illegible] किया गया। 1748 ई. में 1,27,000 पौण्ड [illegible] [illegible] [illegible] 5,00,000 पौण्ड से बढ़कर 10,00,000 पौण्ड तक पहुँच गया।

भारत में फ्रांसीसियों का आगमन उस समय हुआ जब कि पुर्तगाल व हालैण्ड की शक्ति [illegible] हो चुकी थी। पूर्व से व्यापार करने का सबसे पहला संगठित प्रयत्न फ्रांस के सम्राट [illegible] ने 1604–09 ई. के मध्य [illegible] ईस्ट इण्डिया कम्पनी की स्थापना करके किया। किन्तु ये कम्पनियाँ धन एवं सार्वजनिक समर्थन के अभाव में सफल न हो पाईं। [illegible] 1642 ई. में फ्रांस के प्रधान मंत्री रिशलू ने एक नयी कम्पनी की स्थापना की, किन्तु इस कम्पनी ने अपना सारा ध्यान [illegible] पर [illegible] 1650 व 1660 ई. के मध्य कुछ फ्रांसीसी व्यापारिक जहाज [illegible] भारत तट पर आये। [illegible] लुई के प्रधान मंत्री कोलबर्ट ने 1664 ई. में पूर्व में व्यापार करने, [illegible] स्थापित करने, ईसाई धर्म का प्रचार तथा देशी शासकों के साथ संधि समझौता करने का अधिकार एक नवीन फ्रांसीसी ईस्ट इण्डिया कम्पनी को दिया। 1668 व 1669 ई. क्रमशः सूरत व [illegible] में फैक्ट्रियाँ स्थापित की गईं। 1674 ई. में मद्रास से [illegible] [illegible] पर [illegible] भूमि भाग में [illegible] [illegible] ने पाण्डिचेरी की स्थापना की। 1691 ई. बंगाल में चन्द्रनगर में एक फ्रांसीसी बस्ती बसाई गई।

[illegible] लुई के शासन काल (1643–1715 ई.) में यूरोपियन युद्धों के कारण फ्रांसीसी कम्पनी आशा के अनुसार प्रगति नहीं कर सकी। 1672 से 1713 ई. तक हालैण्ड व फ्रांस में संघर्ष [illegible] रहा। इस लम्बे युद्ध की अवधि में डचों ने भारत में फ्रांसीसी व्यापार को हानि पहुँचाई। 1674 ई. में डचों ने इसे [illegible] लिया। 1693 से 1699 ई. तक पाण्डिचेरी डचों के कब्जे में

भारत का राष्ट्रीय आन्दोलन

डॉ. नलिनी शुक्ला

इशिका पब्लिशिंग हाउस
जयपुर दिल्ली

इशिका पब्लिशिंग हाउस

ए -25, ''गणेश सदन'', गली न. 4, आदर्श बस्ती,
बी.एल. हाउस के पास, टोंक फाटक,
जयपुर-302018 (राजस्थान) भारत
फोन: 0141-2761280, Mob. 9887532741
Email: ishikapublishinghouse@yahoo.in

दिल्ली कार्यालय : 102, प्रथम मंजिल, 'सत्यम हाउस'
4324/3, अंसारी रोड़, दरियागंज, नई दिल्ली - 110 002
फोन : 011-45652440

ISBN: 9788189471248

टाइपसेटिंग : बी.एस. कम्प्यूटर्स, जयपुर

मुद्रक : थॉमसन प्रेस, नई दिल्ली

भूमिका

आज से करीब 150 वर्ष पूर्व, जब देश में नाममात्र की मुगल सत्ता थी, उस दौरान भारत में एक ऐसा वहशियाना ताण्डव हुआ जिसने देश की सारी मर्यादा और इन्सानियत को अपने प्रतिशोध की अग्नि में स्वाह करके कलंकित कर दिया। ऐसी हैवानियत का उदाहरण शायद ही किसी सभ्य देश के इतिहास में मिले।

अंग्रेजी साहित्य में इसे सैनिक विद्रोह के नाम से अंकित किया गया वहीं भारतीय इतिहास में स्वाधीनता संग्राम के नाम से अलंकृत किया हुआ है। इस संग्राम का श्रीगणेश 10 मई, 1857 के सैनिक विद्रोह से हुआ और समापन ब्रिटेन की महारानी के घोषणा पत्र पहली नवम्बर, 1858 के साथ बलपूर्वक किया गया। दूसरे शब्दों में यह कहा जा सकता है कि 10 मई, 1857 के सैनिक विद्रोह रूपी आँधी ने देश के सुषुप्त जनआक्रोश रूपी बारूद के ढेर में चिन्गारी का काम किया जिसके परिणामस्वरूप अंग्रेजों ने अपनी कुटिलताओं को यथार्थ के सिंहासन पर बैठाने हेतु निहत्थे असैनिक हुजूम पर अमानवीय दमन चक्र चलाये, लाखों, स्त्री, बच्चे पुरुषों को बिना कारण मौत के मुँह में धकेला गया फिर भी इसे मामूली सैनिक विद्रोह के नाम से प्रचारित किया गया। जबकि अंग्रेजी फौज का 10 प्रतिशत भाग भी इस ताण्डव की बलि नहीं चढ़ा।

दूसरा कड़वा सत्य यह भी रहा कि ये दोनों शक्तियाँ भारतीय संस्कृति के लिए साँपनाथ और नागनाथ ही साबित हुईं जिन्होंने यहाँ की संस्कृति को समाप्त करने में कोई कसर बाकी नहीं रखी फिर भी ये इसे समूल नष्ट करने में सफल नहीं हो पाईं।

लेखक

अनुक्रमणिका

1.	भारतीय संस्कृति	1
2.	1857 की जनक्रान्ति का इतिहास जानने के साधन	3
3.	1857 से पूर्व बादशाह का शासन और जनता की स्थिति	7
4.	भारत में यूरोपीय लोगों की दस्तक	9
5.	भारतीय सिपाहियों का प्रथम विद्रोह सन् 1764	16
6.	1857 की जनक्रान्ति के कारणों पर भ्रान्ति	19
7.	1857 की जनक्रान्ति गदर था?	24
8.	क्रान्ति से पूर्व बादशाह की स्थिति	26
9.	सन्1857 की जनक्रान्ति के मुख्य कारण	28
10.	जनक्रान्ति का सूत्रपात	39
11.	बैरकपुर का गोलीकांड–मंगल पांडे की कुर्बानी	44
12.	मेरठ में सैनिकों की उद्घोषित क्रान्ति एवं दिल्ली पर कब्जा	50
13.	नाना धोड़ोपंत और कानपुर	56
14.	झांसी की क्रान्ति-रानी का उत्सर्ग	60
15.	रामगढ़ की वीरांगना	67
16.	लखनऊ की कहानी-बेगम हजरत महल की कुर्बानी	69
17.	स्वतन्त्रता का पुजारी-राणा बेनीमाधव सिंह	76
18.	दुर्जेय वीर-बाबू कुँअर सिंह	80
19.	प्रतिहिंसा की आग में-इलाहाबाद	85
20.	जनक्रान्ति की ज्वालायें-दक्षिणी पथ पर	88
21.	वर्तमान सन्दर्भ में क्रान्ति का महत्व	92
22.	बंगाल में अंग्रेजों के प्रभुत्व की स्थापना	97
23.	सामाजिक व धार्मिक सुधार आन्दोलन	104
24.	जातिगत आन्दोलन	133
25.	आदिवासियों के विद्रोह	139
26.	राष्ट्रीय आन्दोलन के प्रति सरकारी प्रतिक्रिया	181
27.	पुर्तगालियों का आगमन और अंग्रेजों की सफलता	207
28.	राष्ट्रीय आन्दोलन	234

1

भारतीय संस्कृति

हमारी संस्कृति बहुत ही सरल, सरस और शीघ्रता से आत्मसात होने वाली है साथ ही विस्तृत एवं अगाध भी है जिसमें हजारों तूफान आने के बाद हिलोर तक नहीं उठती।

हमारी संस्कृति 'जीओ और जीने दो' के साथ हर आगन्तुक को 'अतिथि देवो भव:' के भाव से हृदय से सम्मान और आश्रय देने वाली रही। इसी आदर्शता के कारण यहाँ समय-समय पर ढेरों संस्कृति और सभ्यताओं का उदय हुआ। यह बात पृथक है कि वे स्वयं ही अपनी अनीतियों के कारण शीघ्रता से काल-कवलित होती गईं। आप देख रहे हैं कि मुसलमान ईसाई आज भी यहाँ गर्व से रहता आ रहा है। क्या इसे हमारी संस्कृति की उदारता नहीं कहेंगे? हमारी संस्कृति का सूत्र है दूसरों को सुखी देखकर प्रसन्न होना।

भारतीय सीधा सच्चा होता है, कायर कदापि नहीं। हाँ, जब पानी ही सिर से गुजरने लग जाये तो फिर काल ही न सामने आये उसे भी ललकारने में कदापि भूल नहीं करता। कहने का तात्पर्य है कि हमारी सहनशक्ति भी गम्भीर है।

आश्चर्य होता है जिनको हमने सम्मान, सत्कार, आश्रय दिया उन्होंने ही हमारी विरासत पर हाथ डाला, हमारे साथ अपमानजनक व्यवहार किये, हमारी देव संस्कृति को खंडित किया यानि हमारे ही देश में हमारा ही अपमान फिर भी आज हम सभी धर्मों को गले लगाते गर्व महसूस करते हैं क्योंकि हमारी संस्कृति उदार विश्वबन्धुत्व के भाव से ओतप्रोत है। जो बात संस्कृति की चल रही है इसलिये वर्तमान परिप्रेक्ष्य में कहना चाहूँगा कि आतंकवाद के माध्यम से देश में जो अप्रत्यक्ष मुहिम छेड़ी हुई है वह भारतीय संस्कृति के लिए घातक है। इसके माध्यम से भवनों, प्रतिष्ठानों एवं धार्मिक स्थलों को ही नष्ट नहीं किया जा रहा है बल्कि अभी तक लाखों बेगुनाहों को अपने बम और गोलियों का निशाना बनाकर मौत के मुँह में धकेला जा चुका है। सरकारों को अस्थिर करने की उनकी खुली

चुनौती है। मजे की बात तो यह है कि सारे के सारे आतंकवादी अभी तक एक ही कौम के निकले। इन्हें भारत में कौन मदद करता है? कहाँ रहते हैं? क्या ये लोग हिन्दू देवालयों में शरण पाते हैं अथवा तंग भीड़-भाड़ वाली मुस्लिम बस्तियों में? हम असमर्थ अथवा असंगठित भी नहीं हैं फिर भी इस समस्या से निजात नहीं पा रहे हैं। इसका सीधा अर्थ है कहीं न कहीं कोई असमर्थता अथवा सुरक्षा व्यवस्था में ढील-पोल है इसलिये हर भारतीय नागरिक का दायित्व बनता है कि वह ऐसी हरकतों पर गिद्धदृष्टि रख सरकार का सहयोग करे।

भारत में आतंकवाद की जड़ें मजबूत होने के निम्न कारण हो सकते हैं–

1. राष्ट्रीय चरित्र की संदिग्धता।

2. स्वार्थपरस्त एवं सिद्धान्तहीन राजनीति।

3. आरक्षण के नाम पर जनता में अलगाव एवं हीन भावनाओं का उदय।

4. धर्मनिरपेक्ष कहलाने वाली सरकारों का दोगलापन।

5. लचर न्याय व्यवस्था में समान न्याय का अभाव।

जब तक देश के नौजवानों में राष्ट्रीय भावनाओं (दायित्वों) का संचार नहीं होगा तब तक ऐसी मुहिमें यहाँ पनपती रहेंगी।

बात राष्ट्रीयता पर चली इसलिये एक बात और कहना चाहूँगा। मुस्लिम सत्ता ने हिन्दुओं का धर्म परिवर्तन किया परन्तु काफिर शब्द को बाँटा नहीं, अंग्रेजों ने देश को हिन्दू-मुस्लिम में बाँटा परन्तु हमारी ही कहलाने वाली सरकार ने आज हिन्दुओं को सैकड़ों वर्गों में विभक्त कर दिया। मात्र वोटों के लिए।

ध्यान रखें इस प्रकार के नियोजनों से राष्ट्र कभी मजबूत नहीं हो सकता।

अब हम आते हैं अपने मूल विषय पर यानि 1857 की जनक्रान्ति पर। इसके मूल स्वरूप को समझने के लिये हमें इससे सम्बन्धित अमूल्य धरोहर को खोजना होगा, उसके क्या साधन होंगे, इन्हें अगले अध्याय में बताया जा रहा है।

□□□

2

सन् 1857 की जनक्रान्ति का इतिहास जानने के साधन

किसी भी देश के राष्ट्रीय आन्दोलन का इतिहास उस देश की अमूल्य निधि होता है। उसमें निहित देशभक्ति, सेवा, त्याग और उत्कृष्ट बलिदान की घटनायें उस देश की जनता के लिए सदैव ही प्रेरणा के स्रोत का कार्य करती रहती हैं एवं एकता तथा देशप्रेम की भावनाओं को सुदृढ़ता प्रदान करती हैं। इसलिये राष्ट्रीय दृष्टिकोण से ऐसे आन्दोलन-जनक्रान्तियों का अत्यधिक महत्व होता है।

इस क्रम में मनीषी इतिहासकारों का दायित्व होता है कि वे ऐसे आन्दोलन, संग्राम अथवा जनक्रान्तियों की घटनाओं का सही-सही वर्णन कर जनता को वास्तविकता से अवगत करायें। ऐसा करने के लिये यह जरूरी है कि तथाकथित आधारभूत कहलाने वाले स्रोतों की आलोचनात्मक सत्यपरक परीक्षा की जाये साथ ही उन्हें विश्वसनीयता की कसौटी पर भी कसा जाये।

1857 की जनक्रान्ति से सम्बन्धित बहुत सामग्री हो सकती है। जब तक उसकी विधिवत जाँच और अध्ययन नहीं किया जाये तब तक सम्बन्धित घटनाओं का सही चित्रण करना सम्भव नहीं इसलिये हमें उपलब्ध सामग्री को निम्न प्रकार से विभक्त कर लेना चाहिये-

1. सरकारी कागजात
2. समकालीन लोगों के संस्मरण
3. अधिकारियों, क्रान्तिकारियों के व्यक्तिगत पत्र
4. सम्बन्धित लोगों की डायरियाँ
5. तत्कालीन समाचार पत्र और साहित्य

उपर्युक्त सूत्रों की हम यहाँ थोड़ी व्याख्या कर देते हैं जिससे पाठक इन सूत्रों से उचित लाभ उठा सकें।

1. सरकारी कागजात–यहाँ सरकारी कागजात से हमारा अभिप्राय है उन सभी खतों किताबों से है जो कम्पनी सरकार के मध्य एक अधिकारी से दूसरे अधिकारी के बीच, ईस्ट इण्डिया कम्पनी और ब्रिटेन में बैठे उच्च अधिकारियों के मध्य हुई लिखा-पढ़ी तथा कम्पनी सरकार और देशी शासकों के मध्य हुई तरह-तरह की सन्धियाँ आदेश आदि से सम्बन्धित हैं।

उपर्युक्त दस्तावेजों से जहाँ अंग्रेजों की नीतियों का पता चलेगा वहीं पालतू रियासतें बगावत पर क्यों मैदान ए जंग हुईं, मालूम पड़ेगा। इसके अलावा शासन व्यवस्था के नाम पर कम्पनी सरकार ने भारतीय किसान व्यापारियों को किस प्रकार लूटा, परेशान किया, यह भी ज्ञात हो जायेगा। तात्पर्य है कि सरकारी दस्तावेज अथवा उनके कथन हमारी इस जनक्रान्ति की पृष्ठभूमि के मुख्य स्रोत हो सकते हैं। अफसोस की बात यह है कि अंग्रेज भारत से पलायन करते समय ऐसी बहुत सी सामग्री को जला गये। यदि कुछ बची भी रही तो उसे अपने साथ लंदन ले गये। बतलाया जाता है कि यह वहाँ के इन्डिया ऑफिस कार्यालय में मिल सकती है इसलिये हमारे लिये पर्याप्त सामग्री का यहाँ मिलना मुश्किल है।

2. समकालीन लोगों के संस्मरण–इस महत्वपूर्ण जनक्रान्ति के बारे में जानने के लिए समकालीन लोगों के संस्मरण भी एक स्रोत हो सकते हैं। अंग्रेजी शासनकाल में अनेक प्रशासक और सेना के अधिकारियों ने अपने-अपने समय के अनुभवों को सेवानिवृत्ति बाद लिपिबद्ध किया। ऐसे संस्मरण बडी संख्या में प्रकाशित भी हुए, उदाहरण के तौर पर विलियम मिचल ने महान विद्रोह के संस्मरण, केम्पनेवेल ने मेरे भारतीय जीवन के संस्मरण, लार्ड राबर्ट्स ने भारत के इकतालीस वर्ष, एडवर्ड ने क्राउन के दूसरी तरफ लिखे।

इसके अलावा दूसरा स्रोत स्वतंत्रता सेनानियों के संस्मरण, जीवनियाँ इस क्रम में कम महत्वपूर्ण नहीं। बहुत से स्वतंत्रता सेनानियों ने अपनी आत्मकथा के रूप में अनुभवों, क्रियाकलापों को वृहत् रूप देकर स्वयं लिखा है। बहुत से ऐसे भी लोग रहे होंगे जिन्होंने तत्कालीन घटनाओं को लेखादि के माध्यम से सुरक्षित किया हो। ये सब तथ्य हमारी खोज में महत्वपूर्ण सहायक हो सकते हैं।

5. अधिकारियों और क्रान्तिकारियों के व्यक्तिगत पत्र –भारत में रहने वाले अंग्रेज, इंगलैण्ड और यूरोप के अन्य देशों में रहने वाले अपने मित्र और सम्बन्धियों से उस समय भी पत्र व्यवहार करते थे। उन पत्रों में वे उस समय की भारतीय घटनाओं का भी

समय-समय पर कुछ न कुछ उल्लेख अवश्य करते रहे होंगे साथ ही ऐसे पत्रों में वे अपने हृदय की वास्तविक भावनाओं को भी लिखते रहते थे।

इसी प्रकार भारतीय क्रान्तिकारियों के भी व्यक्तिगत वे पत्र हो सकते हैं जिनमें तत्कालीन समस्या को हल करने हेतु परस्पर सम्वाद कायम करते रहे हों। हालाँकि ऐसे पत्रों की संख्या नगण्य हो सकती है क्योंकि शासन की कठोरता और उनके बीच में ही पकड़े जाने कि सम्भावना के तहत इस वर्ग में पत्र व्यवहार कम ही रहा होगा बल्कि मौलिक कार्यवाहियों को इस वर्ग ने ज्यादा महत्व दिया होगा जैसा कि हमने आपातकाल के दौरान देखा।

अंग्रेजों के बहुत से पत्र प्रकाशित हो चुके हैं जिनमें एलेक्जेण्डर डफ ,कर्नल, चैमर, लार्ड राबर्ट्स आदि के पत्र प्रमुख हैं।

4. व्यक्तिगत डायरियाँ–याददाश्त लिखने की पुरानी परम्परा है। अंग्रेज अधिकारी भी डायरियाँ रखते थे जिनमें वे अपनी व्यक्तिगत बातों के साथ-साथ तत्कालीन महत्वपूर्ण घटना, कार्यवाही आदि को भी लिखते और तत्काल उत्पन्न समस्याओं को भी लिपिबद्ध करते। ऐसी डायरियाँ हमारे इस विषय के लिये महत्वपूर्ण हो सकती हैं। साथ ही भारतीय लोगों की तत्कालीन डायरियाँ, रजिस्टर आदि भी कम महत्व के नहीं इनमें भी निष्पक्ष रूप से बहुत सा मसाला मिल सकता है। तत्कालीन रियासतों के उपलब्ध रिकॉर्ड भी इस क्रम में हमारा मार्ग प्रशस्त कर सकते हैं।

अंग्रेज अधिकारियों में जनरल नील की डायरी, गुप्तचर केदारनाथ एवं मानकचन्द की डायरियाँ एवं रसेल की डायरियाँ इस क्रम में महत्वपूर्ण हैं। रसेल लंदन टाइम्स का एक सम्वाददाता था। इसने 'माई डायरी इन इण्डिया' लिखी। इस डायरी में रसेल ने अंग्रेज अधिकारियों का भारतीयों के प्रति अभद्र और क्रूरतापूर्ण व्यवहार का उल्लेख भी किया है। ऐसी डायरियों से हमारी इस जनक्रान्ति की बहुत सी सामग्री उपलब्ध हो सकती है।

5. समाचार पत्र और तत्कालीन साहित्य–तत्कालीन घटनाक्रमों को जानने के लिए समाचार पत्र सबसे सरल साधन है। सन् 1857 में भारतीय प्रेस काफी विकसित होने से यहाँ स्थानीय अखबार से लेकर राष्ट्रीय स्तर तक के दैनिक सासाहिक अखबार निकलते थे। ऐसे अखबार हमें राष्ट्रीय और प्रान्तीय अभिलेखागारों में मिल सकते हैं। उस समय प्रकाशित होने वाले अखबारों में इण्डियन मिरर, बम्बई समाचार, हिन्दू पैट्रियेट, अमृत बाजार पत्रिका, दी पंजाबी, दी केसरी, ढाका न्यूज, अरुणोदय, बोम्बे बजट, कोहेनूर, सुल्तान उल अखबार, समाचार सुधावर्षण, सादिकुल, रशकी नूर, तिलसिम फिजास्तुल अखबार, पयामे आजादी, डेली गजट, कर्नाटक टेलीग्राम आदि राष्ट्रीय,

प्रान्तीय और स्थानीय स्तर के अखबार निकलते थे।

इनके अलावा उस समय बहुत से विद्वानों ने इस जनक्रान्ति पर विभिन्न प्रकार की रचनायें कीं, लेख लिखे जिनमें भारतेन्दु हरिश्चन्द्र, बंकिमचन्द्र चटर्जी, रविन्द्रनाथ टैगोर का साहित्य हमारे विषय के लिये काफी उपयोगी हो सकता है।

हाँ, एक बात अवश्य है कि उस समय ज्यादातर अखबार अंग्रेजी नीतियों के ही समर्थक रहे। ऐसे अखबार बहुत कम थे जिन्होंने खुली कलम से वस्तुस्थिति को प्रस्तुत किया हो, ऐसे अखबारों का जीवन यदि रहा तो बहुत ही कम समय के लिये।

उपर्युक्त बातें तो रहीं तथ्यात्मक खोज के लिए आवश्यक सामग्री की। पुनः हम उसी स्थल पर आते हैं जहाँ से अपने विषय को गति दी जा सके। संबंधित जनक्रान्ति मुगलशासन के अन्तिम चरण में अंग्रेजों के खिलाफ विस्फोटक बनी।

उस समय दिल्ली तख्त पर मुगल बादशाह बहादुरशाह जफर पदासीन था। उस समय देश की क्या स्थिति रही अगले अध्याय में विचार करते हैं।

□□□

3

1857 से पूर्व बादशाह का शासन और जनता की स्थिति

सन् 1837 में बहादुरशाह दिल्ली के मुगलिया सिंहासन पर बैठा जिसके हाथ में न कोई शासन था न कोई फौज, और न ही सरकारी खज़ाना था बल्कि यह अंग्रेजी सरकार का पेंशनर बन मात्र अपने सम्मान को बचाये हुए था।

सन् 1857 में जो कुछ हुआ वह कोई अनायास घटना नहीं थी बल्कि इसकी आधारशिला तो सन् 1757 में प्लासी की लड़ाई के निर्णय के साथ रख दी बतलायी परन्तु विधिवत क्रियान्विति अजली गौहरशाह आलम द्वितीय (सन् 1759-1806) को पेंशन स्वीकृति होने के साथ आरम्भ कर दी गई। उस समय इस फरेबी कूटनीति को न बादशाह ही समझ पाया और न तत्कालीन समय के जागरूक लोग ही।

हाँ, बंगाल का सूबेदार अलीवर्दी खाँ जरूर एक ऐसा आदमी था जिसकी गहरी दृष्टि से अंग्रेजों की दूरगामी कूटनीति छुपाये भी नहीं छुप सकी। ये लोग जब-जब बंगाल में स्वतंत्रता दिखलाने का प्रयत्न करते तब-तब अलीवर्दी खाँ इन्हें अपमानित कर भगा देता था।

वह अक्सर इन्हें कहा करता था, ''तुम लोग केवल व्यापारी हो, तुम्हें किलों आदि से क्या काम? मेरी संरक्षकता में रह कर तुम्हें किसी शत्रु का भय नहीं करना चाहिये।'' वह जानता था कि ये लोग कभी भी खतरनाक हो सकते हैं। यह अंग्रेजों की उपमा शहद की मक्खियों के छत्तों से देता था और कहता था कि तुम लोग उनसे शहद निकाल सकते हो परन्तु यदि उनके छतों को छेड़ोगे तो ये मक्खियाँ (अंग्रेज) काटकर तुम्हारी जान ले लेंगी।''

इस प्रकार मुगल साम्राज्य पर अप्रत्यक्ष रूप से अंग्रेजों ने अपना कब्जा बना लिया। देशी रियासतों को कहीं सन्धि के तहत तो कहीं तलवार के जोर पर अपने अधीन कर

लिया। देशी रियासतों को इस शर्त पर स्वतंत्र कार्य करने पर बाध्य किया कि जब तक उनका घराना कम्पनी सरकार के साथ की गई शर्तों के अनुसार पालन करता रहेगा तब तक उनके मामलों में किसी प्रकार का हस्तक्षेप नहीं किया जायेगा लार्ड बेंटिक तक ने इस प्रकार के इकरारनामों का अवलम्बन किया। इस प्रकार समूचे देश पर अंग्रेजों का अधिकार सा हो गया। देशी रियासतों में अपने एजेन्ट बैठा कर उन पर भी अंकुश लगा दिया। शनैः-शनैः अंग्रेजों ने धन और साम्राज्य के लालच से देशी राजाओं से बहाना बनाते हुये सन्धियों का अपहरण करना आरम्भ कर दिया जिसका सम्बंधित रियासतों की जनता पर सीधा असर पड़ा। शासक लोग अब जनता की सुख-सुविधाओं का बिल्कुल ख्याल नहीं रखते बल्कि अब ये अपने नये आकाओं को खुश रखने के लिए सभी प्रकार के हथकंडे अपनाने लगे परिणामस्वरूप जनता पर और कर लगे, शोषण होना आरम्भ हो गया। गरीब और गरीब बनता गया।

शासकों के खिलाफ शिकायत या विद्रोह करने की क्षमता पहले से ही समाप्त हो चुकी थी। दूसरे जल में रह कर मगर से वैर करना कौन सा आसान काम था, उपरान्त भी किसी ने साहस कर अपने राजा की शिकायत ऊपर कर भी दी तो उसे ऊपर से जहाँ कोई न्याय की अपेक्षा नहीं थी वहीं वह व्यक्ति शासक के कोप का का भाजन अवश्य बन जाता।

रियासतों में सुख-सुविधा जैसी उपलब्धि शासक वर्ग तक ही सीमित रही। जनता को तो अँधेरे में रहना और सुरक्षा के लिए लड़ना ही शेष रहा। व्यापार भी एक प्रकार से चौपट होने लग गये। करों का जहाँ बोझ बढ़ रहा था वहीं रियासती कारिन्दों में मुफ्त के माल की आदतें पड़ गईं एवं सर्वत्र रिश्वत का बाजार गर्माने लगा।

जनता का सीधा सम्बन्ध अपने शासकों से रहा और शासकों के प्रति भी नफरत की बू उत्पन्न होने लगी। जनता करती भी तो क्या क्योंकि ये आका किसी की सुनने वाले नहीं थे।

इन सभी कारणों से जहाँ जनता का मनोबल टूटने लगा वहीं शासक वर्ग में विलासिता घर करती गई। दोनों ही पंगु बने हुये थे। असहाय जनता देख रही थी कोई उन्हें थोड़ा सम्बल दे तो ये उसके लिए प्राणों की बाजी लगा सकते हैं।

□□□

4

भारत में यूरोपीय लोगों की दस्तक

भारत की सम्पूर्ण राजनैतिक और आर्थिक स्थितियों का अवलोकन करने के बाद हमें उन यूरोपीय विजेताओं के बारे में विचार करना चाहिये जो हजारों मील दूर स्थित भारत की खोज कर यहाँ आये और शताब्दियों से जमी मुगल सल्तनत को उखाड़ फैंका। पन्द्रहवीं शताब्दी से पूर्व भारत में ऐसा कोई साधन नहीं था जिसके माध्यम से कोई शक्ति समुद्र को लाँघ कर आ जा सके। पैदल मार्ग अपवाद रहे। इससे पूर्व जो विदेशी आक्रान्ता भारत आये वे जलमार्ग की बजाय थल मार्गों से आये, जो अफगानिस्तान होकर अरब देश और मध्य एशिया तक चला गया है।

भारत अपनी समुद्री सीमा के कारण जहाँ सुदृढ़ रहा वहीं उत्तरी हिमालय के बर्फीले पर्वत से अमन-चैन से रहता आया। दसवीं शताब्दी में थल मार्ग के प्रशस्त हो जाने से भारत की प्राकृतिक सुरक्षा पर प्रश्नचिह्न लग गया फिर भी भारतवासी इससे निजात पाने के भरसक प्रयत्न करते रहे परन्तु यहाँ के शासकों की प्रतिस्पर्धा और अहं ने उसमें सफलता नहीं मिलने दी, परिणामस्वरूप आगे चलकर यहाँ मुगल और तुर्की साम्राज्य स्थापित होने लग गये।

समुद्र मार्गों के खुल जाने से भारतीय शक्ति क्षीण ही नहीं हुई बल्कि यहाँ की सार्वभौम सत्ता भी डगमगा गई। वास्तव में देखा जाये तो मुगल साम्राज्य के पतन की सबसे दु:खद घटना यूरोपियों के लिए समुद्र मार्गों का खुल जाना ही रहा।

जिन व्यक्तियों ने समुद्री मार्गों की खोज कर भारत से सम्बन्ध कायम किया उनमें निम्न लोग प्रमुख रहे–

1. नौका चालक हेनरी–यह पुर्तगाल का था। इसने भारत की खोज का प्रयास किया परन्तु अल्पायु (1460 ई.) में ही मर गया।

2. बार्थोलोमियो डायज–यह भी पुर्तगाल से 1486 में चल अफ्रीका के दक्षिणी तट पर पहुँचा। इससे भारत पहुँचने की आशा की जाती परन्तु जीवित यह भी नहीं रह

पाया।

3. वास्कोडिगामा–यह पुर्तगाल का पहला व्यक्ति था जो अपने देश से भारत पहुँचा। सन् 1498 में केप ऑफ गुड होप का चक्कर लगाकर पहली बार यह व्यक्ति 20 मई को भारत के कालीकट स्थान पर पहुँचा। यहाँ पहुँचने पर स्थानीय हिन्दू राजा जमोरिन ने इसका हार्दिक स्वागत किया परन्तु अरब व्यापारियों ने जो पहले से ही यहाँ व्यापार कर रहे थे, इसका विरोध किया। इसके बाद यह स्वदेश लौट गया परन्तु इसी अवधि के दौरान क्रैवैल नामक व्यक्ति ने (जो पुर्तगालीज जहाजी बेड़े को नेता था) कालीकट और कोचीन में एक-एक कारखाना स्थापित कर लिया। सन् 1502 में वास्कोडिगामा पुनः भारत आया और इसने भी अबकी बार कन्नानोर में कारखाना खोल उसकी मजबूत किलेबन्दी करायी क्योंकि इसे अरब व्यापारियों से नुकसान होने का भय था। अरबियों ने जमोरिन राजा को भड़काकर इन पर आक्रमण करवा दिया जिसका परिणाम राजा को नुकसान रहा यानि इनका भारत के उस क्षेत्र में असाधारण प्रभाव बढ़ने लगा।

कहने का तात्पर्य है कि इस जलमार्ग के खुल जाने से, विभिन्न सभ्य कहलाने वाली जातियों का भारत की धरती पर उदय होने लगा। दूसरे अभी तक जो जातियाँ थल मार्गों से आती रहीं वे सब बर्बर के साथ-साथ लुटेरी भी रहीं जिन्होंने बेरहमी के साथ देश में आतंक मचा कर खून बहाया और धन के साथ धर्म भी लूटकर ले जाते रहे। इसके विपरीत समुद्री मार्गों से आने वाले सभ्य और सुसंस्कृति का खोल पहन कर मात्र व्यापार के लिये आये जो कालान्तर में बेनकाब हो कपट, विश्वासघात और षड्यंत्रों के माध्यम से देश के शासक बन बैठे। भारत को लूटा दोनों ने ही, हमारी असंगठित शक्ति के कारण।

पुर्तगालियों का वर्चस्व–राजा जमोरिन को परास्त करने के साथ ही पुर्तगालियों का हौसला बढ़ गया लिहाजा इन्होंने अपने सीमित क्षेत्र को सन् 1505 में पश्चिमी तट तक बढ़ाने में सफलता हासिल कर ली। सभी जगह अपनी किलेबंदी और बस्ती बसाना आरम्भ कर दिया। ये लोग धीरे-धीर दफ्तर आदि बना दूसरी जातियों को नौकर भी रखने लगे। व्यापार के साथ-साथ अपना प्रभुत्व बढ़ाने की दृष्टि से आल्मोडा पहला गवर्नर बनकर भारत में आया उपरान्त दूसरा गवर्नर अल्बुकर्क (1505-1515) आया। इसने 1510 में गोवा के सुल्तान को परास्त कर उस पर अधिकार कर लिया। बाद में इसे ही पुर्तगाली साम्राज्य की राजधानी घोषित किया। यह विस्तारवादी प्रवृत्ति का व्यक्ति था। इसने गोवा से इर्दगिर्द बाला सागर कोलम्बो आदि तक अपना हाथ बढ़ाया।

यह दूरदर्शी होने के साथ साथ बड़ा ही कूटनीतिज्ञ व्यक्ति था। इसने भारतीयों को आकर्षित करने हेतु अस्पताल, विद्यालय जैसी सुविधायें निःशुल्क उपलब्ध कराईं।

इसकी सर्वत्र प्रशंसा होती परन्तु जब् यह भारतीयों का ईसाईकरण कराने लगा तो अपनी सारी प्रतिष्ठा खो बैठा।

इस प्रकार यूरोपीय जातियों में समुद्र मार्ग से आने वाली प्रथम जाति पुर्तगालियों की रही जिन्होंने मुगलों से पहले भारत में अपना साम्राज्य स्थापित करने का प्रयास किया परन्तु निम्न कारणों से यहाँ सफल नहीं हो सके–1. अल्बुकर्क के उत्तराधिकारी कमजोर थे 2. धार्मिक भावना का मतभेद 3. मुगल शक्ति का विस्तार 4. मराठाओं का उत्थान 5. अंग्रेजों से विरोध। अन्ततः इन्हें भारत को अलविदा कहना पड़ा।

डचों का उदय-अस्त–यह जाति स्वाभाविक रूप से व्यापारी ही बनकर रही। धीरे-धीरे जब इनकी जानकारी पुर्तगालियों से होने लगी तो इन्होंने भी अपने व्यापारिक केन्द्र बढ़ाये जिनमें सूरत, चिन्पुरा, कासिम बाजार, पटना, बालासोर एवं कोचीन आदि में व्यापार को फैलाते हुए किलेबन्दी करना आरम्भ कर दिया।

अंग्रेज पहले से ही यहाँ व्यापार कर रहे थे। आरम्भ में डच और अंग्रेजों में मधुर सम्बन्ध रहे परन्तु व्यापारिक प्रतिद्वद्विता ने जल्दी इन्हें पृथक-पृथक कर दिया बल्कि एक-दूसरे के शत्रु बन गये। अन्त में इनके परस्पर सम्बन्ध इतने कड़वे हो गये कि डचों ने सन् 1123 में अनेकों अंग्रेजों की हत्या कर दी बस यही वह कारण बना जिसकी वजह से आगे चलकर इन्हें भारत से पलायन करना पड़ा।

फ्रांसीसियों का भारत आक्रमण–यूरोपीय देशों में भारतीय व्यापार की जो प्रतिस्पर्द्धा हो रही थी उसमें फ्रांसीसी सबसे पीछे रहे। सम्राट लुई चौदहवें ने 1644 में फ्रांसीसी ईस्ट इंडिया कम्पनी की स्थापना की और सन् 1667 में इसका एक दल भारत पहुँचने में सफल भी रहा 1665 में इन्होंने सूरत में पहला कारखाना खोला और अगले साल ही मसौली पट्टम में एक फैक्ट्री लगाई, बाद में इन्होंने तंजौर के शासक से एक जगह लेकर पांडिचेरी नामक नगर की स्थापना की जिसे बाद में इन्होंने अपना मुख्य केन्द्र बनाया। 1690-92 में बंगाल में चन्दनगर की स्थापना की। इस प्रकार से बढ़ते व्यापार से दूसरों में प्रतिस्पर्धा का होना स्वाभाविक था लिहाजा इन विदेशी कम्पनियों में डच-फ्रांसीसी लड़ाई-झगड़े आरम्भ हो गये। इस कारण से इन्हें अपनी अनेक फैक्ट्रियाँ बन्द करनी पड़ीं। 1742 तक इस कम्पनी का मूल उद्देश्य व्यापार करने का रहा बाद में स्थानीय शासकों की कमजोरी का लाभ उठाकर साम्राज्यवादी प्रवृत्ति की ओर बढ़ने लगे जिसके दूरगामी परिणामों में आगे चलकर इन्हें अंग्रेजों से मात खानी पड़ी और अपने बिस्तर-बोरिया बाँध कर स्वदेश लौटना पड़ा।

भारतीय जमीन पर अंग्रेजों का उदय–मुगल साम्राज्य के पतन की सबसे दुखद बात यह हुई कि उनकी जगह एक तिजारत करने वाली शक्ति ने छीन ली जिसने अपने

हितों का ध्यान रखकर देश के शताब्दियों पुराने सामाजिक आर्थिक ढाँचे को गिरा कर उसके स्थान पर उपनिवेशक ढंगों को रखा।

मुगल साम्राज्य में पहले से ही कई विदेशी कम्पनियाँ (पुर्तगाली, डच, फ्रांसीसी) अपना व्यापार कर रही थीं साथ ही अरबियन लोग भी मुगल सत्ता के सहयोग में व्यापार के नाम पर पूरे देश में अपनी दुकानें चला रहे थे।

सन् 1609 में एक और विदेशी लोगों (अंग्रेज) ने भारत में आकर अपनी व्यापारिक शाखा खोली।

सभी कम्पनियों का प्रारम्भिक उद्देश्य मात्र तिजारत करना रहा और इसी के लिए इन्होंने भारत सम्राट से फरमान प्राप्त किये हुये थे। परन्तु समय के साथ जहाँ इन कम्पनियों में परस्पर लड़ाई-झगडे बढ़ने लगे वहीं ये लोग यहाँ के वैभव और अकूत सम्पत्ति से लालायित होकर एकजुट होने लगे।

दूसरी तरफ मुगल सत्ता अपने पारिवारिक संघर्षों से जहाँ स्वतः क्षीण हो रही थी वहाँ इनकी हिन्दू जाति के साथ अपनाई जा रही भेदपूर्ण अपमान नीति ने इनके पैरों पर कुल्हाड़ी मारने का कार्य किया यानी हिन्दू इनसे अप्रत्यक्ष रूप में डरता और नफरत करता था और इनके स्थान पर दूसरों को सहयोग देना तत्काल परिस्थिति में उचित समझता था।

परिणामस्वरूप पहले विदेशी कम्पनियों में परस्पर संघर्ष हुये उपरान्त विजेता कम्पनियाँ अपनी नीतियों में परिवर्तन करते हुये साम्राज्यवादी प्रवृत्ति को अपनाते हुये विस्तारवादी बनने लगीं। हिन्दू-मुस्लिमों में फूट डाल शताब्दियों पुरानी वैभवशाली मुगल सत्ता को उखाड़ फैंका और भारत पर अपना यूनियन जैक फहरा दिया।

अंग्रेज लोग भारत में कैसे आये और इन्होंने अपनी व्यापारिक बढ़त कैसे बढ़ाई यह प्रश्न बहुत विस्तृत है। वैसे उसकी यहाँ आवश्यकता भी नहीं उपरान्त भी हम अंग्रेजों के भारत में बढ़ते कदमों से सम्बन्धित कुछ घटनाओं का तिथिक्रम प्रस्तुत कर रहे हैं जो पाठक के लिए गागर में सागर का काम करेगा।

मुख्य घटनायें–

सन् 1579–थामस स्टीफल पहला अंग्रेज था जिसने भारतीय जमीन पर कदम रखे बाद में यह व्यक्ति गोवा के जेसूत कॉलेज में प्राध्यक्ष नियुक्त हुआ।

सन् 1583–लीडस, फिज, न्युवरी एवं स्टोरी नामक चार अंग्रेज स्थल मार्ग से भारत में आये जिन्हें पुर्तगालियों ने गिरफ्तार कर गोवा भेज दिया। कैद से छूटने के बाद स्टोरी जो चित्रकार था यह पादरी बन गया। न्युवरी की मृत्यु हो गई। लीडस मुगल सेना में चला गया परन्तु फिज यत्रतत्र भटकता हुआ सन् 1586 में स्वदेश पहुँचा जहाँ इसने भारत की विशाल सम्पति गौरव के साथ यहाँ के अनेक आकर्षित स्थलों का वर्णन कर अपने लोगों को भारत में व्यापार के लिए प्रोत्साहित किया।

सन् 1599–के लंदन का जॉन मिल्डेन हौज नामक पहला व्यापारी स्थल मार्ग से भारत आया जिसने यहाँ सात वर्ष रह व्यापारिक अध्ययन किया बाद में अपने व्यापार को समेट कर स्वदेश लौट गया।

31 दिसम्बर, 1600–लंदन में एक कम्पनी की स्थापना की गई जिसका नाम दी गवर्नर एंड कम्पनी ऑफ मर्चेन्ट्स रखा और उसे 15 वर्ष के लिए व्यापार करने का एकाधिकार पत्र प्रदान किया।

इंग्लैण्ड के इतिहास में इस कम्पनी की स्थापना सबसे महत्त्वपूर्ण है क्योंकि कालांतर में इसी कम्पनी के माध्यम से भारत में विशाल अंग्रेजी साम्राज्य की स्थापना हुई।

सन् 1609–कम्पनी का राजदूत हाकिन्स जहाँगीर बादशाह के दरबार में व्यापारिक सुविधायें प्राप्त करने आया और सफल रहा।

सन् 1612–हाकिन्स को व्यापारिक सुविधाओं का फरमान मिल जाने से पुर्तगाली काफी नाराज हुये। इन्होंने दरबार के जागीरों से मिलकर ऐसा षड्यंत्र कराया जिससे बादशाह ने हाकिन्स का फरमान रद्द कर दिया। इसे मजबूर होकर लंदन लौटना पड़ा। इसके साथी यहीं रह गये।

सन् 1613 इंग्लैण्ड के शासक जेम्स प्रथम ने सर टाइमस रो को अपना दूत बना कर जहाँगीर बादशाह के दरबार में भेजा। इसने अपने व्यक्तित्व और व्यवहार से दरबार में अपना स्थान बना लिया। इसने होशियारी और रिश्वत के माध्यम से नूरजहाँ के भाई आसिफ खाँ जैसे बड़े व्यक्ति को अपना मित्र बना लिया जिसके माध्यम से इसने एक आदेश जारी करा कर सूरत आगरा, अहमदाबाद, भडौंच में कारखाने खोलने की आज्ञा प्राप्त कर ली।

सन् 1622–पुर्तगालियों को समुद्री युद्ध में हराकर इन्होंने भारत के तटों पर अपनी धाक जमा ली।

सन् 1626–मुसलीपट्टम के दक्षिण में अमरगाँव नामक स्थल पर इन्होंने एक कारखाना स्थापित कर लिया।

सन्1633-उड़ीसा में स्थापित हो हरिहरपुर तथा बालासोर नामक स्थानों पर कारखाने बनाये।

सन् 1634–इन्होंने मुगल दरबार पर प्रभाव डालकर अपने व्यापार को सभी करों से मुक्त करा लिया।

सन् 1639–अमरगाँव नामक कारखाने को किलेबन्दी के रूप में बनाने की स्वीकृति प्राप्त की। यही किला बाद में सेन्ट जार्ज दुर्ग कहलाया।

सन् 1651—कोरोमंडल तट को अपना प्रधान केन्द्र बनाते हुये सन् 1652 में यहीं पूर्वी प्रेसीडेन्सी कायम की। सन् 1659 में हुगली में बस्ती बसाई, पटना, कासिम बाजार आदि में कारखाने खोले।

सन् 1661-85—चार्ल्स द्वितीय ने इस कम्पनी को पाँच अधिकार पत्र दिये जिनसे कम्पनी व्यापारिक न रहकर एक राज्यशक्ति के रूप में उभरने लगी यानि कम्पनी अपने सिक्के ढालने लगी, दुर्ग बनाने एवं सुरक्षा के लिए सेना रखने लगी साथ ही कम्पनी भारत में सन्धि विग्रह जैसे राजसी अधिकारों का उपयोग भी करने लगी।

सन् 1687—कम्पनी ने अपनी राजधानी सूरत से बम्बई स्थानान्तरित की।

17वीं शताब्दी में अंग्रेजों ने अपनी नीति में परिवर्तन कर दिया जिसका मुख्य कारण मूगलों और मराठों के मध्य पारस्परिक संघर्ष का होना रहा। अवसर देख इन्होंने भी साम्राज्यवादी नीति अपनाते हुए तलवार के माध्यम से व्यापार को बढ़ाना शुरू कर दिया।

सन् 1707—औरंगजेब बादशाह की मृत्यु के बाद जहाँ मुगल साम्रांज्य में अशान्ति अराजकता फैलने लगी वहाँ अंग्रेजों ने इस विप्लव का फायदा उठाते हुये बम्बई, कलकत्ता, मद्रास को मुख्य केन्द्रों के रूप में सुदृढ़ता प्रदान करते हुए स्थिति को और अधिक मजबूत करके एक पृथक शक्ति के रूप में उभारने लगे।

सन् 1714—कम्पनी ने मुगल बादशाह फर्रूखशियर को ख़ुश करके हैदराबाद, गुजरात एवं बंगाल के प्रान्ताध्यक्षों के नाम पत्र प्राप्त कर लिये जिनके माध्यम से निम्न सुविधायें और प्राप्त कर लीं—

1. बंगाल में 3000 के वार्षिक कर के बदले बिना अन्य कर के व्यापार की सुविधा।

2. कलकत्ता के पास भूमि किराये पर लेने का अधिकार।

3. हैदराबाद प्रान्त में भी बिन कर के व्यापार में छूट।

इस प्रकार अंग्रेजों ने अपनी कूटनीति से देश के विभिन्न भागों में अपनी सुरक्षा के साथ मजबूती भी कर ली। अपनी सैन्यशक्ति के बल पर सबसे पहले प्रतिस्पर्धा में खड़ी फ्रांसीसियों की कम्पनी को परास्त कर यहाँ से भगाया। इससे व्यापारिक क्षेत्र में अब एकछत्र राज्य कायम हो गया। उपरान्त इन्होंने स्थानीय शासकों में कहीं लोभ से तो कहीं प्रतिस्पर्धा में झगड़े करा कर उन्हें कभी भय से, प्यार से, सहयोग के बहानों के माध्यम से धीरे-धीरे कागज के टुकड़ों पर सन्धियों के द्वारा अपना गुलाम बना लिया।

मुगलों की निर्बलता का इन्हें पता चल ही चुका था। इन्होंने समझ लिया जिस सम्राट के सामने फोर्ट विलियम का गवर्नर अपना माथा टेका करता था आज वही सम्राट

अपने मंत्रियों की कठपुतली मात्र है इसलिये इन्होंने बेहिचक चौतरफा हाथ बढ़ाना आरम्भ कर दिया। फूट डालो आगे बढ़ो की नीति अन्तिम समय तक बनाये रखी।

जिस समय अंग्रेज और फ्रांसीसी दक्षिण भारत में अपने वर्चस्व की लड़ाई लड़ रहे थे उस समय बंगाल में नवाबी का पतन हो रहा था और अंग्रेज वहाँ अपनी बढ़त बढ़ाये जा रहे थे। बंगाल का सूबा बादशाह के अन्तर्गत होने से यहाँ के सूबेदार की नियुक्ति बादशाह ही करता था। अलीवर्दी खाँ के 1756 में मर जाने के कारण इसका पोता मिर्जा महमूद मात्र 23 वर्ष की अवस्था में बंगाल की गद्दी पर बैठा। यही व्यक्ति इतिहास में सिराजुद्दोला के नाम से प्रसिद्ध हुआ। सन् 1757 में अंग्रेजों का प्रमुख युद्ध प्लासी का इसी से हुआ जिसमें बंगाल की नवाबी का अंत हो गया।

अंग्रेजों का विरोध–जैसा कि ऊपर बतलाया गया कि अंग्रेजों ने सन् 1720 के बाद तिजारत के माध्यम से साम्राज्यवादी नीति अपनानी शुरू कर दी थी। इन्होंने अपनी परिपक्व कूटनीति और भारतीयों की कमजोरियों का फायदा उठाते हुये भारत को एक उपनिवेश के रूप में परिवर्तित करके अपने राज्य का विस्तार आरम्भ कर दिया। प्लासी के युद्ध के बाद शायद कोई ऐसा दशक रहा हो जब भारत के किसी न किसी भाग में अंग्रेजों के विरुद्ध कोप नहीं प्रकट किया गया हो। देखें विद्रोहों की सारिणी परिशिष्ट एक में। ये विद्रोह केवल सामन्तों अथवा जमींदारों द्वारा ही नहीं किये गये बल्कि जनजातियों और किसानों तक को इनके विरोध में बलात ही हथियार उठाने पड़े।

समाज के प्रत्येक वर्ग द्वारा अंग्रेजों के प्रति विद्रोह किया जाना जनसाधारण में इनके प्रति बढ़ते रोष का ही द्योतक रहा। भूमि व्यवस्था, अधिकारों का अपहरण एवं धार्मिक चोटों ने इस क्रान्ति को और भी भयंकर रूप दे दिया।

□□□

5
भारतीय सिपाहियों का प्रथम विद्रोह
सन् 1764

सन् 1857 में हुई जनक्रान्ति को सैनिक विद्रोह के रूप में प्रचारित करना अंग्रेजों की सोची-समझी चाल थी जिससे उनके सभ्य और न्यायप्रिय कहलाने वाले चेहरों पर कोई बदनामी, क्रूरता, अथवा अत्याचार के छींटे नहीं पड़ें। यहाँ कुछ ऐसे उदाहरण प्रस्तुत किये जा रहे हैं जो तथाकथित सैनिक विद्रोह से ज्यादा भयंकर रहे।

कम्पनी सरकार में उस समय दो प्रकार के सैनिक थे, जिनमें एक रायल इन्फेन्ट्री के गोरे लोग थे तो दूसरे अन्य बटालियन रिसालों में देशी लोग थे जिन्हें ये 'काले मैन' के नाम से पुकारते थे। व्यवस्था के अनुसार सभी सिपाहियों की तनख्वाह, सुविधा, इनाम आदि समानान्तर घोषित थी परन्तु व्यावहारिक रूप से दोनों में भारी अन्तर डाला हुआ था जिसके कारण जहाँ गोरे सिपाही मौज से गुलछर्रे उड़ाते वहीं देशी सिपाहियों को भरपेट भोजन भी नसीब नहीं होता, इनाम, इकराम अथवा पदोन्नति की बातें बहुत दूर की थीं। ये लोग ड्यूटी भी ज्यादा देते उपरान्त भी इन्हें अपमानजनक दृश्यों से गुजरना पड़ता।

इन सभी बातों को लेकर देशी सिपाहियों ने अनेकों बार शिकायतें की परन्तु वहाँ इनकी सुनने वाला था कौन? फलतः सिपाहियों में भारी असन्तोष व्याप्त होने लगा। इन लोगों के मनों में अंग्रेजों के खिलाफ नफरत के अंकुर फूटने लगे।

पटना और मुंगेर के सिपाहियों ने मन ही मन तय कर लिया कि क्यों न नवाब मीरकासिम की फौज में ही चला जाये। गुप्तचरों ने यह जानकारी अंग्रेजों को दे दी। उन्होंने देखा ये लोग मीरकासिम से मिलकर बगावत कर सकते हैं इसलिये इन्होंने पहले सिपाहियों पर उन्हें पानी के छींटें देते कहा—हम तुम्हारे साथ पूरी सहानुभूति रखते हैं और वादा करते हैं आप लोगों की सारी माँगें सिफारिश के साथ कम्पनी के डायरेक्टरों को सभा में जल्दी पहुँचा देंगे। इस वादे से सिपाहियों ने भावी कदम उठाने के निर्णय को स्थगित कर दिया।

पटना के सिपाही तो वायदे और सहानुभूति में आ गये परन्तु मुंगेर के सिपाहियों ने अंग्रेज अधिकारियों के कथन पर विश्वास नहीं किया और चल पडे बगावत के पथ पर 7 अगस्त 1764 को मुंगेर की दो कम्पनीयाँ ने बगावत कर ही दी। अंग्रेज अफसरों को कैद में डाल वे मीरकासीम की फौज में मिलने कोमलवर घाट की ओर चल पडे जब केप्टन ह्यू को पता चला तो तुरन्त बागी सिपाईयों के पीछे गया उनसे मिलते बडी सहानुभूति का बर्ताव करते हुए कहा तुम्हारी सभी शर्तें मंजूर है अस अब वापिस चलो। हालांकि अंग्रेज अधिकारियों ने बाद में बहुतों को मृत्युदण्ड दिया।

सिपाहियों के विरुद्ध की गई कार्यवाहियों की खबर जब सारन जिले के छपरा से बीस मील दूर माझी पहुँची तो यहाँ 8 सितम्बर, 1764 को देशी फौज ने विद्रोह कर दिया। वे सब काम छोड़ कर हथियार लेकर बैठ गये। ये लोग अब तक दूसरा कदम उठाने को थे तब तक पटना से दूसरी फौज ने आकर इन पर हमला कर दिया। विद्रोही सिपाहियों केपास हथियारों की कमी तो थी परन्तु उत्साह में किसी प्रकार की ढील नहीं थी। गोरी फौज से बराबर मुकाबला करते रहे परन्तु हथियारों के अभाव में सफल नहीं हो सके। कुछ लोग शहीद हो गये शेष को गिरफ्तार कर फौजी अदालत के समक्ष पेश किया गया जहाँ विद्रोह में प्रमुखता से भाग लेने वाले 24 सिपाहियों को तोप से उड़ाने की सजा दी गई। स्मरण रहे इन्हीं सिपाहियों ने अदालत में बैठकर फैसला देने वाले अधिकारियों को विद्रोह के समय गिरफ्तार किया था परन्तु विशेष विनय करने पर विद्रोहियों ने उन्हें मुक्त कर दिया परन्तु सजा देते समय उन्हीं अधिकारियों ने कोई सहानुभूति नहीं दिखलाई।

तोप से उड़ाये गये सैनिकों के सम्बन्ध में एक अंग्रेज लेखक ने आँखों देखा हाल कुछ इस प्रकार लिखा है–''ये सैनिक बड़ी बहादुरी के साथ वहाँ जाकर जहाँ इन्हें सजा मिलनी थी, खड़े हो गये और अन्तिम संकेत की प्रतीक्षा करने लगे, इनके चेहरों पर दृढ़ता थी, शोक का कोई नामोनिशान न था।

इसी प्रकार सन् 1806 में वैल्लोर में सिपाहियों ने विद्रोह किया जिसे येनकेन दबा दिया गया, परन्तु कुछ ही समय बाद 10 जुलाई, 1806 को पुनः उसी जगह भीषण विद्रोह हुआ जिसमें देशी पलटन के सिपाहियों ने सन्तरियों की हत्या कर दी और कुछ अधिकारियों को मौत के घाट उतार दिया। मैसूर रियासत के झण्डे को वैल्लोर दुर्ग पर फहरा दिया।

इसके बाद सिपाही सारा अनुशासन भूल गये बल्कि इन्हें प्रोत्साहित करने के लिए स्थानीय कुछ लोगों की भीड़ और इनके साथ लग गई। विद्रोहियों के समक्ष इस समय केवल एक ही उद्देश्य था अंग्रेजों की हत्या करना एवं इनके शासन को उखाड़ फैंकना। पूरा वैल्लोर इस समय हत्या और लूट के बीच डूब गया।

यद्यपि उपर्युक्त सभी सैनिक विद्रोह असफल रहे परन्तु इनके महत्व को नकारा नहीं जा सकता। यह विद्रोहों की शृंखला की वह कड़ी थी जो अन्त में सन् 1857 में वृहत् जनक्रान्ति के रूप में प्रस्फुटित हुई।

□□□

6

1857 की जनक्रान्ति के कारणों पर भ्रान्ति

सन् 1857 से 1858 तक हुई जनक्रान्ति के बारे में आम लोगों में यह धारणा बनाई गई कि यह केवल फौज के कुछ सिपाहियों का बलवा, विद्रोह अथवा गदर था। इस प्रकार के भ्रम की पुष्टि मूल रूप से अंग्रेज अधिकारी और इनके इतिहासकारों द्वारा की गई। इनका कहना है कि देश की जनता-सामन्त सभी अंग्रेजी शासन से सन्तुष्ट थे केवल सेना के कुछ सिपाहियों के मध्य धर्म सम्बन्धी बातों को लेकर असन्तोष पैदा हो गया, जिसके फलस्वरूप उन्होंने बगावत कर दी।

वास्तविकता यह है कि उपर्युक्त कथन बिल्कुल असत्य एवं जनता को भ्रमित करने हेतु गढ़े गये थे। दूसरे शब्दों में अंग्रेज ऐसा प्रचार करवा कर ही अपने दुष्कर्मों, अत्याचारों तथा अवैध रूप से लूटी गई अरबों रुपयों की सम्पत्ति और बेहयाई को छुपा सकने में सफल हो सकते थे जबकि इन्हीं के लोगों के बयान इन्हीं के भ्रमक प्रचार का खंडन करते हैं। कुछ उदाहरण यहाँ प्रस्तुत किये जा रहे हैं–

1. दी न्यूटिनी ऑफ दी बंगाले आर्मी का लेखक हमें बतलाता है कि आरम्भ में यह मात्र सिपाही विद्रोह था परन्तु शीघ्र ही इसका रूप परिवर्तित हो गया और इसने एक राष्ट्रीय विप्लव का रूप धारण कर लिया। बिहारी राजपूतों के गाँव बनारस, आजमगढ़, गोरखपुर जिलों के भी सभी नगर कस्बों के लोग, रोहिलखंड एवं अवध प्रांत के इलाहाबाद, कानपुर, मेरठ, आगरा डिवीजन जिनके अन्तर्गत हैं ने शासन की जागीरों से अलग होकर हमारे खिलाफ युद्ध की घोषणा कर दी।

2. 20 सितम्बर, 1857 को एक सभा में भाषण देते हुये ब्रिटेन के प्रधानमंत्री डिजरेली ने कहा, भारत में अंग्रेजी साम्राज्य पर बड़ा संकट आ गया है। जिसे हम पहले मामूली घटना बतला रहे थे वह तो मानव इतिहास को प्रभावित करने वाली बहुत बड़ी घटना है जिस पर राष्ट्र और नेताओं को गम्भीर विचार करना चाहिये।

3. इंग्लैण्ड का कवि अर्नेस्ट जोन्सकी–जब अंग्रेज भारत में खूनी खेल खेल रहे थे, बेगुनाहों पर बर्बरतापूर्ण अत्याचार किये जा रहे थे, राहगीरों को फन्दा डाल कर पेड़ों पर

लटका कर मारा जा रहा था उस समय कवि जोन्सकी ने एक लम्बी कविता लिखी थी जिसका शीर्षक था 'हिन्दुस्तान का विद्रोह अथवा (और) नई दुनिया' यह पूरी कविता इसने लंदन की जेल में अपने खून से लिखी जिसे अपनी मरहूम पत्नी को सम्‍र्पित किया। पूरी कविता 44 पृष्ठों की थी।

कवि जोन्सकी ने भारतीय जनक्रान्ति को उचित ही नहीं अनिवार्य बतलाया जिसके समर्थन में न जाने लंदन की सभाओं में कितने ही भाषण दिये। इस अपराध पर इसे विद्रोही करार देते हुए जेल में ठूँस दिया गया। सम्बन्धित कविता के हिन्दी अनुवाद की चन्द पंक्तियाँ यहाँ प्रस्तुत की जा रही हैं–

दूसरों की दुरभिसन्धियाँ दुष्ट योजनायें पूरी करने
खुद उनको वंचित रखा जाये मूल नागरिक अधिकार से?
तुम तो लूटो ऐश हरम में रंगमहल में
वे पायें सन्तोष ठसाठस बैरक के कमरों में
अपनी उन फूलों की सुहाग सेजों पर
देखो तो अंधेर लार्ड का लार्ड फैसला कर सकता है
लेकिन प्यादे सैनिक का भाग्यविधाता अफसर ही है
हथियारों में उम्र झौंक दी फिर भी कोई बात न पूछे
ये पायें यही उन्नति कि तुम केवल झब्बे पाओगे
उन खूनी खुशियों भरे बाजारों का वर्णन बस क्या है
जहाँ पाशवी शक्ति सिखाती विज्ञानों से महानाश है
इतना काफी है वे लड़े हथेली पर जानें रख रख कर लड़े
इधर स्वतंत्रता थी जनता की उधर प्रश्न था फौजी यश का

(यह पूरी कविता नया समाज पत्रिका कलकत्ता, अगस्त, 1957, पृष्ठ 222–228 पर देखे)

4. एडवर्ड टामसन पदक के दूसरी ओर–यह व्यक्ति इस जनक्रान्ति के बाद ब्रिटिश अमलदारी के दौरान एक उच्च अधिकारी के रूप में भारत में काफी समय तक रहा। इस दौरान इसने भारतीयों को बहुत नजदीक से देखा और पढ़ा। इसके बाद ही इसने अपनी उपर्युक्त (अदर साइड ऑफ मेडल) पुस्तक लिखी।

इसे सबसे ज्यादा बात जो अखरी वह थी क्रान्ति के बाद महारानी विक्टोरिया और उसके चाकरों द्वारा भारतीयों के प्रति दिखाये गये सारे दया और कृपाभाव प्रोपेगन्डा के

बावजूद भारतीयों का अंग्रेज शासकों और शोषकों के प्रति अविश्वास और दुर्भाव था।

टामसन का मानना है कि इस कांड की मुख्य भूमिका में निम्न बातें रहीं–

(1) अंग्रेजों के प्रति भारतीय लोगों में असन्तोष, कटुता, अशान्ति।

(2) न्याय और कानून की प्रवंचना।

(3) किपलिंग और स्मिथ की बेईमानी।

(4) सिपाहियों से पहले जनता का विद्रोह, निर्दोषों की निमर्म हत्या, भय और आतंक का राज्य एवं अंग्रेजों के आततायीपन की पराकाष्ठा।

5. ट्रेविलियन–कानपुर नामक ग्रन्थ में इस विद्रोह को जनता का विद्रोह बतलाते लिखता है कि ''भिश्तियों ने हमें पानी देने से इन्कार कर दिया, आयाएँ बिना कहे अंग्रेजों के घरों से चली गई, बावर्ची जानबूझ कर मेमसाहबों के सामने अर्धनग्न अवस्था में खड़े होने लगे, नौकरों को कुछ कहा जाता तो वे उद्दण्डतापूर्वक उपेक्षा करते।''

6. टामस रिचर्ड–सन् 1860 में अपनी डायरी में लिखता है ''इसका विद्रोह व्यापक क्षेत्र बन गया, इसका रूप भी बदल गया, इस बात के विश्वास करने के अनेक कारण हैं जिनसे सिद्ध हो सकता है कि यह एक संगठित षड्यंत्र था ब्रिटिश सरकार के खिलाफ।'' इसके अलावा कुछ ऐसे भी तथ्य हैं कि अंग्रेजों को स्वयं की करनी का अच्छी तरह पता हो जाने के बाद भी ये चाहते थे कि लोग हमारे खिलाफ खड़े न हों। हम कुछ पत्रों की नकल पेश कर रहे हैं–

तत्कालीन गवर्नर जनरल का पत्र जो सन् 1856 में दिल्ली रेजीडेन्सी को लिखा गया–

''शहंशाह की शान और दबदबे की बहुत सी अलामतें कम हो चुकी हैं। अब ऐसा मालूम होता है कि बादशाह बहादुरशाह के मरने के बाद कलम के एक डोब में शहंशाही को खत्म कर देना कोई मुश्किल न होगा। शहंशाह का खिराज और नजरें भी हम धीरे-धीरे बन्द करते जा रहे हैं। बादशाह के नाम से कम्पनी का जो सिक्का ढाला जाता था वह हमने बन्द कर दिया है। गवर्नर जनरल की मोहर में जो बादशाह के किदविये (बादशाह का नौकर) खास शब्द रहा करते थे उनको भी हमने इस बार निकाल दिया है। अब सिर्फ मुगल शहंशाह की शहंशाहियत का खिताब रह गया है जिसे बहादुरशाह की मौत के बाद खत्म करना हमारे लिये खास मुश्किल नहीं होगा।''

उपर्युक्त पत्र से स्पष्ट होता है कि ये दिल्ली की सल्तनत, जो नाममात्र की थी, को भी हड़पना चाहते थे। गैरकानूनी तरीकों से बादशाही को जल्दी से जल्दी समाप्त कर देना चाहते थे जबकि उस समय कम्पनी की फौज बादशाह की मानी जाती, वेतन भी उन्हें

बादशाह के नाम से बाँटा जा रहा था। धोखा, बेईमानी, षड्यंत्र, लोभ, रिश्वत आदि का बाजार अंग्रेजों द्वारा बादशाह के विरुद्ध गर्म किया जा रहा था।

लार्ड मेटकाफ सन् 1835-36 तक भारत का गवर्नर जनरल रहा। उसने लिखा ''पूरा भारत हर घड़ी यही मनाया करता है कि हमारा तख्त पलट जाये हमारे नाश पर हर जगह लोग खुशियाँ मनायेंगे और ऐसे लोगों की कमी नहीं जो उस घड़ी को नजदीक लाने में अपनी पूरी शक्ति लगा देंगे।'' (यह टिप्पणी क्रान्ति से 33 वर्ष पूर्व की है जो स्पष्ट करती है कि इन्होंने भारतीयों को कितना उत्पीड़ित किया हुआ था कि हर व्यक्ति अंग्रेजों से भारी नफरत करने लग गया।)

7. लडलो थोटस आन दी पालिसी ऑफ दी क्राउन पृष्ठ 35-36-''निश्चय ही भारत के लोग इन्सान से भी गये बीते होने चाहिये, यदि उनकी भावनायें हमारी अपहरण नीति के शिकार होने वाले के पक्ष में और अपहरणकर्ता के विरोध में जाग्रत नहीं होती। एक भी स्त्री ऐसी नहीं हेागी जिसको हमारी अपहरण नीति ने हमारा दुश्मन नहीं बनाया हो और एक भी बच्चा ऐसा न होगा जिसके दिल में हमारे कारण अंग्रेजी हुकूमत के लिये नफरत न पैदा हुई हो।''

सन् 1857 की जनक्रान्ति का स्वरूप आकलन करते समय हमें यह याद रखना चाहिये कि अंग्रेज प्रशासक इस महत्वपूर्ण घटना को एक छोटा सा विद्रोह ही क्यों प्रदर्शित करना चाहते थे? चूँकि भारतीय साम्राज्य पर अधिकार बनाये रखने के लिए यही आवश्यकता थी कि स्वयं के द्वारा किये गये अत्याचारों के महत्व को ही गौण कर दिया जाये अथवा भारतीय लोग उनकी षड्यंत्रकारी नीतियों से परिचित न हो जायें इसलिये ही इस जनक्रान्ति से सम्बन्धित दस्तावेजों को नष्ट कर दिया।

द्वितीय, अंग्रेज लेखकों की मान्यता रही है कि भारतीय लोगों में आलोचनात्मक व्याख्या करने की क्षमता नहीं होती इसलिये हम अंग्रेज जो कुछ लिख देंगे बस वही उनके लिए प्रमाण होगा अर्थात् स्वीकार कर लेंगे। इस सन्दर्भ में हमें टामसन के वे शब्द याद आते हैं जिसमें वह गर्व से कहता है-

''भारतीय इतिहासकार नहीं हैं। वे शायद ही कभी अपनी आलोचनात्मक योग्यता का परिचय देते हो। उनसे यह आशा नहीं की जा सकती कि वे लोग हमारे वर्णन को जो हमने भारत के विषय में लिखा है उससे हटकर अपना वर्णन करने में सफल होंगे।''

इन सभी प्रमाणों से स्पष्ट होता है कि अंग्रेजों ने अपनी हैवानी कृत्यों को छुपाने के लिए ही जानबूझकर ऐसे भ्रम प्रसारित कराये मानो भारत में कुछ हुआ ही नहीं। परन्तु सत्यता कहीं न कही से उजागर तो होती है। इन्हीं के साथी लेखकों ने चाहे अल्पमत में ही सही, सच्चाई के अंश प्रस्तुत कर इनकी कुटिलताओं पर पानी फेर दिया और प्रमाणित

कर दिया कि सन् 1857 के मई मास से नवम्बर, 1857 तक भारत में जो कुछ हुआ वह कम्पनी सरकार के दुष्कर्मों के खिलाफ भारतीय जनसमूह का आक्रोश था न कि छोटा सा सिपाही विद्रोह।

□□□

7
1857 की जनक्रान्ति—गदर था?

जिस घटनाक्रम में हजारों बेगुनाहों को राह चलते पकड़ फाँसी के फन्दों पर लटकाया गया हो, लाखों दुधमुँहे बच्चों को उनकी माताओं से बलात ही छिनवा कर नर्क में फिंकवा दिया, बूढ़े जवानों को गोलियों का निशाना बनाया गया हो और असंख्य स्त्रियों को पतित करके उनकी जघन्य हत्यायें की गई हो फिर उसे मात्र सिपाही विद्रोह, गदर कह कर न्यायशील कहलाने वाले अंग्रेज अपनी मोटी चमड़ी पर लगी कालिख को पोंछने का भ्रम नहीं करेंगे तो क्या अपने किये षड्यंत्रों, घिनौने हथकंडों और विश्वासघाती कार्यवाहियों को स्वीकार करेंगे?

एक बार हम उनके कथन को इसलिये भी स्वीकार कर लेते हैं कि कोई बदमाश अपने को कभी असामाजिक तत्व नहीं स्वीकारता जब तक उसके कृत्यों को स्वयं के समक्ष प्रस्तुत न किया जाये।

परन्तु हम उन भारतीय इतिहासकारों को क्या कहें जिन्होंने बिना किसी लाभ के अपने ही लोगों को गुमराह करने का प्रयास किया अंग्रेजों की बात की पुष्टि कर। कई तथाकथित लेखकों का मत तो यहाँ तक पढ़ने को मिलता है कि 1857 में जो हुआ वह तो उन स्वार्थपरक लोगों की बगावत थी जिन्होंने अपने अधिकार और आधिपत्य के लिए सीधे-साधे लोगों को भड़काकर विद्रोह के रूप में ब्रिटिश सत्ता पर दबाव बनाने का प्रयास किया।

इन विद्वानों ने किस चश्मे से उपर्युक्त शहादतों का मूल्यांकन करते हुए कह दिया कि यह स्वाधीनता हेतु की गई जनक्रान्ति नहीं थी। इससे ज्यादा दुखद घटना क्या होगी जहाँ जिन्दा मछली को निगलते हुये भी जो अपने को शाकाहारी कहा गया।

इस भीषण जनक्रान्ति को गदर की संज्ञा देना सरासर अन्याय है चूँकि गदर का अर्थ ही विश्वासघात, बेवफाई अथवा वैधानिक सत्ता के प्रति नमकहरामी करना होता है परन्तु यहाँ तो भारतीयों ने ऐसा कोई व्यवहार उस समय न्यायप्रिय कहलाने वाली जाति के साथ किया ही नहीं बल्कि अंग्रेजों ने ही तिजारत के नाम पर देश के साथ षड्यंत्र रचते हुये विश्वासघात किया।

देशी शासकों के साथ किये इकरारों को भंग करके उनके महल, खजानों, जागीरों के साथ उनकी अस्मत को किसने लूटा? भारतीयों में पुत्र के अभाव में वंश परम्परा को बनाये रखने के लिए दत्तक पुत्र लेने की वैदिक परम्पराओं को किसने तोड़ा? गोद लिये लड़कों

को क्यों नहीं वारिस स्वीकारा गया?

कारण स्पष्ट है, इनकी नीयतें उनके खजानों के साथ रियासत को हड़पने की रही। भूमि सुधार के नाम पर जहाँ जमींदारों से जमीनें छीनीं वहीं किसानों पर भारी टैक्स का बोझ लादा, ईसाईकरण के नाम पर दूसरों के धर्म को नष्ट करने की मुहिम चलाई।

इतने सारे अत्याचार करने के बाद भी अंग्रेजों के अनुयायी यह कहते नहीं थकते कि भारतीयों ने अंग्रेजों के खिलाफ विद्रोह किया। आश्चर्य है ये लोग जुल्म पर जुल्म करते जायें और हम आह भी न भरें, ये कत्ले आम कराते रहें, बाजारों को लूटते रहें, स्त्रियों की अस्मत को लूटते रहें और हम कुछ कहें भी नहीं, ये कैसी न्यायशीलता?

जानवर भी मुसीबत पड़ने पर प्रतिरोध में अपने सींग खड़े कर देता है जिसमें भारतीय तो सुसंस्कृत नागरिक थे। ऐसा कौन है जो अपनी स्वाधीनता हेतु संघर्ष नहीं करता, किसने नहीं किया? ब्रिटेन ने सन् 1688 की क्रान्ति में स्वयं की सुरक्षा हेतु क्या हाथ-पैर नहीं मारे? फिर यदि हमने अपने स्वाभिमान और देश के गौरव के लिए दुष्कर्मों और कुचक्रों के खिलाफ हथियार उठा भी लिये तो क्या गुनाह किया?

कहावत है पराजित समुदाय अपनी स्वतंत्रता के लिए जो भी यत्न करता है शासक वर्ग है उसे राजद्रोह बतलाता अन्यथा गदर, विद्रोह जैसे शब्दों से मंडित तो करता ही है। यदि वह सफल हो जाता है तो फिर उसी कृत्य को मुक्तियुद्ध अथवा स्वतंत्रता संग्राम जैसे गौरवशाली खिताबों से नवाजा जाता है। कहने का मतलब है कि जिस क्रान्ति यज्ञ में लाखों लोगों ने अपने प्राणों को उत्सर्ग करते प्रज्वलित किया हो उसे गदर जैसे अपमानित शब्दों से संज्ञापित करना कहाँ का न्याय है?

जब वीर तात्यां टोपे पर राजद्रोह का आरोप लगाया गया तो उस समय इसने अंग्रेजी जनरल से स्पष्ट शब्दों मे कहा, "मैंने अंग्रेजों को कभी ताकतें अर्पित नहीं कीं, न मैं कभी अंग्रेजी प्रजा बन कर रहा और न ही मैंने कभी अंग्रेजों को अपना स्वामी माना। जबरदस्ती परतंत्र बनाई जनता को स्वतंत्र होने का पूर्ण अधिकार है। इसे विश्वासघात, नमकहरामी अथवा हमारा विद्रोह नहीं कह सकते।

इसी प्रकार के.एम. मुंशी के शब्दों में-"इसे सिपाही विद्रोह नहीं कहा जा सकता। वास्तव में यह हमारी स्वाधीनता की लड़ाई की पहली मंजिल थी। यह अपने आप पैदा हुई जो विभिन्न कारणों से प्रेरित थी एवं राष्ट्रीय थी क्योंकि यह प्रेरणा भारत को मुक्त करने की भावना से उठी थी।"

"यदि यह विद्रोह था तो हमारा उद्देश्य स्वराज था।"

-विनायक दामोदर सावरकर।

□□□

8

क्रान्ति से पूर्व—बादशाह की स्थिति

जैसा कि पिछले पृष्ठों में बतलाया गया कि जनक्रान्ति से पूर्व बादशाह परम्परागत कम्पनी सरकार द्वारा दी जा रही खिराज पर आश्रित था उपरान्त भी अंग्रेज देश का शासन बादशाह के नाम पर चला रहे थे, गवर्नर जनरल अभी तक अपनी मोहर में बादशाह का नौकर जैसे शब्द का प्रयोग करता आ रहा था। कम्पनी के प्रतिनिधि अपने को दिल्ली सम्राट की रिआया मानने में गर्व महसूस करते, सिक्कों पर बादशाह का नाम उत्कीर्ण रहता और वे सिक्के वास्तव में बादशाह के नाम से ही प्रचलित थे। 1857 की अन्तिमघड़ी तक भारत में बड़े से बड़ा अंग्रेज भी कानूनी एवं व्यावहारिक दृष्टि से दिल्ली सम्राट की वफादार रिआया से ज्यादा कुछ भी नहीं था।

शनैः-शनैः जब अंग्रेजों ने देखा कि अब हमारा प्रभाव समूचे देश में व्याप्त हो चुका है तो इन्होंने अपनी कुटिलता से बादशाह के सम्मान में भी गिरावट करना आरम्भ कर दिया। जैसा कि तत्कालीन गवर्नर जनरल का पत्र (जो दिल्ली रेजीडेन्सी को सन् 1856 में लिखा) से पुष्टि होती है। लार्ड वैलेजली ने तो सम्राट को यहाँ तक कहा बतलाया कि वह अपनी राजधानी लालकिले से हटाकर मुंगेर ले जाये, परन्तु बादशाह ने इसकी कोई बात नहीं मानी।

जब बादशाह ने गवर्नर जनरल को अपनी खिराज बढ़ाने की माँग की तो बादशाह से कहा गया कि तुम्हारी शर्त इस बात पर ही मंजूर की जा सकती है कि तुम अपने उत्तराधिकारियों के तमाम शाही अधिकार कम्पनी को सौंप दो। बादशाह ने इस बात को बड़ी नफरत से काटते हुए इन्कार कर दिया।

गवर्नर जनरल लार्ड ऐलनब्रू ने इस बात पर बादशाह के सम्मान में की जा रही सभी रस्मोरिवाजों को जो पहले से ही चली आ रही थी तुरन्त बन्द कर दिया। इससे दोनों तरफ दरार पड़ गई।

ऐसे ही लार्ड डलहौजी ने पूर्व में बादशाह की इस इच्छा (जवाबख्त को युवराज घोषित करना) को भी ठण्डे बस्ते में डाल कर अपने अहं का बादशाह को अहसास कराया।

उपर्युक्त तथ्यों से स्पष्ट होता है कि सन् 1857 से पूर्व ही अंग्रेजों ने बादशाह को मात्र एक कठपुतली के रूप में दिल्ली तख्त पर छोड़ा हुआ था चूँकि अब इसके हाथ में ऐसा कुछ भी नहीं रहने दिया जिससे यह अंग्रेजों से कुछ कह भी सके। इसके पास न कोई सरकारी खजाना ही था और न ही स्वयं की सुरक्षा के लिए निजी फौजी व्यवस्था रही। ऐसी स्थिति में भारतीय जनता इससे क्या उम्मीद कर सकती थी?

फिर भी भारतीय जनता में मुगल सिंहासन के प्रति अब भी लगाव और सहानुभूति थी। जब लोगों को बादशाह के प्रति अंग्रेजों द्वारा अपनाये गये अपमानजनक बर्तावों की जानकारी मिलने लगी तो वे लोग आक्रोश में आ गये जिसकी परिणति, 11 मई, 1857 से जो दिल्ली में हुआ, उसका नतीजा था।

❑❑❑

9

सन् 1857 की जनक्रांति के मुख्य कारण

यूरोपीय लेखकों ने संबंधित जनक्रांति का प्रमुख कारण सैनिक असन्तोष एवं चर्बी के कारतूसों का प्रयोग करने की हठ को ही माना है। जबकि वास्तव में कम्पनी सरकार के प्रतिनिधियों द्वारा राजनैतिक, प्रशासनिक, आर्थिक, सामाजिक तथा धार्मिक मामलों के प्रति अपनाई गई सभी नीतियों के परिणामस्वरूप ही भारतीयों में असन्तोष की भावना उग्र रूप धारण करती गई जो सन् 1857 की जनक्रान्ति के रूप में व्याप्त हुई।

यह सत्य है कि कोई भी क्रान्ति अनायास ही जन्म नहीं लेती बल्कि धीरे-धीरे सभी कारण मिलकर उसकी पृष्ठभूमि तैयार करते हैं। विषयान्तर्गत जनक्रान्ति में भी ऐसा ही हुआ। चर्बी वाले कारतूसों के प्रयोग ने तो मात्र उस असन्तोष रूपी बारूद को चिंगारी प्रदान की जो सदियों से भारतीय जनता के हृदयों में बढ़ता जा रहा था।

1. प्लासी के युद्ध की हार का बदला—सन् 1857 की जनक्रान्ति के वास्तविक कारणों को जानने के लिए हमें सन् 1757 के बाद की राजनैतिक स्थिति का सिंहावलोकन करना पड़ेगा। सन् 1857 की जनक्रान्ति में अधिकतर सैनिकों के मुख से यह नारा सुनने में आया कि हम 1757 की प्लासी की लड़ाई का बदला चुकायेंगे। मई-जून में दिल्ली के समाचार पत्रों में यह भविष्यवाणी भी प्रकाशित हुई थी कि प्लासी की लड़ाई के ठीक एक सौ वर्ष बाद यानि 23 जून, 1857 को भारत से अंग्रेजों का प्रभुत्व समाप्त हो जायेगा।

यह भविष्यवाणी देश के एक कोने से दूसरे कोने तक बड़ी तेजी से फैली जिससे लोग विशेष रूप से प्रभावित हुये जिसके परिणाम में सन् 1857 के सिपाही विद्रोह को उन्होंने एक जनक्रान्ति का रूप दे दिया।

बतलाया जाता है कि सन् 1857 की जनक्रान्ति की भूमिका प्लासी के मैदान में ही रची गई थी और उसी समय इसका शिलान्यास भी कर दिया गया।

2. आर्थिक शोषण—अंग्रेजों की आर्थिक शोषण नीतियों के कारण ही लाखों भारतीय अंग्रेजों के खिलाफ हो गये।

औद्योगिक क्रान्ति के नाम पर जहाँ इंग्लैण्ड में बड़े-बड़े कारखाने स्थापित किये गये वहीं उनके लिए कच्चा माल कहाँ से उपलब्ध कराया जाये चिन्ता का विषय होता उससे पूर्व ही इनका ध्यान अपने नये उपनिवेश की तरफ गया। यहाँ से सारे कच्चे माल मँगा कर भारतीय बाजारों में ऊँची कीमतों पर थोपे जाने लगा। इस नीति का परिणाम यह निकला कि भारत के लघु गृह एवं कुटीर उद्योग समाप्ति पर आने लगे, लोग बेरोजगार होने लगे। इस प्रकार की नीति का सबसे बड़ा असर आम जनता पर पड़ा। यहाँ के उद्योग-धन्धे बन्द होने लगे एवं लोग निर्धनता की ओर अग्रसर होने लगे।

द्वितीय, भूमि सुधार के नाम पर अंग्रेजों ने किसानों पर भारी टैक्स लाद दिया जिससे वे गरीब भुखमरी के कगार पर खड़े होने लगे। इन्होंने जमींदार-जागीरदारों को भी नहीं छोड़ा। उन्हें अधिकारों व भूमियों से वंचित कर, उस करमुक्त भूमि को अपने अधिकार में लेकर उनको गरीब बनाने का प्रयास किया। इस प्रकार की कार्यवाहियाँ विशेषकर लार्ड डलहौजी के समय में ज्यादा की गईं जिससे हजारों व्यक्ति भूमिहीन होकर बेरोजगार हो गये और उनके भूखों मरने की नौबत आ गई।

झाँसी के लक्ष्मी मन्दिरों के करमुक्त ग्रामों पर भी इन्होंने अपना अधिकार जमा लिया जिससे हिन्दूओं की भावनाओं को ठेस पहुँची। इसी प्रकार इन्होंने सन् 1857 में बम्बई की प्रसिद्ध इनाम आयोग के नाम पर करीब बीस हजार जागीरें जब्त कर लीं जिससे वहाँ के जमींदारों की स्थिति शोचनीय हो गई। सन् 1824 में कम्पनी सरकार ने करों का बोझ इतना लाद दिया जिसमें किसान को बाध्य कर दिया कि वह अपनी उपज का 55 प्रतिशत कम्पनी को दे। इसका परिणाम हुआ कि किसान अपने खेतों को ही छोड़ कर भागने लगे। अनेकों जगह तो खेती करना ही बन्द कर दिया।

बतलाया जाता है कि इस नीति के कारण किसानों की हालत भिखमंगों जैसी हो गई। सन् 1835 में इस क्रम में कुछ सुधार किया गया परन्तु इससे भी किसानों को कोई राहत नहीं मिली।

इसी प्रकार बंगाल में नील खेती का मसला उठा। किसानों के विरोध के बाद भी सख्ती से काम लिया गया जिससे बहुत से किसान बीमारी और कर्ज में मर गये। नील का उपयोग भारतीय लोगों में नगण्य रहने के कारण अंग्रेजों से खेती की जहाँ लागत भी वसूल नहीं होती वहीं भविष्य में वे खेत तिलहन खेती के लिए बेकार होकर बंजर बन जाते। इस प्रकार यहाँ के किसान दोहरी मार से या तो बेघर हो गये अथवा समय से पहले मरते गये। (बंगाल में यह नीति किसानों में सबसे ज्यादा असन्तोष का कारण बनी।) कम्पनी के समय में भारत में सात बार अकाल पड़ा जिसमें करीब डेढ़ लाख व्यक्तियों की मृत्यु हो गई। सरकार ने इनकी स्थिति सुधारने के बजाय अपनी शोषण नीति जारी रखी।

उपर्युक्त सभी कारणों से किसान वर्ग का जीवन नर्क बनता गया अतः उनके पास अंग्रेजों के खिलाफ विद्रोह करने के अलावा कोई चारा नहीं रहा।

3. भारत का ईसाईकरण—अंग्रेज आरम्भ से ही भारतीयों को हेयदृष्टि से देखते थे। साथ ही इनके धर्म और संस्कृति से नफरत भी करते थे। सन् 1813 में ईसाई मिशनरियों को भारत में स्थापित करने की स्वीकृति मिल जाने के साथ ही इन्होंने अपने धर्म का प्रचार करना आरम्भ कर दिया। प्रारम्भिक स्तर पर इन्हें हिन्दू-मुस्लिम वर्ग के अनेक प्रकार के विरोध भी झेलने पड़े परन्तु जैसे-जैसे इनका वर्चस्व बढ़ता गया वैसे वैसे मिशनरियों के पादरी निरंकुश हो अकाल पीड़ित, बन्दियों, विधवाओं, अनाथ बालक एवं पिछड़ी जाति के लोगों से धड़ाधड़ धर्म परिवर्तन करा उन्हें ईसाई बनाने लगे।

इस तथ्य की पुष्टि में हम लेखक मुहम्मद हाशिम खाफी खाँ को प्रस्तुत करते हैं। वह अपने ग्रन्थ में लिखता है कि ये लोग बड़े अत्याचारी थे। ये लोगों से कृपापूर्ण व्यवहार करते थे परन्तु इनकी बस्तियों मे होकर कोई व्यक्ति निकल नहीं सकता था। इनका सबसे बड़ा अत्याचार तो यह था यदि कोई व्यक्ति इनकी सीमा में रहने वाला हो और वह मासूम बच्चों को छोड़कर मर जाये तो ये लोग उन्हें दास बना लेते थे बाद में उसे ईसाई धर्म स्वीकार करा देते। चाहे वह लड़का सैयदों का हो अथवा ब्राह्मण का हो। (मन्तखब उल लुवाब पृष्ठ 151-246 ईलियट भाग 7।)

ये लोग खुले रूप में हिन्दू धर्म और उसके आचार-विचारों की निंदा कर गरीब लोगों को थोड़ा आर्थिक लाभ देकर भी उन्हें अपने धर्म में लेने का प्रयास करते। ऐसे कार्यों में पादरियों के अलावा सैनिक और गैर सैनिक अधिकारी भी इनका सहयोग करते। मिशनरी स्कूलों में बाइबल की शिक्षा अनिवार्य थी जहाँ ईसाई धर्म की सर्वोच्चता का पाठ पढ़ाया जाता था।

एक बार ईस्ट इण्डिया कम्पनी के डायरेक्टर बोर्ड के अध्यक्ष मैगल्स ने इंग्लैण्ड की पार्लियामेन्ट में घोषणा की थी कि "ईसामसीह की विजय पताका हिन्दुस्तान के एक कोने से दूसरे कोने तक फहरनी चाहिये। सबको इस कोशिश में लग जाना चाहिये। किसी भी वजह से शिथिलता नहीं आनी चाहिये।"

रेवरेन्ड कनैडी ने भी इन्हीं दिनों लिखा, "हमारा काम हिन्दुस्तान की भूमि में ईसाई धर्म को फैलाना है। जब तक कन्याकुमारी से हिमालय तक सारा हिन्दुस्तान ईसाई धर्म को नहीं स्वीकारता एवं हिन्दू-मुस्लिम धर्मों की निंदा आरम्भ नहीं होती, तब तक हमें इस काम के लिये जी तोड़ कोशिश करनी चाहिये। ताकत और अधिकार हमारे हाथ में है। इन सबका इस्तेमाल करना हमारा धर्म है।"

इसी प्रकार लार्ड विलियम बैंटिक जो पहले मद्रास के गवर्नर की हैसियत से बाद

में हिन्दुस्तान का गवर्नर जनरल बनकर आया ने भारत को ईसाई बनाने की कोशिशों को खुला प्रोत्साहन और समर्थन दिया। सन् 1832 में इसने एक कानून बनाकर ईसाई बनने में जो कठिनाई आती थी उन्हें दूर कर दिया।

इस पवित्र कहलाने वाले कर्म के वास्ते लार्ड केनिंग ने कम्पनी के खजाने से भारी रकम स्वीकृत की साथ ही ईस्ट इण्डिया कम्पनी के दफ्तरों, जेल, स्कूल, अस्पताल एवं अन्य सेवाओं में ईसाई बनने को उत्साहित किया गया। इसने वे सब उपाय काम में लिये जिनसे इनके पवित्र धर्म की बढ़ोतरी हो।

सन् 1849 में सारे पंजाब को ही एक आदर्श ईसाई सूबा बनाने का प्रयास किया गया। इस कार्य को बढ़ाने में सर हेनरी लारेंस, सर राबर्ट मान्टगुमरी, कर्नल एडवर्ड्स एवं लार्ड डलहौजी सरीखे लोगों के साथ कम्पनी डायरेक्टरों ने सक्रिय भूमिका निभाई।

इंग्लैंड से प्रकाशित पुस्तक 'कॉलेज ऑफ दी इन्डियन रिवोल्ट' के लेखक के अनुसार भारतीय सेना के बहुत से कर्नलों को, भारतीय सैनिकों को ईसाई बनाते समय पकड़ा गया। इनमें से बहुत से जोशीले लोग तो केवल इसलिये भर्ती होते जिससे वे अन्य लोगों को आसानी से ईसाई बना सकें।

इस प्रकार के कृत्यों से लोगों को लगने लगा कि ये लोग हिन्दू-मुस्लिमों को ईसाई बनाकर सम्भवत: भारत में एक ही धर्म स्थापित करना चाहते हैं जबकि हिन्दू-मुसलमान अपने-अपने धर्मों को जीवन का मुख्य स्रोत व अस्तित्व की नींव समझते थे, लिहाजा इन दोनों वर्गों का अंग्रेजी सरकार के विरुद्ध होना कोई आश्चर्य नहीं। क्योंकि सभी लोग अपने अपने धर्म को प्रेम, लगाव एवं जीवन की ऊर्जा समझते हैं।

सारांश में यह कहा जा सकता है कि अंग्रेजों ने अपने धर्म के प्रचार-प्रसार में हर सम्भव हथकंडों का सहारा लेते हुए भारतीयों का धर्म परिवर्तन किया। मुहम्मद और राम को दगाबाज और बदमाश कहा। लोगों को ईसाई बनने के लिए बड़े-बड़े लोभ, रिश्वत और पदोन्नति के द्वार खोले। इस अपवित्र कार्य के लिए बड़े-बड़े अधिकारियों ने अपने पद का दुरुपयोग करके बड़ी बेशर्मियों का प्रदर्शन भी किया परन्तु हिन्दू-मुस्लिम संस्कृति को भारत से नष्ट नहीं कर पाये।

विषयवस्तु के साथ कहना चाहूँगा कि आज भी इन लोागें की मिशनरियाँ उपर्युक्त सभी सम्भव हथकण्डों को अपनाते हुये दूसरी जाति के लोगो से धर्म परिवर्तन करा रही हैं। ऐसे समाचार अनेकों बार मीडिया की सुर्खी भी बन चुके। भारत सरकार को इतिहास की भूलों से सबक लेकर ऐसी हरकतों पर तुरन्त पाबन्द लगानी चाहिये।

ऐसे कृत्यों को प्रोत्साहन देने वाली चाहे कोई भी संस्था मिशनरी अथवा जमात ही क्यों न हो, तुरन्त पाबन्दी लगाते हुये अपराधी घोषित करना चाहिये अन्यथा इनके दूरगामी परिणाम देश के लिए घातक सिद्ध हो सकते हैं।

किसी विद्वान ने कहा है, ''लोगों की भीड़ से किसी धर्म का गौरव नहीं बढ़ता जब तक उसके अनुयायी त्यागी, चरित्रवान एवं मानवता के उपासक नहीं होंगे।''

द्वितीय बात, अंग्रेजों ने भारतीय जनता के साथ अभद्र ही नहीं बल्कि अमानवीय व्यवहार करने में कहीं चूक नहीं की क्योंकि ये लोग अपनी जाति की श्रेष्ठता और भारतीयों की हीनता में विश्वास करते थे। इस तथ्य को बहुत से अंग्रेज लेखकों ने भी स्वीकारते हुये लिखा है कि कोई भी आत्मसम्मान युक्त जाति ऐसे व्यवहारों को एक घन्टे भी सहन नहीं कर सकती। अंग्रेज अधिकारियों के पास आमतौर पर भारतीय नौकर थे जिनसे इनका व्यवहार एक दास से कम नहीं था। ये लोग अपने अधीनस्थ नौकर, सिपाही एवं भारतीय निवासियों के साथ अक्सर गाली-गलौच करते थे। सन् 1818 में मुनरो ने लिखा-''किसी ने इसके पहले सारी जाति को विश्वास के अयोग्य, बेईमान नहीं समझा था। हम उन्हें नीची जाति का समझते हैं और हम ही उन्हें पतित आवरण में पहुँचाते हैं फिर हम ही उन्हें घृणा की दृष्टि से देखते है।'' अंग्रेजों ने अपने दोहरे कानूनों से भी भारतीय जनता में नफरत की बू छोड़ी हुई थी।

उपर्युक्त सभी परिस्थितियों से भारतीय लोगों का सामाजिक जीवन नरक बनने लगा। आर्थिक दृष्टि से तो इन्होंने पहले से ही कमर तोड़ी हुई थी ऐसी स्थिति में भारतीयों के पास एकमात्र विद्रोह के अलावा कोई चारा भी तो नहीं रहा। मरता क्या नहीं करता, भारतीयों के हृदय में आग तो सुलग ही रही थी। बस इन्तजार था तो केवल उसे भड़काने का। चर्बी के कारतूसों के प्रयोग के आदेशों ने आग में घी का काम कर दिया जिसका परिणाम यह रहा कि समूचे देश में क्रान्ति की आग फैल गई।

4. सन्धियों को भंग करते अपहरण नीति का अनुमोदन—भारत में प्राचीन काल से यह व्यवस्था चली आई कि शासक वर्ग ही प्रजा का उत्तरदायी हुआ करता था। प्रजा की हर खुशी राजा के ऊपर ही निर्भर हुआ करती थी। इस प्रकार शासक ही उस समय प्रजा का यथार्थ में नेता हुआ करता था, यह व्यवस्था अंग्रेजी शासनकाल में भी रही।

अंग्रेजों की 'पालिसी ऑफ लेप्स' नीति ही इस क्रान्ति का एक सशक्त कारण बनी जिसे लार्ड डलहौजी ने अपनी साम्राज्य विस्तारवादी नीति के अन्तर्गत कठोरता से क्रियान्वित कराया।

अंग्रेजी शासन ने समय-समय पर भारत की रियासतों के साथ इकरारनामे, सन्धियाँ किये जिनकी पालना शासकों द्वारा पूरी निष्ठा और विश्वास के साथ की जाती रही परन्तु जैसे-जैसे अंग्रेजों के मुँह में साम्राज्य विस्तारवादी नीति की लार टपकने लगी वैसे-वैसे ही इन न्यायप्रिय कहलाने वाले लोगों ने उन तथाकथित सन्धियों का उपहास ही नहीं किया बल्कि साहस के साथ तोड़ना भी आरम्भ कर दिया और उनका बलात अपहरण करना इनका दस्तूर बन गया।

इस अपहरण नीति के अनुसार यदि कोई राजा बिना उत्तराधिकारी के गुजर जाये तो उसका राज्य कम्पनी के राज्य में मिला लिया जाता था। राजाओं के खर्च पर ही उनकी सुरक्षा के लिये रखी हुई सहायक सेना कम्पनी के प्रतिनिधियों की इच्छा को पूरा करने के लिए हमेशा तैयार रहती।

सन् 1834 में इस नीति का आरम्भ हुआ। उस समय कम्पनी के डायरेक्टरों ने गवर्नर जनरल को लिखा था यह आपकी इच्छा पर ही निर्भर है कि आप गोद लेने के अधिकार को स्वीकार करें अथवा नहीं। अपवादस्वरूप ही किसी-किसी शासक को ऐसी स्वीकृति मिली।

इस नीति के अनुसार कोलवा, मांडवी और अम्बाला के राज्य डलहौजी के समय से पूर्व ही कम्पनी राज्य में मिला लिये गये थे। लार्ड डलहौजी ने इस लाभदायक नीति को जारी रखा और सतारा, नागपुर, झाँसी, सम्बलपुर, जैतपुर, तंजौर तथा कर्नाटक के समृद्ध राज्यों को उत्तराधिकारियों के अभाव में अंग्रेजी राज्य में मिला लिया।

बहुत से शासकों ने अपने मरने से पूर्व ही दत्तक पुत्र गोद लेकर उन्हें अपना उत्तराधिकारी भी घोषित किया परन्तु इन्होंने उसे बिल्कुल नहीं स्वीकारा। इससे स्पष्ट है कि यह अपहरण नीति तथाकथित कहलाने वाली दोस्ती सन्धियों के प्रतिकूल होने से सम्बन्धित सभी रियासती सरदारों के हृदयों में असन्तोष की आग भड़कने लगी जिसका प्रभाव रियासतों की जनता पर भी पड़ा।

अंग्रेजों ने अपने बढ़ते वर्चस्व को देखकर ही स्वयं के वचनों को भंग करना अब एक दस्तूर बना लिया। इन्हें रियासतों का वैभव एवं उनमें भरी अकूत सम्पत्ति बहुत अखरती थी। उसे प्राप्त करने के लिए इन्होंने निम्न से निम्न हथकंडों को अपनाने में कोई कोर-कसर नहीं छोड़ी।

सतारा का राजा छत्रपति शिवाजी का वंशज था। सन् 1848 में डलहौजी ने इसे दुर्नीति का शिकार बनाया। पेशवा को सन् 1818 में गद्दी से अलग करते हुए ऐलान किया कि कम्पनी मराठा राज्यों में किसी प्रकार का हस्तक्षेप नहीं करेगी और न उनके उत्तराधिकारी मामलों में कोई दखलन्दाजी ही करेगी। सतारा का राजा मराठा मंडल का मुखिया माना जायेगा तथा पूना की जगह सतारा इनकी राजधानी होगी, परन्तु बाद में अंग्रेजों ने क्या किया यह किसी से छुपा नहीं रहा।

राबर्ट नाइट बतलाता है-"ऐलान के वायदों और सतारा के राजा की पुनः स्थापना, इन दोनों ने मिलकर पेशवा का नाश कर दिया और अब हमारा जानबूझ कर उन वायदों से फिर जाना जो हमने उस समय किये थे एक ऐसा काम है जिसे कोई भी ईमानदार आदमी निन्दनीय ठहराये बगैर नहीं रह सकता चाहे ऐसे वचन भंगों के लिए कितनी ही ऊपरी दलीलें दें, सब बेकार हैं।"

इसी प्रकार सन् 1854 में नागपुर को भी हड़प लिया जबकि 10 वर्ष पूर्व रेजीडेंस के नाम एक पत्र द्वारा गवर्नर जनरल ने राजा की मृत्यु के बाद रानी को दत्तक पुत्र लेने का अधिकार स्वीकृत किया था परन्तु अब उसी गवर्नर जनरल के सिपाही बलात ही नागपुर के महलों में घुसकर लूटने लगे, यहाँ तक की महलों के फर्श तक उखाड़ दिये गये। महलों की सारी सम्पत्ति जिसमें रानियों के हीरे, जवाहरात, आभूषण एवं रोजमर्रा काम में आने वाले कपड़े, सोने-चाँदी की तश्तरियाँ तथा बर्तन, हाथी, घोड़े, ऊँट, गाय, बैल आदि शामिल थे बाहर लाकर सस्ते दामों पर महारानी के समक्ष नीलाम कर दिये।

झाँसी के अपहरण की कहानी कम शर्मनाक नहीं। सन् 1817 में राजा रामचन्द राव और कम्पनी के मध्य जो संधि हुई थी उसे अंग्रेजों ने बिल्कुल तोड़ दिया था। इस कहानी की भयंकरता से मालूम पड़ता है कि इस नवयौवना झाँसी की बहादुर रानी ने सन् 1857 की जनक्रान्ति में इतनी प्रमुखता से भाग क्यों लिया? (पढ़ें अगले पृष्ठों पर 'झाँसी का विप्लव-रानी की कहानी' शीर्षक में) अन्य रियासतों के अपहरण की कहानियाँ भी कुछ इसी प्रकार की रहीं।

महाराजा रणजीत सिंह के साथ अंग्रेजों ने जो विश्वासघात किया उसके लिए सिर्फ संकेत कर देना ही पर्याप्त है। सन् 1849 में लाहौर दरबार में गन्दी से गन्दी साजिशें की गईं। दलीपसिंह और उसकी माता महारानी जिन्दाकौर के साथ कमीना व्यवहार किया गया। दलीपसिंह को जहाँ ईसाई बनाकर ब्रिटेन भिजवा दिया गया वहीं महारानी से अंग्रेजों ने कोहिनूर हीरा हड़प लिया। सिखों को अपमानित करने के लिए डलहौजी उनके पवित्र दरगाह साहब अमृतसर में जूतों से गया। इन सभी कारणों से सिखों के हृदय में इनके प्रति सख्त नफरत पैदा हो गई।

राजाओं और राज्यों के अलावा जागीरदार, ताल्लुकेदार एवं जर्मीदार भी इनकी घिनौनी अमर्यादित नीतियों से बच नहीं पाये। अवध के नवाब आरम्भ से ही अंग्रेजों के समर्थक रहे उपरान्त भी वाजिद अलीशाह पर कुप्रबन्धन का आरोप लगा कर 22 फरवरी, 1856 को अवध को अंग्रेजी राज्य में मिला लिया और वाजिद अलीशाह को कलकत्ता में कैद में डाल दिया।

अवध के अन्तर्गत ज्यादातर ताल्लुकेदार और जमींदार सब हिन्दू ही थे, इन सबकी जागीरें और ताल्लुकेदारियाँ भी जब्त कर लीं। इन कृत्यों से अवध में कुछ समय तक घोर आतंक छाया रहा। वहाँ जो अन्याय और अमानुषिकता की गई उनको अनेक अंग्रेज इतिहासकारों ने ही साफ शब्दों में स्वीकारा है। इतिहासकार सर जान ने तो इसे जबरदस्त अन्याय बतलाया है और भारतीय दृष्टिकोण से इसे मानवता का कलंक कह सकते हैं।

ऐसी हैवानियत का तांडव अकेले अवध क्षेत्र में ही नहीं किया बल्कि सभी छोटी बड़ी जमींदारियों को इसी दुर्नीति का शिकार बनाया गया। डलहौजी ने इनाम कमीशन के

नाम पर एक कमेटी का गठन किया जिसके माध्यम से देश में स्थित 35000 जागीरों और इनामों की स्थिति के बारे में जाँच कराई। इस जाँच के माध्यम से डलहौजी ने दस वर्ष में 21000 पैतृक जागीरें और जमींदारियों को जब्त कर लिया।

मद्रास कौसिंल के तत्कालीन सदस्य जान सलिबान ने अपनी पुस्तक में लिखा, "इन जागीर और जमींदारियों की जब्ती का नतीजा क्या हुआ? एक देशी राज्य को समाप्त करने के बाद एक अंग्रेजी कमिश्नर के नाम से उस राजा का स्थान ले लेता था। दर्जनों देशी अधिकारियों की जगह 3-4 अफसर नियुक्त किये जाते, जिन हजारों सैनिकों का भरण-पोषण उस राज्य में होता उनकी जगह कुछ सैनिक अंग्रेज ले लेते, वहाँ का छोटा सा दरबार खत्म हो जाता, राजधानी मुरझा जाती, वहाँ की जनता गरीबी की शिकार बनती और अंग्रेज पनपने लगते। गंगा के किनारे से सारी सम्पत्ति चूसकर स्पंज की तरह टेम्स के किनारे ले जाकर निचोड़ देते।" (ए प्ली फोर दी प्रिंसेज ऑफ इंडिया पृष्ठ 67)

इसी प्रकार के षड्यंत्र दिल्ली बादशाह के खिलाफ भी चलाये जा रहे थे। इन्होंने धीरे-धीरे उसके सारे अधिकार, सम्मान आदि समाप्त कर दिये बल्कि इसके विरुद्ध बेईमानी, झूठ, रिश्वत और लूट का बाजार भी गर्म करने लग गये। अब बादशाह की किसी बात को स्वीकार करना अभिशाप मान लिया। बादशाह यदि कुछ माँग करे तो उसे व्यंग्यात्मक अथवा कड़वी बात कहकर समाप्त करना इन्होंने अपनी आदत बना ली। बादशाह के बुढ़ापे का फायदा उठा कर इन्होंने कौन से कार्य नहीं किये, बल्कि खुले में बेगमों की माँग तक कर डाली। सन् 1856 के अन्त तक अंग्रेजों ने इसे मात्र दर्शनीय हुन्डी के रूप में लाकर खड़ा कर दिया। अब तो अंग्रेजों की एक लालसा थी जल्दी से जल्दी कैसे लाल किला इस बूढ़े बादशाह से खाली कराया जाये।

इसी प्रकार की नीतियाँ पेशवा बाजीराव द्वितीय के दत्तक पुत्र घोड़ोपत। (नाना साहब) के साथ डलहौजी ने अपनाई। इनको पेंशन देना बन्द कर दिया बल्कि पेशवा के गुजरने के बाद नाना साहब को स्पष्ट कहलवा दिया कि वे अपनी बिठूर की जागीर को खाली करने की तैयारी करें। इस अन्यायपूर्ण कृत्य से नाना साहब अंग्रेजों के प्रबल शत्रु बन गये।

उपर्युक्त कारणों के अलावा सन् 1854-56 के मध्य हुए क्रीमीया युद्ध ने भी भारतीयों के हौसलों को बुलन्द किया। इस युद्ध में अंग्रेजों की शक्तिहीनता ने प्रेरित किया भारतीयों को अंग्रेजों के खिलाफ मैदान ए जंग में उतरने के लिए, क्रीमिया की तरह हथियार उठाने को।

इस युद्ध में शामिल अजीमुल्ला खाँ और अन्य सैनिकों को स्पष्ट हो गया था कि हम लोग भी अंग्रेजों को परास्त कर सकते हैं लिहाजा भारतीयों ने अंग्रेजों की क्रूर बर्बरता के खिलाफ हथियार उठाने में कोई संकोच नहीं किया।

सैनिक विद्रोह के कारण

उपर्युक्त कारण ही किसी जनक्रान्ति के लिए पर्याप्त हैं परन्तु इस क्रान्ति का अगुवा कौन बने? यह प्रश्न रह-रह कर भारतीयों के दिलो दिमाग को असन्तुलित किये हुये था। प्रथम तो आम भारतीयों के पास हथियार, गोला-बारूद ही नहीं थे, द्वितीय, उनमें रणकौशल का अभाव था इसलिये ही सन् 1857 से पूर्व ढेरों विद्रोह अंग्रेजों के खिलाफ हुये जो कहीं जनता, संस्था और समूहों के नेतृत्व में किये गये। वे सब मात्र उपर्युक्त कारणों से ही असफल होते चले गये।

इन कारणों ने निश्चय ही जनक्रान्ति की बारूद तो तैयार कर दी परन्तु उसे चिंगारी कौन लगाये? इसके लिए सैनिकों से ज्यादा कौन सहायक हो सकता था। भारतीय फौज में गोरों के अलावा देशी सैनिक भी थे जो अंग्रेजों के व्यवहार, भेदपूर्ण नीति आदि के कारण असन्तोष की ओर बढ़ रहे थे जिन्हें भड़काने का काम भी स्वयं अंग्रेजों ने निम्न प्रकार से किया जो आगे चलकर सैनिक विद्रोह से जनक्रान्ति के रूप में परिवर्तित हो गया।

(अ.) सेना का पुनर्संगठन—अंग्रेजों ने सन् 1796 में भारतीय सेना का पुनर्संगठन किया जिसमें अनुभवी अधिकारियों को वापिस ब्रिटेन भेज दिया गया वहीं हजारों भारतीय सैनिकों को बगैर कारण घर बैठा दिया गया जिससे वे बेरोजगार हो असहाय बन गये। उम्र के मध्य पड़ाव पर न तो वे मजदूरी करके पेट ही भर सकते थे और न उन्हें इतना वेतन ही दिया गया जिससे बचत कर अपने शेष जीवन को सुखद कर सकते, और खेती करना वे जानते नहीं थे। लिहाजा उनमें अंग्रेजों के प्रति प्रतिशोध की भावना जाग्रत होने लगी। जिसने समय आने पर इन्हें प्रेरित किया अंग्रेजों केखिलाफ विद्रोह की तलवार उठाने को।

(ब.) भेदपूर्ण नीतियाँ—भारतीय सेना में काले-गोरे सिपाहियों में आरम्भ से ही असमानता का व्यवहार किया जाता रहा। गोरे सिपाहियों को जहाँ वेतन ज्यादा, पदोन्नति के अवसर एवं खानपान की अच्छी सुविधा के साथ ड्यूटी भी कम देनी होती वहीं भारतीय सैनिकों को कम वेतन ही नहीं बल्कि पर्याप्त भोजन भी नहीं मिलता, ड्यूटी ज्यादा और पदोन्नति के अवसर नगण्य।

द्वितीय, सेना में नये अफसर आने से नये-नये कानून बनने और बदलने लगे जिन्हें केवल देशी सैनिकों पर ही लागू किया गया। उदाहरण के तौर पर सिपाहियों को आदेश दिये गये कि वे दाढ़ी नहीं रखें, तिलक न लगायें, कानों में बालियाँ नहीं पहनें एवं पगड़ी के स्थान पर टोप का प्रयोग करें। एक अन्य आदेश के तहत सिपाहियों को ऐसे टोप लगाने को कहा गया जिनमें चमड़े का तुर्रा होता था। यह तुर्रा गाय सुअर की खालों से बनाया

जाता था। ऐसे आदेशों ने सिपाहियों के हृदयों में अंग्रेजों के प्रति नफरत की आग जला दी।

भारतीय सैनिकों की स्थिति बहुत ही दयनीय थी। इनको पदोन्नति के अवसर यदा-कदा ही मिल पाते। नियम था कि सेना में अधिकारी केवल अंग्रेज ही हो सकता था। इनको वेतन मात्र सात रुपये मिलता जिसमें से वर्दी भोजन आदि का खर्च काट कर मात्र डेढ़-दो रुपये ही हाथों में मिल पाते जिससे इनके परिवार का पेट भरना भी असम्भव था।

भारतीय सैनिकों को समुद्र पार भेजा जाता, जिससे इनकी धार्मिक और सामाजिक भावनाओं को चोट पहुँचती। उस समय भारतीय समाज में रिवाज था समुद्र से पार जाने वाले व्यक्ति को बिरादरी से निष्कासित कर दिया जाता था।

तृतीय, भारतीय सैनिक अधिकतर उच्च जाति के थे जिनसे अंग्रेज अत्यन्त अभद्रता का व्यवहार करते। भद्दी-भद्दी गालियाँ तक देते। काला आदमी कह कर उसका मजाक भी उड़ाते। भारतीयों को वे निम्न स्तरीय जानवर समझ कर सदैव इनसे दूर रहते। यही सब कारण थे जिनसे प्रेरित होकर भारतीय सैनिक समय-समय पर विद्रोह कर अपनी भावनाओं को स्पष्ट करते रहे। सन् 1806 में वैल्लोर में, 1824 बैरकपुर में, 1830 शोलापुर में, 1842 हैदराबाद में एवं सन् 1842-43 में सिन्ध के सैनिकों ने उपर्युक्त कारणों को लेकर विद्रोह किये। अंग्रेजों ने कठोरतापूर्वक सम्बन्धित विद्रोहों का दमन तो कर दिया परन्तु सैनिकों के हृदयों में आक्रोश निरन्तर जमा होता ही रहा।

(स) चर्बी वाले कारतूस—लार्ड राबर्ट्स, अपनी पुस्तक में तत्कालीन प्रधान सेनापति एन्सन द्वारा गवर्नर जनरल लार्ड केनिंग को विद्रोह हो जाने के बाद लिखे एक पत्र का अंश उद्धृत करते लिखता है, "नये कारतूसों को देखने के बाद मुझे इस बात पर तनिक भी आश्चर्य नहीं हुआ कि भारतीय सिपाहियों ने उनका उपयोग करने पर आपत्ति की। मुझे तो खयाल ही न था कि उनमें इतनी अधिक और ऐसी चिकनाई का उपयोग किया गया है जो कि बिल्कुल चर्बी ही दिखलाई पड़ती है। इन कारतूसों की गोली छूटने के बाद बन्दूक की सारी नाली चर्बी से भर जाती है। इससे पता चलता है कि इन कारतूसों से भारतीय सिपाहियों की धार्मिक भावनाओं की कितनी उपेक्षा की गई।" (भारत के इकतालीस साल, पृष्ठ 94-431)

उपर्युक्त तथ्य से सिद्ध होता है कि भारतीयों की धार्मिक भावनाओं को आघात पहुँचाने की दृष्टि से, ऐसे कारतूस उपयोग में लाने के लिए सिपाहियों को दिये गये जिससे उनके मन में घृणा पैदा हो गई इसलिये वे इन्हें लेने से मना भी करते रहे और बहुत से सैनिकों ने स्पष्ट तौर पर लेने से इन्कार कर दिया। अंग्रेजों ने आदेशों की अवमानना करने वाले को दस वर्ष की सजा का प्रावधान निश्चित किया हुआ था।

अंग्रेजों की इस जोर–जबरदस्ती वाली (धर्मभ्रष्टता) नीति से ही क्रोधित होकर 29 मार्च, 1857 को बंगाल के बैरकपुर स्थान पर भारतीय वीर सिपाही मंगल पांडे ने इन्हीं कारतूसों का पहला शिकार एक अंग्रेजी अधिकारी को बनाते हुए अंग्रेजों के खिलाफ विद्रोह का बिगुल बजा दिया। यह घटना ही भविष्य में जनक्रान्ति रूपी यज्ञ की प्रथम आहुति बनी जिसने संमूचे देश को अपने आगोश में ले लिया।

□□□

10

जनक्रान्ति का सूत्रपात

इस जनक्रान्ति की आधारशिला तो प्लासी के युद्ध के साथ ही रख दी गई थी जिसे अंग्रेजों ने ही अपनी फरेबी नीति एवं षड्यंत्रों के माध्यम से मजबूती प्रदान की। यदि अंग्रेज किसी इन्सानियती मापदंड के आधार पर भारत में काबिज होने का प्रयास करते तो भारतीय लोग शायद ही राष्ट्रव्यापी क्रान्ति का आह्वान करते। चूँकि इनकी प्रवृत्ति शताब्दियों से गुलाम बने रहने की थी, वहीं मुगलसत्ता अपने आप में खोखली होती जा रही थी परन्तु अंग्रेजों ने अपने अत्याचार, अमानवीय कृत्यों तथा विश्वासघाती षड्यंत्रों के माध्यम से यहाँ के जनजीवन को ऐसा रौंद डाला कि भारतीयों को इनके खिलाफ खड़े होने के अलावा अन्य कोई चारा नजर आता नहीं दिखलाई पड़ा।

उपर्युक्त तथ्य की पुष्टि हमें मेटकाफ के उस पत्र से होती है जिसे उसने जनक्रान्ति के 33 वर्ष पहले लिखा जब वह सन् 1835-36 में भारत का गवर्नर जनरल था-

"पूरा भारत हर घड़ी यही मनाया करता है कि हमारा तख्त
पलट जाये, हमारे नाश पर हर जगह लोग खुशियाँ मनायेंगे
और ऐसे लोगों की कमी नहीं जो उस घड़ी को नजदीक
लाने में पूरी शक्ति लगा देंगे"

इस पत्र से यह स्पष्ट होता है कि सन् 1835-36 से पूर्व इन्होंने देश का शोषण ही नहीं किया बल्कि लाखों व्यक्तियों को जहाँ भूखों मरने के वास्ते बाध्य किया वहीं बाद में रियासती सामन्तों के साथ की गई सन्धियों को भंग करते हुए उनकी इज्जतों को सरे आम लूटा, लुटवाया, जिससे आम जनता के हृदय में असन्तोष की आग सुलगने लगी। लोग समय का इन्तजार कर रहे थे कि अचानक 29 मार्च, 1857 को बैरकपुर छावनी में मंगल पांडे नामक एक स्वाभिमानी भारतीय सैनिक ने अंग्रेजों को सावधान करते बतला दिया कि हम नौकर हो सकते हैं परन्तु पालतू गुलाम नहीं। उसने तड़ातड़ उसी चर्बी वाले कारतूस से एक अंग्रेज अधिकारी को ढेर करके राष्ट्रव्यापी जनक्रान्ति का श्रीगणेश कर दिया, जिन कारतूसों को नई रायफलों के साथ इन्हें दिया जा रहा था। दूसरा तथ्य जो हमें मिलता है वह है भग्न रियासतों का समयानुसार चिन्तन एवं अंग्रेजों के खिलाफ संगठित होना।

जैसे-जैसे रियासतों का अपहरण कर अंग्रेज इनकी प्रतिष्ठा को धूमिल करते आ रहे थे वैसे-वैसे ही देशी रजवाड़ों की नसों में पूर्वजों का खून उबाल लेने लगा अतः कुछ

उत्साही, स्वाभिमानी नायकों ने मिलकर गुप्त मंत्रणा की और यह निष्कर्ष निकाला कि अब समय आ गया है इस क्रूर जाति को देश से खदेड़ देने का, इन्हें निकाले बगैर हमारा धर्म तो क्या राष्ट्र भी सुरक्षित नहीं।

पाठकों को यहाँ यह अवगत कराना असंगत नहीं रहेगा कि देश में यही वह प्रथम वर्ग था जिसने परस्पर युद्धों से बचने, मुगलसत्ता की लूट से एवं स्वयं की शानोशौकतों में किसी प्रकार का व्यवधान उत्पन्न न हो, इन सभी शंकाओं की मुक्ति हेतु सबसे पहले अंग्रेजों को अपना आका बना अप्रत्यक्ष रूप से उन्हें अपनी रियासतें समर्पित कर दीं, उन्हें देवतुल्य सम्मान दिया एवं उनकी खातिरदारी में अपनी ही गरीब जनता पर टैक्सों का अतिरिक्त बोझ डाला। आज उन्हीं आकाओं ने अपनी भेदपूर्ण नीतियों के माध्यम से इन्हें जमीन पर खड़ा कर दिया था।

इतना सब कुछ होने के उपरान्त भी ढेरों ऐसी वफादार रियासतें रहीं जिन्होंने सन् 1857 की राष्ट्रव्यापी जनक्रान्ति में तन-मन-धन से अंग्रेजों की मदद कर अपने ही लोगों की हत्यायें कराईं।

कहाँ गई उन नरेशों की राजपूती आन और देश के प्रति वफादारी जिनके पूर्वजों ने देश के लिए पीढ़ी दर पीढ़ी लोहू बहाया था और इन्होंने मात्र सोने-चाँदी के मेडल और रियासती कर्जों से मुक्ति हेतु अपने ही लोगों की हत्यायें करवाकर गद्दारी की।

अब हम अपनी मूल बात पर आते हैं। तथाकथित नरेशों ने गुप्त रूप से योजना बनाते हुये 31 मई, 1857 से देशव्यापी जनक्रान्ति के आह्वान के साथ अंग्रेजों के खिलाफ हथियार उठाने का निर्णय लिया, साथ ही तय किया गया कि सभी शासक वर्ग जनता का सहयोग लेकर अपने-अपने क्षेत्रों से इन्हें खदेड़ना आरम्भ कर दें, इस पवित्र काम में किसी प्रकार की उदासीनता नहीं बरती जाये। बेचारी जनता का सहयोग तो इन्हें बिना कहे मिलना ही था चूँकि शताब्दियों से यही वर्ग जनता का पथ प्रदर्शक अन्नदाता अथवा अगुवा रहा।

अपनी योजनाओं को प्रसारित करने में नेताओं ने तो अहम श्रम किया ही, तत्कालीन अखबारों ने भी इनकी नीतियों, घोषणाओं को प्रचारित करने में किसी प्रकार का भय नहीं माना बल्कि कफन को सर पर बाँध कर क्रान्ति के जंगे मैदान में कूद पड़े, जिनमें पयामे आजादी, सादिकुल एवं सुधावर्षण की टिप्पणियाँ अन्य अखबारों से ज्यादा प्रभावी रहीं।

पयामे आजादी—यह दिल्ली से प्रकाशित होने वाला हिन्दी उर्दू का दैनिक अखबार था जिसका आरम्भ ही क्रान्तिकारियों की नीतियों के आधार पर फरवरी, 1857 से बादशाह बहादुरशाह के पौत्र मिर्जा बेदारवक्त ने किया। इस पत्र में खास तौर से नेताओं के लेख, अपील, घोषणायें जैसी सामग्री प्रकाशित होती। बादशाह के पत्र जो देशी

राजाओं और प्रजा को लिखे गये, भारतीय नरेशों की एकता के सम्बन्ध में अजीमुल्ला खाँ का महत्वपूर्ण वक्तव्य भी इसी पयामे आजादी में छपा। कहने का मतलब कि देश की स्वाधीनता के लिये यह अखबार एक भारतीय की सच्ची आवाज थी। यह अखबार बादशाह के जलावतन के साथ ही अन्त कर दिया गया और इसके सम्पादक मिर्जा बेदारवक्त को सुअर की चर्बी मल कर फाँसी पर चढ़ा दिया गया।

पाठकों को यहाँ उक्त अखबार में दी गई एक टिप्पणी प्रस्तुत कर रहे हैं जो उस समय अत्यन्त जोखिम भरी बात थी।

हिन्द के वाशिन्दों! आपको जिस घड़ी का इन्तजार था, आजादी की वह पाक घड़ी आन पहुँची है। हिन्दुस्तान के वाशिन्दे अब तक धोखा खाते रहे और अपनी तलवारों से अपनों के गले काटते रहे। अब हमें मुल्कफरोशी के इस गुनाह का कुफ्रकारी करना चाहिये। अंग्रेज अब भी अपनी पुरानी दगाबाजी से काम लेंगे। वे हिन्दुओं को मुसलमानों के खिलाफ, मुसलमानों को हिन्दुओं के खिलाफ भड़काने की कोशिश करेंगे। लेकिन भाइयों, इनके जाल में और फरेबों में न फँसना। हिन्दू और मुसलमान भाइयों! अपने छोटे से छोटे तफरकों को भूल जाओ और मैदाने जंग में एक झंडे के नीचे खड़े हो जाओ। जो भी शख्स इस कौमी जंग की मुखालफत करेगा, वह खुद अपने सर पर कुल्हाड़ी मारेगा और खुदकुशी का गुनाह करेगा।

फिजातुल अखबार में एक समाचार प्रकाशित हुआ कि तमाम मुसलमानों का कर्त्तव्य है कि वे कटिबद्ध होकर ईरान के सम्राट की सहायता करें और कर्त्तव्यपरायणता के साथ शस्त्र सँभालने में सहयोग दें तथा अंग्रेजों के साथ संघर्ष करें ताकि इन्हें नष्टभ्रष्ट कर पारितोषिक प्राप्त करें।

दैनिक समाचार पत्र समाचार सुधावर्षण—यह हिन्दी में निकलने वाला पहला दैनिक समाचार पत्र था जो कलकत्ता से सन् 1885 में निकलना आरम्भ हुआ परन्तु अपनी तीखी कलम के कारण लार्ड केनिंग ने सन् 1857 का 11वां अधिनियिम बना कर 13 जून, 1857 को प्रेस पर प्रतिबन्ध लगाकर इसे अल्प अवधि में ही समाप्त कर दिया। 18 मई 1855 को इसने लार्ड डलहौजी के व्यवहार पर सम्पादकीय कुछ इस प्रकार लिखा—''हम लोग के गवर्नर जनरल लार्ड डलहौजी बहादुर ने नागपुर राज्यापहरण कर राजराणियों का गहना और सब खजाना लूट लाके कलकत्ता महानगर के तोपखाने में रखा है। नागपुर की महाराणियाँ जिस महल में वास करती उन्हें उस महल से निकाल कर दूर कहीं और एक छुद्र स्थान में वास कराने की इच्छा करता हैं। यदि यही बात सत्य है तो ब्रिटिश गर्वनमैंट ने भारतवर्ष निवासी राजाओं पर अन्याय अत्याचार और जोराबरी करने को, जो आरम्भ किया है इसकी हद हो चुकी है। काहे से कि धन, गहना और कपड़ा लूट के

उनका झौपड़ा भी अब छीनने का इरादा किया इससे अधिक क्या जोराबारी करनी होती, नागपुर राज्य पर जो अत्याचार बलात्कार किया ऐसा किसी राज्य पर प्रकाश नहीं पड़ता, विधवा राणियों को नाना प्रकार की यातना देते हैं क्या यह उचित हैं?''

उपरोक्त तथ्य मासिक पत्रिका नया समाज कलकत्ता सन् 1957 से लिये गये हैं।

सादिकुल अखबार—यह भी दिल्ली से निकलने वाला पुराना अखबार था। इसमें भड़काऊ समाचारों के साथ अंग्रेजों की खिलाफत की बातें ज्यादा स्थान पाती थी। बादशाह पर मुकदमे के दौरान इस अखबार की ढेरों प्रतियाँ बतौर गवाह के प्रस्तुत की गईं। ईरान के शाह का फरमान भी इसी अखबार में प्रकाशित हुआ था।

इस प्रकार क्रान्तिकारियों ने अखबारों के माध्यम से भी भारतीय जनता को प्रेरित किया अंग्रेजों के विरुद्ध संघर्ष करने के लिए। जून, 1857 में प्रतिबंध लगा देने से जहाँ बहुत सी घटनायें लुप्त हो गईं वहीं क्रान्तिकारियों के सम्पर्क सूत्रों में कमी भी आई।

तात्यां टोपे, नाना साहब एवं अजीमुल्ला खाँ इस जनक्रान्ति के पहले अगुआ बने। इन्होंने तीर्थ यात्रा के बहाने समूचे भारत की यात्रा की। इस यात्रा में संदेह न हो इसलिये ये लोग अंग्रेज अधिकारियों के साथ-साथ रजवाड़ों और सिपाहियों से सम्पर्क स्थापित करते आते। अजीमुल्ला खाँ ने तो विदेशी सहायता के लिए भी यत्न किया। बतलाते हैं इटालियन नेता गेरीबाल्डी इसको वचन भी दे चुका था परन्तु स्वयं के देश की आन्तरिक अशान्ति को देखते हुए यह भारत नहीं आ सका। शाह ईरान का फरमान भी जनक्रान्ति के पक्ष में आया था जिसे दिनांक 19 मार्च, 1857 को दिल्ली की मस्जिदों पर चिपकाया गया था जिसके संक्षिप्त सार का यहाँ रूपान्तर दिया जा रहा है—

> ''जो लोग इस्लाम का दावा करते हैं उनका फर्ज है कि ईसाइयों को मदद न दें और मुसलमानों की तरक्की में अपनी तमाम ताकत लगा दें। वह वक्त पास आ रहा है कि माबदौलत हिन्दुस्तान के तख्त पर बैठेंगे और अपनी प्रजा को उतना ही सुखी बना देंगे जितना कि अंग्रेजों ने दुखी बना रखा है। हम खुद उनकी तरक्की की तरफ ध्यान देंगे। हम किसी धर्म में कोई रुकावट नहीं डाला करते और न वहाँ डालेंगे।''

इस क्रम में सादिकुल अखबार का सम्पादक बतलाता है कि यह ऐलान जिस पर छपा था उस पर तलवार और ढाल की शक्ल के चिह्न बने हुए थे। यह ऐलान मोहम्मद सादिक नामक किसी व्यक्ति द्वारा कराया गया था। सम्पादक की राय में यह फरमान संदिग्ध था, इसमें कोई सच्चाई प्रतीत नहीं होती फिर भी दिल्ली के अंग्रेज अधिकारी ने मोहम्मद सादिक को गिरफ्तार करने के आदेश कर दिये कि इसमें सहयोग करने वाले को

मुँहमाँगा इनाम दिया जायेगा। (सादिकुल अखबार, देहली, 23 मार्च, 1857 से)

क्रान्तिकारी लोग गुप्त सभायें करते जिनमें नकाबपोश बकुता होते। मौलवी और पंडित के भेष में जनता में जाकर प्रचार करते, बतलाया जाता है कि उन दिनों में सांकेतिक भाषा में लिखे गये इन लोगों के बहुत सारे पत्र पकड़े भी गये। स्थान-स्थान पर पीले चावल बाँटे गये तो कहीं चपातियों के माध्यम से निमंत्रण भिजवाये। देशी पलटनों में चुपचाप हाथों हाथ कमल का फूल घुमाया गया।

उपर्युक्त सभी बातें निरर्थक और आकस्मिक नहीं कही जा सकतीं बल्कि ये सभी बातें देशव्यापी स्तर पर एक गुप्त संगठन का अस्तित्व प्रमाणित करती हैं और इस तथ्य को चार्ल्स मेटकाफ जैसे लोगों ने स्वीकारा भी।

जो तारीख इस संगठन द्वारा जनक्रान्ति का बिगुल बजाने के लिए तय की गई वह निश्चित रूप से सभी स्थानों पर नहीं पहुँच पाई जिसके कारण अनेकों प्रान्तों में भिन्न-भिन्न समय पर क्रान्ति हुई। सूचना के अभाव में ही 29 मार्च को बैरकपुर में चिन्गारी फूटी जिसने बाद में मेरठ, दिल्ली, झाँसी, कानपुर, अवध, बंगाल, हैदराबाद आदि स्थानों को अपनी चपेट मे ले लिया।

□□□

11
बैरकपुर का गोलीकांड—मंगल पाडे की कुर्बानी

अंग्रेजों के अस्थायी शासन में फौजी बगावत नहीं हुई, ऐसी बात नहीं। पहले सैनिकों में असमानता, भेदभावपूर्ण नीति, वेतन आदि को लेकर अनेकों बार इनके विरुद्ध विद्रोह हुए जिन्हें समय-समय पर कभी सख्ती से तो कभी कोरी सहानुभूति का मलहम लगा कर शान्त करते रहे परन्तु बैरकपुर का गोलीकांड उपर्युक्त बगावत के बिल्कुल विपरीत था। इसका मुख्य कारण चर्बी वाले कारतूसों को बतलाया गया जिन्हें सिपाहियों को जबरदस्ती उपयोग में लाने के लिए बाध्य किया जा रहा था। आदेशों की अवहेलना करने पर दस-दस साल की सजा की धमकी दी जा रही थी। इससे सिपाहियों के हृदय में जो भेदभाव वाली नीति के कारण असन्तोष व्याप्त था, इन कारतूसों ने उसमें और जहर भर दिया। सिपाहियों में बदले की भावना जोर पकड़ती जा रही थी।

एक रोज बैरकपुर जेल परिसर में दोपहर बाद जब सैनिकों की अंग्रेजी अफसर द्वारा परेड ली जा रही थी उस समय नई रायफल के साथ चर्बी वाले कारतूस भी वितरण किये जा रहे थे, नहीं लेने पर कठोर दण्ड का प्रावधान पहले से ही सिपाहियों को सुनाया हुआ था लिहाजा बेचारे सिपाही खून का सा घूँट पीते उन्हें लेते जा रहे थे।

इसी दौरान एक तरफ से तड़ातड़-तड़ातड़ की आवाज आई और परेड लेने वाला अधिकारी मौके पर ही ढेर हो गया। कहने का मतलब एक काले फौजी के हाथों एक सुन्दर न्यायप्रिय कहलाने वाले गोरे अधिकारी की नृशंस हत्या ड्यूटी समय में वह भी सुरक्षित कहलाने वाले जेल परिसर ग्राउंड में हो गई। परेड तितर-बितर हो गई।

हत्यारा भागता नहीं है बल्कि विजयोत्सव में वहीं खड़ा रह कर घोषणा करता है "ऐसे जालिमों की हत्या होनी ही चाहिये, धर्म यज्ञ में यह प्रथम आहुति है, जब तक यज्ञ का पूरी तरह समापन न हो ऐसी नर बलि चढ़ती ही रहेगी, भारत माता ऐसे अधर्मियों का खून चाहती है, जय हिन्द जय भारतमाता...।"

इस हत्या करने वाले युवक को तुरन्त ही संगीनों के जोर पर गोरे सिपाहियों ने ऐसे

पकड़ लिया मानो किसी पागल शेर को पकड़ा हो। उनके चेहरों पर प्रसन्नता, इनाम, इकराम की प्रतीक्षा थी।

युवक को तुरन्त गिरफ्तार कर सलाखों के पीछे डाल दिया गया। उससे यह पूछने वाला कोई नहीं था कि बन्दे तूने यह क्या किया, क्यों किया? किसके आदेश से? ये कैसा यज्ञ और यह कैसी आहुति?

फौजी कोर्ट के समक्ष उसे प्रस्तुत किया गया जहाँ पूछा गया कि तुमने यह जुल्म क्यों और किसके इशारे पर किया? पता है इसका क्या परिणाम होगा? उस काले युवक ने बगैर भय और संकोच के कहा...

"मुझे मेरे कृत्य पर किसी प्रकार का पछतावा नहीं... बल्कि खेद है कि मैं अपने कर्त्तव्य का भलीभाँति पालन नहीं कर सका... किसी ने गुमराह नहीं किया बल्कि अन्तर्रात्मा ही इसका प्रेरणास्रोत है।

सच्चाई तो यह है जो व्यक्ति अथवा शासन दूसरों के धर्म को बलात ही धोखे से नष्ट करने का प्रयास करे तो हमारी नीति कहती है कि उसके साथ उसी प्रकार का व्यवहार करना न्यायोचित है जिससे वह भविष्य में किसी के साथ इस प्रकार की जोर जबरदस्ती नहीं कर सके... चाहे ऐसे लोगों के तार लंदन से जुड़े हुये हों अथवा फोर्ट विलियम दुर्ग से अनुबन्धित हों। जिन्होंने भारतीयों के धर्म को नष्ट करने के लिए ही कारतूसों में चर्बी का प्रयोग किया, इन्कार करने पर प्रताड़ित किया जाता रहा, धमकियाँ दी गईं... ये लोग ऊपर से जितने सभ्य और गोरे दिखलाई पड़ते हैं उतने ही उनके हृदयों में कालिख लगी हुई है।

हिन्दूओं के लिए जैसे गाय माता पूज्य है उसी प्रकार मुस्लिम भाइयों को सुअर से नफरत होती है... ये जालिम एक तीर से दो शिकार करना चाहते थे परन्तु ध्यान रखें यह तो आरम्भ होने वाले यज्ञ की प्रथम आहुति है यदि शीघ्र षड्यंत्रों पर अंकुश नहीं लगाया गया तो यह यज्ञ ही राष्ट्र का माह अनुष्ठान बन समूची गोरी सरकार को अपने में समाहित कर लेगा अर्थात् उस महायज्ञ में ऐसे अपराधियों को काट-काट कर आहुतियाँ देने का क्रम आरम्भ हो जायेगा जब तक माँ भारती का स्वतंत्रता रूपी खप्पर पूरी तरह से भर नहीं जाता।"

वह युवक फिर जोर से कहता है, "मैंने कोई अपराध नहीं किया बल्कि नीतिगत सचेत ही किया है। मैंने वही किया जो त्रेता में भगवान राम ने धर्मभ्रष्ट रावण के साथ किया। द्वापर में पांडवों ने सत्ता में मदहोश कौरवों के साथ किया।

महोदय, जानवर भी गन्दगी से अपना मुँह मोड़ लेता है जिसमें हम उन ऋषियों की सन्तानें हैं जो मात्र झूठ बोलने पर भी प्रायश्चित करना अपना धर्म समझते थे... फिर यहाँ

तो डन्डे के बल पर चर्बीयुक्त कारतूसों को मुँह से खोलने को बाध्य किया जा रहा है जो धर्म के विरुद्ध ही नहीं हैवानियत की पराकाष्ठा है... क्या हम जानवरों से भी गिरे हुये हैं? जिन्हें परहेज न हो। मैंने जो भी किया वह स्वयं के हित में धर्म की रक्षार्थ एवं सम्पूर्ण समाज को सतर्क करने के लिए किया... मुझे गर्व है अपने इस कृत्य पर।''

फौजी कोर्ट ने युवक द्वारा दी गई दलीलों पर कोई ध्यान नहीं दिया, देते भी क्यों? सुअर, गाय की चर्बी लगे कारतूसों के उपयोग का षड्यंत्र भी तो इन्हीं का था, इन्होंने तो केवल यह देखा कि एक गुलाम व्यक्ति की इतनी हिम्मत जिसने ड्यूटी पर रहते सरकारी बन्दूक से अपने ही अधिकारी अंग्रेज की हत्या कर दी?

फौजी ज्यूरी ने अपना संक्षिप्त निर्णय देते हुए कहा, ''आरोपी ने दिनांक 19 मार्च, 1857 को बैरकपुर जेल परिसर में ड्यूटी देते समय जानबूझकर अपने एक अधिकारी की हत्या कर संगीन जुर्म किया है... लिहाजा इसे प्राणदंड की सजा प्रस्तावित की जाती है। दिनांक 18 अप्रैल का दिन इस कार्य के लिए मुकर्रर किया जाता है।''

दुनिया भर में न्यायदूत के रूप में पहचान बनाने वाली जाति के इन हुक्मरानों ने यह भी विचार नहीं किया कि दूसरों को धर्मभ्रष्ट करने का किसी को क्या अधिकार है? ऐसा षड्यंत्र किसने और किसके कहने पर किया... वास्तव में कारतूसों पर चर्बी का इस्तेमाल किया गया जिसके कारण एक भारतीय सैनिक की उत्तेजना इतनी तीव्र हो गई कि उसने बिना कुछ सोचे एक अधिकारी की हत्या कर डाली?

उपर्युक्त सब तथ्यों का निष्कर्ष निकालने के लिए एक स्वस्थ एवं जागरूक न्यायपालिका को अपना निर्णय सुनाने से पूर्व एक जाँच कमेटी अथवा आयोग का गठन करना चाहिये था एवं उसकी रिपोर्ट का इन्तजार करना चाहिये था परन्तु ऐसा कुछ नहीं किया गया। चूँकि ज्यूरी के सदस्य भी उसी बेल के फल थे जो अमरबेल की भाँति भारतीय जनता पर फैल रही थी। ये लोग पूरी तरह आश्वस्त थे कि यह चर्बी वाला षड्यंत्र हमारा एवं हमारे लंदन में बैठे आकाओं का तो है, किसके खिलाफ बैठाते जाँच कमेटी?

ध्यान रखें जाँच कमेटी एवं आयोग हमेशा से ही अधीनस्थों (गुलामों) को फँसाने एवं समाज को भ्रमित करने के लिए ही बैठाये जाते रहे। सत्ता क्या किसी को स्वयं के विरुद्ध जाँच करने के आदेश करेगी? क्या कोई सक्षम अधिकारी स्वयं के खिलाफ जाँच कमेटी बैठाता है? यानि स्वयं के लिये कोई खड्डा खुदवाना पसंद नहीं करता जहाँ रिश्वत का बाजार गर्म अथवा स्वार्थपरस्त राजनीति का प्रशासन में हस्तक्षेप रहता हो।

जब बात जाँच कमेटी अथवा आयोगों की चल रही हो वहाँ वर्तमान सन्दर्भ में भी इनकी यथार्थता पर चिन्तन करना कोई असंगत बात नहीं होगी। स्वतंत्र भारत में भी इसी

प्रकार की कमेटियाँ गठन करने की परम्परायें हैं जिनकी रिपोर्ट्स ब्रिटिश पैटर्न पर अथवा विपरीत भी हो सकती हैं। यहाँ यह आरोपी की हैसियत पर भी निर्भर कर सकता है, यह बात कुछ अटपटी अथवा कड़वी लग सकती है परन्तु सत्यता यही है कि ऐसी सभी कमेटियों, आयोगों का गठन ही ब्रिटिश पद्धति पर किया गया जहाँ सत्तासीन व्यक्ति इसके प्रभाव से सदैव मुक्त रहा।

हमारे देश का मीडिया समय-समय पर सत्ताधारी लोगों के अनैतिक कृत्यों को लेकर जनता को अवगत कराते हुये उन्हें कटघरों में खड़ा करता रहा। कभी-कभी ये परस्पर ही कुछ संगीन तथ्यों को उगल जाते, परिणाम में अखबारों के पृष्ठ रंग जाते परन्तु प्रजातंत्र के इतिहास में अपवाद ही कोई शीर्ष नेता रहा हो जिसे थर्ड क्लास जेल यातनायें मिली हों अथवा जिनके यहाँ कभी छापे मारे गये हों? जबकि अधिकारी, कर्मचारी, व्यापारियों पर ऐसे शिकंजे कसे जाते रहे। इससे एक बार तो यह महसूस होता है कि इस देश में मात्र हमारे नेता ही देवतुल्य, ईमानदार, देशभक्त, चरित्रवान एवं संविधान प्रतिपालक रहे और शेष लोग येनकेन कहीं अपराधी तो हैं ही।

लोग कहते हैं कि वर्तमान राजनीति वह ब्रह्मास्त्र है जो सभी प्रकार के आपराधिक शस्त्रों से व्यक्ति विशेष को सुरक्षित रखता है अर्थात् जिसे किसी भी कानून से, हड़ताल-नारेबाजी से तोड़ा नहीं जा सकता बल्कि ज्यादा शोरगुल करने पर लम्बी अवधि का आयोग बैठा उसे ठण्डे बस्तों में सुरक्षित कर दिया जायेगा। द्वितीय, मीडिया भी दो-चार सुर्खी दिखलायेगा फिर स्वत: बन्द हो जायेगा। रही बात कानून की। उसके बनाने वालों का कोई आयात तो होगा नहीं... घर की मुर्गी फिर दाल बराबर तो रहेगी ही।

यही एक कारण है कि आज बड़े-बड़े पद वाले अधिकारी भी अपनी नौकरियों को सुरक्षित नहीं समझते हुये ही राष्ट्रसेवा भाव को अंगीकार कर रहे हैं जिससे स्वयं तो सुरक्षित होते ही हैं साथ ही अवैध आय भी सुरक्षा के घेरे में आ जाती है।

दूसरे शब्दों में कहा जा सकता है कि हमारा प्रजातन्त्र शुद्ध धन बल पर देश को रिश्वत, जातिवाद और आपराधिक प्रवृत्तियों की हवा से पाल रहा है। ऐसे ही अंग्रेजों ने कम्पनी के नाम पर जिन्हें भारत भेजा था वे तर्कसंगत रूप से इतने लफंगे और क्रूर स्वभाव के थे कि दूसरों को कैसे निचोड़ा जाये, वे अच्छी प्रकार से जानते थे परन्तु वापिस अपने देश जाने पर उन्हें मक्खी की तरह दूध से निकाला गया।

उस युवक को फाँसी का हुक्म देते समय ही निश्चित कर लिया गया था कि इस प्रकरण को पोशीदा ही रखा जाये। और रखा भी गया।

बतलाया जाता है कि अंग्रेज लोग अपना वचन कभी भंग नहीं करते परन्तु यह भी कहा गया है कि प्रतिशोध की ज्वाला क्या से क्या नहीं करा सकती। इन्होंने लालच और

प्रतिशोध में वे सभी कर्म किये जो एक इन्सान कहलाने वाले व्यक्ति को कभी नहीं करने चाहिये। अंग्रेजों के हृदय में 29 मार्च को हत्या की प्रतिशोधाग्नि जल रही थी। उस युवक से बदला तो उसी दिन लिया जा सकता था परन्तु इससे अन्य देशी सैनिकों को बगावत करने का अवसर मिलता गया। दूसरे, इनकी न्याय प्रियता के खिताब पर झूठ के छींटे भी पड़ते इसलिये गुप्त स्थान पर कोर्ट बैठाकर फैसला सुनाया।

मजे की बात यहाँ यह रही कि कोर्ट द्वारा फाँसी देने की तारीख तय करने के दस दिन पूर्व ही उस निर्भीक भारतीय युवक को फाँसी के फन्दे पर लटका दिया। 8 अप्रैल, 1857 को। यह रही अंग्रेजी की न्यायशीलता और वचनबद्धता।

बहादुरशाह ने कौन सा अपराध किया जिसे काले पानी की सजा दी गई।

झाँसी की रानी, नानासाहब, हजरत महल आदि लोगों ने अपना अधिकार ही माँगा जो इनका जन्मसिद्ध अधिकार था। कहने का मतलब है कि जो व्यक्ति, शासन ज्यादा न्यायप्रियता का ढोल पिटवाते हैं उनकी नींव में बदनीयती, क्रूरता, अत्याचारों की गंध पहले से ही कूट-कूट कर भरी रहती है, इन दुष्कर्मों की गंध बाहर नहीं निकले इसलिये महकदार न्याय का गुटखा मुँह में डाले रहते हैं।

जिस युवक की जो कहानी हम ऊपर कहते आये हैं वह भारतीय स्वाधीनता संग्राम का प्रथम नायक था जिसे भारतीय इतिहास में मंगलसिंह पाण्डे के नाम से स्वर्णाक्षरों में उत्कीर्ण किया हुआ है। यह बलिया जनपद के नगवाँ गाँव का रहने बाला था। बचपन में इसे मंगल्या के नाम से पुकारा जाता था। बड़ा होने पर गाँव के मुखिया की पहल पर अंग्रेजी फौज में बतौर सैनिक के रूप में भर्ती हुआ। निर्भीक एवं स्वाभिमान का धनी होने के कारण ही इसने धर्म की रक्षार्थ 29 मार्च, 1857 को बंगाल के बैरकपुर नामक छावनी में ड्यूटी देते समय एक अंग्रेज अधिकारी की हत्या कर दी थी जिसके जुर्म में इसे 18 अप्रैल के स्थान पर 8 अप्रैल को चुपचाप फाँसी के फन्दे पर लटका दिया।'

क्रान्तिकारी मंगलसिंह पांडे के शेष जीवनवृत्त का प्रामाणिक रूप में नहीं मिलना भी तत्कालीन ब्रिटिश सरकार की बदनीयती का ही द्योतक कहा जा सकता है परन्तु उन्होंने इसके महत्वपूर्ण रिकॉर्ड को नष्ट कर चाहे चैन की साँस ली हो परन्तु इसी की कुर्बानी का फल रहा जिसने आगे भी क्रान्ति की ज्वाला को जलाये रखा। राष्ट्र ऐसे शहीदों को सदैव नमन करता रहेगा।

जितनी बूँदें थी शहीदाने वतन के खून की
कस्त्रे आज़ादी की आराइशका सामां हो गईं।
महरबा ऐ नवगिरफ्ताराने बेदादे फिरंग
जिनकी जंजीरें खरोश अफ़जाये जिन्दा हो गईं।

ज़िन्दगी उनकी है, दीन उनका है, दुनिया उनकी है

जिनकी जानें देश की इज्जत पै कुर्बां हो गईं।

– जफर अली खाँ

❑❑❑

12

मेरठ में सैनिकों की उद्‌घोषित क्रान्ति एवं दिल्ली पर कब्जा

क्रान्तिकारियों की योजनानुसार इस राष्ट्रव्यापी जनक्रान्ति का शुभारम्भ सैनिक विद्रोह से होना ही तय हुआ था जो 31 मई से प्रभावी होना था परन्तु बैरकपुर कांड में क्रान्तिकारी मंगल पांडे की शहादत (8 अप्रेल, 1857) के समाचारों ने भारतीय सिपाहियों के दिलोदिमाग में अंग्रेजों के प्रति पल रही नफरत को विस्फोटक बना दिया, असन्तोष के साथ प्रतिशोध की ज्वाला धधकने लगी जिसकी प्रतिक्रिया सबसे पहले मेरठ छावनी में बगावत के रूप में घटित हुई। यहीं से फिर वह सम्पूर्ण देश में क्रमशः फैलता गया।

दिनांक 9 मई, 1857 को जब अंग्रेज अधिकारी मेरठ छावनी में सैनिकों की परेड ले रहा था उस समय बैरकपुर की भाँति यहाँ पर नई रायफलों के साथ चर्बी वाले कारतूस सिपाहियों को थोपे जा रहे थे जिससे उनके मन विचलित हो गये। तीसरे रिसाले के सिपाहियों ने सम्बन्धित कारतूसों के उपयोग करने से स्पष्ट इन्कार कर दिया, इस अवमानना पर इन्हें दस-दस साल की सजा सुना दी गई। इनमें से कुछ नौजवानों को केवल 5-5 साल की सजा सुनाते हुए सभी सिपाहियों को कैद में डाल दिया। अंग्रेजों ने जिस प्रतिशोध की भावना से सैनिकों को सजा सुनाई वह शराफत की गहरी भावनाओं को ठेस पहुँचाने वाली थी।

उपर्युक्त कांड का देखा हुआ हाल, केन अपनी पुस्तक 'हिस्ट्री ऑफ सिपायवार' में इस प्रकार से करता है-"बन्दूकधारी सन्तरियों के पहरे में इन सिपाहियों को जो अभी भी वर्दीधारी थे, जनरल के सामने लाया गया और उन्हें उनकी सजा का हुक्म पढ़कर सुनाया गया जिसने उन्हें सिपाहियों से अपराधी बना दिया। उनके शरीर पर से वर्दियाँ और तमगे आदि उतरवा लिये गये और उनके पुराने साथियों के सामने ही लुहारों को बुला कर हथकड़ी बेड़ी पहनवा दी गई। हथकड़ी बेड़ी जकड़े जिल्लत और अपमान से पस्त इन सिपाहियों को इनके साथियों के सामने खड़ा देख बड़ा तरस आता था। उनके चेहरों पर

भी प्रतिकूल प्रतिक्रिया के भाव दिखलाई पड़ रहे थे। उन्होंने हाथ जोड़ कर ऊँचे स्वर में जनरल से दया की भीख माँगी और इतनी कड़ी सजा नहीं देने की अनुनय-विनय की। जब इनकी विनय पर कोई सुनवाई नहीं हुई तो उन्होंने अपने साथियों को अन्य साथियों के साथ हुये अपमानजनक बर्ताव को चुपचाप सह लेने के लिये भला-बुरा कहा जिससे सभी को क्षोभ का अनुभव हुआ परन्तु भरी हुई तोपों, नई-नई रायफलों और चमचमाती तलवारों के सामने शायद उनमें इसका विरोध करने की हिम्मत नहीं हुई। बाद में सभी कैदियों को कोठरियों में बन्द कर दिया गया और एक हिन्दुस्तानी संतरी पहरा देने के लिए तैनात कर दिया गया।'' (सन् 1880, खंड 4 अनुच्छेद 2)।

10 मई, 1857 यानि दूसरे दिन दो देशी पलटनों और एक देशी रिसाले ने मिलकर अपने साथियों की सजा के प्रतिशोध में उस जेल को तोड़ दिया, जिसमें पिछले दिन सैनिकों को हथकड़ी बेडी डाल कर रखा गया था, और अपने साथियों को मुक्त करा लिया। उपरान्त इस समूह ने अपने अधिकारियों के डेरे जला दिये और जो भी गोरा सामने आया उसे तुरन्त मार डाला। बाद में ये सभी विद्रोही सैनिक दिल्ली की तरफ कूच कर गये (सर हेनरी कनिंघम द्वारा लिखित 'अर्ल केनिंग' तथा 'दी अक्सफोर्ड हिस्ट्री ऑफ इण्डिया' पृष्ठ 715)

मेरठ से सिपाहियों की भारी भीड़ हथियारों से लैस होकर दिल्ली की तरफ चली। रास्तों में ऐसे असंख्य लोग इस भीड़ में सम्मलित हो गये जिन्हें किन्हीं कारणों से अंग्रेजों से विरोध था। इस भीड़ में कुछ ऐसे लोग भी मिल गये जिन्हें मात्र कुछ लूट-खसोट की इच्छा थी अथवा आंतक व्याप्त करने की गरज से सिपाहियों के साथ मिल गये। रास्ते में जो भी गोरा मिला उसे मारते चलते गये।

दिल्ली पर कब्जा

इस समय बादशाह बहादुरशाह दिल्ली के किले के अन्दर अपनी हुकूमत कर रहा था। दुर्ग के बाहर एक गज जमीन पर भी इसका कोई अधिकार नहीं रहा बल्कि अंग्रेजी हुकूमत का ठंडा दिल्ली में जोर-जबरदस्ती से पुज रहा था। बादशाह के पास नौकर-चाकरों के अलावा सुरक्षा की भी कोई खास व्यवस्था नहीं थी।

मेरठ से आने के बाद विद्रोहियों ने दिल्ली में क्या किया इस बारे में मिर्जा गालिब हमें बतलाते हैं कि 16 रमजान हिजरी 1273 यानि 11 मई, 1857 की प्रातःकाल अचानक दिल्ली शहरपनाह और किले की दीवारों में एक भीषण भूकम्प सा आया। यह सारा शोरगुल मेरठ छावनी से आये कुछ बागी सिपाहियों का था जो भाग कर यहाँ आ गये थे। ये सब के सब बगावत पर कमर कसे हुये थे साथ ही अंग्रेजों के खून के प्यासे भी थे। फसील के पहरेदारों ने उनका स्वागत किया एवं शहर के दरवाजे उन लोगों के लिए खोल

दिये गये। ये लोग दीवानों की भाँति शहर में हर तरफ दौड़ने लगे। जहाँ-जहाँ इन्होंने अंग्रेजों को पाया, कत्ल कर डाला और उनकी कोठियों में आग लगा दी।

शहर के नागरिक इस भयंकर विपत्ति से घबरा गये। मजबूर और लाचार होकर अपने-अपने घरों में ऐसे छुप गये मानो मकानों में भी कोई न हो। बागी सिपाहियों का एक दल किले में घुस गया जहाँ बादशाह को घेर कर उसे अपना शहंशाह घोषित करते स्वयं को उसकी प्रजा कहा। इसी दौरान किसी ने एजेन्ट बहादुर का किले में कत्ल कर दिया।

कहने का तात्पर्य है कि इन विद्रोही सिपाहियों ने शहर की कोई गली-कूची ऐसी नहीं छोड़ी जिसमें खून न बहा हो। सवार प्यादों से शहर के मोहल्लों में गश्त चालू कर दी। अंग्रेज इस अचानक हुये हमले से अपना विवेक खो बैठे और यत्र-तत्र पलायन करने लगे। शाम होते-होते सिपाहियों ने शहर के विभिन्न इलाकों में ही अपने डेरे नहीं डाले बल्कि किले में शाही बाग, अस्तबल, यहाँ तक कि शाही महल को भी अपने आराम की जगह बना ली।

मिर्जा गालिब साहब यह भी बतलाते हैं कि दूसरे स्थानों से भी अंग्रेज हाकिमों को कत्ल करने के समाचार आ रहे थे जहाँ किसान और सिपाही बड़े शौक से एक-दूसरे के साथ मिलकर बगावत पर कमर बाँध रहे थे।

दिल्ली में हजारों की संख्या में फौज इकट्ठी हो रही थी। अंग्रेजों के कत्ले आम की घोषणा हो चुकी थी। सर्वत्र भय-आतंक का साम्राज्य स्थापित हो रहा था। शहर के बड़े बड़े हाकिम सेठ लोग चुपचाप पलायन करते जा रहे थे। इनके बड़े-बड़े मकान बेमालिकों के गुलामों से भरे जा रहे थे। मोहल्ले वीरान हो गये और बाजार लूट के मैदान बन गये।

मिर्जा गालिब साहब कहते हैं कि जमाने का रंग देखिये कि जो कल हुकूमत कर रहे थे आज अपने सायों से डरते हैं और कल के नकीब चोबदार सब पर हुकूमत करते हैं।

विद्रोही सिपाहियों ने शहर में घुसने के बाद, लूट का माल जो साथ लाये थे सबको शाही खजाने में जमा करा दिया और स्वयं को बादशाह का आज्ञाकारी होने की घोषणा की।

शहर के भीतर और बाहर करीब 5000 सवार और प्यादे इकट्ठे हो गये। इस भारी फौज को रोक कर काबू में करना बादशाह के बाहर की बात थी बल्कि स्वयं बादशाह एक प्रकार से इनकी कैद में आ गया। ये लोग तो जहाँ से गुजरते वहाँ जेलों से कैदियों को छोड़ते जाते। यदि गोरा मिले तो उसकी हत्या करना अपना ध्येय बनाया हुआ था। दिल्ली अंग्रेजों से खाली सी हो गई। अंग्रेजों के पास दिल्ली में सिवा उस पहाड़ी के जो शहर की बगल में है कुछ शेष नहीं रहा।

इस क्रान्ति का एक असर यह हुआ कि जो सामन्त-सरदार अभी तक बादशाह को हेय दृष्टि से देखते थे अब वे नजरें लिये कदमों में खड़े रहने लगे। फर्रुखाबाद का हाकिम तफज्जुल हुसैन खाँ जो बादशाह को मानता ही नहीं था उसने भी इस क्रान्ति के साथ ही एक खत भेजकर अपनी वफादारी प्रकट की। बरेली के खान बहादुर खाँ ने 100 अशर्फियाँ और सजे हाथी-घोड़े बादशाह को नजर किये। इसी प्रकार लखनऊ से भी भारी नजराने की रकम दिल्ली आई।

इस बदलते नजरिये से बादशाह को अपनी कामयाबी की काफी उम्मीदें नजर आने लगीं फिर तो इसने भी देशी राजाओं और समस्त देशवासियों से अपीलें की कि वे इस पाक कार्य में निर्भय होकर कूद पड़ें और अंग्रेजों को भारत से खदेड़ कर ही दम लें...

परन्तु किसने किसका भाग्य पढ़ा है? चूँकि अभी अंग्रेज शहर के बाजू वाली पहाड़ी पर दमदमे बनाकर मोर्चा सँभाले हुये थे, तोपों को पहाड़ी पर लगा रखा था।

बागियों का पलायन-दिल्ली पर गोरों का कब्जा-

इधर क्रान्तिकारियों ने किले में मोर्चा सम्भाला हुआ था तो दूसरी तरफ अंग्रेजों ने बाजू वाली पहाड़ी पर अपनी तोपें लगाई हुई थीं। दोनों तरफ से गोलाबारी शुरू होती। मई जून की गर्मी जिसमें धूप भी तेज पड़ती है में क्रान्तिकारियों की भीड़ रोज सुबह अंग्रेजों से लड़ने निकलती और सूरज ढलने के बाद साथ वापिस लौट आती। यह क्रम रोज चलता रहा। इस दौरान न तो क्रान्तिकारियों ने अंग्रेजों को परास्त करने के लिए हथियारों की ही शक्ति बढ़ाई और न ही बाजू वाली पहाड़ी को जुल्मियों से मुक्त करा सके उपरान्त भी इनका दिल्ली पर ठीक 124 दिन (11 मई से 13 सितम्बर 1857) तक वर्चस्व रहा।

14 सितम्बर को अंग्रेजी फौज ने बड़े जोर के साथ कश्मीरी गेट पर गोलाबारी आरम्भ कर दी जिससे क्रान्तिकारियों में अफरातफरी मच गई, ये लोग इधर-उधर भागने लगे, अवसर का फायदा उठाते हुए गोरी फौज शहर में घुस आई जहाँ इन्होंने चलते लोगों की हत्यायें करना आरम्भ कर दिया। इससे इलाके में आतंक और भय व्याप्त हो गया। समझदार और बड़े लोग अपने-अपने घरों में ऐसे घुस गये मानो समाधि ले ली हो। अप्रशिक्षित क्रान्तिकारियों की भीड़ शहर से भागने लगी। इस प्रकार की हत्याओं का सिलसिला करीब तीन दिनों तक चलता रहा उसी कश्मीरी गेट के चारों तरफ। अब क्रान्तिकारियों के कब्जे में मात्र तीन (अजमेरी, तुर्कमान, दिल्ली) दरवाजे ही रह गये।

अंग्रेजों ने बेगुनाहों के खून से हाथ रंगने जहाँ आरम्भ किये वहीं घरों में आग लगाना भी शुरू कर दिया। रईस इज्जतदार लोग यहाँ से पलायन करने लगे। इस तरह का तांडव नृत्य पूरे दिल्ली क्षेत्र में 17 सितम्बर तक चलता रहा जिसमें हजारों बेगुनाहों का कत्ल हुआ और क्रान्तिकारियों की भीड़ भी छँटती गई। अन्त में 18 सितम्बर को क्रान्तिकारी

दिल्ली को छोड़ अन्यत्र पलायन कर गये। अंग्रेजों ने सही 128 दिन बाद पुनः दिल्ली पर वर्चस्व कायम कर लिया।

बादशाह को जलावतन– जिस दिन अंग्रेजी फौज ने दिल्ली पर दुबारा अधिकार जमाया उसी दिन से संदिग्ध लोगों की गिरफ्तारी का जोरों से अभियान चलाया गया जिसका मुख्य उद्देश्य उन सभी लोगों रईसों को गिरफ्तार कर अपने प्रतिशोध को शान्त करना था जिन्होंने प्रत्यक्ष अथवा अप्रत्यक्ष रूप में क्रान्तिकारियों तथा बादशाह को सहयोग किया। दूरदराज से ढेरों रईसों को पकड़वा कर, उन्हें दिल्ली की जेलों में भरा गया जिनमें से बहुत से लोगों को फाँसी पर लटकवाया गया।

तैमूरी शहजादों में से कुछ तो बगावत के दौरान मारे गये, कुछों को जेलों में डाल दिया गया। कुछ ऐसे थे जो अपनी जान बचाकर भाग गये थे। अंग्रेजों ने इसी अभियान के तहत बूढ़े बादशाह के साथ इसके शेष लड़कों की गिरफ्तारी के आदेश निकाले।

बादशाह को जीनतमहल के मकान से गिरफ्तार कर डोली में बैठाकर किले में ले आये जहाँ इस पर सख्त पहरा लगा दिया।

बादशाह के चार लड़के भय के मारे हुमायूँ के मकबरे में छुपे हुये थे। मेजर हडसन ने इन्हें बड़े अपमान के साथ समर्पण के लिए मजबूर किया। इन्हें गिरफ्तार कर बैलगाड़ी में बैठा कर किले में उस स्थान पर लाये जहाँ क्रान्तिकारियों ने अंग्रेज औरत और बच्चों की हत्या की थी। उस स्थान पर खड़ा कर, बगैर कुछ पूछे और बतलाये तड़ातड़ इन्हें गोलियों से भून दिया गया। इनके सर काटकर, सुन्दर तश्तरियों में रखवा कर और रेशमी वस्त्र से ढकवा कर बादशाह के पास भिजवाया और कहलवाया 'लो यह तुम्हारी पैंशन है। बादशाह ने वस्त्र हटा कर देखा तो गश खाकर गिर पड़ा।

बादशाह को 27 जनवरी, 1858 को फौजी कोर्ट के समक्ष प्रस्तुत किया गया जहाँ इस पर राजद्रोह का मुकदमा चलाया गया। पूरे इक्कीस दिन मुगलिया ताजदार कोर्ट के समक्ष एक अपराधी की तरह चक्कर काटता रहा। अन्त में इस पर जो भी आरोप लगाये गये थे उन्हें गवाहों के बयानों से सिद्ध कर बादशाह को दोषी करार दिया गया। 17 अक्टूबर, 1858 को बादशाह को जलावतन कर रंगून भेज दिया गया। उस समय इसके साथ जीनतमहल और इसका बड़ा बेटा जवाबख्त भी गये जहाँ बादशाह ने 7 नवम्बर, 1862 को 89 वर्ष की उम्र में अन्तिम साँस ली।

(बादशाह से सम्बन्धित मुकदमे की जानकारी हेतु मेरी पुस्तक 'बहादुरशाह जफर' पढ़ें प्रकाशक ग्रन्थ विकास, धामाणी मार्केट, चौड़ा रास्ता, जयपुर।)

इस प्रकार देश की 331 वर्ष पुरानी मुगल सल्तनत का जहाँ नामोनिशान नहीं रहने

दिया वहीं अंग्रेजों ने प्रतिशोध की ज्वाला से देश में कैसा कहर ढाया देखे अगले पृष्ठों में।

"ये रियाया हिन्द तबाह हुई, कहो क्या क्या उन पै जफा हुई
जिसे देखा हाकिमे वक्त ने, कहा यह तो काबिले दार है।"

बहादुरशाह जफर

❑❑❑

13
नाना धोड़ोपन्त और कानपुर

सन् 1857 की जनक्रान्ति के एक और प्रेरक व्यक्ति अन्तिम पेशवा बाजीराव द्वितीय के दत्तक पुत्र धोड़ोपंत नाना साहब हुए।

सन् 1818 में अंग्रेजों ने बाजीराव पेशवा के राज्य को एक सन्धि के तहत अपने राज्य में मिला लिया था। उस समय यह तय किया गया था कि पेशवा बाजीराव तथा उसके परिवार एवं आश्रितों के भरण-पोषण के लिये आठ लाख रुपया सालाना इनको दिया जाता रहेगा साथ ही रहने के लिए कानपुर के पास बिठूर नामक स्थान बतौर जागीर इन्हें दिया गया। इस समय करीब आठ-दस हजार आदमी प्रत्यक्ष और अप्रत्यक्ष रूप से पेशवा पर निर्भर होकर बिठूर में रह रहे थे।

रानी लक्ष्मीबाई के पिता मोरोपंत भी अपनी पत्नी के गुजर जाने के बाद एकमात्र इकलौती बेटी मनु (लक्ष्मीबाई) के साथ यहीं आकर स्थायी तौर से रहने लगे, इस प्रकार मनु का बाल्यकाल काशी की बजाय में बिठूर में ही निकला और यहीं से इसकी शादी झाँसी के श्रीमंत सरकार गंगाधर राव से हुई।

पेशवा बाजीराव के कोई सन्तान नहीं थी इसलिये इन्होंने वंश परम्परा को बनाये रखने की दृष्टि से सन् 1827 में धोड़ोपंत नाम के तीन वर्षीय बालक को गोद ले लिया जो आगे चलकर लक्ष्मीबाई का मुँहबोला भाई बना और नाना साहब के नाम से प्रसिद्ध हुआ।

सन् 1851 में पेशवा बाजीराव की मृत्यु हो गई, वसीयत के अनुसार नाना साहब पेशवा के उत्तराधिकारी हुये। यह व्यक्ति बहुत ही व्यवहारकुशल, शान्तिप्रिय और सामन्ती बनावटों से दूर रहने वाला था, इसके चरित्र के बारे में 'सरजान के' का कहना है कि नाना साहब एक शांतचित्त युवक था जिसमें किसी तरह की बनावट नहीं थी और अंग्रेज अधिकारियों की प्रत्येक बात को मानने वाला था।

क्यों न इसी दौरान तात्यां (असली नाम रामचन्द्र था सन् 1814 में नासिक में इसका जन्म हुआ था) अपने पिता के साथ जो पेशवा बाजीराव का पुरोहित था बिठूर चला आता

है। यह व्यक्ति युद्धकला में महारथ हासिल किये हुये था विश्वास किया जाता है कि इसने ही नाना साहब और लक्ष्मीबाई को घुड़सवारी के साथ हथियार चलाने की कला सिखाई हो। जैसा कि इनकी अगली घटनाओं से विदित होता है।

पेशवा बाजीराव के मरने के बाद सालाना मिलने वाली पेंशन लार्ड डलहौजी ने बंद कर दी साथ ही पिछली बकाया जो रकम रह गई थी उसे भी देने से स्पष्ट इन्कार कर दिया और नाना साहब को यह भी कहलवाया गया कि उन्हें अपनी बिठूर की जागीर भी वापिस करनी होगी इसलिये तैयार रहना चाहिये।

नाना साहब ने जब देखा कि भारत में कम्पनी के आदमी उनके साथ न्याय करने को तैयार नहीं हैं तब अजीमुल्ला खाँ जो इनका परामर्शदाता और सहायक था, को लन्दन में ब्रिटिश महारानी और उनकी सरकार से न्याय माँगने को भेजा। जब अजीमुल्ला खाँ को लन्दन में कोई सहायता नहीं मिली तो इसके दिमाग में अंग्रेजों के खिलाफ आन्दोलन करने की योजना बनने लगी।

हालाँकि बड़े-बड़े सभी अंग्रेज इतिहासकार (सर जान के, चार्ल्सवाल, ट्रेवीलियन एवं मार्टिन सरीखे) स्वीकारते हैं कि नाना साहब न्याय की बात कह रहे थे और उन्हें न्याय मिलना भी चाहिये परन्तु लम्बी दौड़धूप के बाद भी जब न्याय नहीं मिला तो नाना साहब अंग्रेजों के दुर्व्यवहार, कपट और विश्वासघात से चिढ़ गये जिसने इनके हृदय में गोरों के खिलाफ दुर्भावना पैदा कर दी, बस यही वह कारण था जिसने नाना साहब को सन् 1857 की महान् जनक्रान्ति का नायक बना दिया।

कानपुर की क्रान्ति-

कहावत है राजनीति साम से आरम्भ होकर दण्ड पर समाप्त होती है। नाना साहब जब अंग्रेजी सरकार को समझा-बुझा कर अपने पक्ष में नहीं कर सके तो अब इन्होंने चौथा उपाय काम में लाना आवश्यक समझा। लिहाजा इन्होंने तात्यां टोपे, अजीमुल्ला खाँ एवं लक्ष्मीबाई के सहयोग से एक योजना बनाई जिसके अनुसार संन्यासियों, फकीर और दरवेशों के भेष में अपने दूत सभी बड़ी-बड़ी रियासतों में भेजकर अंग्रेजों के खिलाफ विद्रोह के लिए प्रेरित किया गया। बहुत से ऐसे ठिकाने भी थे जिन्होंने सहयोग तो करना दूर बल्कि अंग्रेजों को इनकी योजनाओं से सतर्क भी कर दिया हो तो कोई आश्चर्य नहीं। इसके बावजूद भी नाना साहब अपनी मंडली के साथ भारत के दौरे पर निकले, इस दौरान दिल्ली बादशाह से भी मिले, फिर अम्बाला होते हुये 18 अप्रेल, 1857 को लखनऊ पहुँचे जहाँ इनका स्वागत शानदार जुलूस ने किया। अन्त में दल कानपुर लौट आया।

कानपुर में कुछ अंग्रेज जहाँ इन पर शंका की निगाह डाले हुये थे वहीं कुछ अंग्रेज इनकी व्यवहारकुशलता से निःशंक भी रहते थे। इनमें कलेक्टर कानपुर भी एक था जो

नाना साहब पर विश्वास करता था।

उस समय अंग्रेजी छावनी तो वर्तमान शहर में थी और शस्त्रागार पुराने शहर से करीब दो फर्लांग दूर था। छावनी में सिपाहियों की दो पैदल पलटनें और एक रिसाला था जिसमें 6 तोपें और 61 तोपची भी थे।

नाना साहब के निमंत्रण पर बाहर से आकर लोग कानपुर में एकत्रित होने लगे। कलेक्टर के पूछने पर उसे आश्वस्त कर दिया कि समय आने पर यह फौज भी आपकी मदद करेगी। दूसरी तरफ कम्पनी के सैनिक और अधिकारियों को तोड़कर अपनी संगठन शक्ति इस प्रकार मजबूत कर ली जैसे सुभाषचन्द्र बोस ने भारतीय कम्पनी के सैनिकों को तोड़कर आजाद हिन्द सेना का गठन किया।

4 जून को छावनी से तीन बार बन्दूक चला कर इशारा किया गया जिससे छावनी की पलटनें भी नाना साहब के लोगों में मिल गईं। शस्त्रागार पर पहले से ही अधिकार होने से अब हथियारों की इनके पास कोई कमी नहीं रही। नाना साहब ने अपनी इस सेना का नाम मुक्तिसेना रखा। सारी व्यवस्था देखने और समझने के बाद नाना साहब ने अंग्रेजों के खिलाफ युद्ध की घोषणा करते हुए पहली गोलाबारी कानपुर किले पर 6 जून, 1857 को करवाई। लम्बे संघर्ष के बाद 26 जून को किले के कमान्डर ने आत्मसमर्पण कर दिया। इस युद्ध में नाना साहब की जीत हुई। इन्होंने किले पर कब्जा करके अगले रोज उस पर बादशाही झंडा लहरा दिया। इस प्रकार कानपुर पर नाना साहब का अधिकार हो गया और बिठूर में स्वयं को पेशवा घोषित कर दिया।

28 जून को कानपुर में मुगल बादशाह बहादुरशाह के नाम पर 101 तोपों की सलामी से दरबार आरम्भ किया गया साथ ही 21 तोपों से नाना साहब को सलामी दी गई एवं विजयोत्सव में एक लाख रुपया सैनिकों को वितरित किया गया। पहली जुलाई को फिर पेशवा का झंडा फहराया गया।

कानपुर छोड़ने के बाद अंग्रेज भी शान्त नहीं रहे। इन्होंने इलाहाबाद से सेना का भारी हुजूम मँगाया। और फिर कानपुर पर पूरी ताकत से हमला कर दिया। इस हमले से नाना साहब की मुक्तिसेना के कान खड़े हो गये। भीषण संग्राम हुआ। काफी नुकसान उठाने के बाद अंग्रेज कानपुर पर पुनः अधिकार करने में सफल हो सके। क्रान्तिकारी यत्रतत्र पलायन कर गये।

कानपुर पर अधिकार करने के बाद अंग्रेजों ने साधारण जनता पर घोर अमानवीय अत्याचारों की मुहिम छेड़ दी। हजारों बेगुनाह राह चलते लोगों को मौत के घाट उतार दिया। जवान स्त्रियों को पतित कर हत्या कर दी गई। नील नामक अंग्रेज अधिकारी ने तो इलाहाबाद से कानपुर आते समय ही वह तांडव नृत्य किया जो संसार में कहीं देखने को

शायद ही मिले। इलाहाबाद से कानपुर मार्ग में जो भी बस्ती मिली, वहाँ के लोगों को पकड़–पकड़ कर वृक्षों से लटकवा कर फाँसी देता आया। उस समय शायद ही ऐसा कोई वृक्ष रास्ते का रहा हो जिस पर दो–चार लाशें न लटकी हों। कहने का तात्पर्य इस समय कानपुर और इर्दगिर्द का दृश्य दिल दहलाने वाला बना हुआ था। सर्वत्र आतंक और मौत का डर व्याप्त था।

कानपुर पर पूरी तरह कब्जा करने के बाद अंग्रेजों ने 19 जुलाई, 1857 को नाना साहब की जागीर बिठूर पर हमला बोल दिया। महलों में जहाँ आग लगा दी वहीं भयंकर लूटमार के साथ कानपुर जैसे नरसंहार का खुला खेल यहाँ भी खेला गया। सम्पत्ति के लोभ में महलों की एक–एक ईंट को उखड़वा कर उसे खंडहर बना दिया।

गोरों ने नाना साहब को बर्बाद करने में कोई कसर बाकी नहीं रखी। अच्छी आबादी वाले बिठूर को लाशों के ढेर से श्मशान बना दिया। यहाँ से पेशवा बाजीराव की सारी सम्पत्ति (सोना, चाँदी, जवाहरात एवं लाखों नकदी रुपया) को समेट कर ले गये। बतलाया जाता है कि यहाँ इतनी सम्पत्ति थी जिसे गोरे लोग एक साथ नहीं ले जा सके।

नाना साहब के कानपुर से पलायन करने के बाद अंग्रेजों ने उनका बहुत पीछा किया परन्तु जनवरी, 1858 के बाद उनका इनको कोई पता नहीं चला। कुछ लोगों की मान्यता है कि वह नेपाल चले गये, परन्तु नेपाल नरेश अंग्रेजों का मित्र होने से यह सम्भव प्रतीत नहीं होता। ऐसा विश्वास किया जाता है कि वे इस कांड के बाद कश्मीर की तरफ चले गये।

कानपुर कांड में हुई अन्धाधुन्ध हत्याओं की गूँज विलायत तक पहुँची जहाँ 31 जुलाई, 1857 को शोक प्रकट करते एक हुक्म निकाला गया कि गाँवों को नहीं जलाया जाये और न ही किसी निहत्थे व्यक्ति को भगोड़ा कहकर दंड दिया जाये क्योंकि प्राणदंड के अधिकार का भयंकर रूप से दुरुपयोग किया गया है।

अगले घटनाक्रमों पर जब हम नजर डालते हैं तो ऐसा कहीं प्रतीत नहीं होता कि इन पागल कुत्तों ने चलते राहगीर अथवा बेगुनाहों को अपना शिकार न बनाया हो। यह आदेश मात्र भारतीयों के प्रति सहानुभूति प्रदर्शित करने हेतु ही प्रसारित किया गया था जिसका उनके अनुयायियों पर कोई असर नहीं पड़ा।

□□□

14
झाँसी की क्रान्ति-रानी का उत्सर्ग

सन् 1854 में अंग्रेजों द्वारा झाँसी को अपने ब्रिटिश राज्य में मिला लेने के कारण झाँसी के लोगों में भी अंग्रेजों के खिलाफ असन्तोष भड़कने लगा जिसके परिणामस्वरूप 5 जून, 1857 को झाँसी की सेना ने भी देश के क्रान्तिकारियों से कदम मिलाते हुये, क्रान्ति का श्रीगणेश करके दुर्ग पर हमला कर दिया। दुर्ग में रह रहे अंग्रेजों ने इनका सामना किया परन्तु सफल नहीं हो सके। फौज ने दुर्ग में घुसकर अंग्रेजों की हत्या करना आरम्भ कर दिया।

रानी लक्ष्मीबाई जो झाँसी के अन्दर ही एक साधारण से आवास में रहते भावी योजनाओं पर चिन्तनरत थी, ने इस अचानक उठे विद्रोह का बिल्कुल समर्थन नहीं किया उपरान्त भी अंग्रेज अधिकारियों ने इस घटना के लिए लक्ष्मीबाई को ही दोषी करार दिया।

ओरछा और दक्षिण के शासकों ने जब झाँसी पर हमला किया उस समय भी रानी ने अंग्रेजों से सहायता प्राप्त करने की चेष्टा की थी परन्तु उस समय अंग्रेजों ने इसे सन्देह की दृष्टि से देखा। मजबूर होकर रानी ने अपने ही लोगों को समर्थन देने का निश्चय करके स्थानीय क्रान्तिकारियों के नेतृत्व का भार स्वयं सँभाल लिया और स्वतंत्रता के मैदाने जंग में कूद पड़ी जिससे अंग्रेज अधिकारियों में घबराहट पैदा हो गई।

रानी का दमन करने के लिए ह्यूरोज सेना लेकर बुन्देलखण्ड की ओर से झाँसी आया। इधर रानी ने झाँसी की सेना का स्वयं संचालन किया। दोनों तरफ से भीषण युद्ध हुआ। रानी के युद्धकौशल को देखकर एक बार तो स्वयं ह्यूरोज दाँतों तले उँगली दबा गया। इसने सोचा था कि यह औरत जाति क्या युद्ध करेगी? इसे तो कुछ क्षण बाद ही आत्मसमर्पण करने को मजबूर कर दूँगा परन्तु युद्ध में वह जिस गति से दौड़-दौड़ कर अंग्रेजों को मार रही थी उसे देख ह्यूरोज दंग रह गया।

इसी दौरान ग्वालियर से तात्यां टोपे भी रानी की सहायता हेतु झाँसी आ गया था। इससे रानी की शक्ति और हौंसला बढ़ गया। दोनों ने मिलकर ह्यूरोज की सेना पर कहर

बरपाना आरम्भ कर दिया परिणामस्वरूप ह्यूरोज को भारी नुकसान के साथ मैदान से पलायन होना पड़ा। झाँसी दुर्ग पर एक बार फिर रानी का झंडा फहराने लगा।

ह्यूरोज उस समय मात खाकर भाग तो गया परन्तु उसने जल्दी ही भारी फौज के साथ आकर पुनः झाँसी को आ घेरा। हालाँकि फौजी संख्या कम होने के उपरान्त भी रानी ने गोरों को दुर्ग की प्राचीर के पास नहीं आने दिया।

एक रोज़ सायं को कुछ विद्रोही लोगों ने बिना रानी को अवगत कराये दुर्ग का मुख्य द्वार खोल दिया जिससे दुश्मन को दुर्ग में आने का अवसर मिल गया। इस घटना से दुर्ग की स्थिति ही खराब नहीं हुई बल्कि स्वयं रानी के प्राणों पर मौत नाचने लगी। गोरी फौज शीघ्रता से दुर्ग में घुस जहाँ कत्लेआम करने लगी वहीं ह्यूरोज रानी को जीवित पकड़ने के प्रयास में दुर्ग के अन्तरंग भागों की तलाशी करने लगा परन्तु रानी ने इस अचानक आई विपत्ति में भी धैर्य नहीं खोया बल्कि बहादुरी और दूरदर्शिता का परिचय देती, अँधेरे का फायदा उठाते हुए 4 अप्रेल, 1858 को दुर्ग से निकलकर कालपी पहुँच गई।

प्रातः ह्यूरोज ने किले का निरीक्षण किया। इसे विश्वास था कि रानी रात्रि को मारकाट में समाप्त हो चुकी होगी परन्तु लाशों के ढेर में रानी का शव नहीं मिलने से बहुत बेचैन हो दाँतों को पीसने लगा।

जब ह्यूरोज को यह निश्चित हो गया कि रानी यहाँ से भाग निकली है तो गुप्तचरों को तलाश करने हेतु भेजा गया।

ह्यूरोज को जब रानी के कालपी में होने के समाचार मिले तो यह उसका पीछा करता हुआ कालपी पहुँचा जहाँ दोनों ओर से घमासान युद्ध हुआ। अन्त में मई, 1858 को अंग्रेजों ने कालपी दुर्ग पर अधिकार कर लिया परन्तु रानी वहाँ भी चकमा देकर दुश्मन के घेरे से निकल गई और ग्वालियर पहुँची जहाँ दुर्ग पर अधिकार कर लिया।

ह्यूरोज रानी को जीवित पकड़ना चाहता था इसलिये शीघ्रता से पीछा करते हुए ग्वालियर पहुँचा जहाँ भारी सेना के माध्यम से रानी को घेर लिया। मजबूर होकर रानी को यहाँ से भी पलायन करना पड़ा परन्तु आगे चलते समय इसका घोड़ा सामने पड़ने वाले नाले को पार नहीं कर सका बल्कि गहरे जख्म होने के कारण वहीं गिर पड़ा। इधर रानी भी स्वयं इतनी घायल हो चुकी थी कि उसका बचना असम्भव हो गया था।

ह्यूरोज के नाले पर पहुँचने से पहले ही इस वीरांगना ने एक शहीद की भाँति अपनी मृत्यु को वरण कर लिया था। ह्यूरोज के अपवित्र हाथ उस पावन देह को नहीं छू पाये।

"अपने महान देश को विदेशियों के पंजे से छुटकारा दिलाने के लिये दसियों झाँसी कुर्बान हैं, मैं अपने लिये नहीं, अपने बेटे के लिये नहीं, झाँसी के लिये भी नहीं बल्कि पूरे हिन्दुस्तान की आजादी के लिये इस पाक इन्कलाबी जंग में शामिल हुई हूँ।"

रानी लक्ष्मी बाई

मात्र 23 वर्ष की अल्पायु में ही यह राष्ट्रीय शमा क्षितिज में विलीन हो गई।

रानी का जीवनवृत्त

19 नवम्बर, 1835 को काशी नगरी में मोरोपंत ताँबे और भागीरथी बाई नामक दम्पत्ति के घर में इस असाधारण कन्या का जन्म हुआ। ताँबे दम्पत्ति ने इसका नाम मणिकर्णिका रखा जबकि अन्य लोग प्यार से इसे मनु कहते। काशी शहर रेशम और शालों के लिए ख्यातिप्राप्त रहा, उस समय यहाँ के साहूकार और हीरा व्यापारी विभिन्न रियासतों के मध्य आर्थिक कड़ी का महत्त्वपूर्ण कार्य करते। शहर की सड़कें और तंग गलियों के उपरान्त भी ऊँची-ऊँची अट्टालिकायें, बाग-बगीचे लोगों को ध्यानाकर्षित किये बगैर नहीं रहते। आज की तरह उस समय भी यह नगरी विशिष्ट तीर्थ का खिताब प्राप्त किये हुए थी। लोगों की मान्यता भी है कि अन्तिम समय यहाँ देह त्यागने से मोक्ष की प्राप्ति होती है।

व्यापारिक केन्द्र होने के साथ-साथ यह क्षेत्र ब्रह्मविद्या के पठन-पाठन का भी महत्त्वपूर्ण केन्द्र रहा, यहाँ तक कि अंग्रेजों ने भी काशी के इस प्रतिष्ठित स्वरूप के साथ किसी प्रकार की छेड़छाड़ करने का प्रयास नहीं किया।

इस नगरी के सुन्दर घाटों में एक मनोहर घाट मणिकर्णिका घाट, आज भी ताँबे दम्पत्ति के यहाँ जन्मी बालिका की याद में अवयस्थित है। यही बालिका आगे चलकर झाँसी की रानी के नाम से प्रतिख्यात हुई।

पर नन्ही बालिका मनु नियमित रूप से अपने पिता के साथ बाबा विश्वनाथ के मन्दिर में जाया करती जहाँ यह भक्तिभाव से भजन-कीर्तन सुनाया करती। इस प्रकार मनु में धार्मिक संस्कार आरम्भ से ही उदय होते गये।

लेकिन इसके बचपन की कहानियों से पता चलता कि यह कोई साधारण लड़की नहीं थी। इसे किसी से 'न' शब्द सुनने की आदत नहीं थी। यदि यह क्रोधित हो जाये तो इसे नियंत्रित करना एक बार माता-पिता के भी वश में नहीं था। चार वर्ष की उम्र तक का जीवन इस बालिका का निर्बाध निकला लेकिन एक रोज अचानक इसकी माता भागीरथी बाई का देहान्त हो गया।

अन्तिम पेशवा शासक बाजीराव द्वितीय उस समय बिठूर में निर्वासित जीवन व्यतीत कर रहे थे। बिठूर कानपुर के पास एक छोटा सा कस्बा है। पत्नी के गुजर जाने के बाद मोरोपंत अपनी एकमात्र लड़की मनु को साथ लेकर बिठूर में ही आकर रहने लग गये, काशी को हमेशा के लिए छोड़ दिया। मोरोपंत के साथ ही इनका एक रिश्तेदार किशन भास्कर ताँबे भी काशी को छोड़कर पेशवा जी की सेवा में आकर रहने लग गया। उस समय सन् 1838-39 में करीब आठ दस हजार लोग प्रत्यक्ष और अप्रत्यक्ष रूप से

पेशवा जी पर निर्भर होकर रह रहे थे।

मोरोपंत और किशन भास्कर भी बिठूर में घाट के नजदीक स्थायी मकान बनाकर रहने लगे और अपनी गुजर-बसर के लिए पेशवा द्वारा बनवाये मन्दिरों में सेवा-पूजा करने के साथ अपना समय भी काटने लगे और मनु को भी संस्कारित करने लगे। यहाँ मनु की शरारती प्रकृति के कारण लोग इसे छबीली के नाम से पुकारने लगे।

बाजीराव के कोई सन्तान नहीं होने के कारण इन्होंने एक लड़के को गोद लिया जिसे धोड़ोपंत नाम दिया जो आगे चलकर नाना साहब के नाम से सन् 1857 को राष्ट्रव्यापी जनक्रान्ति का नायक बना। धोड़ोपंत छबीली से 18 वर्ष बड़ा होने के उपरान्त भी दोनों में भाई-बहिन सा प्यार हो गया। छबीली को बचपन में धोड़ोपंत के अलावा दो व्यक्ति और मिले जिनके साथ रह कर इसने तलवार चलाना, घुड़सवारी करना आदि सीखा। उनके नाम राव एवं बालासाहब था। तात्या टोपे के यहाँ आ जाने के बाद उपर्युक्त कलाओं में निखार तो आया साथ ही इसने युद्ध क्षेत्र में अपनाये जाने वाले और तरीकों से इसे अनभिज्ञ नहीं रखा।

कहने का तात्पर्य है कि जिस बालिका पर आरम्भ में भक्ति का प्रभाव पड़ा वहीं बिठूर में आने के बाद इसमें वीरांगना के गुण उत्पन्न होने लगे। यह निर्भयी और दुस्साहसी बनने लगी। इसका शारीरिक गठन और बुद्धिलब्धिता भी हमउम्र की लड़कियों से आगे थी। हार स्वीकार करना इसकी आदत में नहीं रहा बल्कि समस्या का हल खोजना इसे सहजता से आता था। बहादुरी की कहानियाँ इसे पसंद रहीं।

नाजुक उम्र के पड़ाव पर भी छबीली ने अपने साहसिक कार्यों से अपने पिता मोरोपंत को ही आश्चर्य में नहीं डाला बल्कि पेशवा को भी अचम्भे में डालती रहती थी। युद्धकला में यह इतनी पारंगत हो गई कि एक बार तो स्वयं धोड़ोपंत को भी सोचने को मजबूर कर दिया। यह कहा करती थी कि युद्ध रेशम की डोरी और कपास की पैनियों से नहीं हुआ करता।

बाजीराव जब कभी इस लड़की को समझाते, कुछ समझदारी की बातें कहते तो यह छबीली तुरन्त कहती, ''काका साहब! मैं कभी डरपोक अथवा युद्ध में पीठ ही दिखलाने वाली बनूँगी बल्कि ताराबाई और जीजाबाई जैसी साहसी राजनीतिज्ञ अथवा माँ सीता जैसी कठोर तपस्विनी बनूँगी।''

इतिहास इस बात का साक्षी है कि इस बहादुर दृढ़ निश्चयी बालिका ने अल्पायु में ही राष्ट्र के लिए अपने जीवन को न्यौछावर कर अपने वंश का नाम अमर कर दिया। यह था झाँसी की रानी कहलाने वाली छबीली का बचपन, जिसने अपनी ख्याति का मार्ग स्वतः प्रशस्त किया।

एक बार तात्या दीक्षित, जो ज्योतिष के साथ-साथ तंत्र विद्या के प्रकांड पंडित थे झाँसी से बिठूर आये। बाजीराव के साथ-साथ वे मोरोपंत से भी मिले। एक रोज अवसर देख मोरोपंत ने दीक्षित जी से प्रार्थना की, पंडितजी मुझे मेरी कन्या के विवाह की बहुत चिन्ता है, मैंने इधर-उधर काफी नजर डाली पर कहीं इसके लायक कोई लड़का नजर नहीं आया। आप समाज के प्रतिष्ठित पंडित होने के साथ-साथ भ्रमणशील भी हैं कहीं कोई नजर आये तो बतलाइये। बड़ी कृपा होगी।'' पेशवा ने भी मोरोपंत का समर्थन करते हुए कहा, ''हाँ, कन्या बहुत ही सुन्दर एवं कुशाग्रबुद्धि वाली है इसके अनुकूल ही वर ढूँढ़ना चाहिये।'' मोरोपंत ने पुनः निवेदन किया, ''मेरी लड़की घुड़सवारी में अच्छे-अच्छों के कान काटती है, सभी तरह के हथियार इसे चलाना आता है, मराठी, संस्कृत, हिन्दी के साथ वेदों का इसे अच्छा ज्ञान भी है।''

दीक्षित जी ने उसकी कुंडली मँगा कर देखी, भलीभाँति अवलोकन करने के बाद मुस्कुराते हुए बोले, ''मोरोपंत जी! यह लड़की तो कहीं की रानी होनी चाहिये... भाग्य के साथ संघर्ष भी प्रतीत होता है परन्तु यह दोनों वंश का नाम रोशन करने वाली रानी बनेगी, ऐसा इसकी जन्मपत्री से विदित होता है।'' लड़की के विशाल नेत्र, भौरे जैसे काले बाल, स्वर्ण सा रंग, सम्पूर्ण चेहरे का अतीव सुन्दर बनाव देखकर भी दीक्षित जी ने भविष्यवाणी कर दी कि यह लड़की अवश्य ही किसी राज्य की रानी बनेगी।

दीक्षित जी सम्मान और भेंट लेकर झाँसी लौट आये। सोचने लगे मैं जितना अच्छा वर ढूँढ़ कर दूँगा उतने ही अधिक पेशवा मेरे से खुश होंगे और सन्तुष्टि के रूप में मेरी जेब का भार भी बढ़ ही जायेगा।

तात्या दीक्षित जी ने काफी प्रयास किये, कहीं जन्मपत्री नहीं मिली तो कहीं उत्तम घराने का अभाव रहा। अन्त में एक दिन सोचा, क्यों न विधुर श्रीमंत सरकार गंगाधर राव की जन्मपत्री देखी जाये... शायद मिल जाये।

एक रोज मुलाकात करने पर श्रीमंत से प्रार्थना की... जन्मपत्री देखी... तात्या जी के हर्ष का ठिकाना नहीं रहा... जन्मपत्री मिल गई और भविष्यवाणी के अनुसार ठिकाना भी सही... श्रीमंत सरकार भी काफी ना नुकर के बाद शादी करने के लिए सहमत हो गये।

सन् 1842 के मई माह में श्रीमंत सरकार के विवाहोत्सव की धूमधाम से तैयारियाँ होने लगीं। सम्पूर्ण झाँसी चमक-दमक की सजावट से ऐसी प्रतीत हो रही थी मानो देव लोक के सारे आमोद-प्रमोद यहाँ अपना वैभव उड़ेल रहे हों।

शुभ दिन और शुभ अवसर देख मोरोपंत अपनी लाडली कन्या को लेकर झाँसी पधारे। उसे रोज पूर्णिमा थी। किले की तोपों ने गरज-गरज कर आगन्तुकों का स्वागत किया, जगह-जगह आतिशबाजी! प्रजा समूह ने इस मांगलिक अवसर पर गंगाधर राव

और नई-नवेली बनी महारानी पर फूलों की वर्षा करनी आरम्भ कर दी। इस प्रकार मनु अथवा छबीली कहलाने वाली लड़की अब झाँसी के महलों में रानी बनी जिसे यहाँ लक्ष्मीबाई के नाम से पुकारा गया।

छबीली की शादी हो जाने के बाद मोरोपंत जी को झाँसी में ही एक सरदार की पदवी दे दी गई चूँकि यह अपनी इकलौती सन्तान का बिछोह सहन नहीं कर सके। इन्हें गुजारे के वास्ते 3600 रु. भत्ते के रूप में झाँसी खजाने से मिलने लग गये।

श्रीमंत गंगाधर राव अपनी इस रानी को बहुत प्यार करते, पारिवारिक कार्यों में रानी साहिबा को कोई परेशानी न हो इसलिये राव साहब ने अनेक लड़कियाँ दासी के रूप में रानी साहिबा के पास रख दीं, रानी ने दासी शब्द का विरोध करते हुए कहा, ''श्रीमंत! ये दासियाँ नहीं बल्कि मेरी सहेलियाँ हैं, मैं इन्हें तलवार, बन्दूक, कटार, छुरी, तीर-कमान चलाने के साथ-साथ घुड़सवारी भी सिखलाऊँगी।

रानी का समय यहाँ बड़ी खुशियों और आमोद-प्रमोदों में व्यतीत हो रहा था। अगहन सुदी एकादशी सन् 1851 में रानी ने एक पुत्र को जन्म दिया। इस शुभ अवसर पर गंगाधर राव ने खुशी में पैसा पानी की तरह बहाया, दान-पुण्य सदाव्रत खोले गये। स्थान-स्थान पर धार्मिक अनुष्ठान, हवन, पाठ-पूजा कराये गये। बच्चे के जन्म की खुशी में एक माह का रियासती उत्सव मनाया गया। प्रजा बेहद प्रसन्न थी चूँकि अब उन्हें झाँसी गद्दी का वारिस जो देखने को मिला।

बालक दो माह का हो गया। वह महलों के बाग में खेला करता। रानी का स्वास्थ्य अवश्य कुछ खराब हो गया था जिससे वह नित्य के व्यायाम आदि नहीं कर पाती। इसी दौरान बिठूर के समाचार लेकर तात्यां टोपे झाँसी आये और बिठूर में हुई सभी घटनाओं से रानी को अवगत कराया। रानी ने अस्वस्थ होने के कारण इतना ही कहा कि अभी समय नहीं आया है, जरा घड़ा भर जाने दो।

श्रीमंत गंगाधर राव की सरकार आनन्दपूर्वक चल रही थी, शहर में सर्वत्र खुशियाँ जहाँ दिखलाई पड़ रही थीं वहीं महलों के आँगन में भावी श्रीमंत की किलकारियाँ भी सुनाई पड़ रही थीं...। परन्तु क्रूर समय झाँसी की खुशी को ज्यादा दिन सहन नहीं कर सका, मात्र तीन महीने बाद ही नवजात शिशु की मृत्यु हो जाने से राजा रानी ही नहीं बल्कि सम्पूर्ण झाँसी शोक के गहरे समुद्र में डूब गई। वारिस के अभाव में झाँसी राज्य पर एक बार फिर संकट के बादल मंडराने लगे... जिससे झासी फिर कभी उभर नहीं सकी।

झाँसी पर विपदा के बादल

इस घटना से गंगाधर राव इतने टूट गये कि एक दिन (16 नवम्बर, 1853) वह अचानक बेहोश होकर गिर पड़े। राव साहब का अन्त समय जानकर सरदार मोरोपंत और

राज्य के मुख्यमंत्री नरसिंहराव उनके पास पहुँचे... होश आने पर झाँसी के भविष्य का उनके समक्ष रखा गया, थोड़ी देर सोचने के बाद ब्राह्मण कुल के वासुदेव नवलकर के पुत्र आनन्द राव का चयन गोद लेने के लिए किया गया और 20 नवम्बर, 1853 को उसे गोद लेकर झाँसी का भावी श्रीमंत घोषित कर दिया गया साथ ही राजपरिवार की तरफ से उसे नया नाम दामोदर दिया गया।

जिस समय राव गंगाधर की अन्तिम साँसें चल रही थीं उस समय ब्रिटिश सरकार के नुमाइंदे के रूप में एलिस और मार्टिन मौजूद थे। इनसे भी राव साहब ने दामोदर के गोद लेने की पुष्टि की बात कही थी जिन्होंने स्वीकृति के लिए ऊपर भेजने की बात कही। अगले रोज ही 21 नवम्बर श्रीमंत सरकार गंगाधर राव अपनी प्रियतम रानी के साथ पूरी झाँसी को ही बिलखता छोड़ संसार से विदा हो गये।

राव गंगाधर की मृत्यु हो जाने के बाद एजेन्ट एलिस की सिफारिश करने के बाद भी गर्वनर जनरल ने दामोदर को झाँसी का उत्तराधिकारी मानने से स्पष्ट इन्कार कर दिया और कुछ माह बाद ही सन् 1884 में झाँसी को अत्यन्त कपट और अन्यायपूर्ण ढंग से कम्पनी राज्य में मिला लिया, लिहाजा बेवा रानी को महल और किला आदि खाली करना पड़ा।

अंग्रेजों ने विधवा रानी को पेंशन स्वीकृत की परन्तु बचपन से स्वाभिमानी रानी ने उसे लेना पसंद नहीं किया। कहना नहीं चाहिये कि अंग्रेजों के अत्याचारों से पीड़ित हो यही उग्र स्वभाव वाली सन् 1857 के स्वाधीनता संग्राम की एक मुख्य नायिका बनी जिसने अपने देश के गौरव के समक्ष अपने प्राणों की कोई कीमत नहीं स्वीकारी। राष्ट्र ऐसी वीरांगनाओं को सदैव नमन करता रहेगा।

□□□

15

रामगढ़ की वीरांगना

पिछले अध्याय में आपने झाँसी की रानी के उत्सर्ग की कहानी पढ़ी, अब हम आपके मध्यप्रदेश के एक छोटे से गाँव की रानी के व्यक्तित्व से रूबरू कराते हैं जिसे क्रान्तिकारियों का सम्मान तो नहीं मिला परन्तु उस गाँव के लोग उस स्थान की मिट्टी को माथे पर लगाकर गर्व महसूस करते हैं जहाँ वह वीरांगना अंग्रेजों के अत्याचारों से मुकाबला करते शहीद हो गई। रामगढ़ की रानी के नाम से आज भी उसके शौर्य के गीत गाये जाते हैं।

ऊँची पहाड़ी पर बसा यह छोटा सा गाँव मध्यप्रदेश के मंडला जनपद में सन् 1857 की क्रान्ति का केन्द्र रहा। सितम्बर, 1857 में जब गौड़ राजा शंकरशाह और उसके पुत्र रघुनाथशाह तोप से उड़ाये गये, उस समय उसकी रानी इसी रामगढ़ गाँव में थी। रानी को जब उपर्युक्त समाचार मिले तो यह एक बार तो विचलित हो गई परन्तु कुछ ही समय बाद उसके हृदय में प्रतिशोध की अग्नि धधकने लगी।

यह अपने पागल पुत्र अमानसिंह की ओर से अपनी छोटी सी जमींदारी का शासन चला रही थी। इसने अपने पुत्र के नाम पर अंग्रेजों के खिलाफ विद्रोह का झंडा खड़ा कर दिया। स्वयं को आजाद घोषित करके रामगढ़ के आस-पास के सारे इलाकों पर अपना अधिकार कर लिया।

मंडला मुख्यालय पर जब अंग्रेजों को यह जानकारी मिली तो यहाँ से एक फौजी टुकड़ी रानी के दमन के लिए भेजी गई परन्तु वह टुकड़ी रानी के शौर्य के समक्ष नहीं ठहर सकी बल्कि उस टुकड़ी के बहुत से सिपाही देशभक्ति के भाव में आकर रानी की फौज में सम्मिलित हो गये।

रानी स्वयं घोड़े पर चढ़कर सैन्य संचालन ही नहीं करती बल्कि अंग्रेजी सेना से डटकर मुकाबला भी करती। अनेक बार नदी किनारे रानी ने डटकर अंग्रेजों से मोर्चा लिया और उन्हें बतला दिया कि भारतीय नारी दृढ़ निश्चय कर लेने पर देशभक्ति, शौर्य तथा

वीरता में किसी से पीछे नहीं रहती।

अन्त में लेफ्टीनेंट आकर भारी फौज के साथ रानी को परास्त करने चला, इसने रानी को चारों तरफ से घेर लिया। परिस्थिति वैसी ही आ गई जैसे आज से 300 वर्ष पूर्व रानी दुर्गावती को आसफ खाँ की फौज ने घेरा था। चारों तरफ से घिरी हुई रानी ने अपनी देशभक्ति को अंग्रेजों को सौंप देना जघन्य पाप समझा, जब तक वश चला युद्ध करती रहीं, जब उसने देखा कि अब सुरक्षित भाग भी नहीं सकती और जीत भी संभव नहीं, वह तत्काल घोड़े से उतरी और अपने विश्वासपात्र सैनिक से तलवार छीनकर स्वयं के पेट में भौंक ली। दूसरे ही क्षण वीर रानी बेहोश होकर भूमि पर गिर पड़ी।

अंग्रेजों को विजय महँगी पड़ी, वे रानी को जीवित गिरफ्तार करना चाहते थे। रानी को तुरन्त डोली में डालकर अंग्रेजों के तम्बुओं पर लाया गया जहाँ अंग्रेज सर्जन और डॉक्टर उपचार में लग गये। बहुत प्रयत्न किया गया रानी को होश में लाने का जिससे वह अंग्रेजी की विजय स्वीकार कर क्षमा माँग ले।

रानी को कुछ मिनटों के बाद होश आया... आँखें खोलीं और चौतरफा देखा दूसरे ही क्षण उसने आँखें बंद कर मुँह फेर लिया।

''फिरंगी का नाश करो'' कुछ ऐसे ही अस्पष्ट शब्द कहती इस वीरांगना ने अन्तिम साँस ली।

रामगढ़ में रानी के शौर्य के गीत आज भी ग्रामीण महिलायें गाती हैं और जहाँ रानी ने वीर गति पाई थी वहाँ की मिट्टी अपने बच्चों के माथे पर लगा गर्व करती हैं।

□□□

16

लखनऊ की कहानी—बेगम हजरतमहल की कुर्बानी

लखनऊ जो कभी नवाबों की विहार स्थली हुआ करती थी, जहाँ की नवाबी नजीरें देशभर में प्रसिद्ध रहीं, शानोशौकत भी किसी बादशाह से कम नहीं, जहाँ के बड़े-बड़े रईस चन्द्रमा की शीतलता से भी परहेज कर छाता लगाते गर्व किया करते, उसी लखनऊ पर सन् 1856 में गोरे लोगों की ऐसी नजर लगी कि यहाँ की तमाम नजाकत समाप्त हो गई। शहर की कोई गली-सड़क ऐसी नहीं बची जहाँ खून न बहा हो। सर्वत्र आतंक, भय, मारकाट का तांडव नृत्य हुआ जो 31 मई, 1857 से आरम्भ होकर दिसम्बर, 1858 तक बेखौफ चला। इसकी लपटें 1859 तक अपनी तपन से लोगों को पीड़ा पहुँचाती रहीं।

यह वह लखनऊ है जिसने सन् 1857 की राष्ट्रव्यापी जनक्रान्ति में सबसे ज्यादा बलिदान किया और सबसे अधिक समय तक दुश्मन से मोर्चा लिया साथ ही अंग्रेजों की सबसे ज्यादा हत्यायें भी यहीं की गईं।

प्लासी युद्ध के बाद अंग्रेजों ने भारत में जिस कदर और जिस अन्याय से अपने पैर फैलाने आरम्भ किये ऐसी घिनौनी मिसालें शायद ही किसी सभ्य कहे जाने वाले राष्ट्र में मिलें। कम्पनी सरकार ने 1801 में नवाबी खानदान से एक सन्धि की जिसके माध्यम से इन्होंने लखनऊ प्रशासन में हस्तक्षेप करने का जहाँ अधिकार छीना वहीं नवाब की सुरक्षा के लिए नवाब के खर्चे पर अपना एक सुरक्षा गार्ड नियुक्त कर दिया जैसा कि अन्य रियासतों में करते आये। कालान्तर में यही सन्धि लखनऊ के लिए फाँसी का फंदा बनी।

अवध इलाके की सरसब्जता और लखनऊ के महलों के वैभव से शायद ही कोई गवर्नर जनरल अपरिचित रहा हो, और ऐसा भी नहीं है कि अंग्रेजों द्वारा इसे हड़पने के प्रयास नहीं किये गये हों परन्तु मजबूत नवाबी के कारण अभी तक इनकी दाल नहीं गल पाई थी।

सबसे पहले लार्ड वेलेजली ने नवाब पर दबाव डाला कि तुम्हारा प्रशासन ठीक नहीं, दूसरे, इतने बड़े क्षेत्र पर तुम्हें शासन करने की योग्यता भी नहीं लिहाजा अपनी फौज बढ़ाओ और कम्पनी राज्य की सीमा से मिलने वाले राज्यों (गोरखपुर रूहेलखंड) को कम्पनी के सुपुर्द कर दो! वेलेजली ने उपर्युक्त दोनों राज्यों को जबरदस्ती अंग्रेजी राज्य में मिला लिया परन्तु नवाब ने फौज की बढ़ोतरी नहीं की इससे वेलेजली नवाब से बहुत नाराज रहा।

अंग्रेजों ने दिल्ली बादशाह की भाँति इस नवाब के खिलाफ भी दुष्प्रचार करना आरम्भ कर दिया, यहाँ तक कि जनता को नवाब के विरुद्ध भड़काने का भी प्रयास किया। इस तथ्य की पुष्टि हमें चार्ल्स वालने की पुस्तक से मिलती है जिसमें उसने लिखा है कि नवाब के राज्य में बदअमनी पैदा करने का सारा दोष कम्पनी के सिर पर है। (हिस्ट्री ऑफ दी इण्डियन म्यूटिनी।)

सन् 1837 में कम्पनी सरकार ने नवाब के साथ एक और सन्धि की जिससे अवध की शान्ति भंग होने लगी। सन् 1847 में वाजिद अलीशाह अवध की गद्दी पर बैठा। यह एक उत्साही, प्रतिभाशाली और सर्वथा योग्य शासक था। इसने अपने राज्य की स्थिति को सँभालने की बहुत कोशिश की और व्यवस्था को लाइन पर लाने में बहुत कुछ सफल भी हुआ। इस नौजवान उत्साही नवाब के बारे में स्वयं मेटकाफ कहता है कि यह नवाब प्रतिदिन फौजी वर्दी में घोड़े पर सवार होकर निकलता और दोपहर तक अन्य कार्यों के साथ फौजी प्रशिक्षण पर पूरा ध्यान देता। (नेटिव नैरेटिव ऑफ दी म्यूटिनी)

अंग्रेज अधिकारी यह कब चाहते कि कोई भी नवाब और राजा उत्साहित होकर अपनी राज्य व्यवस्था को दुरुस्त रखे। यदि व्यवस्थायें खराब नहीं होंगी तो हमारी नीतियाँ कैसे सफल होंगी? नवाब की बढ़ती सुन्दर व्यवस्था एवं राज्य में शान्ति होते देख अंग्रेज चिढ़ने लगे। इन्हें नवाब का इतना उत्साहित होकर समय देकर कार्य करना पसंद नहीं आया। अवसर देख लार्ड डलहौजी ने पुराना सभी सन्धियों को कूड़े के ढ़ेर में डालते हुए सन् 1856 में नवाब वाजिदअलीशाह पर कुप्रबन्ध का आरोप लगा उसे गद्दी से पदच्युत कर दिया और अवध के सारे राज्य को कम्पनी में मिला लिया। नवाब को कैद कर कलकत्ते के पास महिया बुर्ज में जीवन भर के लिए नजर बंद कर दिया गया। नवाब की सुरक्षा के लिए रखी सहायक फौज के माध्यम से महलों को लुटवाया गया।

इस विश्वासघात की भयानकता को छुपाने के लिए तरह-तरह के झूठे दोष युवक वाजिद अलीशाह पर लगाये गये और जनता को विश्वास दिलाने के लिए अन्य लोगों से प्रसारित कराया गया। आर्नोल्ड नामक एक अंग्रेज ने इस नवाब की मनगढ़ंत जीवनी तक लिख डाली जिसमें भद्दे-भद्दे दोष लगाकर उसके प्रतिभाशाली व्यक्तित्व को धूल में मिलने हेतु प्रचारित भी कराया गया जैसी कि अंग्रेजों की भारत में नीति रही। इस क्रम में

हमे सर जान के का एक ही वाक्य अच्छा लगता है जिसने उसमें कम्पनी सरकार की सारी धूर्तता को नंगा किया है। वह लिखता है–"हममें यह एक आम रिवाज बन गया है कि किसी भी राजा के राज्य को हड़प लेने के बाद उस राजा पर तरह–तरह के झूठे दोष मढ़ देते हैं पहले हमें उसमें शायद कोई दोष चाहे नजर न भी आता हो।"

अंग्रेजों की उक्त कार्यवाही से सारे अवध में यह भावना घर कर गई कि अंग्रेज राजा अथवा नवाबों पर ही अत्याचार नहीं कर रहे हैं बल्कि ये लोग धर्म के साथ धन को लूट कर हमें बर्बाद करना चाहते हैं। नवाबों ने समय–समय पर अंग्रेजों को धन और बल से सहायता की उपरान्त भी उसके साथ ऐसा दुर्व्यवहार किया गया? इससे उनमें विद्रोह की भावना पैदा होने लगी। बस यही कारण रहा कि अवध के गाँव–गाँव ने क्रान्तिकारियों का सहयोग किया।

यहाँ पाठक यह भी ध्यान रखें कि इस समय तक अवध में ज्यादातर ताल्लुकेदार और जागीरदार हिन्दू थे एवं अंग्रेजों की भारतीय फौज में सबसे ज्यादा सिपाही भी इसी अवध और बिहार प्रान्त के थे। जागीरें और ताल्लुकेदारियाँ जब्त होने से इन क्षेत्रों के सिपाहियों के दिलों में अन्दरूनी नफरत पैदा होने लग गई जो भविष्य में अंग्रेजों के लिए घातक सिद्ध हुई।

जब दिल्ली में कत्लेआम हो रहा था उस समय अवध इसलिये शान्त रहा कि क्रान्ति की मशाल जलाने की तारीख 31 मई पूर्व निर्धारित की हुई थी। नवाब को कैद करने के बाद भी यहाँ तूफान क्या कोई हलचल नहीं की गई बल्कि अंग्रेज अधिकारियों को यह अहसास भी नहीं होने दिया कि लखनऊ इनके दुष्कृत्यों से गहरा पीड़ित है। इस तथ्य की पुष्टि भी हमें हेनरी लारसे के 12 मई, 1857 के उस भाषण से, जो आमसभा के मध्य दिया, होती है जिसमें देश के विद्रोहियों के खिलाफ जहर उगला गया। सब सुनते रहे, किसी ने चूं तक नहीं किया। इससे अंग्रेजों को विश्वास हो गया कि इतना जुल्म करने के बाद भी यहाँ के लोग हमारी बातें ध्यान से सुनते हैं, सहायता करते हैं। कहने का मतलब है कि जैसे पापी अपने दुष्कृत्यों से जनता को भयभीत देखकर प्रसन्न होता है, उसी प्रकार नवाबी को बर्बाद करके अंग्रेज भयमुक्त थे।

नवाब के पदच्युत हो जाने के बाद बेगम हजरत महल ने राज्य की बागडोर अपने हाथ में सँभाल ली। 30 मई को एक गुप्त बैठक में इसने ऐलान किया कि जो तारीख हमारे क्रान्तिकारियों ने निश्चित की थी वह आ चुकी है। हमने कभी किसी सन्धि का उल्लंघन भी नहीं किया उपरान्त भी हमारे राज्य को इन नीच लोगों ने हड़प ही नहीं लिया बल्कि नवाबसाहब को बिना किसी कारण जेल में कैद भी कर दिया। यह अंग्रेजों के अत्याचार की पराकाष्ठा है। अतः हमें तन–मन–धन से संगठित होकर तब तक क्रान्ति की राह पकड़े रहनी है जब तक हम इन्हें देश से मारकर भगा न दें... इसलिये आप सब सरदार

जवान कल प्रातः 9 बजे का इंतजार करें, तोप दागी जायेगी जो सभी को क्रान्ति की मशाल को जलाने की सूचना देगी, बस फिर हमें करो या मरो के साथ युद्ध में कूद पड़ना है। तब तक आप सब लोग अपने हथियार बन्दूकें दुरुस्त कर ले, महल-मकानों में छेद कर लें जिससे दुश्मन पर ठीक से फायर किया जा सके।

उत्साही लोग अगले दिन का बेसब्री से इन्तजार करने लगे। 31 मई, 1857 को प्रातः ठीक 9 बजे तोप दागी गई।

उधर तोप की आवाज आई इधर 72 नम्बर की पलटन की सब बन्दूकों ने आग उगलना आरम्भ कर दिया। इससे पूरा शहर सतर्क और तैयार हो गया विश्वासघाती गोरों से बदला लेने को। सभी टूट पड़े। जो जहाँ मिला, मार दिया गया। इस अप्रत्याशित घटना से अंग्रेज घबरा गये और भागने लगे प्राण बचाने को, मच्छी भवन और रेजीडेन्सी की ओर।

अप्रत्यक्ष रूप से उठे इस विद्रोह का दमन करने हेतु हेनरी लारेन्स बड़े उच्चाधिकारियों के साथ 7 नम्बर की घुड़सवार पलटन को ले रवाना हुआ। इसी दौरान क्रान्तिकारियों ने दत्तर मंजिल के बायीं ओर लगे यूनियन जैक के स्थान पर बादशाह का झंडा लगा दिया और जोर-जोर से बादशाह के जयकारे लगाने लगे। बस यहीं से लखनऊ में अंग्रेजों के खिलाफ युद्ध शुरू हो गया जो पूरे अवध में तेजी से फैलता गया।

4 जुलाई को लारेंस मारा गया और 5 जुलाई को क्रान्तिकारियों ने जुडीशियल कमिश्नर एम.सी. ओम की हत्या कर दी। कहने का तात्पर्य है कि 31 मई से पूरे जून माह तक क्रान्तिकारियों ने गिन-गिन कर गोरों की हत्या करने का अभियान चलाया। नित्य ही 15-20 ऐसे अत्याचारियों को ये लोग हलाल करते रहे। इससे पूरे लखनऊ पर क्रान्तिकारियों का वर्चस्व कायम हो जाने के बाद बेगम हजरत महल ने दिनांक 7 जुलाई को अपने शहजादे विरजिस कादर को अगला नवाब घोषित करके दिल्ली सम्राट को भारी सामान भेज कर सम्मान प्रकट किया।

6 अगस्त को शहजादे की गद्दीनशीनी की गई और भावी मंत्रिमण्डल का गठन भी किया जिसमें सुफरुद्दौला को प्रधानमंत्री, मामू खाँ को प्रधान न्यायाधीश तथा राजा जिआलाल को युद्ध मंत्री बनाया गया एवं स्वयं बेगम नये नवाब की संरक्षक बनी। इस प्रकार मंत्रिमंडल के माध्यम से पूरे अवध की शासन व्यवस्था में नई स्फूर्ति कर लाने का प्रयास किया जाने लगा।

सितम्बर महीने में दिल्ली पर कब्जा हो जाने से अंग्रेजों ने अपनी पूरी ताकत अब लखनऊ पर लगाने की योजना बनाई। दिल्ली फतह हो जाने से इनका मनोबल काफी बढ़ चुका था। दिल्ली की फौज का मुँह भी लखनऊ की ओर फेर दिया जहाँ 14 सितम्बर को कैप्टन फुल्टन ने लखनऊ पर हमला किया जहाँ थोड़े युद्ध के बाद मारा गया।

18 सितम्बर को हैवलाक और आउट्रस की संयुक्त सेना (जिसमें 2779 यूरोपियन, 341 सिक्ख एवं 59 अन्य भारतीय सैनिक थे ने लखनऊ पर धावा बोल दिया। घमासान युद्ध के बाद अंग्रेज आलम बाग पर कब्जा करने में सफल हो गये। इसका भी मुख्य कारण यह रहा कि क्रान्तिकारियों के पास मामूली बन्दूकें थीं और अन्य हथियार बन्दूकें भी पर्याप्त नहीं थीं। दूसरी तरफ अंग्रेजों के पास तोपखाना, लम्बी दूरी तक मार करने वाली रायफलें थीं।

इसके बाद जहाँ अंग्रेज लखनऊ में जमा होते गये वहीं क्रान्तिकारियों के पैर हटते गए। इस युद्ध के साथ लखनऊ में अंग्रेजों का सितारा चमक उठा। अब इन्हें कोई रोकने वाला नहीं रहा। इसलिये इन्होंने हैवानियत के साथ शहर को लूटा, मकानों को जलाया, बेगुनाहों को पकड़-पकड़ कर गोलियों का शिकार बनाया। बाद में गाँवों में भी यही आतंक मचाया जो पूरे एक माह तक चला।

इंग्लैंड की महारानी का घोषणा पत्र

लार्ड केनिंग ने पहली नवम्बर, 1858 को इलाहाबाद में एक आम दरबार किया जिसका मुख्य उद्देश्य जनता को न्याय का आश्वासन देना एवं महारानी विक्टोरिया का घोषणा पत्र पढ़कर सुनाना था।

घोषणा पत्र द्वारा महारानी ने भारत की जनता एवं रईसों को विश्वास दिलाया कि कम्पनी और देशी नरेशों के मध्य जो इकरारनामे हुये हैं, उनका पालन किया जायेगा। देशी नरेशों को गोद लेने का अधिकार भी दे दिया गया है। सरकारी नौकरियों का दरवाजा सबके लिये खोल दिया गया है। जाति, वर्ण अथवा धर्म का कुछ भेदभाव इस सम्बन्ध में नहीं रखा गया है। साथ ही यह भी वचन दिया गया कि धार्मिक मामलों में सरकार किसी प्रकार का हस्तक्षेप नहीं करेगी। उन सब लोगों को क्षमा प्रदान की गई जो कि अंग्रेजों की हत्या करने में शामिल नहीं थे।

यह घोषणा पत्र काफी लम्बा है जिसके मुख्य अंश ही हमने पाठकों को प्रस्तुत किये हैं।

बेगम हजरत महल की प्रतिक्रिया

उपर्युक्त घोषणा पत्र के प्रकाशित होते ही बेगम हजरत महल ने (जो निर्वासित जीवन काट रही थी) गुप्त रूप से लखनऊ की जनता के लिए एक ऐलान प्रकाशित किया, जिसे हम प्रतिक्रिया के रूप में भी ले सकते हैं जिसके कुछ अंश यहाँ उद्धृत किये जा रहे हैं।

'पहली नवम्बर सन् 1858 का ऐलान जो हमारे सामने आया है बिल्कुल साफ है। इसलिये हम बहुत सोच-समझ कर ऐलान जारी करते हैं ताकि लोगों को पहले ऐलान के

खास–खास असली मकसद जाहिर हो जायें और हमारी रिआया हाकशियार हो जाये। उस ऐलान में लिखा है कि हिन्दुस्तान का मुल्क, जो अभी तक कम्पनी के सुपुर्द था अब मलिका ने अपने शासन में ले लिया है और आइन्दा से मलिका के कानूनों को माना जायेगा। हमारी धर्मनिष्ठ प्रजा को इस पर एतबार नहीं करना चाहिये क्योंकि कम्पनी के कानून, कम्पनी के अंग्रेज मुलाजिम, कम्पनी का गवर्नर जनरल और कम्पनी की अदालतें, सब ज्यों की त्यों बनी रहेंगी, तो फिर वह नई बात कौन सी हुई, जिससे जनता को लाभ हो या जिस पर वह विश्वास कर सके। उस ऐलान में लिखा है कि कम्पनी ने जो वादे और अहम पैमान किये हैं, मलिका उन्हें मंजूर करेगी। लोगों को चाहिये इस चाल को गौर से देख लें। कम्पनी ने सारे हिन्दुस्तान पर कब्जा कर लिया है और अगर यह बात कायम रही, तो फिर इसमें नई बात क्या हुई? कम्पनी ने भरतपुर के राजा को पहले अपना बेटा बतलाया और फिर उसका इलाका ले लिया। लाहौर के राजा को वे लन्दन ले गये और कभी फिर हिन्दुस्तान वापिस नहीं आने दिया। नवाब शम्सुद्दीन खाँ को एक ओर उन्होंने फाँसी पर लटका दिया और दूसरी ओर उसे सलाम किया। पेशवा को उन्होंने पूना और सतारा से निकाल दिया और ताजिन्दगी बिठूर में कैद कर दिया। बनारस के राजा को उन्होंने आगरे में कैद कर दिया। बिहार, उड़ीसा और बंगाल के राजाओं का उन्होंने नामोनिशान तक नहीं छोड़ा। स्वयं हमारे कदीम इलाके उन्होंने हम से यह बहाना करके ले लिये कि फौज को तनख्वाहें देनी हैं और हमारे साथ जो सुलह की, उसकी सातवीं धारा में यह कसम खाई कि हम आपसे और अधिक कुछ न लेंगे। इसलिये जो इन्तजाम कम्पनी ने कर रखे हैं अगर वे सब मंजूर किये जायेंगे तो इससे पहले के हालात में और अब नई हालात में क्या फर्क हुआ? ये सब तो पुरानी बातें हैं लेकिन हाल में भी कसमों अहदनामों को तोड़कर और बावजूद इस बात के कि अंग्रेजों ने हमसे करोड़ों रुपये बतौर कर्ज के ले रखे थे, उन्होंने बिना किसी सबब सिर्फ यह बहाना लेकर कि आपका सलूक अच्छा नहीं और आपकी रिआया खुश नहीं, हमारा मुल्क और करोड़ों रुपयों का माल हमसे छीन लिया। अगर हमारी रिआया हमारे पुराने नवाब वाजिद अलीशाह से नाखुश थी तो वह हमसे खुश कैसे हो गई और कभी किसी कुकमरा के लिये भी रिआया ने अपने जान व माल को इस तरह कुरबान करके अपनी वफादारी का सबूत नहीं दिया जिस तरह की हमारी रिआया ने हमारे साथ किया है फिर भी वे हमारा मुल्क वापिस नहीं देते? इसके अलावा उस ऐलान में लिखा है कि अपना इलाका बढ़ाने की ख्वाहिश नहीं है फिर भी वह इन देशी रियासतों को अपने राज्य में मिला लेने से बाज नहीं रह सकते।

उस ऐलान में लिखा है कि जिन लोगों ने हत्यायें की हैं या हत्याओं में मदद की है उन पर कोई दया न की जायेगी, बाकी सबको माफ कर दिया जायेगा। एक मूर्ख मनुष्य भी देख सकता है कि इस ऐलान के साथ अनुसार दोषी अथवा निर्दोषी कोई भी बच नहीं

सकता। एक बात उसमें साफ कही गई है वह यह कि किसी दोषी व्यक्ति को छोड़ा न जायेगा इसलिये जिस गाँव या इलाके में हमारी सेना ठहरी उसके वाशिन्दे नहीं बच सकते। उस ऐलान की, जिसमें साफ दुश्मनी भरी है, हमें अपनी प्यारी रिआया की हालात पर अफसोस है। अब हम यह साफ हुकम जारी करते हैं कि हमारी रिआया में से जिन लोगों ने बेवकूफी करके गाँव के मुखिया की हैसियत से अपने ताई अंग्रेजों के सामने पेश किया है वे पहली जनवरी, 1859 से पहले कैम्प में आकर हाजिर हो। उनका कसूर माफ कर दिया जायेगा...। आज तक कभी किसी ने नहीं देखा कि अंग्रेजों ने किसी का कसूर माफ किया हो। हमारी रिआया में से कोई अंग्रेजों के धोखे में न आये।

अंग्रेज अपने आप को चाहे जो कुछ भी समझते हों, हिन्दुस्तान के लोग तो उन्हें जबर्दस्ती इस देश में घुस आने वाला ही समझते हैं। और यह भावना अवध के ब्रिटिश सल्तनत में मिलाए जाने से और भी गहरी हुई है।

(टू नेटिव नरेटिव्ज ऑफ दी म्यूटिनी, द्वारा नवाब मैनुद्दीन हसन खाँ, पृष्ठ 31–32 से)

□□□

17

स्वतंत्रता का पुजारी-राणा बेनीमाधव सिंह

अवध पर चाहे कितनी ही कहानियाँ लिखी जायें परन्तु शंकरगढ़ के राणा के अदम्य साहस और शौर्यता के बगैर वे सब इबारतें फीकी सी मालूम होती हैं। अकेले राणा की दुधारी तलवारें किसी भी मैदाने जंग के लिए पर्याप्त होती। अंग्रेजों का हुजूम भी जिसके नाम से भय खाता था, जिसके युद्ध में उतरते ही काई फट जाती हो, वह था स्वतंत्रता का पुजारी राणा बेनी माधव सिंह! जिसे भारतीय इतिहास के स्वाधीनता प्रकोष्ठ ने भुलाया हुआ है। आइये हम इस पर्दे में छुपे क्रान्तिकारी योद्धा के जीवनवृत्त के साथ 1857 की भूमिका में इसके योगदान पर विचार करते हैं।

तत्कालीन समय में लखनऊ नवाबी के अन्तर्गत बैसवारा क्षेत्र में शंकरपुर नाम की एक छोटी सी जागीर रही जिस पर सन् 1843 में राणा शिवप्रसाद सिंह विराजमान थे। इनके कोई सन्तान नहीं होने के कारण इन्होंने अपने बड़े भाई रामनारायण सिंह के लड़के बेनीमाधव को सन् 1822 में जब यह पाँच वर्ष की अवस्था का था, गोद ले लिया।

बेनीमाधव का जन्म 1817 में हुआ था। बचपन से ही यह बालक हठी, साहसी और उद्दंड प्रवृत्ति का रहा। कुश्ती और घुड़सवारी का इसे विशेष शौक था, तलवार चलाना तो शायद यह बालक अपनी माँ के पेट से ही सीखकर आया हो चूँकि इस विषय को ले बड़े-बड़े लोग भी एक बार तो डर ही जाते।

एक बार की बात है जब यह लड़का गोद नहीं गया था उस समय एक शेर पिंजड़े से छूट गया था। उसने पकड़ने वाले अनेक लोगों को घायल कर दिया। बालक बेनी माधव हमउम्र लड़कों के साथ खेल रहा था। नौकर ने दौड़कर इसे अन्दर चले जाने को कहा। परन्तु भागे कौन, एक डंडा लेकर लोगों के रोकने के बाद भी उस शेर के पास पहुँच गया और लगा दोनों हाथों से डंडा मारने उसके मुँह पर। मानो शेर को साँप सूँघ गया हो, वह बैठा ही रहा, न दहाड़ा न गुर्राया। बालक बेनीमाधव ने बकरे की भाँति उसके कान पकड़े और लाकर उसी पिंजड़े में बन्द कर दिया। इस घटना से बालक बेनीमाधव के साहस की चर्चाएँ पूरे बैसवारा क्षेत्र में फैल गई। इसी घटना से खुश होकर राणा शिवप्रसाद सिंह ने इसे अपनी गद्दी का वारिस बनाया।

जैसे-जैसे यह बालक बड़ा होने लगा वैसे-वैसे ही इसमें एक श्रेष्ठ योद्धा के गुण घर करते गये। यह भाला बन्दूक आदि तो चला ही था परन्तु अब यह दोनों हाथों से ऐसी तलवार चलाने लग गया कि बड़े-बड़े ठाकुर भी दाँतों तले अँगुली दबाने लगे। कहने का मतलब इसकी तलवार कला हजारों में एक थी। यह माँ दुर्गा का विशेष भक्त रहा। जब यह गद्दी का वारिस हो गया उस समय इसको इर्द-गिर्द के अनेकों रजवाड़ों से युद्ध करना पड़ा। कहते हैं जब यह युद्ध में जाता था उस समय साक्षात जगदम्बे स्वयं इसे तलवार की मूठ पकड़ाती। इसीलिये इसने जीवन में कभी हार का मुँह नहीं देखा। इसके बढ़ते युद्ध कौशल से नवाब ही नहीं बल्कि अंग्रेज सरकार भी चिंतित होने लगे।

राणा शिवप्रसाद सिंह के गुजर जाने के बाद बेनी माधव सिंह शंकरपुर गढ़ी के राणा बने। उस समय इनकी उम्र करीब 26 वर्ष की थी। उस समय लखनऊ में नवाबी तप रही थी।

शंकरपुर के राणाओं ने पहले भी कभी अपना माथा नवाबों के समक्ष नहीं झुकाया था इसलिये नवाबों के साथ इस गढ़ी की लड़ाई चलती रहती थी। जब राणा माधव गद्दी पर बैठे तो लड़ाइयों का जोर कुछ ज्यादा बढ़ गया। इनकी जागीर में केवल 119 गाँव थे, सालभर में उनकी संख्या 229 कर ली यानि इसने 110 गाँव नवाबी के हड़प लिये जिसे नवाब सहन नहीं कर सका।

फैजाबाद से 3000 सैनिकों को लेकर नवाब ने शंकरपुर गढ़ी पर हमला बोल दिया। राणा के पास उस समय केवल 100 सिपाही थे। राणा केवल 100 के बल पर गढी में मजबूत मोर्चा बन्दी कर नवाब को पाँच दिनों तक खूब छकाता रहा। छठे रोज, जिस समय नवाब और उसके सैनिक सो रहे थे गढ़ी से निकल नवाब की फौज पर जबरदस्त हमला कर दिया। नवाब के 1100 सिपाही मारे गये और नवाब को उसके अंगरक्षकों सहित गिरफ्तार कर लिया परन्तु राणा ने उन्हें सादर मुक्त कर दिया। राणा के इस व्यवहार से नवाब पानी-पानी हो गया। दोनों में मैत्री हो गई। बाद में राणा ने नवाब को सम्मानपूर्वक विदा किया। इसके बाद राणा का नवाबों से कभी कोई झगड़ा नहीं हुआ।

राणा की नवाब से मित्रता हो जाने से ईर्दगिर्द के छोटे-बड़े रजवाड़ों में जलन पैदा हो गई चूँकि वे तो नवाबी के सीधे आधीन थे इसलिये ये बात-बात पर राणा से झगड़ा करने लगे लिहाजा राणा ने उचित मुकाबले के लिए सीमित आय के बाद भी फौज एकत्रित करनी आरम्भ कर दी। इस काम के लिए कुछ दूर के सेठों को लूटा तो कुछ लोगों ने सहानुभूति में अपनी धरोहर इसके कदमों में रख दी।

राणा बेनीमाधव ने आस-पड़ौस के राजाओं को ही युद्ध में धूल नहीं चटाई बल्कि कानपुर झाँसी के मराठाओं से भी इसकी लड़ाइयाँ हुईं जो बाद में मैत्री के बन्धन में परिवर्तित हो गई थीं। इसकी बहादुरी की चर्चाओं ने दिल्ली के सम्राट का जहाँ ध्यान आकर्षित किया वहीं कम्पनी जनरलों के कानों में भी शंकरगढ़ के राजा की वीर गाथायें भय पैदा करने लग गईं, ये लोग सोचने लगते यदि यह राणा कहीं बीच में आड़े पड़ गया तो हमारी सारी नीतियाँ ही फेल हो जायेंगी इसलिये इसे दोस्ती का हाथ बढ़ाते बुलाया

भी, परन्तु यह स्वाभिमानी होने के कारण नहीं गया जिससे अंग्रेज इससे चिढ़ने लगे।

कम्पनी ने जब नवाब वाजिद अलीशाह को विलासिता के आरोप में गद्दी से हटाकर लखनऊ पर अधिकार किया उसी दौरान शंकरपुर के राणा के पास 229 गाँवों में से 110 गाँवों जो राणा ने बाद में जीते थे को जब्त करने का फरमान भिजवाया जिसे देखकर राणा आगबबूला हो गया। राणा ने बैसवारे के समस्त रजवाड़ों के साथ कनपुरिया अमेठिया के राजाओं को भी आमंत्रित किया। सभी राजा अपनी-अपनी फौजों के साथ राणा के झण्डे के नीचे एकत्रित हुये जहाँ देश को अंग्रेजों से मुक्त करने पर विचार-विमर्श किया गया।

भाग्य से इस समय लखनऊ से बेगम हजरत महल का निमन्त्रण मिला जिसमें गोरे लोगों के विरुद्ध मदद करने की गुजारिश की हुई थी। इस प्रकार राणा बेनीमाधव को अंग्रेजों के खिलाफ दो मजबूत कारण मिल गये, उनसे युद्ध करने को।

राणा बेनीमाधव अपने सभी राजाओं की फौज को लेकर राव रामबक्स और नाना राव को भी साथ लेने की दृष्टि में उनकी तरफ चले। रास्ते में बक्सर के पास सेमरी के मैदान में अनायास ही अंग्रेजों की भारी फौज से मुठभेड़ हो गई साथ के बहुत से राजा अंग्रेजों को देखकर भागने लगे जैसे बिल्ली को देखकर चूहा! राणा इस स्थिति से घबराये नहीं बल्कि बड़ी बहादुरी से कहा, ''क्यों, इन गोरों से डर गये? जिन्हें युद्ध से भय लगता है वे यहाँ से चले जाये। जिन्हें स्वाधीनता प्रिय हो और भारतमाता की लाज बचाना चाहते हैं केवल वही रहें।'' ऐसा कहते ही अमेढी के राजा लाल माधव सिंह खजुरगाँव के राजा रघुनाथ सिंह एवं राव रामबक्स को छोड़ सभी खिसक गये।

राणा बेनीमाधव ने हिम्मत से काम लिया। दोनों हाथों में तलवार लेकर घोड़े की रास को मुँह से पकड़ माँ दुर्गा की जयकार करते अंग्रेजों से जा भिड़े। दोनों तरफ से घमासान युद्ध हुआ। कुछ घन्टे की लड़ाई के बाद अंग्रेजों को मुँह की खानी पड़ी। दोपहर होते-होते वे मैदान छोड़कर भाग खड़े हुये। अंग्रेजों की कई तोप बन्दूकों के साथ रसद आदि का सामान राणा को पड़ा मिला।

शाम को खबर मिली कि रंजीतपुर में अंग्रेजों की सेना एकत्रित हो रही है। खबर के साथ ही राणा वहाँ पहुँच गया जहाँ अंग्रेजों ने बहादुरी से युद्ध किया परन्तु भाग्य से यह मैदान भी राणा के हाथ लगा। यहाँ भी राणा को बहुत सा सामान हाथ लगा। राणा लूट के सब सामान को लेकर गौंडिया खेरा पहुँचा। दो-चार दिन आराम की नीयत से यहाँ ठहरा। यहाँ का ठहरना राणा को महँगा सौदा हुआ चूँकि एक तरफ इसके अधीनस्थ राजा लोगों का जोश किन्ही कारणों से ठंडा पड़ रहा था वहीं जनरल हैवलाक ने गोरखा, सिख और अंग्रेजी सिपाहियों की फौज लेकर डौडियापुर को आ घेरा। राजा लोग इस स्थिति को देख घबरा गये। उन्हें प्राणों का मोह सताने लगा। अवसर देख कुछ राजा अंग्रेजों के समक्ष समर्पण कर गये, इससे राणा की ताकत टूट गई उपरान्त भी राणा ने यहाँ भारी युद्ध कर अंग्रेजों को नुकसान पहुँचाया। अन्त में अंग्रेजों को चकमा दे युद्ध से पलायन कर गया। यह घटना 15 नवम्बर, 1887 की है।

दूसरी तरफ लार्ड कैनिंग की फौज के साथ मर्दानगी बेगम का भीषण युद्ध लखनऊ में चल रहा था। बेगम बड़ी बहादुरी से अंग्रेजी फौज से टक्कर ले रही थी जिससे गोरों के छक्के छूटने लगे परन्तु अकेली बेगम कब तक लड़ती चूँकि भारत का भाग्य तो पलट ही चुका था। जब बेगम के पैर उखड़ने लगे उसी समय राणा बेनीमाधव अपने 200 जवानों के साथ अंग्रेजों पर पीछे से टूट पड़े। बहुत कोशिश के बाद भी अंग्रेज सम्भल नहीं सके तब तक तो राणा ने अपनी दोहरी तलवार से मैदान को लाल कर दिया। गोरों को मारते-काटते बेगम से बेलीगारद में जा मिले।

राणा के नजदीक आ जाने से बेगम का साहस बढ़ गया। अगले दो दिन फिर इन्होंने अपनी तलवारों का जौहर दिखलाया। दोनों जनरल लारेंस और हैवलाक जहाँ विशेष जख्मी हुए वहीं गोरों की सेना का शायद ही कुछ भाग इनसे सुरक्षित रह पाया। ढेरों को तो मार दिया और हजारों सैनिक घायल हुये परन्तु अंग्रेजी तोपों के सामने इनके सारे प्रयास सिमटते चले गये। अन्त में विजय श्री अंग्रेजों के झोले में जा ठहरी।

लखनऊ के इस युद्ध से राणा बेगम, युवराज और अनेक सरदार किसी प्रकार अपने प्राणों को बचा निकल भागे। गोरखपुर होते हुये नेपाल में शरण हेतु जाने लगे तो नेपाल नरेश जंगबहादुर ने, जो अंग्रेजों का सहायक बना हुआ था, इन्कार करवा दिया। मज़बूर होकर ये लोग नेपाल की पहाड़ियों में घुस गये। नेपाल नरेश ने इन पर यहाँ पर भी हमले कराये जहाँ एक रोज स्थान बदलते समय अवध का यह क्रान्तिकारी योद्धा हमेशा के लिए माँ भारती को समर्पित हो गया।

राणा बेनीमाधव सिंह के वीरोचित व्यक्तितव को देख कर किसी कवि ने ठीक ही कहा है-

हिन्दू हिन्द लाज को अधर्म से बचाता कौन।
विश्व चमकाता देश भाल का सितारा कौन॥
एकता दिखलाता वीर पथ पै चलाता कौन।
अंग्रेजों की छाती पर दुधारा मारता कौन॥
प्रान बान शान पर सहर्ष बलिदान होना।
सबको सिखाता दुखी दीनन सहारा कौन॥
बेनी माधव सिंह जो न लेता अवतार यहाँ।
जानता जहान में बताओ बैसवारा कौन?

□□□

18

दुर्जेय वीर- बाबू कुँअर सिंह

बाबू कुँअर सिंह, जगदीशपुर ठिकाने के मध्यमवर्गीय जागीरदार थे जो आरम्भ से ही स्वतंत्र और निर्भीक प्रवृत्ति के पोषक रहे। सन् 1857 की क्रान्ति के समय इनकी आयु इस लायक नहीं थी कि ये महीनों घोड़े की सवारी करते बन्दूक तोपों का मुकाबला तलवार से कर सकें। उपरान्त भी इस वीर ने 75-80 वर्ष की आयु में वह कर दिखलाया जिसे आम व्यक्ति अपनी जवानी में भी करने की शायद ही हिम्मत कर सके।

यह व्यक्ति भारतवर्ष के उन चन्द योद्धाओं में से एक रहे जिन्होंने वयोवृद्ध अवस्था के बावजूद करीब एक वर्ष लगातार युद्धरत रहते अंग्रेजों के छक्के छुड़ाते रहे। इनकी तुलना राजपूताने के ओजस्वी रणबाँकुरे महाराणा संग्राम सिंह और राणा प्रताप जैसे स्वाभिमानी स्वतंत्रता प्रेमियों से की जा सकती है।

बाबू कुँअरसिंह का नाम सबसे पहले सन् 1845 के अंग्रेज विरोधी षड्यंत्रकारियों की सूची में हमें पढ़ने को मिलता है जिसमें मेजर रोक्राफ्ट के रेजीमेन्ट नम्बर एक में अंग्रेजों के खिलाफ बगावत कराने की पूरी चेष्ट की गई थी। बस यहीं से बाबू कुंअर सिंह का भविष्य देश की स्वाधीनता के लिए समर्पित होता चला गया। इससे पूर्व इन्होंने मीर कासिम के साथ अंग्रेजों के विरुद्ध मुंगेर, पटना, छपरा, मांझी आदि स्थानों पर मुठभेड़ की।

मेरठ-दिल्ली से प्रज्वलित 1857 की जनक्रान्ति की आग पूरे देश में फैलती जा रही थी जिसने देश के पूर्वोत्तर बिहार, बंगाल, अवध आदि प्रान्तों को अपनी लपेट में ले लिया। जहाँ अनेकों स्थानों पर विरोध प्रदर्शित किया जा रहा था तो ढेरों जगह परस्पर युद्ध चल रहे थे। अंग्रेजों ने जब आजमगढ़ पर घेरा डाला हुआ था उस समय समाचार मिलते ही बाबू कुँअरसिंह तुरन्त आजमगढ़ पहुँचे जहाँ 3 जून, 1857 को प्रातः 8 बजे गोरों पर भयंकर आक्रमण कर दिया उस समय अंग्रेज सेना का नेतृत्व कर्नल मिलमेन के हाथों में था जिसे कुँअरसिंह ने दो बार पीछे धकेल दिया। उसी दौरान इलाहाबाद से अंग्रेजों की अतिरिक्त कुमुक आ जाने से इस वीर क्रान्तिकारी को पीछे हटना पड़ा। अंग्रेजों की एक

टुकड़ी ने कुँअरसिंह का पीछा किया जहाँ अन्त में सिधारी पुल के पार कम्पनी गार्डन में अंग्रेजी फौज का इनसे मुकाबला हुआ जिसमें अंग्रेजी सेना को अपने साथियों के शवों तक को छोड़कर गाँवों में (बेलनादिह, मझगाँवा) शरण लेकर प्राणरक्षा करनी पड़ी। बाबू कुँअरसिंह ने अंग्रेजों के मृतशरीरों को पीपल पेड़ के नीचे दफनवा दिया।

25 जुलाई, 1857 को दानापुर जिला पटना में सेना ने अंग्रेजों के विरुद्ध हथियार उठा लिये जिसमें फौज की तीन पलटनें शामिल थीं, बाद में इन सिपाहियों ने हथियारों के साथ शाहाबाद जिले में आकर इस स्वनामधन्य बाबू कुँअरसिंह से जा मिले चूँकि उस समय बंगाल, बिहार, अवध के क्रान्तिकारियों का इन्हें सच्चा पथ प्रदर्शक स्वीकारा हुआ था।

बाबू कुँअरसिंह ने आगन्तुक क्रान्तिकारियों का भव्य स्वागत किया। बाद में योजनानुसार इन्होंने मिलकर आराशहर पर हमला कर दिया। आरा में अंग्रेज फौज की सहायता में कैप्टन अनवर अपनी सिख-अंग्रेजों की मिश्रित सेना के साथ आया परन्तु क्रान्तिकारियों के जोश के सामने अंग्रेजी सेनाओं का प्राण बचाकर भागना भी कठिन हो गया। भारी खून-खराबे के बाद क्रान्तिकारियों का आरा शहर पर पूरा कब्जा कर लिया। जनरल लायड को जब सूचना मिली तो इसने कमांडर इन चीफ को तार द्वारा सूचित किया। मुझे यह सूचित करते खेद है कि आरा का अभियान हमारे लिये बड़ा घातक सिद्ध हुआ, जिले की जनता भी हमारे विरोध में खड़ी हो चुकी है।

इस युद्ध ने बाबू कुँअर सिंह का नाम अंग्रेजों की हिट लिस्ट में अंकित करा दिया। ये अंग्रेजों की आँखों के शूल बन गये, अब अंग्रेज इस व्यक्ति को किसी कीमत पर जिन्दा नहीं रहना देना चाहते थे। इसलिये अंग्रेजों ने पूरी तरह से योजना बनाते हुये इस शेर को जीवित अथवा मृत पकड़ने की ठानते हुए इस पर पूर्व और पश्चिम यानि दो तरफा आक्रमण कराया। इस संग्राम में बाबू कुँअरसिंह जिस साहस और रण कौशल का प्रदर्शन करते अंग्रेजी सेना के छक्के छुड़ाते रहे वह दृश्य अवश्य ही भारत के क्रान्तिकारी इतिहास में स्वर्णाक्षरों से लिखने लायक था।

दो तरफा अंग्रेजी फौजों से बीबीगंज, दुलौर आदि स्थानों पर भयंकर युद्ध हुआ जगदीशपुर में मजबूत मोर्चाबन्दी करके अंग्रेजों का बहादुरी से मुकाबला करते अंग्रेजों को इधर से उधर दौड़ाते रहे। इस युद्ध में अंग्रेज और सिख पलटनों को भारी जनहानि करते अवसर देख भोजपुर के इलाके को ही छोड़ गये।

इसके बाद मध्यप्रदेश, अयोध्या, लखनऊ, आजमगढ़ आदि स्थानों पर अंग्रेजी सेना के समक्ष आते रहे। 11 अगस्त से 17 मार्च, 1858 तक इन्हीं क्षेत्रों में रहते हुए अंग्रेजों के लिए काल बनते रहे।

अंग्रेज और गोरखा पलटनों ने आजमगढ़ को अपनी छावनी बनाया हुआ था। जब बाबू कुँअरसिंह को खबर मिली तो गुरिल्ला युद्ध करके उन्हें परेशानी में डालना आरम्भ

कर दिया। कभी स्वयं मैदान छोड़ जाते तो कभी सेना से स्थान छुड़ा लेते। कहने का मतलब है कि जब तक आजमगढ़ अंग्रेजों से मुक्त नहीं हुआ तब तक कभी छुप कर कभी सामने युद्ध कर उनके मनोबल को तोड़ते रहे। 28 मार्च, 1858 को अंग्रेजों से आजमगढ़ खाली हो गया, बाबू कुँअर सिंह ने यहाँ जगह-जगह देशभक्तों की कतारें खड़ी कर दीं। आजमगढ़ खाली हो गया, बाबू कुँअर सिंह ने यहाँ जगह-जगह देशभक्तों की कतारें खड़ी कर दी।

आजमगढ़ की स्वाधीनता की सूचना जब लार्ड केनिंग को इलाहाबाद में मिली तो वह इस शेर कुँअरसिंह की नीयत से विचलित हो गया। इसका अन्त करने के लिए लार्ड मार्कर को बड़ी सेना के साथ भेजा साथ ही बनारस की फौज को भी आजमगढ़ की ओर कूच करने के आदेश दिये। आगे चल कर जब ये दोनों सेनायें इस क्रान्तिवीर से सामना करने में सफल नहीं हुईं तो जनरल लुगार्ड को भारी तोपखाने एवं सेना के साथ भेजा गया। साथ ही लखनऊ से अतिरिक्त सैन्य व्यवस्था की गई।

बाबू कुँअरसिंह ने सोचा इतनी भारी सेना को रोकना किसी हालत में सम्भव नहीं उपरान्त भी अपनी एक टुकड़ी से, उस महारैला के लिए अवरोध पैदा करने के लिये कोटिला नामक स्थान पर मुठभेड़ करा दी और स्वयं अवसर देख वहाँ से पलायन कर गया। इस प्रकार 12 अप्रैल, 1858 को अन्तिम बार आजमगढ़ को छोड़ मुबारकपुर अजमतगढ़ होते हुये मधुवन पहुँचे। रास्ते में 14 अप्रेल को रौस नदी के किनारे अंग्रेजों से एक मुठभेड़ हो गई।

जनरल लुगार्ड इनका पीछा करते-करते मधुवन पहुँचा। मनोहरपुर में भी एक बार कुँअरसिंह ने अंग्रेजी सेना को धूल चटाई। शिवपुर में भी लड़ाई हुई। इस तरह चलते-चलते बाबू कुँअर सिंह गंगा के किनारे पहुँचे जहाँ शत्रु के तोप के गोले से इनका दाहिना हाथ जख्मी हो गया। कहते हैं इन्होंने तुरन्त उसे काट कर माँ गंगे को समर्पित कर दिया। इनकी जाँघ में भी गोल लगी हुई थी, शरीर भी घायल और उम्र भी विशेष वृद्ध, उपरान्त भी यह वीर अंग्रेजों के लिए दुर्जेय बन आतंक का कारण बने हुए था।

अन्त में जगदीशपुर पहुँचे जिसे पहले से ही विध्वंस किया जा चुका था। यहाँ तक कि देव मन्दिर भी कैप्टन आयर के विध्वंसकारी हाथों से बच नहीं पायें, अपने दुष्कर्मों पर गर्व करते हुये आयर ने एक खत में लिखा, "मैं शहर जगदीशपुर को ध्वंस कर रहा हूँ, राजप्रासाद तथा अन्यान्य इमारतों को बारूद से उड़ाने का प्रयत्न जारी है, आज मैंने एक हिन्दू मंदिर को जिसके निर्माण पर काफी रुपया कुँअरसिंह ने खर्च किया था, करीब-करीब मिट्टी में मिला दिया है।

कुँअरसिंह के जगदीशपुर पहुँचने की खबर सुन कर अंग्रेजों में आतंक छा गया, उनमें खलबली मच गई, आरा के अंग्रेज अधिकारी घबरा उठे। लि. ग्रांड ने भारी सेना के साथ जगदीशपुर पर हमला किया। इस अस्सी वर्ष के बूढ़े शेर के प्रत्याघात से अंग्रेजी

फौज में भगदड़ मच गई, वह भागने लगी। बाबू कुँअर सिंह के लघुभ्राता अमरसिंह ने लि. ग्रांड का सिर काट डाला।

पर अफसोस! इस विजय के बाद ही देश के अग्रणीय वयोवृद्ध स्वतन्त्रता के पुजारी बाबू कुँअर सिंह उस धाम के पथिक हो गये जहाँ से फिर कोई लौटता नहीं। असमय स्वतंत्रता की बलिवेदी पर प्राणोत्सर्ग करने वाले इस वीर योद्धा को देश सदैव नमन करता रहेगा।

दुश्मन के मुँह से प्रशंसा- इस वीर की मृत्यु पर पटना के तत्कालीन कमिश्नर सेमुअल्स ने छोटे लाट साहब को लिखा था-

''बाबु कुँअरसिंह एक बड़ा वीर पुरुष था, मेहनती भी। यदि उसकी सैनिक शिक्षा आधुनिक ढंग पर हुई होती तो वह बड़े उच्च श्रेणी का सिपहसालार बन सकता था॥''

बाबू अमरसिंह का संघर्ष-

यह बाबू कुँअरसिंह के लघुभ्राता थे, सीधे-साधे शांतचित्त मिजाज के होने के बाद भी निर्भीक और तलवार के धनी रहे। अपने बड़े भाई के अंग्रेजों के खिलाफ खड़े हो जाने के बाद भी, इन्होंने अपने स्वभाव में कोई खास परिवर्तन नहीं किया परन्तु कैप्टन आयर के द्वारा जब बलात ही जगदीशपुर को विध्वंस किया गया, उस समय इनका हृदय व्याकुल हो गया। बस यहीं से ये अपने बड़े भाई के साथ रह जहाँ भाई के अंगरक्षक बने वहीं अंग्रेजों का भक्षण भी आरम्भ कर दिया।

अपने भाई के देहावसान के बाद उनके द्वारा छेड़े गये अभियान को पूर्ण करने के उद्देश्य से सर पर कफन बाँध क्रान्ति के मैदाने जंग में कूद पड़े। बहादुरी की अनेक मिसालें अपने भाई के साथ स्थापित कर चुके थे इसलिये अंग्रेज अधिकारी इससे भय खाते थे।

18 जून, 1858 को पटना के तत्कालीन कमिश्नर ने कम्पनी सरकार कलकत्ते को एक पत्र में लिखा- ''अमरसिंह और उसके सैनिक जो सोनकी नदी के दूसरी ओर चले गये थे, यह सुनकर कि जनरल लुगार्ड चले गये हैं, वे अब लौट आये हैं। कल जगदीशपुर में चन्द मील पूर्व वीरथ गाँव में उन्हें देखा गया। करीब 1000 आदमी थे जिनमें सिपाही तो थे ही, कुछ ग्रामीण लोग भी शामिल थे।''

अमरसिंह ने आगे चलकर जगदीशपुर पर कब्जा कर लिया और एक स्वतंत्र शासक की भाँति शासन करने लगा। इसने अपना सिक्का भी चलाया जिस पर ''सिक्के जादशाह कुँअरसिंह पर बलायात कम्पनी'' खुदा हुआ था।

अंग्रेजों ने अमरसिंह का पीछा नहीं छोड़ा। हावेल के नेतृत्त्व में एक बड़ी फौज जगदीशपुर भेजी गई जहाँ दोनों ओर से भयंकर लड़ाई होती रही। अन्त में संख्या और

हथियार दोनों ही दृष्टियों से अंग्रेजी सेना भारी पड़ रही थी। ऐसी स्थिति में अमरसिंह अवसर देख यहाँ से पलायन कर गया और नेपाल पहुँच गया।

नेपाल नरेश जंगबहादुर ने बड़ी धूर्तता से इसे अपने कब्जे में करके अंग्रेजों के हवाले कर दिया जिसे बाद में गोरखपुर जेल में रखा गया।

अभी अंग्रेजी सरकार इन पर कोई आरोप तय नहीं कर पाई, जिससे इस व्यक्ति पर मुकदमा चलाया जा सके उसके पूर्व ही अतिसार रोग से गोरखपुर जेल में ही 5 फरवरी, 1859 को इस वीर क्रान्तिकारी योद्धा ने जीवन की अन्तिम साँस ली।

❑❑❑

19

प्रतिहिंसा की आग में- इलाहाबाद

इलाहाबाद– कम्पनी सरकार के गवर्नर जनरल लार्ड केनिंग का मुख्यालय, जहाँ फौजी हुकमरानों का हुजूम एवं असंख्य सैनिकों की भीड़। ऐसी स्थिति में किस क्रान्तिकारी की हिम्मत जो यहाँ अपना पर भी फैला सके, कोई सरकार के विरोध में मुँह भी खोल सके, उपरान्त भी यह क्षेत्र प्रतिहिंसा की आग में क्यों?

क्रान्तिकारी ने कानपुर, लखनऊ को अवश्य अपनी क्रान्ति का केन्द्र बना अंग्रेजों से लोहा लेते रहे इसलिये इन दो नगरों पर जो अमानुषिक अत्याचार किये, वह बात समझ में आने लायक है। परन्तु इलाहाबाद ने तो ऐसा कुछ नहीं किया, फिर भी यहाँ की जनता पर तैमूरलंग और चंगेज खाँ से बढ़कर यहाँ जुल्म ढाये गये।

कोई भी सभ्य कहलाने वाला इंसान पूछ सकता है कि इन गोरी चमड़ी वालों ने किस खुशी में अपनी स्वाभाविक क्रूरता की खैरात यहाँ वितरण की? ध्यान रखें ये अपने आप को कितना ही सभ्य इन्सान मानें परन्तु भारतीय इतिहास हमेशा ही इनकी तथाकथित मिसालों से इन्हें असभ्य, क्रूर, कुटिल, विश्वासघाती, पापी एवं अत्याचारी कहता ही रहेगा।

बहुत खोज करने पर हमें मात्र यह तथ्य मिलता है कि एक बार किसी कमांडिंग अफसर के सामने से छोटे–छोटे बच्चों का हुजूम निकल रहा था जिनके हाथों में छोटी–छोटी झाड़ियाँ थी जिन पर तपे सूर्य से अंकित हरे रंग का कपड़ा या कागज था। बच्चों का शायद यह अपराध रहा कि वे एक बड़े अधिकारी के आवास वाली सड़क से गुजर रहे थे।

अंग्रेजों को बस यही कारण पर्यास लगा कानपुर–लखनऊ नगरों में हुई हत्याओं से उत्पन्न प्रतिशोध की ज्वाला को ठंडा करने का।

इसके बाद इलाहाबाद में क्या हुआ इस बारे में हम भारतीयों की कलमों को

इसलिये उद्धृत नहीं करना चाहते शायद न्यायप्रिय कहलाने वाली गोरी कौम यह न समझ बैठे कि हमें बदनाम करने को हिन्दुस्तानियों ने असंगत और असत्य तथ्यों को लिख डाला है इसलिये हम यहाँ उन्हीं के शब्दों को उद्धृत करते हैं "उनका व्यवहार उच्चादर्श के लिये शहीद होने वाले व्यक्तियों के अनुकूल था। बिना किंचित उन्मेष के वे फाँसी के तख्ते पर ऐसे चढ़ रहे थे जैसे योगी समाधि में प्रविष्ट होता है। (पृष्ठ 289)

कलूटों को मारा आग लगा दी

मद्रास फ्यूजीलर्स के एक सैनिक ने लिखा, "जब हम इलाहाबाद किले से बाहर निकल कर चारों ओर देखने गये, तो जिस किसी भारतवासी में प्रतिरोध का किंचित् भी चिह्न मिला, उसे हमने काट गिराया। अपनी इन यात्राओं में हमें बड़ा मजा आया। किले से कुछ घण्टों के लिये इस काम के लिये निकलना बहुत ही सुहावना था। एक बार तो जब मैं एक बन्दूक लेकर नौका पर बाहर निकला, तो मैंने बड़ी ही प्रसन्नता का अनुभव किया। हमारी नौका नदी की धार की ओर ऊपर बढ़ती गई और हम दायें-बायें गोलियाँ दागते रहे, जब तक कि हम दूषित स्थानों तक नहीं पहुँच गये। वहाँ हम अपनी दुनाली बन्दूकें हाथ में लिये उतरे। मैंने स्वयं कई कलूटों को मार गिराया। हमने अपने दायें-बायें आग लगा दी। तेज हवा के कारण ज्वालायें आकाश तक पहुँच गईं और विश्वासघाती भारतीयों को ज्ञात हो गया कि उनसे बदला लेने का दिन आ गया। (इलाहाबाद कत्लेआम, जार्ज विकर्स लंदन सन् 1858 पृष्ठ 65)

पेड़ों पर फाँसी के फन्दे-लटके क्रान्तिकारी

इलाहाबाद में स्थान-स्थान पर इतने अधिक भारतवासियों को पकड़ कर फाँसी दी गई कि जब 18 जून, 1857 को हैवलाक जब अपनी सेना लेकर इलाहाबाद पहुँचा, तो उसे कोई भी पेड़ ऐसा न मिला, जो झूलती लाशों से मुक्त हो। जब कोई सगा सम्बन्धी अपने साथी या सम्बन्धी का हाल जानने निकल पड़ता तो उसे भी पकड़ कर फाँसी पर लटका दिया जाता। सारे शहर में जगह-जगह पर लाशें बिखरी हुई थीं। सैकड़ों स्त्रियाँ अपने सतीत्व की रक्षा के लिये कुओं में कूद गईं। भय से त्रस्त हजारों लोग शहर छोड़ कर भाग गये।

मनकामेश्वर घाट के पास इस प्रकार भागने वाली भीड़ को देख कर प्रतिहिंसा से भरे अंग्रेजों ने कृत्रिम उदारता दिखला कर कहा कि जो लोग उस पार जाना चाहें उन्हें दण्ड नहीं दिया जायेगा। जब नावें उन्हें लेकर मझधार में पहुँचीं तो उन निरपराध व्यक्तियों पर गोलियाँ चलाई गईं। इस प्रकार कई हजार व्यक्ति गोलियों के शिकार हुए और पानी में छटपटा कर मर गये।

कर्जदार मुजरिम न्यायाधीश बनाया

आठ मार्च, 1858 लंदन टाइम्स ने इलाहाबाद के न्यायाधीश की नियुक्ति के सम्बन्ध में सर विलियम रसेल नामक विशेष सम्वाददाता का वह समाचार, जिसे उसने सर कॉलिन कैम्पवैल के कथनानुसार भेजा था, इस प्रकार छापा–

"इलाहाबाद में विद्रोहियों पर मुकदमा चलाने और उनको दंड देने के लिये एक अंग्रेज व्यापारी को स्पेशल कमिश्नर नियुक्त किया गया है। यह व्यापारी ऋणग्रस्त था और इसको बहुत से भारतीयों का कर्ज चुकाना था। इसने सबसे पहला काम जो किया, वह था अपने उन साहूकारों को पकड़ बुलाना। फिर इसने उन पर मुकदमे चलाये और प्रत्येक को फाँसी दी।"

□□□

20

जनक्रान्ति की ज्वालायें—दक्षिणी पथ पर

जब हम हैदराबाद–मुम्बई के सरकारी रिकार्ड और संबंधित रेजीडेंसियों के पत्र व्यवहारों पर नजर डालते हैं तो अंग्रेजी साहित्य का यह प्रलाप स्वतः ही निरस्त हो जाता है कि 1857 की जनक्रान्ति केवल उत्तर भारत में ही विस्फोटक हुई। सत्य यह है कि तुंगभद्रा और नर्मदा के मध्य क्षेत्रों में स्वाधीनता की ज्वालाएँ भड़की थीं। इसमें कोई सन्देह नहीं कि मेरठ, दिल्ली, कानपुर, अवध, बिहार एवं झाँसी के संघर्षों के मुकाबले इतनी लम्बी अवधि तक इतने खूनी खेल नहीं खेल गये। दक्षिण भारत के अनेकों लोगों ने अपने प्राणों की आहुतियाँ दी, ढेरों फाँसी पर लटकाये गये। अगणित लोगों को लाखों की सम्पत्ति से हाथ भी धोना पड़ा।

इस जनक्रान्ति का मुख्य केन्द्र हैदराबाद बना जहाँ से क्रान्ति अन्य जिलों में फैली। इसका शुभारम्भ तो 12 अक्टूबर, 1990 में की गई (निजाम–अंग्रेजों के मध्य) सन्धि को ही स्वीकारा जा रहा है जिसमें सिकन्दराबाद में अंग्रेजी फौज की तैनाती वह भी निजाम के खर्चे पर रखना था। इसका बहुत से तत्कालीन सरदार और सामन्तों ने विरोध भी किया और इस सन्धि को निरस्त करने का प्रयास भी किया। कहा जाता है कि स्वयं नये निजाम सिकन्दर जहाँ (1803–1829) इस इकरारनामे के खिलाफ रहे। राजा महिपतराय ने तो स्वयं निजाम को अंग्रेजी षड्यंत्र से निकालने का प्रयास भी किया। परन्तु असफल रहने के कारण राजा को होल्कर की शरण लेनी पड़ी।

हैदराबाद में इस क्रान्ति का नेतृत्व निजाम सिकन्दर जहाँ का पुत्र और निजाम नासिरुद्दुला (1829–1857) के भाई मुबारिजुद्दौला ने सम्भाला हुआ था जिसने अहमद बरेलवी के बहावी षड्यंत्र के माध्यम से इस क्रान्ति की आग हैदराबाद के अलावा मद्रास, बंगलौर और कर्नूल तक फैला दी थी। सर्वप्रथम कर्नूल के नवाब ने अंग्रेजी सत्ता की खिलाफत करते हुए हथियार उठाने का प्रयास किया उससे पूर्व ही चालाक अंग्रेजों ने उसे अपनी गिरफ्त में लेकर गोलकुंडा दुर्ग में आजीवन कैद के लिए धकेल दिया। यह घटना 1840 की है।

अंग्रेजों द्वारा रखी गई फौज और निजाम की फौज में अक्सर घमासान हो जाया करता था। सन् 1827-1841 एवं 1852 में ऐसी अनेक घटनायें हुईं जिनमें अंग्रेजी अफसरों का खून बहाया गया। हैदराबाद में आगे चलकर ये बगावतें भी क्रान्ति का कारण बनीं।

मेरठ-दिल्ली की फौजी बगावत की खबरें जब दक्षिण में पहुँचीं तो यहाँ की फौजों को दिल्ली भेजने का निर्णय लिया जा रहा था। इस खबर से स्थानीय घुड़सवार रेजीमेन्ट में असन्तोष की लहर दौड़ने लगी।

12 जून, 1857 की बात है। औरंगाबाद छावनी के कैप्टन एवट ने उपर्युक्त समाचार अगले दिन हैदराबाद रेजीडेन्सी के पास भिजवाया। इस खबर से नाराज होकर घुड़सवार दल के सिपाहियों ने घोषणा कर दी कि हम न तो दिल्ली बादशाह के खिलाफ ही लड़ेंगे और न ही अपने धर्म भाइयों पर हथियार ही उठायेंगे... इस प्रकार के विचारों वाली पलटन औरंगाबाद स्वाम नदी के दूसरी ओर डेरा डाले हुये थी। अंग्रेजों ने भावी बगावती आशंका को ध्यान में रखते हुए उस नदी के पुल को ही बन्द करवा दिया जिससे ये लोग शहर में आकर कोई उत्पात न मचा दें।

इसके बाद कैप्टन एवट की रिपोर्ट पर मेजर जनरल वुडवर्न के नेतृत्व में फौज का एक दस्ता उन सिपाहियों को दंड देने के लिए औरंगाबाद भेजा गया। उधर उन सब सिपाहियों को एक मैदान में एकत्रित होकर हथियार डाल देने को कहा गया। उनमें से कुछ सैनिकों ने हथियार डालने से स्पष्ट इंकार कर दिया। तब उन पर आक्रमण कर दिया गया। अन्य सिपाहियों में भगदड़ मच गई।

शहर के दरवाजे तक पीछा करके करीब 94 बागी सिपाहियों को पकड़ लिया गया। एक सिपाही ने तो कैप्टन एवट पर ही फायर कर दिया परन्तु निशाना चूक गया। उस सिपाही को गिरफ्तार कर अगले रोज फाँसी दे दी। शेष सिपाहियों पर महीने भर मुकदमे चलाये गये। उनमें से तीन सिपाहियों को तोप से, 21 लोगों को बन्दूक से मारने का हुक्म सुनाया गया। 30-40 को देशनिकाले एवं 50-60 को कोड़ों से पीटने का निर्णय दिया गया। यह घटना औरंगाबाद में जून, 1857 को हुई।

इस घटना से पीड़ित हो औरंगाबाद और बाहर की पलटनों के कुछ सिपाही और जमादार भाग कर हैदराबाद आये जहाँ दीवान सालारजंग ने उन्हें पकड़ कर रेजीडेन्सी के सुपुर्द कर दिया। जनता उनकी रिहाई की माँग करती रही परन्तु उन सबको सजा ए मौत दी गई।

उपर्युक्त घटना से समूचे हैदराबाद मे गोरों के खिलाफ असन्तोष जाहिर होने लगा। सभी लोगों को सूचित करने के लिए एक पर्चा मक्का मस्जिद पर चिपकाया गया जिसमें

अंग्रेजों के जुल्म से निजात पाने के लिए सभी धर्म के लोगों को एक नीयत स्थान पर इकट्ठा होने के लिए कहा गया।

लोग आये और सभा हुई। सालारजंग ने रेजिडेंट डेविडसन की हिफाजत के लिए जहाँ शहर के तमाम दरवाजे बन्द करवा दिये वहीं उस सभा को भी बलपूर्वक तितर-बितर करवा दिया जिससे लोगों में प्रतिशोध की भावना और भी बढ़ गई।

17 जुलाई, 1857 की दोपहर को तुर्रेबाज खाँ रुहेला और मौलवी अलाउद्दीन अहमद के नेतृत्व में करीब 5000 लोगों ने हमला बोल दिया। आक्रमणकारियों ने शहर की तरफ से रेजीडेन्सी के दरवाजे पर चढ़ाई कर दी और दरवाजा तोड़ डाला। दरवाजे के टूटते ही भीतर से तोपों के गोले बरसने लगे। दोनों तरफ से रातभर गोलियाँ चलती रहीं। इस संघर्ष में 32 लोग मरे और कुछ जख्मी हो गये। जीत अंग्रेजों की हुई। इस संघर्ष के दोनों शीर्ष नेता पकड़ लिये गये, दोनों को काले पानी की सजा हुई। तुर्रेखाँ बाद में कैद से भाग निकला जिसे बाद में एक भिड़त में मार दिया। जनवरी, 1859 में उसकी लाश को हैदराबाद के एक सार्वजनिक स्थल पर कुछ समय तक के लिये लटका कर रखा गया। मौलवी अलाउद्दीन अहमद को अंडमान भेज दिया गया जहाँ 1884 में उसने अन्तिम साँस ली। इसी घटना के साथ यहाँ की बगावत समाप्त हो गई।

राजा वैंकटप्पा नाइक

गुलबर्गा जिले के अन्तर्गत एक लड़ाकू जाति, जो कृष्णा नदी के उत्तर में एवं कृष्णा तुंगभद्रा के दोआब में पाई जाती है, सुरापुर वेंडर नाम की एक रियासत रही जिसका राजा वैंकटप्पा नाइक था। यह दक्षिणी महाराष्ट्र के सरदारों के साथ मिलकर अंग्रेजों को वहाँ से भगाना चाहता था। अपनी योजना को साकार रूप देने हेतु यह सुरापुर से हैदराबाद आया जहाँ इसने अरब लोगों के साथ रुहेलों की भर्ती करना शुरू कर दिया। जब अंग्रेजों को पता चला तो उनका संशय और बढ़ गया। वैसे भी अंग्रेज इस कौम से भय खाते थे।

राजा को समझाने के लिए रेजीडेन्ट ने कैप्टन केंवल को सुरापुर भेजा, जो जनवरी 1858 को पहुँचा। जब समझाने में असमर्थ रहा तो वह लिगसगूर की छावनी आ गया जो सुरापुर के नजदीक ही है। यहाँ से केप्टन विडहयाम को फौज के साथ लेकर 7 फरवरी को सुरापुर पहुँचा और शहर के बाहर अपनी छावनी डाल दी। उसी रात सुरापुर की फौज ने विडहयाम की छावनी पर हमला बोल दिया। अंग्रेज घबरा गये, जैसे-तैसे रात निकाली। दूसरे दिन अंग्रेजों ने सुरापुर पर आक्रमण कर दिया। सुरापुर की फौज इनका बड़ी बहादुरी से सामना करती रही बल्कि बराबर जनहानि भी पहुँचती रही। परन्तु लिगसगूर से घुड़सवारों की पलटन और बीजापुर से अतिरिक्त कुमुक पहुँच जाने से सुरापुर की फौज के पैर उखड़ गये। वे लोग तितर-बितर हो गये। राजा भी सुरापुर से निकल

भागा।

अंग्रेजों को इस युद्ध में सैनिकों के साथ-साथ कई अधिकारियों को भी गँवाना पड़ा। भारी नुकसान के बाद भी राजा इससे निकल ही गया। राजा वैंकटप्पा नाइक सुरापुर से भाग कर हैदराबाद आया जहाँ इसे आशा थी कि दीवान सालारजंग से अंग्रेजों के विरुद्ध कुछ सहायता मिलेगी, इसके विपरीत इसे रेजीडेन्ट के हवाले कर दिया गया।

इस पर मुकदमा चलाया गया जिसमें आजन्म कारावास का दंड दिया गया बाद में इस सजा में कुछ परिवर्तन करते हुए मद्रास के किसी किले में इसे चार साल तक रहने का हुक्म हुआ। जब इसे किले की तरफ ले जाया जा रहा था तभी रास्ते में हैदराबाद से तीन मील दूर अंबरपैठ नामक ग्राम में अपने आप गोली मार कर मई, 1858 को आत्महत्या कर ली। इस प्रकार सुरापुर राजा की क्रान्ति का अन्त हो गया। इसके असफल होने का मुख्य कारण दक्षिणी महाराष्ट्र के लोगों का इसे बिल्कुल सहयोग नहीं मिला था।

कोप्पाल दुर्ग से भी अंग्रेजों के खिलाफ हथियार उठाये गये परन्तु तादाद में कम होने के कारण सफल नहीं हो सके बल्कि उन सभी लोगों को 10 जून, 1858 को और बाद में विभिन्न तरह से मौत के घाट उतार दिया गया।

इनके अलावा दक्षिण में भी गोंडों ने भी दिल खोल कर माँ भारती की स्वतंत्रता हेतु अंग्रेजों से युद्ध किये और शहीद हो गये।

❏❏❏

21

वर्तमान सन्दर्भ में क्रान्ति का महत्त्व

1857 की राष्ट्रव्यापी जनक्रांति 10 मई, 1857 में आरम्भ होकर दिसम्बर, 1857 तक देश के विभिन्न भागों को प्रभावित करती रही। मजबूत संगठन के अभाव में जहाँ लाखों बेगुनाहों को मौत के घाट उतारा गया वहीं आधुनिक हथियारों की जानकारी के अभाव में नेतृत्व करने वाले योद्धाओं को स्वयं शहीद होना पड़ा।

सदियों पुरानी मुगल सत्ता का पतन हुआ, देश की बागडोर क्रूर हाथों में चली गई। इस जनक्रान्ति के असफल होने के निम्न कारण रहे-

1. केन्द्रीय संचालन का पूर्ण अभाव।

2. अंग्रेजों की शक्तिशाली प्रशिक्षित सेना एवं आधुनिक हथियारों का होना।

3. कुछ रियासती रईसों के अलावा विदेशों से मिलने वाली अंग्रेजों को सैनिक सहायता।

4. राष्ट्रीयता की भावना का अभाव।

उपर्युक्त जनक्रान्ति का भावी भारत पर क्या प्रभाव पड़ा इस क्रम में यहाँ कुछ विद्वानों के मतों को उद्धृत किया जा रहा है-

1. कार्लमार्क्स के शब्दों में-''यह पहला अवसर था जबकि सिपाही रेजीमेंटों ने अपने यूरोपियन अधिकारियों की हत्या की। मुसलमान और हिन्दुओं ने अपनी पारस्परिक शत्रुता का परित्याग करके शासन के विरुद्ध आवाज उठाई, जबकि हिन्दुओं के साथ होने वाले साम्प्रदायिक दंगों का दिल्ली के सिंहासन पर मुसलमान सम्राट को बैठाने के बाद अंत हो गया, जबकि विद्रोह ने कुछ स्थानों पर सीमित न रह कर व्यापक रूप धारण किया...।''

2. प्रो. जी. एन. सिंह ने लिखा है- ''ब्रिटिश भारत के इतिहास में 1857 ई. के विद्रोह ने एकदम कायापलट कर दी। शासकों एवं शासितों के पारस्परिक संबंध पूर्णत:

परिवर्तित हो गये। अंग्रेजों के हृदय में भारतवासियों के प्रति अविश्वास भर गया और जनता के प्रति नीति बदल गई...।''

3. सर टामस रो का मानना है –''अल्लाह एक है तथा मुहम्मद उसका पैगम्बर है, का नारा लगाने वालों तथा ब्रह्म में रहस्यों को बुदबुदाने वालों ने एक–दूसरे के साथ मिलकर बगावत का झंडा बुलन्द किया...।''

उपर्युक्त विचारों से हम इस निष्कर्ष पर पहुँचते हैं कि सन् 1857 की जनक्रान्ति एक जर्जर व्यवस्था का अपने अपहृत गौरव के पुनरुद्धार का अन्तिम प्रयास था जिसकी समाप्ति के साथ भारत में नवीन शक्तियों के साथ नये समाज के उदय होने के रास्ते खुले।

अपने मूल विषय पर चर्चा करने से पूर्व हम पाठकों को यह और अवगत कराना चाहेंगे कि सदियों पुरानी मुगल सत्ता ने भारत को क्या दिया और 190 वर्ष टिकने वाली अंग्रेजी सत्ता ने क्या दिया? इन दोनों विदेशी नीतियों का यहाँ तुलनात्मक अध्ययन करने की दृष्टि से नीचे एक सारिणी दी जा रही है जो पाठकों को अतीत की पृष्ठभूमियों को टटोलने में सहायक सिद्ध हो सकती है।

1. तलवार और धर्म के नाम पर देश में सत्ता स्थापित की।	सौदागर बन, छल, कपट, विश्वासघात एवं फूट डाल कर सत्ता छीनी
2. हिन्दू सरदारों के बल पर सल्तनत की नींव को मजबूत किया।	हिन्दू रजवाड़ों के माध्यम से मुगलों से सत्ता छीनी।
3. हिन्दू और मुसलमानों के पृथक कानून थे।	दोनों सम्प्रदायों के लिए एक कायदा रखा।
4. पुरातन भारतीय स्थापत्य कला को नष्ट किया अथवा परिवर्तित/विकृत किया।	अपवाद ही कहीं नष्ट किया।
5. हिन्दूओं को अपमानित करने हेतु विभिन्न तरह के टैक्स लगाये, पहनावे पर पाबन्दी	दोनो जातियों के साथ समान बर्ताव किया। इस प्रकार के नियम हथकण्डे नहीं अपनाये।
6. हिन्दू, धर्म, तीर्थ, मेले त्यौहारों पर पाबन्दी	नहीं किया
7. रजवाड़ों की लड़कियों का अपहरण कर बेगम–दासी बनाया।	नहीं किया
8. युद्धों के माध्यम से धन लूटा,	सम्पदा को लूटा और ब्रिटेन ले जाते रहे

मक्का और खलीफाओं को जिससे खुश किया	जिससे जनता गरीब होती गई।
9. निर्माणों का अभाव, बल्कि पुरातन नगरों, कस्बों, दुर्गों के नाम पलटकर उनके निर्माणकर्ता कहलाये।	किले, नगर आबाद, बेहतरीन बंगलेनुमा भवनों के निर्माणकर्ता बने।
10. शासन में रिश्वत और अय्याशी का बाजार गर्म रहा।	रिश्वत का बोलबाला रहा।
11. कुरान के नाम पर बेगुनाहों का ख़ून और स्त्रियों पर अत्याचार	ये भी साँपनाथ बने।
12. भारतीय संस्कृति को नष्ट कर इसे मुसलमान देश बनाना चाहते थे।	धर्म परिवर्तन के साथ राष्ट्र को बाइबल से चलाना चाहते थे।
13. हिन्दू संस्कृति और सभ्यता पर प्रहार किया।	भाषा प्रचार से पहनावे और खानपान पर प्रभाव पड़ा।
14. जनता के हित में कोई आविष्कार नहीं।	रेल, तार, टेलीफोन, डाक के साथ विज्ञान के क्षेत्र में बढ़ने का अवसर दिया।

कहने का मतलब है कि मुसलमान कुरान से देश को दकियानूसी परम्पराओं में जहाँ बाँधे रखना चाहते थे वहीं अंग्रेजों ने विद्या प्रसार के माध्यम से नये युग में खड़ा करने का प्रयास किया। इनका अनुशासन, न्याय और अभेद व्यवस्था मुगल सम्राटों से बेहतर रही।

इसमें कोई सन्देह नहीं कि हमें बहुत सी उच्छलतायें विरासम में मिलीं जिन्हें चाहें सन् 1857 अथवा सन् 1925–45 तक घटित घटनाओं की देन कहें। ऐसी उद्दण्डतायें छोटे–बड़े अथवा युवा वर्ग ही नहीं करता बल्कि बड़े बड़े समाज और देश सेवा में रत शीर्षनेताओं को भी ऐसी स्वेच्छाचारिता में लीन पाया जाता है। अनेकों बार देश की सर्वोच्च मजलिस में भी अनुशासनहीनता की घटनायें जरिये दूरदर्शन के देखने को मिलती रहीं।

जिन हथकंडों को कभी मजबूरी में विदेशियों को खदेड़ने के लिए काम में लेते रहे, उन्हें स्वतंत्रता के 59 वर्ष बाद भी बेहिचक उपयोग में लाते आ रहे हैं। आन्दोलनों के नाम पर धमइया मचाते हुये सरकारी गैर सम्पत्ति को नुकसान पहुँचाना, कार्यों में व्यवधान डालना, सम्बन्धित रिकाईस को जला देना, तोड़–फोड़ के साथ सार्वजनिक रास्तों को जाम करना एवं बल प्रयोग करते हुए शारीरिक क्षति तक पहुँचाने में किसी प्रकार का संकोच नहीं करना, आज इनका क्या औचित्य है ऐसा क्यों और किसलिए किया जा रहा है?

क्या ऐसी निरंकुश प्रवृत्तियों से समाज अथवा देश कभी मजबूत बन सकता है। ऐसे संगठनों का नेतृत्व करने वाले नेता क्या ऐसे कृत्यों से ही क्रान्ति, समग्र क्रान्ति अथवा मानवीय मूल्यों की वृद्धि कर सकते हैं? ऐसे ढेरों प्रश्न हैं, समाजशास्त्रियों, राष्ट्र प्रेमियों एवं इन्सानियत में विश्वास करने वालों को गहनता से विचार करना चाहिये वरना ऐसी क्रान्तियाँ ही कालान्तर में भूचाल खड़ा कर प्रजातंत्र को निगल सकती हैं।

सन् 1857 में एक साथ भूचाल नहीं आया बल्कि अंग्रेजों का शोषण, अत्याचार, भेदभाव पूर्ण नीतियों ने शनैः-शनैः बगावत का रूप धारण कराया, समाज और वर्ग विशेष ने सचेत भी किया, अनेक विद्रोह हुए जिन्हें अंग्रेज सल्तनत से दबाते अथवा कमजोर करते रहे। असन्तोष की भी सीमा होती है जो बैरकपुर में एक साधारण घटना से घटित हुई परन्तु इसी साधारण विद्रोह ने अन्त में सम्पूर्ण देश को उस कगार पर खड़ा कर दिया जिसकी पूर्व में कभी कल्पना नहीं की गई।

वर्तमान में विरोध प्रदर्शन, हड़तालों के माध्यम से जो कुछ भी निरंकुश होकर किया कराया जा रहा है इन्हें किसी भी तरह से स्वस्थ और स्वच्छ प्रजातंत्र के लिए हितकर नहीं कहा जा सकता।

सरकार में बैठने वाले शीर्ष लोगों को ऐसे सब कृत्यों की पृष्ठभूमियों पर गहन अध्ययन करते ऐसी नीतियाँ, व्यवस्थायें निर्धारित करनी चाहिए जो भेदभाव से रहित, पारदर्शी, मजबूत एवं समान हों जिससे देश में शान्ति, सुख वैभव बढ़ेगा वहीं प्रजातंत्र का सूर्य दीर्घकाल तक प्रकाशित होता रहेगा। यहाँ कुछ ऐसे बिन्दु प्रस्तुत किये जा रहे हैं जिनसे असन्तोष के कारण दूर हो सकते हैं–

1. राजनीतिज्ञों की आचार संहिता होनी चाहिये जिसमें उम्र, विद्या, चरित्र, जीवनयापन करने का साधन के साथ निःस्वार्थ सेवाभाव, अपराधिक प्रवृत्तियों के पाये जाने पर महामहिम राष्ट्रपति जी द्वारा तत्काल निलम्बन एवं सख्त सजा का प्रावधान, पेंशन जैसी सुविधा समाप्त, अधिकतम आयु 65 साल होनी इससे आदर्शहीन राजनीति को संरक्षण नहीं मिलेगा। चूँकि नेता ही समाज के दर्पण कहलाते हैं।

2. देश और समाजसेवक कहलाने वाले राजनीतिज्ञों की सुरक्षा पर करोड़ों रुपया व्यय होता है। क्या ये जनता में बहुमत से जीत कर नहीं आते! ये सामन्तशाही व्यवस्थायें तुरन्त समाप्त कर देनी चाहिये।

3. बूथ कैप्चरिंग करने वालों को सार्वजनिक स्थलों पर फाँसी पर लटकाया जाये। इस क्रम में तथाकथित किसी भी तरह के नेता का हस्तक्षेप नहीं स्वीकारा जाये बल्कि ऐसे अनुयायियों पर भी गुप्तचरों द्वारा निगरानी की जाये।

4. गरीबी के नाम पर जातिवाद को प्रोत्साहित नहीं किया जाये।

5. कानून सबके लिए समान हो, चाहे वह राजनेता, अधिकारी, कर्मचारी, समाज सेवक व्यापारी अथवा असामाजिक तत्त्व हो। साथ ही दीर्घकालीन नहीं होना चाहिए।

6. योग्यता के आधार पर नौकरी तथा काम के बदले पारिश्रमिक नीति अपनाई जाये। शेष अनुकम्पायें खैरातें, मृगमाफी से उदासीनता, उद्दण्डता, एवं भिखारी प्रवृत्तियाँ पनपती हैं, बन्द कर देनी चाहिये।

7. अधिकार से पूर्व दायित्व का ज्ञान, संस्कारों का विकास कराया जाये।

8. प्रशासन में राजनीति का हस्तक्षेप कदापि नहीं स्वीकारा जाये।

9. सांसद अथवा विधायक कोटों से जातिवाद और व्यक्तिवाद को बढ़ावा मिलता है। निर्माण कार्य सम्बन्धित विभागों द्वारा सीधे कराये जायें।

10. शिक्षा के माध्यम से छात्रों के नैतिक मूल्य, चरित्र एवं राष्ट्रीय भावनाओं को विकसित करना चाहिये। शिक्षा नीति राष्ट्रीय स्तर की होनी चाहिये।

राष्ट्र सर्वोपरि है इसी भावना को ध्यान में रखते हुये ही उपर्युक्त सुझाव प्रस्तुत किये हैं। मेरा उद्देश्य किसी व्यक्ति, पद, जाति एवं संगठन की आलोचना करना नहीं बल्कि राष्ट्रहित में अपने कृत्यों का आत्मचिन्तन करना अवश्य है। धर्म के नाम पर भी कानूनों का बँटवारा नहीं होना चाहिये।

हमारा राष्ट्रीय धर्म ही इन्सानियत है
जो बाँटना तोड़ना नहीं सिखाता!

❑❑❑

22

बंगाल में अंग्रेजों के प्रभुत्व की स्थापना

कर्नाटक के युद्धों की सफलता ने अंग्रेजों के हौसले बढ़ा दिये। अब उनकी लोलुप दृष्टि बंगाल पर पड़ी। 1717 में फर्रूखसियर के एक किसान से अंग्रेजों को बंगाल के सूबे में बिना चुंगी दिये व्यापार करने की अनुमति प्राप्त हुई थी। यह सुविधा केवल आयात व निर्यात की गई वस्तुओं पर ही दी गई थी। यद्यपि अंग्रेजों ने बंगाल के सूबे के आंतरिक भागों के व्यापार करते समय इसका अनुचित लाभ उठाने का प्रयत्न कई बार किया किन्तु बंगाल के नवाब ने उन्हें सफलतापूर्वक ऐसा करने से रोका। कर्नाटक मे फ्रांसीसियों के साथ संघर्ष के समय नवाब अलीवर्दी खाँ ने दकनों को यह आदेश दिये कि वह बंगाल की शान्ति को भंग न करें। लेकिन 1756 मे उसकी मृत्यु के बाद स्थिति में परिवर्तन आया। नया नवाब सिराजुद्दौला अलीवर्दी खाँ के समान शक्तिशाली व योग्यहीन था। उसके गद्दी पर बैठने से उसके कुछ रिश्तेदार नाराज थे। अंग्रेजों ने तत्कालीन परिस्थितियों का लाभ उठाना चाहा। शीघ्र ही दोनों मे संघर्ष छिड़ गया।

इसके निम्नलिखित कारण थे-

1. नवाब का अंग्रेजों के प्रति अविश्वास- अलीवर्दी खाँ की गतिविधियों से परिचित था किन्तु मराठा आक्रमणों से त्रस्त रहने के कारण उसने अंग्रेजों को छेड़ना उचित नही समझा। अपनी मृत्यु के समय उसने सिराजुद्दौला को कहा कि अंग्रेजों ने तेलंगाना (कर्नाकट) मे जो कुछ किया है उससे हमें सबक सीखना चाहिये। कलकत्ता एक लघु मक्खी के समान है जो न छेड़े जाने पर शहद देती है तथा छेड़ने पर काट लेती है।

2. अंग्रेजों का अशिष्ट व्यवहार- अलीवर्दी खाँ के समर में 1752 ई. में सिराजुद्दौला के कलकत्ता जाने पर अंग्रेजों ने उसका उचित सम्मान नहीं किया। इसके बाद भी अंग्रेजों ने उसे कासिम बाजार की फैक्टरी दिखाने से इन्कार कर किया।

3. विद्रोहियों को शरण- 1757 ई. के आरम्भ मे अंग्रेजों ने नवाब के एक विरोधी कृष्ण वल्लभ को कलकत्ता में शरण दी तथा नवाब के कहने पर भी कृष्ण वल्लभ को कलकत्ता से बिदा नहीं किया। अंग्रेजों ने अमीचंद नामक एक व्यापारी को भी शरण दी। वह नवाब के डर से वहाँ से भाग आया था।

4. अंग्रेजों का नवाब के विरुद्ध षड़यंत्र- अंग्रेजों ने नवाब के दो निकट सम्बन्धी-शौकत जंग व घसीटी बेगम-के साथ पत्र व्यवहार किया। यह दोनों नवाब को गद्दी से हटाने का षड़यंत्र कर रहे थे। शौकत जंग से नवाब को अंग्रेजों द्वारा लिखे गये पत्र भी मिले।

5. हिन्दू व्यापारियों के साथ गठबंधन के प्रयत्न- अंग्रेजों ने बंगाल क कुछ धनी व प्रभावशाली व्यापारियों से भी सम्बन्ध स्थापित करने की चेष्टा की। राबर्टस के मत में उस समय

अंग्रेज व हिन्दू व्यापारी नवाब से तंग आ चुके थे, अतएव उन्होंने एक विदेशी शासक को हटाने के लिये गठबंधन किया। उसका यह कथन उचित नहीं है। पाँच सौ साल से भी अधिक समय से मुसलमान भारत में शासन कर कहे थे तथा उस समय हिन्दू जनता उन्हें विदेशी नहीं मानती थी। इसके अतिरिक्त अंग्रेजों का साथ सभी हिन्दू व्यापारियों ने नहीं दिया। केवल अमीचंद जैसे कुछ व्यक्तियों ने धन के लालच में ऐसा किया।

6. अंग्रेजों द्वारा व्यापारियों सुविधाओं का दुरुपयोग-1717 ई. में मुगल सम्राट फरूखसियर ने अंग्रेजों को एक फरमान द्वारा व्यापारिक सुविधाएँ प्रदान की थीं। वे बंगाल सूबे मे बिना चुंगी अदा किये व्यापार कर सकते थे। उस समय तक बंगाल में सम्राट की शक्ति छाया मात्र रह गयी थी। बंगाल के हित को ध्यान में रख कर वहाँ का नवाब न तो इन आदेशों को मान्यता दे सकता था और न ही इन आदेशों का खुले आम उल्लंघन कर सकता था। इसके अतिरिक्त ईस्ट इंडिया कम्पनी के अधिकारियों ने बंगाल के अन्य व्यापारियों का माल भी स्वयं ले जाना आरम्भ किया। इससे उनकी आमदनी बढ़ी किन्तु बंगाल की सरकार को हानि हुई। सिराजुद्दोला इस अनियमित व्यापार का अन्त करना चाहता था।

7. अंग्रेजों द्वारा बस्तियों की किलेबन्दी-यूरोप मे सप्तवर्षीय युद्ध के छिड़ने का समाचार सुन कर अंग्रेज फ्रांसीसियों व डचों ने अपनी बस्तियों की किले बन्दी शुरू कर दी। अलीवर्दी खाँ ने सभी यूरोपियन को बंगाल मे किलेबन्दी तोड़ने के आदेश दिये। फ्रांसीसियों व डचों ने नवाब के आदेश का पालन किया किन्तु अंग्रेजों ने कलकत्ते की किलेबन्दी जारी रखी।

8. कलकत्ते का धन- नवाब को धन की आवश्यकता थी। उसे मालूम था कि कलकत्ता में अंग्रेजों के पास काफी धन है।

9. अंग्रेजों की महत्त्वकाक्षाएँ-अंग्रेज इतिहासकार एच. सी. हिल के अनुसार अंग्रेज बंगाल में राजनीतिक प्रभाव स्थापित करना चाहते थे। 1740 ई. मे जेम्स मिल ने लिखा कि मुगल साम्राज्य काफी धनी है, सेना अत्यन्त दुर्बल है तथा नौ सेना नहीं है, ऐसी परिस्थितियों में बंगाल को जीता जा सकता है। यदि हम पन्द्रह सौ या बीस सौ सैनिकों से भरे तीन जहाज भेंजे तो विजय सुलभ हो सकती है। ओर्म का मत है था कि इस बूढ़े कुत्ते (अलीवर्दी खाँ) को दंड देना चाहिये। इससे स्पष्ट है कि अंग्रेज पहले से ही संघर्ष की तैयारी कर रहे थे।

रेम्जे म्यूर और राबर्ट्स आदि अंग्रेज इतिहासकारों ने 1757 ई. के संघर्ष के लिये सिराजुद्दोला अंग्रेजों से चिढ़ा हुआ था। राबर्ट्स ने तो इसे 1756-57 ई. की क्रांति बताया है, जिसमें अंग्रेज व हिन्दू व्यापारियों ने नवाब के अत्याचारों से मुक्त होने के लिये संघर्ष किया। उनके ये कथन उपयुक्त नहीं है। वस्तुत: एक ओर अंग्रेज की महत्त्वकांक्षाएँ स्पष्ट थी। तो दूसरी ओर नवाब द्वारा समय रहते हुए उन्हें दबाने का स्वाभाविक प्रयत्न था। ऐसा करने का पूर्ण अधिकार नवाब को था। अत: सिराजुद्दौला को दोषी ठहराना उचित नहीं है।

अलीनगर की संधि प्लासी का युद्ध- 4 जून 1756 ईसवी को नवाब ने कासिम बाजार की अंग्रेजी बस्ती पर आक्रमण कर उसे अपने अधिकार मे कर लिया। इसके पश्चात् वह कलकत्ता की ओर बढ़ा। कलकत्ता का गवर्नर ड्रेक घबरा कर फुल्टा टापू मे चला गया। जाते समय वह हालवेल को कलकत्ता पर अधिकार करके हालवैल तथा अनेक अंग्रेज पुरुष स्त्रियों को गिरफ्तार कर लिया। हालवैल के अनुसार एक छोटी सी कोठरी में एक सौ छियालीस अंग्रेज को

रात में बंद किया गया।

सुबह उनमें ये केवल तेईस व्यक्ति जीवित बचे। काल कोठारी की इस दुरघर्टना के विवरण पर विश्वास नहीं किया जा सकता, क्योंकि न तो उस समय के उन पत्रों में, जो अंग्रेज अधिकारी इंगलैड भेजते थे, इसका उल्लेख है और न ही समकालीन भारतीय इतिहासकारों ने इसका वर्णन किया है। कुछ समय पश्चात् दोनों पक्षों मे हुई संधि वार्ता मे भी इसके लिये अंग्रेज ने मुआवजा का ठूंसा जाना भी सम्भव नहीं है। एल्फ्रेड अतएव इस घटना को होवैल द्वारा गढ़ी हुई घटना मानते है। यदि हम एक क्षण के लिये इसे सत्य माने लें तो इसके लिये सिराजुद्दौला को व्यक्तिगत रूप से दोषी नहीं ठहरा सकते, क्योंकि स्वयं हावैल लिखता है कि इस घटना की सूचना मिलते ही नवाब ने अंग्रेजों की कोठरी से बाहर निकालने के आदेश दिये।

कलकत्ता की विजय के बाद नवाब अपनी राजधानी लौट आया। इस समय क्लाइव के नेतृत्व मे मद्रास से एक सेना बंगाल पहुँची। उसने कलकत्ता के अधिकारी मानिक चंद को रिश्वत देकर कलकत्ता जीत लिया। शीघ्र ही दोनों पक्षों में अलीनगर की संधि हो गई। अंग्रेज चाहते थे। कि वह अपनी शक्ति को पुनः संगठित करें तथा नवाब के विरोधियों से निकट का सम्पर्क करे। कलकत्ता कौंसिल के कुछ सदस्यों तथा एडमिरल वाटसन के क्लाइव से मतभेद थे। अतएव क्लाइव युद्ध विराम चाहता था। दूसरी ओर सिराजुद्दौला भी यही चाहता था। उसे मालूम था कि मीर जाफर व अन्य अधिकारी गुप्त रूप से अंग्रेजों से सम्पर्क स्थापित कर रहे हैं। नवाब ने उनसे बातचीत की किन्तु मीर जाफ़र ने उसे वफादारी का आश्वासन दिया। इस परिस्थिति से नवाब को चिंता हुई। वह चंदनगर के फ्रांसीसी गवर्नर से भी सहायता लेना अथवा उन्हें अंग्रेजों के विरुद्ध संघर्ष छेड़ने के लिये भी प्रयत्न कर रहा था। अतएव वह भी कुछ समय चाहता था। अहमदशाह अब्दाली के आक्रमण की अफवाहों ने भी उसे चिन्तित कर दिया था।

फरवरी 1756 ईसवी में हुई संधि के अनुसार नवाब ने अंग्रेजों को किलेबन्दी की छूट, कैदियों के आदान-प्रदान, अंग्रेजों को क्षति पूर्ति देना और विजित स्थानों को उन्हें लौटाने तथा अंग्रेजों को सुरक्षा के वचन दिये। अंग्रेजों के व्यापार के विशेषाधिकार को भी नवाब ने स्वीकार किया। निःसंदेह यह संधि अंग्रेजों के पक्ष में थी। किन्तु इस संधि के बाद शीघ्र ही दोनों पक्षों में मतभेद उठ खडे हुए। हिल लिखता है कि अंग्रेज और रियायतों के लिए नवाब पर दबाव डालने लगें तथा क्षति पूर्ति की रकम को बढ़ाने की माँग करने लगें। इस संधि के बाद क्लाइव ने अमीरचंद के माध्यम से मीर जाफर से बातचीत करके सिराजुद्दौला का अपदस्त करने का षडयंत्र रच लिया था। इसके बाद उसने एक अंग्रेज अधिकारी वाट्स को नवाब के पास भेजा। उसने नवाब के सम्मुख ऐसी शर्तें पेश की जिनका स्वीकार करना उसके लिये सम्भव नहीं था। अंग्रेज चाहते थे। कि नवाब उन्हें ऐसे अधिकारियों को सजा देने का अधिकार दे जो उनके व्यापार मे बाधा डालते थे, वे अपने इलाके में अंग्रेज भारतीयों पर मुकदमें चला सकें, नवाब को भेंट न दे तथा नवाब कलकत्ते से बाईस मील की दूरी तक किसी भी सत्ता को किलेबन्दी ने करने दे। क्लाइव ने चंद्रनगर पर आक्रमण करने की अनुमति भी माँगी। इस प्रकार अनुमति देना नवाब की प्रतिष्ठा के विरुद्ध था। डेविस के मत मे उस समय नवाब अंग्रेज व फ्रांसीसियों मे संघर्ष टालना चाहता था। उसकी इच्छा थी कि वह दोनों के मध्य शक्ति संतुलन को अपने हाथ मे बनाये रखे। क्लाइव ने एक अन्य उच्च अधिकारी नन्दकुमार को भी अपनी ओर मिला लिया। राम गोपाल ने

इसको एक महत्त्वपूर्ण घटना माना है। इससे अंग्रेजों के हौंसले बढ़ गये। नवाब की राजधानी मुशिदाबाद मे अंग्रेजों ने लालच देकर अन्य अधिकारियों को अपनी ओर मिला लिया। अनुकूल परिस्थिति होते हुए भी क्लाइव चंद्रनगर की ओर बढ़ा। डेविस के मत मे चंद्रनगर की सड़क के पास ही, प्लासी सवे मुर्शिदाबाद से लखनऊ, लखनऊ से देहली और देहली से समस्त भारत में साम्राज्य स्थापित करने का अभियान आरम्भ हो गया। क्लाइव ने चंद्रनगर को जीत लिया। अब उसने सिराजुद्दौला पर अलीनगर की संधि की धाराओं का पूर्ण रूप से पालन करने का आरोप लगाया। उसने जून, 1757 ईसवी मे मीर जाफर ने उन्हें चौबीस परगने क्षतिपूर्ति की भारी रकम तथा कम्पनी के उच्च अधिकारियों का गुप्त रूप से उपहार देने का वचन दिया। अंग्रेजों ने उसे आन्तरिक व बाह्य संकट के समय मदद देने का वादा किया।

19 जून 1757 ईसवी का क्लाइव ने मुर्शिदाबाद के लिये प्रस्थान किया। 23 जून को प्लासी के मैदान में दोनों सेनाओ का मुकाबला हुआ। मीर जाफर व अन्य षड़यत्रकारियों ने युद्ध मे भाग नही लिया। सिराजुद्दौला घबड़ा कर भागा किन्तु पकड़ा गया। मीर जाफर के पुत्र मीरन ने उनका कत्ल कर दिया।

प्लासी के युद्ध का महत्त्व– राबर्टस के मत में प्लासी की घटना एक युद्ध न होकर हुल्लट मात्र थी। इसमें नवाब की समस्त सेना ने अंग्रेजी सेना का मुकाबला नही किया था वास्तव में अंग्रेजों की विजय सैनिक श्रेष्ठता के कारण नहीं हुई थी षड़यंत्रों के बल पर हुई थी। अतएव सैनिक दृष्टि से इसका महत्त्व कम है किन्तु राजनीतिक दृष्टि से यह संघर्ष अत्यन्त महत्त्वपूर्ण है।

राजनीतिक महत्त्व

इस घटना से बंगाल अंग्रेजों के नियंत्रण में आ गया। नया नवाब मीर जाफर अंग्रेजों के हाथ मे एक कठपुतली के समान था। कम्पनी के अधिकारी बंगाल के प्रशासनिक कार्यों मे हस्तक्षेप करने लगें। नवाब उनके बढ़ते हुए भष्टाचार को रोकने में असमर्थ हो गया।

इस सफलता ने उन्हें व्यापारिक कंपनी से राजनीतिक सत्ता बना दिया।

सैनिक महत्त्व

एलफ्रैड लायल के अनुसार इस सफलता ने एक बार फिर यह सिद्ध कर दिया कि भारतीय सेना एक भीड़ के समान है। सिराजुद्दौला के भागते ही सारी सेना तितर बितर हो गई थी।

आर्थिक महत्त्व

1. इस विजय से अंग्रेजों को आर्थिक लाभ हुआ। 1757 से 1760 ईसवी तक मीर जाफर ने अंग्रेजी कम्पनी व उसके अधिकारियों को लगभग तीन करोड़ रुपये दिये।

2. अंग्रेजों को कलकत्ता के पास 24 परगना मिले। इनकी वार्षिक आमदनी 15 लाख रुपये थी।

3. अंग्रेजों ने बंगाल सूबे में अपने व्यापार मे वृद्धि की। अब उनका अनिमयित व्यापार बढ़ गया। इसके लिये उन्होनें नवाब द्वारा दी गई दस्तकों का व्यापक दुरुपयोग किया। इस युद्ध के बाद से ही उन्होनें बंगाल का आर्थिक शोषण आरम्भ किया।

फ्रांसीसी शक्ति का बंगाल में अंत–

प्लासी के युद्ध के पहले चंद्रनगर जीत कर अंग्रेजों ने बंगाल में फ्रांसीसी शक्ति को नष्ट

किया। इस युद्ध के बाद से ही बदेरा में डचों को भी हराकर अंग्रेजों ने बंगाल मे उनके प्रभाव का अन्त किया।

अंग्रेजी सामाज्य के विस्तार का आरंभ-

पणिकर के मत में प्लासी एक ऐसा सौदा था जिसमें बंगाल के कुछ धनी व स्वार्थी लोगों ने अपना देश अंग्रेज को बेच दिया। इसके पश्चात् अंग्रेज जालसाजी व षड्यंत्रों का सहारा लेकर अपने साम्राज्य का विस्तार करने लगे।

अंग्रेज यह मान गये कि मुगल संम्राट शक्तिहीन है तथा अपने प्रदेशों मे एक विदेशी कम्पनी के बढ़ते हुए प्रभाव को रोकने में असमर्थ है। इससे उनके आत्मविश्वास व हौंसले मे वृद्धि हुई। बंगाल को आधार बनाकर अंग्रेज ने अपने साम्राज्य का विस्तार किया।

एल्फेड लायल के अनुसार यद्यपि प्लासी की सफलता को हम एक सैनिक सफलता नहीं मान सकते किन्तु भारत की सुरक्षा के इतिहास में इसे हम एक नया मोड़ मान सकते हैं। इसके पहले भारत पर जितने आक्रमण हुए थे वे उत्तर पश्चिम की ओर से हुए थे। पहली बार एक विदेशी जाति ने प्राकृतिक किलेबन्दियों को न तोड़कर किले के अन्दर आसान मार्ग से प्रवेश किया तथा कुछ ही समय से सारे भारत पर अधिकार कर लिया।

प्लासी की सफलता की सीमाएँ

1. प्लासी का युद्ध पूर्ण रूप से निर्णायक युद्ध नहीं था। इससे यह निश्चित नहीं हुआ था कि बंगाल का वास्तविक शासक कौन है। ऐसा माना जाता है कि मीर जाफर की अयोग्यता व दुर्बलता के कारण अंग्रेजों को बंगाल में अपने प्रभाव का शीघ्र विस्तार करने का अवसर मिला। इस विवाद का अन्तिम निर्णाय बक्सर के युद्ध से हुआ।

2. वस्तुत: प्लासी के युद्ध से बंगाल में अंग्रेजों की सैनिक श्रेष्ठता भी प्रमाणित नहीं हुई थी। बक्सर के युद्ध में अंग्रेजों ने मीर कासिम, शुजाउद्दौला और शाहआलम की सम्मिलित सेनाओं को हराकर अपनी सैनिक श्रेष्ठता की सिद्ध किया।

3. बंगाल मे कर-मुक्त व्यापार करने के अंग्रेज के विशेषाधिकार के विवाद का निर्णय भी प्लासी के युद्ध से ने होकर बक्सर के युद्ध से हुआ।

बक्सर का युद्ध-आरम्भ से ही मीर जाफर को अनेक कठिनाइयों का सामना करना पड़ा अंग्रेजों ने उसे षड्यंत्रकारी मंत्री राय दुर्लभ तथा बिहार के नायब सूबेदार राम नारायण के विरुद्ध कार्यवाही नहीं करने दी। 1759 ईसवी में क्लाइव के मुगल शाहजादे अली गौहर के आक्रमण को विफल कर दिया। 1760 ईसवी में भी अली गौहर का आक्रमण असफल रहा। कम्पनी के अधिकारी बंगाल के प्रशासनिक मामलों में अनुचित हस्तक्षेप करने लगे। उनका अनियमित व्यापार बढ़ गया। नवाब द्वारा अंग्रेजों को धन देने, अंग्रेजों के अनियमित व्यापार, शासन में भ्रष्टाचार आदि कारणों से बंगाल की आर्थिक स्थिति तेजी के साथ बिगड़ने लगी। 25 फरवरी 1760 ईसवी को क्लाइव अस्वस्थता के कारण इंग्लैड लौट गया। उसके जाने के कुछ समय बाद तक हालवैल गवर्नर रहा। जुलाई 1760 ईसवी में वेन्सीटार्ट ने कार्य भार संभाला। इस समय तक मीर जाफर काफी वृद्ध हो चुका था। उसने राय दुर्लभ को मंत्री पद से हटाकर अंग्रेजों को अप्रसन्न कर दिया था। धन की कमी के कारण उसने अंग्रेज अधिकारियों को उपहार देना भी बन्द कर दिया। अंग्रेजों ने अब उसे गद्दी से हटाने का निश्चय किया। कर्नाटक के तृतीय युद्ध के कारण उन्हें

धन की आवश्यकता थी। अंग्रेज अधिकारी नये नवाब से उपहार लेने की आशा रखते थे। 25 सितम्बर, 1760 ईसवी में वेन्सीटार्ट ने मीर कासिम के साथ एक गुप्त समझौता किया। अक्टूबर, 1760 ईसवी को मीर जाफर को गद्दी से हटा कर मीर कासिम को नवाब बनाया गया। हालवैल ने प्लासी के युद्ध को बंगाल की प्रथम क्रान्ति और इसे द्वितीय क्रान्ति माना है। यद्यपि अंग्रेजों ने बंगाल की बिगड़ती हुई दशा के लिये मीर जाफर को पूर्णतया दोषी ठहराया किन्तु वे भी एक बड़ी सीमा तक इसके लिए जिम्मेदार थे।

मीर कासिम ने कलकत्ता कौंसिल के सदस्यों को लगभग चार लाख बावन हजार पौंड उपहार में दिये। अंग्रेज से किये गये समझौते के अनुसार उसने कम्पनी को पाँच लाख रुपया तथा कर की बकाया राशि भी दी। शासन व्यवस्था को सुचारु रूप से चलाने के लिये अंग्रेजों से मिलने वाली सैनिक सहायता के व्यय के लिये बर्दमान, मिदनापुर तथा चिट गांव के प्रदेश कम्पनी को दिये। सिलहट में उत्पादित सीमेंट का आधा भाग खरीदने का अधिकार भी अंग्रेजों को दिया गया। नये नवाब ने अंग्रेजों का मित्र बने रहने का वचन दिया था किन्तु शीघ्र ही उन दोनों में अनेक मामलों पर मतभेद हो गया। इन मतभेद ने संघर्ष का रूप धारण कर लिया। 1764 ई. में दोनों पक्षों के मध्य बक्सर का युद्ध हुआ। इस युद्ध के निम्नलिखित कारण हैं–

1. मीर कासिम की स्वतंत्र होने की इच्छा– विन्सेट स्मिथ ने मीर कासिम की स्वतंत्र होने की इच्छा का भी संघर्ष का एक कारक माना है। वास्तव में वह हृदय से अंग्रेजों के नियंत्रण से मुक्त होना चाहता था।

2. मीर कासिम की योग्यता– समकालीन इतिहासकार गुलाम हुसैन के मत मे मीर कासिम एक योग्य व अनुभवी प्रशासक था। मीर जाफर के शासन काल में उसने रंगपुर व पूर्णिया के फौजीदार के पद पर कार्य करके प्रशासनिक अनुभव प्राप्त कर लिया था। उसे गद्दी पर बैठाने के कुछ समय पश्चात् जब अंग्रेज अधिकारियों को उसके द्वारा किये गये सुधारों को देखने पर उसकी योग्यता का पता चला तो वे खुश नहीं हुए। वे तो अपने निजी हितों की पूर्ति के लिये किसी योग्य व्यक्ति का नवाब के पद पर बने रखना पसन्द नहीं करते थे।

3. आर्थिक सुधार–बंगाल की आर्थिक दशा सुधारने के लिए मीर कासिम ने राजस्व एवं हिसाब विभाग को पुनिर्गठित किया। भू–राजस्व के नये आकड़े तैयार किये। जमींदारों से बकाया राशि वसूल की। सरकारी व्यय में कमी के लिये अनेक कर्मचारियों की छँटनी की। राज्य की आमदनी बढ़ाने के लिए कुछ नये कर लगाये। उसके द्वारा नियुक्त एक जाँच आयोग की सिफरिश पर उसने भ्रष्ट कर्मचारियों को दंड दिया तथा रिश्वत से कमाये हुए उनके धन का जब्त किया। जिन लोगो का धन जब्त किया गया उनमें से अधिकांश ऐसे थे जिनकी सांठ–गांठ अंग्रेजों से थी।

4. राजधानी परिवर्तन– मुर्शिदाबाद कलकत्ता के निकट था। अतएव अंग्रेज तत्परता के साथ नवाब के प्रशासनिक कार्यो में हस्तक्षेप कर सकते थे। मीर कासिम ने मुंगेर को अपनी राजधानी बनाया। इससे अंग्रेज अप्रसन्न हुए।

5. सैनिक सुधार– नवाब ने अपनी सेना क पुनर्गठन और प्रशिक्षण के लिये फ्रांसीसीयों को नियुक्त किया। उसने मुंगेर में अच्छी तोपें और बारूद बनाने का कारखाना खोला। इससे अंग्रेजों को चिन्ता हुई।

6. राम नारायण का मामला–बिहार के नायब सूबेदार राम नारायण ने मीर जाफर के आदेशों का पालन नहीं किया था, क्योकि उसे अंग्रेज का संरक्षरण प्राप्त था। क्लाइव ने मीर

जाफर को उसका दमन करने से रोका था। नवाब बनने के कुछ समय बाद अंग्रेज के विरोध की चिन्ता न करते हुए मीर कासिम ने राम नारायण की सम्पत्ति जब्त करके उसे गिरफ्तार कर लिया।

7. शाहजादा अली गौहर की नीति– मीर कासिम के गद्दी पर बैठने के कुछ समय बाद अली गौहर ने बिहार पर आक्रमण किया। अंग्रेज सेनापति कारनक ने उसे हराया। अब शाहजादा अंग्रेजों से सहायता प्राप्त करने के लिये बातचीत करने लगा। अली गौहर ने शाह आलम द्वितीय की उपाधि ग्रहण की। अंग्रेज उससे अच्छे सम्बन्ध बनाये रखना चाहते थे। अतएव उन्होने मीर कासिम से शाह आलम द्वितीय को सम्राट मानने और बारह लाख रुपये की भेंट देने के लिये बाध्य किया। इस नीति के कारण मीर कासिम को अंग्रेजों के इरादों के प्रति संदेह हो गया।

□□□

23

सामाजिक व धार्मिक सुधार आन्दोलन

अठारहवीं शताब्दी राजनीतिक, सामाजिक तथा धार्मिक क्षेत्र में अवनति का युग था। अगणित जातियों औा उपजातियों में हिन्दू विभाजित थे। विभिन्न जातियों व उपजातियों के बीच सद्भावाना का अभाव था। लोग देश या सम्पूर्ण समाज के बदले अपनी जाति के प्रति निष्ठावान होकर छोटे-छोटे समूहों में बँट गये थे। सती-प्रथा, बाल-विवाह, बहुत-विवाह, पर्दा प्रथा आदि कुप्रथाओं प्रचलित थीं। ऊँच-नीच के भेद-भावों के कारण समाज में निम्न वर्गों की दशा शोचनीय थी। परम्परागत रीति-रिवाज के अन्धे अनुकरण के फलस्वरूप कर्म-काण्डों की प्रधानता हो गई थी। धार्मिक क्षेत्र में भी उनके अन्ध-विश्वासों ने घर कर लिया था। धर्म के वास्तविक स्वरुप को जन साधारण भूलने लगे थे। वस्तुत: समाज अपनी प्रगतिशीलता खो चुका था। परन्तु यह स्थिति अधिक समय तक नहीं रह सकी। उन्नीसवीं शताब्दी के प्रारम्भिक दशकों में भारत के बुद्धिजीवी वर्ग में एक नवीन चेतना से प्रभावित होकर उनको महान् विभूतियों ने धार्मिक सामाजिक व सांस्कृतियों क्षेत्र में सुधार के लिये प्रयत्न किये।

कारण

1. एशिया के जागरण का प्रभाव- उन्नीसवीं शताब्दी में चीन, टर्की व एशिया के कुछ अन्य देशों में सुधार की लहर आरम्भ हुई जिसका प्रभाव भारत पर भी पड़ा।

2. अंग्रेजों द्वारा आर्थिक शोषण-अंग्रेजों की आर्थिक शोषण की नीति से भारत की जतना क्षुब्ध थी। अधिकांश, कृषक गाँव छोड़कर शहर आ गये और उनमें सुधार के लिये चेतना पैदा हुई।

3. पाश्चात्य सम्पर्क का प्रभाव-उन्नीसवीं शताब्दी के आरम्भ में भारत का सपर्म्क पाश्चात्य जगत से हुआ। विशेषकर 1835 ईसवी में अंग्रेजी भाषा के शिक्षा का माध्यम घोषित होने के बाद से भारतीयों को पाश्चात्य देशों की प्रगति और स्वतन्त्रता की भावना से परिचित होने का अवसर मिला। रमेश चन्द्र मजूमदार के अनुसार अंग्रेजी शिक्षा ने पाश्चात्य विचारों की बाढ़ के लिये द्वारा खोल दिया। उच्च शिक्षा प्राप्त करने के लिये अनेक इंगलैण्ड गये। भारत में भी अंग्रेजी भाषा के माध्यम से शिक्षा प्राप्त करने वाले विद्यार्थियों ने पाश्चात्य देशों के सम्बन्ध में जानकारी प्राप्त की। रमेश चन्द्र मजूमदार केमत में पश्चिमी जगत के विचारों से उचित समय पर सम्पर्क हुआ। इस समय यूरोप में फ्रांसीसी क्रान्ति के सिद्धान्तों का प्रचार हो रहा था, लोकतन्त्र की भावना दृढ़ होती जा रही है थी तथा किसी भी विचार को तर्क की कसौटी पर उतारे बिना स्वीकार नहीं किया जाता था। सामाजिक क्षेत्र में समानता को सबसे अधिक महत्त्व दिया जाता था।

पाश्चात्य ग्रन्थों के अध्ययन से शिक्षित भारतीय भी इस प्रकार के विचारों से प्रभावित हुए। उनमें भी अंधविश्वासों एवं सामाजिक कुरीतियों के प्रति विद्रोह की भावना जागृत हुई। तारा चन्द के अनुसार उन्नीसवीं सदी में पाश्चात्य शिक्षा की प्रगति का विवेचन करने पर पता चलता है कि भारतीय मन को बदलने में इसके प्रभाव कितने दूरगामी थे। वास्तव में बाहरी संस्कृति के फैलाव के कारण भारतीयों के लिए यह जरूरी हो गया कि वे आत्म निरीक्षण करें और अपनी संस्कृति और संस्थाओं की शक्ति और कमजोरियों की छान-बीन करें।

समाचार-पत्रों का योगदान-अठारहवीं शताब्दी के अन्तिम दशकों में तथा उन्नीसवीं सदी के प्रारम्भिक काल में भारत के प्रमुख नगरों से उनके समाचार-पत्र प्रकाशित हुए। इनमें से कुछ समाचार-पत्र हिन्दी, उर्दू और प्रान्तीय भाषाओं में भी थे। इनमें प्रकाशित लेखों को पढ़कर भारतीयों में सामाजिक व धार्मिक सुधार की भावना जागृत हुई।

साहित्य का प्रभाव- इस समय में संस्कृत, फारसी, उर्दू व हिन्दी के अतिरिक्त क्षेत्रीय भाषाओं में अनेक ग्रन्थों का प्रकाशन हुआ। उपन्यासों, नाटकों व कविताओं में सामाजिक व धार्मिक सुधारों की आवश्यकता के प्रति जनता का ध्यान आकर्षित किया गया।

ईसाई धर्म प्रचारकों के कार्यों से प्रेरणा- भारत में ईसाई धर्म के प्रचारकों को धर्म-प्रचार करने वाले शिक्षण संस्थायें खोलने की पूरी स्वतन्त्रता थी। इसमें कोई सन्देह नहीं कि ईसाई धर्म के कुछ प्रचारकों ने गाँवों के शिक्षा के प्रचार में महत्त्वपूर्ण योगदान दिया किन्तु अधिकांश प्रचारकों ने हिन्दू धर्म व समाज की कटु आलोचना करके अपने धर्म की श्रेष्ठ बताया। उन्होंने भारत की प्राचीन संस्कृति को भी हीन बताया। उनके प्रभाव में आकर कुछ शिक्षित भारतीयों ने ईसाई धर्म स्वीकार किया। राजा राममोहन राय जैसे विद्वानों ने धर्म परिवर्तन को रोकने के लिये हिन्दू धर्म व समाज की कुरीतियों को दूर करने की आवश्यकता का अनुभव किया।

नये माध्यम वर्ग का विकास- बी. बी. मिश्रा के मत में उन्नीसवीं शताब्दी से भारत में एक नये माध्यम वर्ग का उदय हुआ। सरकारी कार्यालयों मे कार्य करने वाले अधिकारी, वकील, डॉक्टर, व्यापारी व अन्य शिक्षित व्यक्ति इस वर्ग के सदस्य थे। वे पाश्चात्य सभ्यता के विचारों से प्रभावित थे। इस वर्ग के व्यक्ति सामाजिक व धार्मिक कुरीतियों को समाप्त करने के पक्ष में थे।

प्राचीन गौरव का गुण-गान-कलकत्ता की एशियाटिक सोसायटी ने भारत के प्राचीन ज्ञान विज्ञान की नए सिरे से जानकारी दी। विलियम जोंम व अन्य विद्वानों ने प्राचीन ग्रन्थों के माध्यम के आधार पर भारतीयों को बताया कि उनका देश प्राचीन काल में उन्नति के उच्च शिखर पर था। इससे भारतीयों में फिर से आत्म-विश्वास की भावना जागृत की। उन्हें विश्वास होने लगा कि अंधविश्वासों, पाखंडों और सामाजिक कुरीतियों से मुक्त होकर उनका देश फिर महान् बन सकता है।

यातायात के साधनों का विकास-आरम्भ में सड़कों और बाद में रेलवे लाइनों के विकास ने विभिन्न प्रान्तों के व्यक्तियों के विचारों को आदान-प्रदान करने में सहायता दी। यातायात के विकास ने अनेक सामाजिक व धार्मिक कुरीतियों के विरुद्ध किये गये आन्दोलनों को व्यापक बनने में सहायता दी। रेलगाड़ी में यात्रा के कारण भी छुआछूत और खान-पान के बंधनों में शिथिलता आई।

शान्ति व सुव्यवस्था की स्थापना- अठारहवीं शताब्दी अशांति का काल था। उन्नीसवीं

शताब्दी के आरम्भ के आरम्भ तक देश के विभिन्न भागों में शान्ति व सुव्यवस्था स्थापित हो गई थी। अतएवं सामाजिक व धार्मिक सुधार के लिये प्रयास किये गये।

महान नेता का उदय– उन्नीसवीं शताब्दी में राम मोहन राय, दयानन्द विवेकानन्द व सैयद अहमद आदि महान व्यक्तियों ने सामाजिक व धार्मिक सुधार का कार्य किया।

ब्रह्म समाजः

राम मोहन राय का जीवन– राम मोहन राय का जन्म 1774 ई. में पश्चिम बंगाल के बुर्द्धवान जिले के एक कट्टर व धनी ब्राह्मण परिवार में हुआ। आरम्भ से ही उसमें विविध धर्मों के मूल ग्रन्थों का अध्ययन करने में रुचि प्रदर्शित की। युवावस्था में ही उन्होंने पटना में अरबी-फारसी का अध्ययन किया। पटना से घर लौटकर लगभग सौलह वर्ष की अवस्था में राम मोहन राय ने मूर्ति-पूजा के विरुद्ध अपने विचार एक पुस्तिका में प्रकट किये। इससे अप्रसन्न होकर उसके पिता ने उसे घर से निकाल दिया। लगभग तीन-चार वर्षों तक वे भारत में भ्रमण करते रहें ।

इसके बाद बनारस में संस्कृत भाषा और हिन्दुओं के धार्मिक ग्रन्थों का अध्ययन किया। 1903 ई. में वे मुर्शिदाबाद आ गये और वहाँ उन्होंने फारसी में तुहाफात-उल-मुजाहिदिन नामक पुस्तिका में सभी धर्मों में प्रचलित अन्ध-विश्वासों की निन्दा की तथा मूर्ति-पूजा का खण्डन किया। 1805 से 1814 ई. तक राम मोहन राय का घनिष्ठ सर्म्पक ईस्ट इण्डिया कम्पनी के एक वरिष्ठ कर्मचारी जॉन डिग्बी के साथ रहा। इस अवधि में उन्होंने दो बार ईस्ट इण्डिया कम्पनी की नौकरी भी की। दूसरी बार 1809-1814 नौकरी के समय में वे रंगपुर में डिग्बी के साथ रहे। रंगपुर में उन्होंने विभिन्न धर्मों के विद्वानों के साथ विचारों का आदान-प्रदान किया। उपनिषद् और वेदान्त तथा जैन धर्म के ग्रन्थों का भी अध्ययन किया। अंग्रेजी, लेटिन, ग्रीक, व हिन्दू भाषाओं के ज्ञान में वृद्धि की तथा यूरोप की समकालीन राजनीतिक घटनाओं की जानकारी प्राप्त की।

1814 ईसवी में राम मोहन राय कम्पनी की नौकरी छोड़कर कलकत्ता चले आये। कलकत्ता में उनका सर्म्पक पश्चिमी सभ्यता से प्रभावित होकर सुधारों में विश्वास करने वाले कुछ व्यकि यों से हुआ। 1815 ई. में उन्होंने आत्मीय सभा की स्थापना की। प्रत्येक सप्ताह में एक बार इस सभा के सदस्य ऐकेश्वरवाद के सिद्धान्तों के समर्थक में विचार प्रकट करते थे। 1819 ई. में राम मोहन राय ने दक्षिण के एक प्रसिद्ध ब्राह्मण विद्वान सुब्रह्मण्यम शास्त्री को मूर्ति-पूजा के विषय पर एक वाद-विवाद में परास्त किया। 1820 ई. में उन्होंने दी प्रीसेप्ट्स ऑफ जीसस-दी गाइड टू हेपीनेस पुस्तिका में ईसा मसीह की शिक्षाओं का विवेचन किया।

1820 से 1823 ई. के मध्य राम मोहन राय ने **बाइबिल** के आधार पर 'अपील्स टू दी क्रिश्चियन पीपूल' नामक तीन लेख प्रकाशित किये। उपनिषेद् के पाँच ग्रन्थों का अनुवाद भी उन्होंने किया।

अगस्त 1828 ई. में राम मोहन राय ने ब्रह्म समाज की स्थापन की। 1831 ई. में वे मुंगल सम्राट के वकील बनकर लन्दन गये। 1833 ई. में लन्दन में उनकी मृत्यु हो गई।

ब्रह्म समाज के सिद्धान्तः

अ. धार्मिक – 1. ईश्वर एक है। वह संसार का सृष्टा, पालक एवं रक्षक है। वह निराकार और निर्विकार है। उनके प्रेम व पवित्रता असीमित है।

2. आत्मा अमर है तथा वह अपने कार्यों के लिये भगवान के सामने उत्तरदायी है। उसमें उन्नति की असीम क्षमता है।

3. भगवान के अस्तित्व की अनुभूति और आध्यात्मिक उन्नति के लिये प्रार्थना आवश्यक है।

4. किसी भी पुस्तक अथवा पुरुष को मोक्ष का एक मात्र साधन नहीं मानना चाहिये।

5. उन्होंने मूर्ति-पूजा का खण्डन किया तथा किसी भी बनायी हुए मूर्ति को ईश्वर मान का पूजने का विरोध किया। यज्ञों व उनमें बलिदान की प्रथा का भी उन्होंने खण्डन किया।

6. राम मोहन राय ने सभी धर्मों में प्रतिपादित मूल सिद्धान्तों के प्रति आदर प्रकट किया।

7. धर्म के पालन में ब्राह्म कर्मकाण्डों का तथा अन्य विश्वासों का विरोध किया।

8. विश्वबन्धुता के सिद्धान्त को माना।

ब. सामाजिक – सामाजिक कुरीतियों का धर्मा से कोई सम्बन्ध न मानते हुए राम मोहन राय ने अनेक कुरीतियों का विरोध किया। सती-प्रथा, बाल-विवाह, जातिप्रथा, छुआछूत कन्या-विक्रय और कन्या वध आदि कुरीतियों को समाप्त करने के लिए ब्रह्म समाज ने आन्दोलन किया तथा स्त्री शिक्षा का समर्थन किया।

राम मोहन राय की मृत्यु के पश्चात् देवेन्द्र नाथ टैगोर और केशव चन्द्र सेन ने ब्रह्म समाज को नेतृत्व प्रदान किया। देवेन्द्र नाथ ने 1839 ईसवी में तत्वबोधिनी सभा स्थापित की। केशव चन्द्र सेन ने नव विधान सभा की स्थापना की। इन दोनों नेताओं में केशव चन्द्र ईसाई धर्म से आधिक प्रभावित थे। दोनों के विचारों में मतभेद के कारण ब्रह्म समाज दो भागों में विभक्त हो गया। केशव चन्द्र ने देश के कुछ प्रान्तों का दौरा किया। रमेश चन्द्र मजूमदार के अनुसार केशव चन्द्र सेन के नेतृत्व में ब्रह्म समाज ने सामाजिक सुधार का एक विस्तृत कार्यक्रम आरम्भ किया जो कि भारतीय पुनर्जागरण का एक प्रमुख अंग बन गया। इसमें स्त्रियों के स्तर में सुधार श्रमिकों की शिक्षा नैतिकता दान व कम मूल्यों पर अच्छे साहित्य के प्रकाशन को भी महत्त्व दिया गया।

ब्रह्म समाज की स्थापना को हम आधुनिक काल के धार्मिक और सामाजिक आन्दोलनों का आरम्भ मान सकते है। राम मोहन राय ने हिन्दू धर्म व समाज की कुरीतियों को दूर करने का प्रयत्न किया। उन्होंने प्राचीन हिन्दू धर्म की महानता को माना तथा हिन्दुओं को अपने प्राचीन गौरव का स्मरण कराया। ब्रह्म समाज के सदस्यों को साप्ताहिक अधिवेशनों में वेदों का पाठ तथा उपनिषदों के बंगला अनुवादों का वाचन करना होता था। ऐकेश्वरवाद तथा मनुष्य जाति के भ्रातृत्व पर जोर देते हुए राम मोहन राय ने सभी धर्मों के प्रति सहनशीलता का सबक सिखाया।

राम मोहन राय की उपलब्धियाँ

विद्वता- राम मोहन राय संस्कृत अरबी व फारसी के विद्वान थे। वे हिन्दू लेटिन ग्रीक व अंग्रेजी भाषा भी जानते थे। वेदों उपनिषदों वेदान्त व हिन्दू धर्म के अन्य ग्रन्थों का उन्होंने गहन रूप से अध्ययन किया था। कुरान और बाइबिल का भी उन्होंने अध्ययन किया। राय ने विभिन्न गम्भीर विषयों पर अनेक पुस्तिकाएँ लिखीं। इन पुस्तिकाओं का उल्लेख पहले किया जा चुका है। उन्होंने काफी लगन व परिश्रम के बाद वेदों और उपनिषदों का बंगला अनुवाद प्रकाशित किया।

धार्मिक व सामाजिक सुधारक-आरम्भ में आत्मिक समाज और बाद में ब्रह्म समाज की स्थपना कराके राम मोहन राय ने उन्नीसवीं शताब्दी में धार्मिक व सामाजिक सुधार आन्दोलन

को जन्म दिया। बाल्यकाल में ही अपनी विधवा भाभी को सती होते देखकर उन्होंने इस अमानवीय प्रथा का विरोध करने का निश्चिय किया। सती–प्रथा को निषेध करने में विलियम बेंटिक को राम मोहन राय से काफी सहायता व समर्थक मिला। राम मोहन राय ने सिद्ध कर दिया कि सती–प्रथा का कोई धार्मिक आधार नहीं है। बाल विवाह, बहु–विवाह, छुआछूत, पर्दा–प्रथा आदि कुरीतियों का उन्होने विरोध किया। स्त्रियों के स्तर को ऊँचा उठाने के लिए स्त्री शिक्षा का समर्थक किया। मूर्ति–पूजा, यज्ञ, पशु बलिदान और कर्मकाण्डों का विरोध करके धार्मिक सुधार के लिए प्रयास किया। यद्यपि वे अंग्रेजी भाषा के माध्यम से शिक्षा का समर्थक करके भारतीयों को पाश्चात्य प्रगति से परिचित कराना चाहते थे किन्तु उन्होंने अपने देश की संस्कृति को हीन नहीं माना तथा भारतीयों का प्राचीन धर्म शास्त्रों व ग्रन्थों को समझने का उपदेश दिया। वास्तव में वे हिन्दू धर्म के विरोधी नहीं थे। उन्होंने निर्भिकता के साथ ईसाई धर्म प्रचारकों की धर्म परिवर्तन कराने वाली गतिविधियों का विरोध किया। इस प्रकार उनका उद्‌देश्य हिन्दू धर्म व समाज की कुरीतियों को दूर करना था।

पत्रकारिता- 1821 ई. में राम मोहन राय ने अपने सिद्धान्तों का प्रचार करने के लिये बंगला में सबसे पहला साप्ताहिक समाचार–पत्र संवाद कोमुदी प्रकाशित किया। 1822 ई. में इस पत्रिका का प्रकाशन बन्द हो गया। किन्तु शीघ्र ही इसका प्रकाशन पुनः आरम्भ हो गया तथा 1833 में इसे द्वि–साप्ताहिक कर दिया गया। अप्रैल 1822 ई. में राम मोहन राय ने फारसी का भी पहला समाचार–पत्र मिरात ऊल–अखबार कलकत्ता से प्रकाशित किया। राम मोहन राय की प्रेरणा से चार भाषाओं–बंगला, फारसी, हिन्दी, अंग्रेजी, में बंगदूत अंग्रेजी में बंगाल हेराल्ड का प्रकाशन आरम्भ हुआ। एक पत्रकार के कर्तव्य और दायित्व से राम मोहन राय परिचित थे। मिरात–उल–अखबार नामक पत्रिका की भूमि में उन्होंने लिखा कि मेरा उद्‌देश्य जनता को ऐसे समाचार देना है जिससे उनका सुधार हो। इसके लिए व उन्हें घटनाओं की सही जानकारी देंगे।

समाचार–पत्रों की स्वतंत्रता के राम मोहन राय प्रबल समर्थक थे। 1823 ई. में ब्रिटिश सरकार द्वारा लागू किये गये प्रेस अध्यादेश का विरोध किया। इसके लिए राम मोहन राय ने सम्राट की परिषद के सामने एक स्मरण–पत्र प्रस्तुत किया।

उनके सशक्त विरोध के कारण अध्यादेश रद्‌द कर दिया।

शैक्षणिक- राम मोहन राय अंग्रेजी भाषा के माध्यम से शिक्षा देने का समर्थक कराते थे। पाश्चात्य जगत के स्वतन्त्रतापूर्ण विचारों और प्रगति का अध्ययन करने के लिए वे अंग्रेजी का ज्ञान आवश्यक मानते थे। किन्तु मेकाले की भाँति पूर्वी देशों के प्राचीन ज्ञात को उन्होंने निकृष्ट नही माना तथा भारतीयों को प्राचीन धार्मिक ग्रन्थों का अध्ययन करने की सलाह दी। इन विचारों के आधार पर कलकत्ता में वेदान्त कॉलेज और हिन्दू कॉलेज के साथ–साथ इंग्लिश स्कूल खोला। उनके द्वारा स्थापित हिन्दू कालेज ने भारत के पुनर्जागरण में सहरानीय योगदान दिया।

राम मोहन राय स्त्रियों की शिक्षा के समर्थक थे। ब्रह्म समाज में युवतियाँ शिक्षा प्राप्त करती थीं। वे स्त्रियों को समान अधिकार दिलाना चाहते थे।

साहित्य- बंगला भाषा के विकास में उनका महत्त्वपूर्ण योगदान रहा। उनके लेखन ने बंगला में एक सुन्दर गद्य को जन्म दिया।

राजनीतिक विचारधारा व कार्य – अपने समय के व्यक्तियों के समान राजा राम मोहन

राय तत्कालीन परिस्थितियों में भारत के लिए ब्रिटिश शासन को हितकारी मानते थे। उनके मत में यद्यपि ब्रिटिश शासन में भारतीय राजनीतिक प्रभुत्व से वंचित हो गये थे किन्तु अंग्रेजों ने उनके नागरिक व धार्मिक अधिकारों को मान्यता प्रदान कर उनके स्तर को ऊँचा किया। इसके अतिरिक्त अंग्रेजी शासन ने भारतीयों का पाश्चात्य जगत से सम्पर्क स्थापित करके उन्हें आगे बढ़ाने में सहायता दी। अंग्रेजी शासन के समर्थक होते हुए भी राम मोहन राय ने अनेक मामलों में अंग्रेजों से सुधारों की माँग की। प्रेस पर प्रतिबंध लगाने वाले अध्यादेश का राजा राममोहन राय ने विरोध किया। 127 ई. के जूरी एक्ट के विरोध में भी एक स्मरण-पत्र सरकार को प्रस्तुत किया। इस अधिनियम में हिन्दू व मुसलमानों को भारतीयों के मुकदमें में जूरी नियुक्त होने के अधिकार से वंचित किया था। राम मोहन राय ने बोर्ड ऑफ कण्ट्रोल को प्रस्तुत किये गये समय किसानों से ली जाने वाली मालगुजारी की दरों को कम करने, जूरी द्वारा न्याय की व्यवस्था, न्यायाधीशों एवं राजस्व अधिकारियों की पृथकता, दीवानी व फौजादी कानूनों का संग्रह बनाने फारसी के स्थान पर न्यायालयों में अंग्रेजी का प्रयोग, न्यायाधीशों की स्वतंत्रता और भारतीयों की उच्च पदों पर नियुक्ति करने के लिए अपील की।

उन्होंने कृषि के क्षेत्र में दमनकारी कानूनों का विरोध किया। स्त्रियों के लिए सम्पत्ति के अधिकारों की माँग की। ऐसा विश्वास किया जाता है कि 1833 ई. के चार्टर में भारतीय के हितों से सम्बन्धित कुछ प्रावधानों की सम्मिलित करने में राम मोहन राय का प्रभाव था।

रमेश चन्द्र मजूमदार के मत में राजा राममोहन राय प्रथम भारतीय थे जिन्होंने अपने देश की समस्याओं को अंग्रेजी सरकार के सामने रखा। यद्यपि उनके प्रयास कुछ उद्देश्यों तक सीमित थे। किन्तु उन्हें इस दिशा में मार्ग प्रशस्त करने का श्रेय दिया जा सकता है।

राम मोहन राय अन्तर्राष्ट्रीयता के पुजारी थे। फ्रांसीसी क्रांति के विचारों के गहन अध्ययन से वे प्रभावित हुए। उन्होंने अन्तर्राष्ट्रीय विवादों को सुलझाने के लिए एक अन्तर्राष्ट्रीय कांग्रेस की स्थापना का सुझाव दिया।

मूल्यांकन-मिस कालेट में राजा राम मोहन राय के प्रतिक्रिया तथा प्रगति के मध्य का बिन्दु माना है। वस्तुतः राजा राम मोहन राय के समय भारत में प्रतिक्रियावादी युग से निकल कर आधुनिक युग में प्रवेश किया। इसलिए उन्हें नये युग का अग्रदूत अथवा आधुनिक काल के पूनर्जागण आन्दोलन का जनक भी कहा जा सकता है।

यंग बंगाल आन्दोलन-उन्नीसवीं शताब्दी के तीसरे व चौथे दशक में बंगाल के बुद्धिजीवियों ने एक आन्दोलन आरम्भ किया जिसे यंग बंगाल के नाम से जाना जाता है। इसके प्रेरणा स्रोत हेनरी विवियन डिरोजियो थे। 1826 से 1831 ईसवी तक इस एंग्लो-इंडिया नवयुवक के हिन्दू कालेज, कलकत्ता में प्राध्यापक के पद पर कार्य किया। उन्हें भार से अपार प्रेम था, उन्होंने अपने विद्यार्थियों को विवेकपूर्ण और मुक्त ढंग से सोचने, सभी आधारों की प्रमाणिकता की जाँच करने, मुक्ति, समानता और स्वतंत्रता से प्रेम करने तथा सत्य की पूजा करने की सलाह दी। वे प्राचीन रीति-रिवाजों का विरोध करते थे। वाद-विवाद, लेखन और बौद्धिक संगठनों के माध्यमे से उन्होंने अपने विचार का प्रचार किया।

उन्होंने कई संस्थाओं का गठन किया। इनके नाम हैं- ऐकेडेमिक ऐसोसियेशन, सोसायटी फॉर द एक्वीजिशन, ऑफ जनरल नोलेज, डिबेटिंग कस्ब और बंग हित सभा। इनमें सामाजिक

व धार्मिक कुरीतियों के उन्मूलन के तरीकों पर विचार किया जा सकता था। डेरोजियो व उसके अनुयायी पाश्चात्य विचारों से अत्यधिक प्रभावित थे। अतएव उन्होंने प्राचीन हिन्दू परम्पराओं में दोष नजर आते थे। कट्टरपंथी हिन्दुओं ने उनका विरोध किया। फलस्वरूप अप्रैल 1831 ई. में उन्हें हिन्दू कॉलेज से निकाल दिया गया। परन्तु उन्होंने ईस्ट इंण्डिया नामक एक दैनिक पत्र का सम्पादन सम्भाल लिया। दिसम्बर 1831 ई. में लगभग चौबीस वर्ष की आयु में उनकी मृत्यु हो गयी। उनकी मृत्यु के बाद एकेडेमिक एसोसियेशन बिखर गया। किन्तु हिन्दू कॉलेज में उनके कुछ शिष्यों ने काम जारी रखा। 1834 ई. में बम्बई में स्थापित एलफिन्स्टन कॉलेज ने यंग बंगाल का अनुसरण करके यंग बंगाल नाम संस्था खोली । इसी प्रकार मद्रास में एक संस्था खोली गई। लेकिन डेरोजियो की मृत्यु के बाद यह आन्दोलन धीरे-धीरे शिथिल होता गया।

इस आन्दोलन के शिथिल होने के कई कारण थे। यह आन्दोलन किताबी ज्ञान पर जोर देता था, अतएव इसका व्यावहारिक पक्ष सामाजिक वास्तविकता पर कम आधारित था। क्योंकि इसका उद्देश्य प्राचीन परम्पराओं पर प्रहार करना था, इसलिए इसे तीव्र विरोध का सामना करना पड़ा। यद्यपि इस आन्दोलन का उद्देश्य भारतीय धर्म व समाज का सुधार करना था, किन्तु इसकी प्रेरणा फ्रांसीसी क्रांति व इटली के एकीकरण की घटनाएँ थी। अतएव यह आन्दोलन भारतीयों में लोकप्रिय नहीं हो सका।

यद्यपि यह आन्दोलन अधिक नहीं फला किन्तु इसकी कुछ उपलब्धियाँ हैं। इसने जनता को सामाजिक, धार्मिक व राजनीतिक प्रश्नों पर विचारा-विमर्श करके शिक्षित करते की राजा राम मोहन की परम्परा को आगे बढ़ाया। इससे सामान्य हितों से सम्बन्धित समस्याओं पर सार्वजनिक आन्दोलन किये। इन आन्दोलनों के मुख्य मुद्दे थे- जमींदारों से रैयतों की सुरक्षा, प्रेस की स्वतंत्रता और उच्च सरकारी सेवाओं में भारतीयों की भर्ती आदि। इस आन्दोलन को हम राष्ट्रीय पतन के बाद के काल में रचनात्मक प्रतिक्रिया का प्रतीक मानते हैं।

प्रार्थना समाज

केशवचन्द सेन के नेतृत्व में ब्रह्म समाज का प्रचार देश के विभिन्न भागों में हुआ। 1864 ई. में उन्होंने बम्बई की यात्रा की। उसकी प्रेरणा 1867 ई. में आत्माराम पाण्डुरंग ने बम्बई में ब्रह्म समाज के आधार पर प्रार्थना समाज की स्थापना की। इसके दो मुख्य उद्देश्य-ऐकेश्वरवाद का प्रचार तथा सामाजिक सुधार का कार्य 1869 ई. में आर. जी. भण्डारकर और महादेव गोविन्द रानाडे प्रार्थना समाज के सदस्य बने। रानाडे के ऐकेश्वरवाद में विश्वास के साथ-साथ हिन्दू धर्म में व्याप्त भ्रष्टाचार के विरुद्ध भी आवाज उठायी। ब्रह्म समाज की भांति प्रार्थना समाज ने भी वेदों को पवित्र ग्रन्थ नहीं माना। इस समाज ने भी आत्मा के आवागमन सिद्धान्त और अवतारवाद के सिद्धान्त को स्वीकार किया किन्तु मिस कोलेट के अनुसार ब्रह्म समाज के समान प्रार्थना समाज ने ब्राह्मणवाद का उग्र विरोध नहीं किया। सदस्यों के लिए मूर्ति-पूजा का त्याग और जाति के बन्धनों का विरोध भी आवश्यक माना गया।

प्रार्थना समाज ने सामाजिक सुधार की दिशा में सराहनीय कार्ध किया। इससे विधवा विवाह के प्रचलन, बाल-विवाह पर रोक, स्त्री-शिक्षा को प्रोत्साहित और पर्दा प्रथा के त्याग पर जोर दिया। 1891 ई. में रानाडे ने महाराष्ट्र में विडो रिमेजिर एसोसियेशन की स्थापना की। उनके प्रयत्नों से दक्षिण शिक्षा के तत्वाधान में शिक्षा के प्रसार के लिए कार्य किया। प्रार्थना समाज के

अनुयायियों ने विधवा आश्रम, अछूतोद्धार, रात्रि पाठशालाएँ आदि समाज सेवी संस्थाएँ खोली। इस समाज के तत्वाधान में दलित जाति मण्डल भी खोला।

रमेश चन्द्र मजूमदार के मत में प्रार्थना समाज ने हिन्दू धर्म शास्त्रों में प्रतिपादित अनेक सिद्धान्तों को माना और मराठी संत -कवियों की वाणी का प्रयोग किया। यद्यपि ब्रह्म समाज के समान प्रार्थना समाज का भी अधिक प्रसार नहीं हुआ किन्तु फिर भी तेलगु भाषी प्रदेशों में इसने लोकप्रियता अर्जित की। धार्मिक गतिविधियों की अपेक्षा प्रार्थना समाज ने सामाजिक सुधार और शिक्षा के प्रसार के क्षेत्रों में उल्लेखनीय कार्य किया।

आर्य समाज

दयानन्द का जीवनमृत- 1824 ई. में गुजरात के एक गाँव के ब्राह्मण परिवार में मूल शंकर का जन्म हुआ। चौदह वर्ष की आयु में वे घर छोड़कर चले गये। उसके बाद पन्द्रह वर्ष तक उन्होंने देश के विभिन्न भागों का भ्रमण किया। आरम्भ में उन्होंने ब्रह्मचर्य का पालन किया किन्तु कुछ समय बाद वे साधु बन गये। 1860 ईसवी में उन्होंने मथुरा में स्वामी वृजानन्द से दीक्षा ली। उसके पास रह कर दयानन्द ने संस्कृत का ज्ञान प्राप्त करके वेदों का गहन अध्यनन किया। स्वामी वृजानन्द से विदा लेते समय दयानन्द ने वचन दिया कि वे पौराणिक हिन्दू धर्म की कुरीतियों, अन्धविश्वासों तथा पाखण्डों का खण्डन तथा वैदिक युग की धर्म व संस्कृति की स्थापना के लिए निरन्तर प्रयास करेंगे। तत्पश्चात् दो साल तक एवं केशव चन्द्र ने कलकत्ता में विचार-विमर्श किया। इसके कुछ समय बाद बनारस के एक प्रकाण्ड विद्वान की चुनौती को स्वीकार करके दयानन्द ने उनके कर्मकाण्डी पंडितों को शास्त्रार्थ में परास्त किया। 1847 ई. में बम्बई में दयानन्द ने आर्य समाज की स्थापना की। इसके बाद दयानन्द ने देश के अनेक अन्य भागों में भ्रमण किया। अक्टूबर 1883 ई. में जोधपुर में किसी ने स्वामी जी को दूध में विष दे दिया। स्वास्थ्य खराब होने पर भी वे जोधपुर से अजमेर आ गये। 30 अक्टूबर 1883 ई. को उनका देहान्त हो गया। सत्यार्थ प्रकाश के आधार पर 1877 ई. में आर्य समाज ने निम्नलिखित दस नियम बनाये-

1. वेद सच्चे ज्ञान के स्त्रोत हैं। अतएव सभी मनुष्यों को इसका अध्ययन, मनन, और प्रचार करना चाहिए।

2. ईश्वर सर्व शक्तिमान, न्यायकारी, दयालु, निर्विकार, सर्वव्यापक, अजर-अमर, पवित्र और सृष्टिकर्त्ता है। अतएव उसकी उपासना सबको करनी चाहिए।

3. प्रत्येक व्यक्ति के लिये सत्य ग्रहण करना तथा असत्य को त्यागना आवश्यक है।

4. प्रत्येक कार्य को सत्य व असत्य का विचार करके करना चाहिये।

5. समाज का प्रमुख उद्देश्य संसार का उपकार करना होना चाहिये। अतएव उसे समस्त व्यक्तियों की शारीरिक, आत्मिक और सामाजिक उन्नति का प्रयास करना चाहिये।

6. प्रत्येक व्यक्ति को केवल अपनी उन्नति से ही संतुष्ट नहीं होना चाहिये। उसे सबकी उन्नति में अपनी उन्नति समझना चाहिये।

7. समस्त ज्ञान का निमित्त कारण है और उसके माध्यम से समस्त बोध ईश्वर है।

8. अविद्या का नाश करके विद्या का प्रचार करना चाहिए।

9. सब व्यक्तियों को धर्मानुकूल आचरण करना चाहिए।

10. एक व्यक्ति को स्वयं के हित से सम्बन्धित कार्यों में आचरण की स्वतंत्रता रखनी चाहिये किन्तु सामाजिक कार्यों में मतभेदों को भुला देना चाहिये।

अन्य मान्यतायें

1. ब्राह्मणों की श्रेष्ठता को स्वीकार न करना- दयान्नद ने जन्म के आधार पर ब्राह्मणों की श्रेष्ठता को स्वीकार नहीं किया तथा वेदों के अध्ययन का अधिकार केवल ब्राह्मणों तक सीमित रखने की परम्परा का विरोध किया।

2. मूर्ति-पूजा का खण्डन- विभिन्न देवी-देवताओं के स्थान पर ईश्वर की उपासना पर जोर दिया। मूर्ति-पूजा का खण्डन किया। अनेकश्वरवाद और अवतारवाद का विरोध किया।

3. वेदों में विश्वास- उन्होंने वेदों की ओर लौटो का नारा जनता को दिया। वेदों में वर्णित यज्ञों और अन्य संस्कारों की व्याख्या करते हुए दयानन्द ने बताया कि हवन का उद्देश्य वायु मण्डल को शुद्ध करना है।

4. मोक्ष प्राप्ति का मार्ग- उन्होंने मोक्ष के सिद्धान्त को माना। उनके अनुसार ईश्वर की उपासना, अच्छे कर्म और ब्रह्मचर्य पालन से मोक्ष की प्राप्ति हो सकती है।

5. अन्ध-विश्वासों का विरोध- दयानन्द ने अन्ध विश्वासों का विरोध किया। श्राद्ध की प्रथा को मूर्खतापूर्ण बताया।

6. सहिष्णुता का पालन- दयानन्द के अनुसार आरम्भ से ही अन्य धर्मों के प्रति सहिष्णुता की नीति का पालन करन के फलस्वरूप हिन्दू धर्म को आघात पहुंचा।

7. शुद्धि आंदोलन- इस्लाम व ईसाई धर्म के प्रचार के फलस्वरु हिन्दुओं द्वारा धर्म परिवर्तन को कम करने के लिये दयानन्द ने शुद्धि आंदोलन चलाया। ऐसे हिन्दुओं का, जो ईसाई अथवा मुस्लिम धर्म स्वीकार कर चुके थे तथा वापिस हिन्दू धर्म की शरण में आना चाहते थे, आर्य समाज ने स्वागत किया। वस्तुत: आर्य समाज में बुद्धि आंदोलन को भारत की धार्मिक, सामाजिक और राजनीतिक एकता के लिये एक आवश्यक कार्यक्रम माना। इस आंदोलन के कारण आर्य समाज को सैनिक हिन्दुत्व संस्था बताया गया।

8. जाति बंधन व अस्पृश्यता का विरोध- राजा राम मोहन राम के समान स्वामी दयानन्द भी विश्वास करते थे कि पौराणिक युग में हिन्दू समाज में अनेक कुरीतियाँ प्रचलित हो गई थीं जिन्हें दूर किये बिना समाज प्रगति नहीं कर सकता। स्वामी दयानन्द ने जाति के बन्धन को नहीं माना तथा अस्पृश्यता का विरोध किया। समुद्र यात्रा को बुरा नहीं माना।

9. अन्तर्जातीय विवाह तथा विधवा विवाह का समर्थन-उन्होंने अन्तर्जातीय विवाह का समर्थन किया। लड़के व लड़की का विवाह क्रमश: पच्चीस व सोलह वर्ष की आयु में करने का समर्थन किया। आम तौर पर वह विधवा विवाह को पसंद नहीं करते थे किन्तु एक सन्तानहीन विधवा के विवाह पर उन्हें आपत्ति नहीं थी। रमेश चन्द्र मजूमदार के मत में ऐसा प्रतीत होता है कि दयानन्द के बाद आर्य समाज ने आम तौर पर सभी विधवाओं के पुन:विवाह को प्रोत्साहन दिया। आर्य समाज ने पर्दा प्रथा व सती-प्रथा का विरोध किया। दयानन्द ने स्त्री व पुरुष को समान अधिकार देने का सर्मथन किया।

आर्य समाज का सुधार आंदोलन में योगदान

1. शिक्षा- शिक्षा के क्षेत्र में आर्य समाज का योगदान सराहनीय है। दयानन्द के कुछ शिष्यों ने हरिद्वार व अन्य स्थानों में गुरुकुलों की स्थापना की। इनका संचालन प्राचीन आश्रमों की परम्परा के अनुसार किया गया। इस दल के नेता मुंशी राम थे। आधुनिक शिक्षा प्रदान करने के लिये आर्य समाज के कुछ नेताओं ने, जिनमें हंसराज प्रमुख थे, उनके स्थानों में दयानन्द ऐंग्लो वैदिक विद्यालय चलाये। आर्य समाज में स्त्री शिक्षा का भी प्रचार किया।

2. हिन्दी भाषा के प्रयोग का समर्थन- दयानन्द हिन्दी भाषा के समर्थक थे। हिन्दी के राष्ट्र भाषा स्वीकार करने वाले वे प्रथम महान व्यक्ति थे। उन्होंने अपने सब ग्रन्थ हिन्दी में लिखे। हिन्दी भाषा और साहित्य को प्रोत्साहित करके आर्य समाज ने अंग्रेजी भाषा पर निर्भरता कम करने का प्रयत्न किया।

3. राष्ट्रीयता पर बल- यद्यपि दयानन्द ने राजा राम मोहन राय के समान राजनीतिक अधिकारों की माँग नहीं की किन्तु उनके विचारों से राष्ट्रीय और स्वराज्य की भावना को बल मिला। सत्यार्थ प्रकाश के अनुसार अच्छे से अच्छा विदेशी राज्य स्वेदेशी राज्य की तुलना नहीं कर सकता। दयानन्द ने विदेशी वस्तुओं का बहिष्कार तथा स्वदेशी वस्तुओं का उपयोग करने की सलाह दी। भारत के प्राचीन गौरव का स्मरण कराके दयानन्द ने आत्म सम्मान और स्वावलम्बन की भावना जागृत की। आर्य समाज ने राष्ट्रीय आंदोलन में सराहनीय योगदान किया। रमेश चन्द्र मजूमदार के मत में ब्रह्म समाज की अपेक्षा आर्य समाज ने आधुनिक हिन्दुओं, विशेषकर पंजाब के हिन्दुओं में नवीन राष्ट्रीय चेतना का अधिक विकास किया।

निष्कर्ष- भारत के पुनर्जागण में आर्य समाज ने महत्त्वपूर्ण भाग लिया। जिस प्रकार से यूरोप के प्रोटेस्टेट धर्म का आधार बाईबिल था उसी प्रकार से आर्य समाज ने भी अपना सुधार आंदोलन वेदों के पुन: अध्ययन पर रखकर उसे लोकप्रिय बनाया। दयानन्द ने वेदों को वैज्ञानिक, सामाजिक, राजनीतिक और आर्थिक सिद्धान्तों का स्रोत माना। स्वामी दयानन्द ने जनता के हृदय में ऋषियों और वेदों के लिए अपरिमित उत्साह पैदा किया। शुद्धि आंदोलन द्वारा आर्य समाज ने हिन्दू धर्म की रक्षा का प्रयत्न किया। दयानन्द ने हिन्दू धर्म को अंध-रुढ़िवादिता से मुक्ति दिलाने का भी भरसक प्रयास किया। वैदिक काल में समाज स्त्रियों को समाज में सम्मानीय स्थान व अधिकार दिलाने के लिये आर्य समाज ने सशक्त आंदोलन चलाया। सामाजिक कुरीतियों को दूर करने में यह संस्था अन्य सुधारको संस्थाओं की अपेक्षा अधिक सक्रिय रही। शिक्षा के प्रसार में भी आर्य समाज का योगदान उल्लेखनीय है। दयानन्द ने भारतीयों के मन में हीनता की भावना को कम करके उनमें राष्ट्रीयता और स्वराज्य प्रेम की भावना को विकसित किया।

रामकृष्ण मिशन: रामकृष्ण परमहंस का जीवन वृत:

रामकृष्ण परमहंस का बचपन का नाम गंगाधर चट्टोपाध्याय था। उनका जन्म पश्चिमी बंगाल में हुगली जिले के कामरपकर नामक गाँव में एक ब्राह्मण परिवार में 1836 ई. में हुआ था। बचपन में शिक्षा के प्रति रुचि न होने के कारण वे अधिक अध्ययन नहीं कर सके। ऐसा विश्वास किया जाता है कि छ: वर्ष की आयु से ही वे साधन करने लगे गये थे। सत्रह वर्ष की आयु में वे कलकत्ता आये। तीन या चार वर्ष बाद उत्तरी कलकत्ता में गंगा के तट पर दक्षिणेश्वर नामक

स्थान में स्थिति काली के मंदिर में पुजारी बन गये। इस समय रामकृष्ण परमहंस का आध्यात्मिक जीवन उच्च कोटि का हो गया। मंदिर के एकांत में या वन में बैठकर वे साधना में तल्लीन हो जाते थे।

अनेक अवसरों पर निराश होकर वे निरन्तर अश्रु बहाते हुए काली से दर्शन देने की प्रार्थना करते थे। ऐसा कहा जाता है कि एक दिन निराश होकर रामकृष्ण ने काली की मूर्ति के सामने आत्म-हत्या करने के लिये तलवार उठाई ही थी कि उनको काली के दर्शन हो गये। इसके बाद उन्होंने पूजा की साधारण विधियों को त्याग दिया। वे अब बार-बार समाधि लेने लगे। इन समाधियों में अचेतनावस्था की अवधि समय के साथ बढ़ने लगी। इस मंदिर की अधिष्ठाता रासमणि नामक महिला ने रामकृष्ण का विवाह पाँच वर्ष की बालिका शारदा मणि से किया। शीघ्र ही वे दक्षिणेश्वर लौट आये। तत्पश्चात् लगभग बारह वर्ष तक रामकृष्ण ने विभिन्न प्रकार की साधनायें कीं। इस अवधि में उन्होंने पहले तांत्रिक और बाद में वैष्णव मत की विधियों से साधना की, तत्पश्चात तोतापुरी नामक संत के शिष्य बन कर वेदान्ती बने। अन्त में सूफी मत और ईसाई धर्म की विधियों के अनुसार साधना की। 1867 ई. में रामकृष्ण ने वैद्यनाथ, वाराणसी, प्रयाग और वृन्दावन की यात्रा की। इस समय तक परमहंस के रूप में उनकी ख्याति फैली चुकी थी। दक्षिणेश्वर लौट कर परमहंस ने उपदेश देना आरम्भ किया। उनके शिष्यों में सबसे अधिक प्रसिद्धि स्वामी विवेकानन्द ने प्राप्त की। अगस्त 1886 ई. में परमहंस का देहांत हो गया।

रामकृष्ण की शिक्षायें-राजा राम मोहन राय और दयानन्द की भांति रामकृष्ण परमहंस विद्वान नहीं थे किन्तु उनमें धर्म के गम्भीर से गम्भीर विषयों को सरलता के साथ समझाने की अनोखी क्षमता थी। उन्होंने ईश्वर के दो रूप निराकार और साकार को माना। उनके मन में वेद, उपनिषद्, पुराण व महाकाव्य सभी पवित्र थे। उन्होंने यह सिद्ध करने का प्रयत्न किया कि धर्म तथा ज्ञान केवल अध्ययन के ही विषय नहीं हैं, अपितु अनुभूति के विषय भी हैं। उनकी प्रमुख शिक्षायें अग्रलिखित है-

1. रामकृष्ण के अनुसार एक मनुष्य का सर्वोच्च लक्ष्य ईश्वर से साक्षात्कार करना है। उनके मत में ईश्वर आदि तथा अनन्त है। जिस प्रकार अरूप जल शीत के कारण बर्फ बनकर मूर्त रुप धारण कर लेता है। उसी प्रकार अमूर्त ईश्वर साधक के प्रेम और साधना के कारण रुप और व्यक्तित्व धारण कर लेता है। जब साधक समाधिस्थ होता है तब ईश्वर का रूप और गण लुप्त हो जाता है और साधक को अद्वैत ईश्वर की प्राप्ति होती है। इस प्रकार से रामकृष्ण ने यह बताया कि एक मनुष्य उच्च आध्यात्मिक जीवन व्यतीत कर ईश्वर के दर्शन कर सकता है। इस के लिये विषय वासना, कामिनी कौर कंचन से दूर रहना आवश्यक है। लेकिन इसका यह अभिप्राय नहीं कि वह संसार को त्याग दे। वह मानते थे कि मनुष्य गृहस्थ में रह कर भीं साधना कर सकता है, लेकिन उसे अपने परम लक्ष्य को कभी नहीं भूलना चाहिए।

2. शरीर और आत्मा को रामकृष्ण ने दो भिन्न वस्तुएँ माना। जिस प्रकार कि एक नारियल का पानी सूखने पर उसके भीतर का खोपरा उसकी नरेटी से खुलकर अलग हो जाता है, उसी प्रकार यदि एक मनुष्य कामिनी या कंचन के प्रति आसक्ति को पूर्ण रूप से त्यागने में समर्थ हो जाये तो उसे शरीर और आत्मा की पृथकता के बारे में ज्ञान हो जायगा।

3. यद्यपि रामकृष्ण ने वेदों व अन्य धार्मिक ग्रन्थों को अध्ययन का विरोध नहीं किया किन्तु उन्होंने यह माना कि एक मनुष्य को विवेक व अनासक्ति प्राप्त न होने की स्थिति में इस प्रकार

का ज्ञान बेकार रहता है। इसलिये वे नैतिकता, त्याग, सेवा को अपनाने और इन्द्रिय सुखों के त्याग को महत्त्व देते थे।

4. धार्मिक शास्त्रार्थ को रामकृष्ण व्यर्थ मानते थे। उनके मत में संसार में सब पदार्थ ईश्वरमय है। अतएव उनके बारे में वाद-विवाद करना बेकार है।

5. रामकृष्ण ने बताया कि यदि एक मनुष्य अपने को जान लेगा तो वह ईश्वर की जान लेगा। अंहकार की भावना का अन्त करने से ईश्वर मिल जाता है। जैसे प्याज में छिलके ही छिलके होते हैं, उसी प्रकार अंहकार का अन्त होते ही एक मनुष्य के भीतर ईश्वर ही ईश्वर दिखायी देता है।

6. चरित्र की श्रेष्ठता को रामकृष्ण ने ज्ञान की प्राप्ति से भी अधिक महत्त्व दिया। उनके अनुसार विवेक और अनासक्ति के बिना आध्यात्मिक उन्नति करना असम्भव है।

7. विश्व-बन्धुता के सिद्धान्त का रामकृष्ण ने समर्थन किया। वे मनुष्य मनुष्य में कोई भेद नहीं मानते थे। उन्होंने मनुष्य की तुलना तकिये के गिलाफों से की। जिस प्रकार गिलाफ भिन्न रंग व आकार के होते हैं उसी प्रकार मनुष्य भी कोई सुन्दर, कोई कुरुप और कोई साधु व दुष्ट होता है, किन्तु जैसे सभी गिलाफों में एक ही पदार्थ-कपास भरा होता है, उसी प्रकार सभी मनष्यों में सच्चिदानन्द भरा होता हैं।

8. वे सभी धर्मों की सत्यता में विश्वास करते थे। उनके अनुसार कभी भी अपने धर्म को दूसरे से अच्छा नहीं बताना चाहिए। कबीर के समान रामकृष्ण नदिया में एक घाट बहुतेरे की शिक्षा देते थे। एक ही घाट से हिन्दू जल निकालता है, मुसलमान आब और ईसाई वाटर परन्तु तीनों के पात्रों में पदार्थ एक ही आता है। सच्चे हृदय से मनुष्य किसी घाट पर भी जाये उसे आनन्द ही प्राप्त होता है।

9. राजा राम मोहन राय व दयानन्द से सदृश रामकृष्ण ने मूर्ति-पूजा का विरोध नहीं किया। उनके अनुसार जैसे एक वकील को देखते ही अदालत की याद आ जाती है, उसी प्रकार मूर्ति पर ध्यान करते ही ईश्वर की याद आती है। रामकृष्ण परमहंस ने बताया कि ईश्वर के अनेक नाम है, जिस नाम या स्वरुप से उसका ध्यान किया जाएगा उसी नाम का या स्वरूप का उसके दर्शन हो जायेंगे इसलिये मानव मात्र की सेवा को रामकृष्ण ने परम धर्म माना है। रामकृष्ण ने अवतारवाद और पुनर्जन्म के सिद्धान्त को माना।

10. यद्यपि उन्होंने भोग विलास को त्यागना आवश्यक माना किन्तु स्त्री को इसका मूल कारण न मानकर उससे घृणा करना उचित नहीं समझा। एक बार रामकृष्ण ने कहा कि स्त्री विश्व की माता के समान है। उसका सम्मान करना चाहिए। इसी आदर्श का पालन करते हुए रामकृष्ण ने अपनी पत्नी की पूजा माँ कहकर की।

रामकृष्ण परमहंस की उपलब्धियाँ-

रमेश चन्द्र मजूमदार के मत में रामकृष्ण ने अपने विचारों और जीवन कार्यों से एक ऐसे समय में आध्यात्मिक जीवन की महत्ता को समझाया जबकि विश्व प्राकृतिक विज्ञान के जादू में खो रहा था। यद्यपि हिन्दुओं के प्राचीन धर्म शास्त्रों में आध्यात्मिक की ओर ले जाने वाले मार्गों को बताया गया था किन्तु रामकृष्ण के समय तक या तो हिन्दू उसे भूल चूके थे अथवा उस पर

अविश्वास करने लग गये थे। ऐसी स्थिति में उन्होंने प्राचीन ज्ञान के इस अमूल्य रत्न का वास्तविक अभिप्राय व उपयोगिता बताई। वस्तुत: वे आध्यात्मिकता के जीवन स्वरूप थे।

उनकी दूसरी बड़ी देन वेद और उपनिषदों के ज्ञान को सरलता में समझ कर हिन्दुओं में अपने प्राचीन ज्ञान के प्रति श्रद्धा व विश्वास उत्पन्न करना था।

इसके साथ ही साथ रामकृष्ण ने धर्म के भेद-भावों को व्यर्थ बता कर मानव मात्र की भलाई करने का संदेश मनुष्य को दिया। विवेकानन्द ने परमहंस के इस कार्य को काफी आगे बढ़ाया।

रमेश चन्द्र मजूमदार के मत में उदाहरणों से समर्थित और उनके जीवन की घटनाओं से परीक्षा की कसौटी पर सफल उतरने वाली राम कृष्ण की शिक्षाओं ने हिन्दुओं के पुनर्जागरण को एक नैतिक स्वीकृति, एक दार्शनिक आधार और एक नवीन आध्यात्मिक स्वरुप प्रदान किया।

विवेकानन्द का जीवन वृत

नरेन्द्र नाथ दत्त का जन्म कलकत्ता के एक कायस्थ परिवार में जनवरी 1863 ई. में हुआ। नरेन्द्र नाथ की प्रारम्भिक शिक्षा कलकत्ता में हुई। स्कूल में शिक्षा प्राप्त करते समय नरेन्द्र नाथ सबसे पहले ब्रह्म समाज की ओर आकर्षित हुए। तत्पश्चात् उन्होंने मिल और स्पेंसर के दर्शन का अध्ययन किया किन्तु उनके चित्त को शान्ति नहीं मिली। 1881 ई. के अन्त में जब नरेन्द्र नाथ स्नातक कक्षा के प्रथम वर्ष के विद्यार्थी थे, वे एक सम्बन्धी के साथ दक्षिणेश्वर गये। उनको देखते ही राम कृष्ण के नेत्रो में अश्रु आ गये और उन्होंने कहा कि तुम बहुत देर से आये हो तुम नारायण के अवतार हो और मानव की भलाई के लिए तुमने पृथ्वी पर जन्म लिया है।

तत्पश्चात् नरेन्द्र नाथ ने परमहंस से पूछा कि क्या आपने ईश्वर को देखा है ? उत्तर मिला- हाँ, तुम भी चाहो तो मेरी तरह उससे साक्षात्कार कर सकते हो। दूसरी भेंट में नरेन्द्र के शरीर पर राम कृष्ण ने अपना दायाँ पाँव रखा। इससे नरेन्द्र नाथ को एक विलक्षण अनुभूति हुई। इसी समय नरेन्द्र नाथ ने राम कृष्ण परमहंस को अपना गुरु मान लिया। रामकृष्ण ने उन्हें आध्यात्मिकता की शिक्षा दी। अपनी मृत्यु के तीन-चार दिन पहले परमहंस ने नरेन्द्र नाथ को अपने पास बुलाकर कहा था कि मैंने अपना सब कुछ तुम्हें सौंप दिया है। इस शक्ति के द्वारा तुम महान कार्य करोगे। 1886 ई. में परमहंस की मृत्यु के बाद नरेन्द्र नाथ व कुछ अन्य शिष्यों ने एक केन्द्र स्थापित किया। कलकत्ता के पास 1887 ईसवी में बारानगर में इसकी विधिवत् स्थापना के समय इसके बारह सदस्यों ने विवेकानन्द रखा। कुछ समय पश्चात् विवेकानन्द ने उत्तरी-पश्चिमी और दक्षिण भारत की यात्रा की। इस यात्रा में साधारण जनता की गरीबी को देखकर उन्होंने अनुभव किया कि भार के निवासियों को घोर निराशा व्याप्त है जिसे दूर करने का एक मात्र उपाय धर्म का पुनरुद्धार करना है। 1893 ई. में वे शिकागो में एक सर्व धर्म सम्मेलन में भाग लेने के लिए गये। हिन्दू धर्म के प्रतिनिधि के रूप में सम्मेलन में भाग लेने के लिए मुख्य रूप से तीन उद्देश्य उन्होंने अपने सामने रखें-

1. समुद्र यात्रा पाप है और विदेशियों के हाथ में अन्न व जल ग्रहण करने से धर्म और जाति नष्ट हो जाती हे। वे इस प्रकार के अन्धविश्वासों का खण्डन करना चाहते थे।

2. वे अपने देशवासियों को यह बताना चाहते थे कि पश्चिम के विद्वानों को भी भारतीय संस्कृति और दर्शन की गहनता से प्रभावित किया जा सकता है।

3. विश्व के सभी धर्म एक है। अतएव सम्पूर्ण विश्व में एक प्रकार की धार्मिक एकता की भावना होनी चाहिये। वे इस सिद्धान्त का प्रचार करना चाहते थे।

विवेककानन्द ने विश्व धर्म सम्मेलन के प्रतिनिधियों के सामने पाँच बार भाषण दिये। इसके अतिरिक्त उन्होंने सम्मेलन के वैज्ञानिक विभाग के सदस्यों के सामने लगभग छः या सात बार भाषण दिये। उनके पहले ही भाषण के विश्व के अनेक भागों से आये प्रतिनिधि और अमेरिकन जनता अत्यन्त प्रभावित हुई। उन्होंने अपने भाषणों में हिन्दू धर्म की सहिष्णुता और उदारता की भावना को स्पष्ट किया तथा हिन्दू धर्म का आधार प्रेम बताया। उन्होंने वेदान्त दर्शन पर भी प्रकाश डाला। इस सम्मेलन के पश्चात् विवेकानन्द ने अमेरिका के कुछ भागो का भ्रमण किया।

इस यात्रा में एक सप्ताह और औसतन वे चौदह या पन्द्रह स्थानों पर भाषण देते थे। तत्पचात् स्वामी जी पेरिस होते हुए लन्दन गये। इन दोनों स्थानों पर उन्होंने अपने विचार व्यक्त किये। प्रसिद्ध जर्मन विद्वान् मैक्समूलर ने उनकी विद्वता से प्रभावित होकर रामकृष्ण के जीवन और उपदेशों पर एक पुस्तक लिखी। 1896 ईसवी में वे एक बार फिर अमेरिका गये। इस बार उन्होंने न्यूयार्क में वेदांत के अध्ययन के लिए केन्द्र खोले। जनवरी 1897 ईसवी में भारत लौटने पर वे भारत से गरीबी अज्ञान दूर करने के महान कार्य में जुट गये। हिन्दू धर्म की आध्यात्मिक परम्परा को बनाये रखते हुए भी वे उसमें पाश्चात्य जगत की स्वस्वत्रंता, समानता और परिश्रम की भावना को विकसित करना चाहते थे।

रामकृष्ण मिशन की स्थापना–1897 ई. में उन्होंने रामकृष्ण मिशन की स्थापना। तत्पश्चात् उन्होंने फिर भारत के अनेक भागों का भ्रमण किया। लगभग दो वर्ष बाद बैलूर को मिशन का मुख्य कार्यालय बनाया। जून 1899 ई. में वे फिर अमेरिका गये। वहाँ से लौटते समय विवेकानन्द ने पेरिस के एक धार्मिक सम्मेलन में भाग लिया। पेरिस से वे यूरोप के अनेक नगरों में भी गये। 1900 ई. में वे जब भारत लौटे तो अस्वस्थ थे। तत्पश्चात् वे कुछ समय तक स्वास्थ्य लाभ के लिये बनारस रहे। कलकत्ता लौटने पर उन्हें उनका स्वास्थ्य खराब हो गया। 14 जुलाई 1902 ई. को 39 वर्ष की आयु में उनका देहान्त हो गया।

विवेकानन्द के विचार

1. उनके अनुसार धर्म मनुष्य के भीतर के निहित देवत्व का विकास है। धर्म न तो पुस्तकों में है, न धार्मिक सिद्धान्तों में, वह केवल अनुभूति में निवास करता है। प्रत्येक व्यक्ति अपने में ईश्वर का अनुभव कर सकता है।

2. अपने गुरु के समान विवेकानन्द ने ईश्वर के साकार और निराकार रूपों को माना।

3. इसी प्रकार उन्होंने प्राचीन हिन्दू धर्म ग्रन्थों की पवित्रता को माना तथा वेदान्त के अध्ययन पर जो दिया। उनके मत में वेदान्त में प्रतिपादित आध्यात्मिकता के बल पर भारत सारे विश्व को जीत सकता है।

4. उन्होंने धर्म को मनुष्य की आत्मा का भोजन बताया। जिस प्रकार से विभिन्न देशों में अन्न से भोजन बनाने की विधियाँ अलग–अलग है, उसी प्रकार से धर्म के रूप में अनेक है, किन्तु उनमें मूलभूत एकता है। इस प्रकार विविध धर्मों की विभिन्नता को स्वाभाविक और आवश्यक मानते हुए भी विवेकानन्द ने उनमें एकता पर बल दिया।

5. उन्होंने रूढ़िवादिता व अन्धविश्वास का घोर विरोध किया।

6. विवेकानन्द ने मानव की सेवा को सच्ची ईश्वरोपासना बताया। उन्होंने दीन दु:खियों की सेवा पर अधिक बल दिया तथा कहा कि एक सन्यासी को आध्यात्मिक कार्यों के साथ-साथ सेवा कार्य भी करना चाहिए।

7. दीन-दु:खियों की सेवा के लिए विवेकानन्द ने रामकृष्ण मिशन के केन्द्र भारत व विदेशों में उनके स्थानों पर स्थापित किये। इस प्रकार समाज कल्याण को धर्म का प्रमुख अंग बनाया।

8. विवेकानन्द ने हिन्दू धर्म की महानता को प्रभावशाली ढंग से प्रस्तुत किया। अपने एक भाषण में उन्होंने कहा की हमारे धर्म का मुख्य आधार प्रेम है। भारत को एक ऐसा देश बताया जहाँ सभी धर्म प्रचारकों को आरम्भ से स्वतंत्रता दी गई थी तथा किसी धर्म के प्रति असहिष्णुता की नीति नहीं अपनाई गई थी।

9. विवेकानन्द के भाषणों व लेखों का संकलन अनेक ग्रन्थों से प्रकाशित किया गया इनमें से ज्ञानयोग, राजयोग, कर्मयोग और भक्तियोग नामक ग्रन्थ प्रसिद्ध है। इनसे ज्ञात होता है कि प्राचीन हिन्दू धर्म के प्रति उनकी कितनी गहरी आस्था थी। उन्होंने अपने विचारों के प्रचार के लिए अंग्रेजी में प्रबुद्ध भारत और बंगाली में उद्बोधन नामक पाक्षिक पत्र प्रकाशित किया।

10. भारतीय धर्म और संस्कृति की महानता पर बल देते हुए विवेकानन्द ने विश्व को यह बता दिया कि भारत पुन: उन्नति के शिखर पर पहुँच सकता है, लेकिन इस लक्ष्य की प्राप्ति के लिये उसे पृथकता की भावना को त्यागना होगा। उनके अनुसार हमे कुछ देने के साथ साथ लेना भी चाहिये। हमें पश्चिम को अपने आध्यात्मिकवाद व संस्कृति के अच्छे तत्त्व दे सकते हैं और वहाँ से वैज्ञानिक व तकनीकी ज्ञान के अतिरिक्त सामूहिक प्रयत्न तथा व्यवसाय में ईमानदारी की भावना को अंगीकार कर सकते हैं।

11. विवेकानन्द ने अछूत प्रथा का विरोध किया। उसके अनुसार भारत के पतन का एक कारण समाज के अधिकांश वर्गों का दमन है। अतएव जाति प्रथा के बन्धन हटने चाहिए तथा गरीबों के अछूतों को अज्ञान की अवस्था से ऊँचा उठाना चाहिए। उनके मत में यह कार्य धीरे-धीरे और बड़ी सावधानी से के साथ किया जाना चाहिए।

12. विवेकानन्द के विचार में विश्व एक महान संकट से गुजर रहा था। उनके मत में पश्चिमी देशों में आध्यात्मिक विचारों के अभाव में वैज्ञानिक अन्वेषणों से जो जो भौतिक प्रगति हो रही थी, वह उन देशों में संकट में परिस्थिति शीघ्र उत्पन्न करने वाली थी। अतएव पश्चिमी देशों को चाहिए कि वे भारत की आध्यात्मिकता को अपनायें किन्तु जब तक भारत गरीबी और दासता के बन्धन में जकड़ा हुआ है, ऐसा होना सम्भव नहीं है। इसलिये वे भारत की स्वतंत्रता और भौतिक उन्नति को विश्व की उन्नति के लिए आवश्यक मानते थे।

13. विवेकानन्द के विचार में शीघ्र ही वह युग आने वाला है जब कि दलित या सर्वहारा वर्ग का शासन होगा। 1896 ई. में दिये गये भाषण में उन्होंने कहा कि इस प्रकार की क्रान्ति रूप अथवा चीन से आरम्भ हो सकती है, शायद रूस विश्व का प्रथम सर्वहारा राज्य होगा।

विवेकानन्द की उपलब्धियाँ:

रामकृष्ण परमहंस की शिक्षाओं को व्यावहारिक रूप देने का श्रेय विवेकानन्द को है। रमेश

चन्द्र मजूमदार के अनुसार रामकृष्ण की आध्यात्मिक शिक्षाओं को व्यावहारिक रूप देने तथा उनके संदेश को विश्व के सभी भागों तक पहुँचा कर उन्हें स्थायी आधार पर स्थापित करना विवेकानन्द की महान उपलब्धि है। उन्होंने समस्त विश्व में हिन्दू धर्म और आध्यात्मवाद की श्रेष्ठता पर बल देकर हिन्दू धर्म के पुनरुत्थान में अपना सराहनीय योगदान दिया। उनके उपदेशों से भारतीयों और विदेशियों को भारत के गौरवमय अतीत के बारे में ज्ञान हुआ। फलस्वरूप भारतीयों में आत्मविश्वास की भावना बढ़ी। उन्होंने भारतीयों को सभी देशों से सम्पर्क बनाये रखने की सलाह दी। मजूमदार के मत में हिन्दू धर्म की महानता को प्रदर्शित करके विवेकानन्द ने हिन्दुओं को ईसाई व इस्लाम धर्म के प्रचार की पक्षपातपूर्ण आलोचनाओं का उत्तर देने में समर्थ बनाया। दरिद्रों की सेवा को ईश्वर प्राप्ति का एक प्रमुख साधन मानकर तथा इसमें स्वयं को पूरी तरह समर्पित कर स्वामी जी ने अपने देशवासियों के सामने आदर्श प्रस्तुत किया।

यद्यपि स्वामी विवेकानन्द ने प्रत्यक्ष रूप से राजनीतिक आन्दोलन में स्वयं भाग नहीं लिया किन्तु अपने विचारों व कार्यों से उन्होंने राष्ट्रीयता की भावना को प्रोत्साहित किया। मजूमदार के मत में उन्होंने गरीबों की सेवा और उत्थान के कार्यक्रम को आरम्भ कर वस्तुत: प्रत्येक भारतीय को राष्ट्र की सेवा के लिए प्रेरित किया। देश की महानता तथा भारतीयों की एकता को प्रदशित कर, साधारण जनता की गरीबी, अज्ञान को दूर करने के लिए प्रेरित कर तथा प्रत्येक भारतीय को सबल बनने की सलाह देकर विवेकानन्द ने उनमें राष्ट्रीयता की भावना भरी। विवेकानन्द के अनुसार भारत को शीघ्र स्वतन्त्रता मिलनी चाहिए, क्योंकि मानवता के उद्धार के लिए ऐसा होना आवश्यक है। इस लक्ष्य की प्राप्ति के लिये उन्होंने निर्भय होकर कार्य करने की सलाह दी। वास्तव में विवेकानन्द ने अपने विचारों से भारतीयों राष्ट्रवादिता को आध्यात्मिक आधार प्रदान करने में अभूतपूर्व सहयोग दिया। **रविन्द्र नाथ टैगौर के अनुसार यदि कोई मनुष्य भारत को समझना चाहता है तो उसे विवेकानन्द को पढ़ना चाहिए।**

थियासोफिकल सोसायटी

भारत के पुनर्जागरण में थियोसोफिकल सोसायटी ने भी महत्त्वपूर्ण भूमिका अदा की है। इस संस्था की स्थापना 1875 ईसवी में न्यूयार्क में रूसी महिला एच.पी. ब्लेवाटस्की और एक अमेरिकन एच.एम आल्काट ने की थी। 'थियेसोफी' शब्द यूनानी भाषा के 'थियो' (ईश्वर) ओर 'सोफिया' (ज्ञान) शब्दों से बना है। अतएव इसका अभिप्राय ईश्वर का ज्ञान अथवा ब्रह्म विद्या है। आरम्भ में एक यूनानी विद्वान हम्बीकस ने तीसरी शताब्दी में ईश्वरी ज्ञान के लिए इस शब्द प्रयोग किया था। इसके बाद आधुनिक काल में थियोसोफिकल सोसाईटी ने इस शब्द को काम लिया। रमेश चन्द्र मजूमदार के अनुसार इस संस्था के निम्नलिखित तीन मुख्य उद्देश्य थे:

1. विश्व बन्धुत्व के आधार पर मानवता का विकास करना,

2. प्राचीन काल के विभिन्न धर्मों, दर्शन और वैज्ञानिक ज्ञान के अध्ययन में सहयोग देना ।

3. प्रकृति के नियमों की खोज करना और मनुष्य में निहित देवी शक्तियों का विकास करना।

इसके साथ-साथ इस सोसायटी के सदस्य सभी धर्मों में समन्वय स्थापित करना चाहते थे। ऐसा प्रतीत होता है कि थियोसोफिकल सोसायटी के संस्थापक प्राचीन हिन्दू व बौद्ध धर्म के

दर्शन से अत्यन्त प्रभावित थे। इसलिए उन्होंने पूर्वी देशों के महान धर्मों व उनके दर्शनो के अध्ययन को महत्त्व दिया। वस्तुत: उनके द्वारा समर्पित विश्व बंधूता का सिद्धान्त प्राचीन भारतीय दर्शन के अनुरूप था। विभिन्न धर्मों में मूलभूत एकता को मानना भी भारत की प्राचीन संस्कृति के एक मूल तत्व को मानना था। सत्य की खोज करने और छिपी दैवी शक्तियों का विकास करने का प्रयास हमारे देश के ऋषियों से उनका आध्यात्मिक सम्पर्क अनेक बार स्थापित हुआ था। थियोसोफिकल सोसाइटी के अनुयायी कर्म और निर्वाण के सिद्धांतों मे भी विश्वास करते थे।

1879 ईसवी में दयानन्द के निमंत्रण पर आल्काट व ब्लेवाटस्की भारत आये। उन्होंने हिन्दू धर्म को सब धर्मों से श्रेष्ठ बताया। अपनी संस्था के उद्देश्यों की व्याख्या करते हुए आल्काट ने कहा कि वे भारतीयों को उनके प्राचीन गौरव का स्मरण कराके उन्हें खोई प्रतिष्ठा दिलाना चाहते हैं।

थियोसोफिकल सोसाईटी के सदस्यों ने माना कि जाति-प्रथा के अन्तर्गत रहकर भी मानव की सेवा कर जा सकती है-एकेश्वरवाद के सिद्धान्त में अपनी आस्था प्रकट करते हुए उन्होंने विभिन्न देवी-देवताओं की पूजा को तर्कसंगत बताया। मूर्ति-पूजा को उन्होंने देवी शक्तियों की आराधना के लिये एक सरल उपाय माना। इस प्रकार के विचारों का हिन्दुओं ने स्वागत किया। 1886 ईसवी में थियोसोफिकल सोसाइटी ने भारत में मद्रास के निकट अडयार में केन्द्र स्थापित किया। इस समय से यह केन्द्र सोसाइटी का मुख्य कार्यालय बन गया। मई 1891 ईसवी में ब्लेवाटस्की की मृत्यु तक लंदन व पेरिस में भी इसकी शाखाएँ खुल चुकी थीं। कुछ समय बाद विश्व के विभिन्न देशों में इसके लगभग एक लाख सदस्य थे।

ब्लेवाटस्की की मृत्यु के दो वर्ष बाद श्रीमती ऐनी बेसेंट ने इसका नेतृत्व ग्रहण किया। उनका जन्म आयरलैण्ड में 1847 ईसवी में वे भारत आयी। वे हिन्दू धर्म से अत्यन्त प्रभावित थी। उनकी मान्यता थी कि वे पूर्व जन्म में हिन्दू थी। भारत में आते ही ऐनी बेसेन्ट ने स्वयं को हिन्दुत्व के रंग में रंग लिया। उन्होंने अनेक हिन्दू तीर्थों की यात्रा की और अपना अधिकांश समय वाराणसी में बिताया। उनके मत में हिन्दू धर्म ही भारत का प्राण है। हिन्दुत्व की मिट्टी में भारत का मूल गड़ा हुआ है, यदि इस मिट्टी को हटा लिया गया तो भारत रूपी वृक्ष सूख जायगा। प्रत्येक हिन्दू का कर्त्तव्य है कि वह अपने धर्म की रक्षा करे। वे यह भी मानती थी कि हिन्दुत्व के जागरण से ही विश्व का कल्याण हो सकता है।

ऐनी बेसेन्ट ने प्राचीन हिन्दू दर्शन के सिद्धांतों का समर्थन किया। उन्होंने वेदों व उपनिषदों को पवित्र ग्रन्थ माना। इसके अतिरिक्त महाभारत, रामायण, गीता, स्मृति और पुराणों के महत्त्व को भी स्वीकार किया। उनके अनुसार हिन्दू धर्म के समान पूर्ण वैज्ञानिक, दर्शन युक्त और आध्यत्मिकता से परिपूर्ण अन्य कोई धर्म विश्व में नहीं है। बेसेन्ट ने वैज्ञानिक दृष्टिकोण से मूर्ति-पूजा को उपयोगी बताया।

ऐनी बेसेन्ट ने गीता का अनुवाद अंग्रेजी में किया। इसके अतिरिक्त उन्होंने रामयण तथा महाभारत पर संक्षिप्त में टीकायें लिखीं। अपने भाषणों व लेखों द्वारा हिन्दू धर्म की मान्यताएँ और भारत के गौरवमय अतीत का स्मरण न केवल भारतीयों को कराया बल्कि विदेशों में भी इसका प्रचार किया।

शिक्षा के क्षेत्र में एनी बेसेन्ट का योगदान उल्लेखनीय है। काशी में ऐनी बेसेन्ट ने एक सेंट्रल हिन्दू कॉलेज की स्थापना की, जो बाद में उनके तथा मदन मोहन मालवीय के प्रत्यत्नों से

बनारस हिन्दू विश्वविद्यालय के रूप में विकसित हुआ। थियोसोफिकल सोसाइटी ने भारत के अनेक नगरों में स्कूल का कॉलेज खोले। 1914 ईसवी में ऐनी बेसेन्ट ने भारतीय राजनीति में सक्रिय भाग लेना आरम्भ किया। उन्होंने होम रूल आंदोलन चलाया। 1917 ई. में मोण्टेग्यू चेम्सफोर्ड सुधारों की घोषणा होने पर ऐनी बीसेन्ट ने इसे बंद कर दिया। इसी 'साल वह इण्डियन नेशनल कांग्रेस की अध्यक्ष भी रही'। ऐनी बेसेंट ने भारत के स्वतंत्रता आन्दोलन पर **'हाऊ इंडिया रॉड हर फ्रीडम'** नाम एक पुस्तक लिखी।

श्रीप्रकाश ने ऐनी बेसेंट के जीवन और उपलब्धियों पर विवेचना करते हुए एक पुस्तक में लिखा है कि उन्होंने एक उदासीन और सोती हुई जाति को नींद से जगा दिया तथा उसक आत्म-सम्मान और गौरव को पुनर्जीवित कर दिया। भारतीयों को विश्व में अपना यथोचित स्थान प्राप्त करने के लिए प्रेरित किया। वस्तुत: ऐनी बेसेंट ने न केवल हिन्दू धर्म की महान सेवा की बल्कि भारत का गौरव को अन्य देशों में बढ़ाया। ऐसे समय में जब कि कुछ शिक्षित हिन्दुओं का विश्वास अपने धर्म और संस्कृति पर से उठ रहा था, थियोसोफिकल सोसायटी और विशेषकर ऐनी बेसेन्ट के नेतृत्व में सराहनीय कार्य किया। बाल विवाह, कन्या विक्रय और छूआछूत का विरोध किया तथा विधवा विवाह का समर्थन किया। राष्ट्रीय आन्दोलन में ऐनी बेसेन्ट ने सक्रिय भाग लेकर उसमें एक नई जान फूँक दी।

दक्षिण भारत में सुधार आन्दोलन

केशवचन्द्र के प्रयासों से मद्रास में वेद समाज की स्थापना की। 1871 ई. में श्रीधरलू नायडू ने इसको पुन: संगठित किया और इसका नाम **'ब्रह्म समाज ऑफ साऊथ इंडिया'** रखा। दक्षिण में यह आन्दोलन विशेष प्रगति नही कर सका। वहाँ पर प्रार्थना समाज का प्रभाव अधिक रहा। 1878 ईसवी में वीरेसलिंगम पंतुलू ने तेलगू प्रदेश में आन्दोलन करने के लिए राजमुन्द्री सोशल रिफार्म ऐसोसियेशन खोली। उन्होंने जाति-प्रथा और मूर्ति-पूजा का विरोध किया। लेकिन उनका यह आन्दोलन भी उल्लेखनीय प्रगति नहीं कर सका। इसके अनेक कारण थे। चार्ल्स एच. हैम्सेथ के अनुसार दक्षिण में सामाजिक विद्रोह के अभाव का सही कारण प्रायद्वीपीय भारत का वह तत्कालीन ढाँचा प्रतीत होता है की पृष्ठभूमि उच्च वर्ग की थी बंगाल व बम्बई के शहरों में ब्राह्मणों का कुछ उच्च स्तरीय जातियों के साथ समाजिक मिश्रण शुरू हो गया था किन्तु दक्षिण में ऐसा नहीं हुआ। वहाँ जाति प्रथा अत्यन्त कठोर थी और कोई भी व्यक्ति जाति से बहिष्कृत होना नहीं चाहता था इसके अतिरिक्त दक्षिण में कुशल नेतृत्व का अभाव था। दक्षिण में बम्बई व कलकत्ता के नगरों की अपेक्षा शिक्षा का कम प्रसार था।

मुस्लिम धर्म व समाज के आरम्भिक सुधार आन्दोलनः

मुख्य रूप से भारत में मुस्लिम समाज दो वर्णों में बँटा हुआ था। उच्च वर्ग के अधिकांश व्यक्ति मुस्लिम शासन काल में बड़े पदों पर आसीन थे। जन साधारण में अधिकांश वे मुस्लिम थे जिन्होंने धर्म परिवर्तन करके मुस्लिम धर्म स्वीकार किया था। अंग्रेजों का शासन स्थापित होने के पहले उच्च वर्ग के मुसलमानों की आर्थिक स्थिति अच्छी थी। अठारहवीं शताब्दी के पूर्वार्द्ध में इस वर्ग के हाथ से राजनीतिक प्रभुत्व निकल जाने के फलस्वरूप इसके सदस्यों ने पश्चिमी शिक्षा प्राप्त करने और व्यापार व व्यवसाय में लग कर अपनी आर्थिक स्थिति सुधारने का प्रयास

नहीं किया। 1857 ईसवी के विद्रोह के लिए कुछ अंग्रेजी राजनीतिज्ञों और सेनापतियों ने इस वर्ग को उत्तरदायी ठहराया। इससे इनकी अवस्था और भी बिगड़ी। इस समय में मुस्लिमों में जन साधारण की दशा में भी तनिक सुधार नहीं हुआ। फलस्वरूप हिन्दुओं के मुकाबले में मुस्लिम अपने को पिछड़ा हुआ मानने लगे। इस स्थिति को सुधारने के लिए मुसलमानों में भी सामाजिक सुधार आंदोलन आरम्भ हुए। ऐसे आन्दोलनों का मुख्य उद्देश्य मुस्लिम समाज को बदली परिस्थितियों से अवगत करा पाश्चात्य शिक्षा प्राप्त करने की आवश्यकता पर बल देना था। इस उद्देश्य की प्राप्ति के लिए 1863 ई. में 'मोहमेडन लिटरेरी सोसाइटी' की स्थापना की गई। यह संस्था तत्कालीन परिस्थितियों से संदर्भ में मुसलमानों को धार्मिक, सामाजिक और राजनीतिक समस्याओं पर विचार करने तथा उनके पाश्चात्य शिक्षा के प्रसार को प्रोत्साहन देती थी। इसके साथ-साथ मुस्लिम समाज में ऐसे आन्दोलन भी आरम्भ हुए जो पाश्चात्य सभ्यता के प्रसार का विरोध करते थे। 1857 ई. के विद्रोह के पहले सैयद अहमद बुरेलवी ने ऐसा ही एक आन्दोलन आरम्भ किया। उसने सामाजिक और धार्मिक कुरीतियों को दूर करने के प्रयास के साथ-साथ पंजाब में सिक्खों का प्रभुत्व समाप्त करने के लिए एक असफल सैनिक अभियान का संचालन किया। उसके अनुयायी वहाबी कहलाये। 1857 ई. के विद्रोह के पश्चात् वहाबियों में इस्लाम के सिद्धांतों के अनुसार मुसलमानों को जीवन व्यीतत करने की सलाह दी। मजूमदार के अनुसार भारत में सुफी मत का प्रभाव होने के कारण कट्टर वाहबी मत अधिक लोकप्रिय नहीं हो सका। उन्नीसवी शताब्दी के उत्तरार्द्ध में सर सैयद अहमद द्वारा आरम्भ किया गया अलीगढ़ आन्दोलन अपने समय का सबसे सफल व लोकप्रिय सुधार आन्दोलन था।

उन्नीसवीं शताब्दी में मिर्जा गुलाम अहमद (1888-1908) ने मुस्लिम धर्म व समाज के सुधार के लिए एक आन्दोलन चलाया जो अहमदिया आन्दोलन के नाम से जाना जाता है। इन्होंने अपने को कृष्ण का अवतार भी बताया। उन्होंने यह आन्दोलन पंजाब के गुरुदासपुर जिले के कादियाँ नामक नगर से शुरू किया। उन्होंने अपने सिद्धान्तों की व्याख्या 'बराहीन-ए-अहमदिया' नामक ग्रन्थ में की। यह आन्दोलन अधिक लोकप्रिय नहीं हुआ।

अलीगढ़ आन्दोलन

सर सैयद अहमद खाँ का जीवन वृत्त-सैयद अहमद खाँ का जन्म 1817 ई. में दिल्ली के एक कुलीन परिवार में हुआ । उनके दादा सैयद हादी और नाना ख्वाजा फरीद ने मुगल दरबार और बाद में ईस्ट इण्डिया कम्पनी में उच्च पदों पर कार्य किया था। उनके पिता मीर मुत्तकी ने उनकी शिक्षा के लिए विद्वानों को नियुक्त किया। आरम्भ से ही सैयद अहमद खाँ धार्मिक सिद्धान्तों और तत्कालीन समस्याओं पर विचार करते थे। बीस बर्ष की आयु में उन्होंने ईस्ट इण्डिया कम्पनी की नौकरी कर ली। 1857 ई. के विद्रोह में उन्होंने अंग्रेजों का समर्थन किया तथा कुछ अंग्रेज अधिकारियों व उनके परिवार के सदस्यों की रक्षा प्रबंध किया। ब्रिटिश सरकार ने प्रसन्न होकर उनकी पदोन्नति की। कुछ समय पश्चात् उन्हें 'सर' के खिताब से भी विभूषित किया गया। सैयद अहमद खाँ ने अपना जीवन मुसलमानों की पिछड़ी दशा को सुधारने में लगाया। इसके लिए उन्होंने उनमें आधुनिक शिक्षा का प्रसार तथा सामाजिक व धार्मिक कुरीतियों को दूर करने का प्रयत्न किया। तत्कालीन परिस्थितियों में मुसलमानों की उन्नति के लिए वे अंग्रेजों से अच्छे सम्बन्ध बनाये रखना चाहते थे, क्योंकि उन्होंने अलीगढ़ को अपने आंदोलन का केन्द्र बनाया था, इसलिए उनके द्वारा चलाया गया आंदोलन अलीगढ़ आंदोलन के नाम से प्रसिद्ध है।

मुस्लिमों में शिक्षा के प्रसार का कार्य:

सैयद अहमद ने 1864 ई. में गाजीपुर में एक अंग्रेजी स्कूल की स्थापना की। इसके पश्चात् मुरादाबाद में भी ऐसा ही एक स्कूल खोला। 1865 ई. में अंग्रेजी पुस्तकों को उर्दू में अनुवाद करने के लिए 'साईटिफिक सोसाइटी' की स्थापना की। दिसम्बर 1870 ई. में उन्होंने तहजीब-उल-अखलाक नामक पत्रिका निकाली। 1875 ई. में अलीगढ़ में ऐंग्लो ओरियंटल कॉलेज की स्थापना की जो बाद में अलीगढ़ विश्वविद्यालय के रूप में परणित हो गया । उन्होंने 1886 ई. में मोहमेडेन एजुकेशन कान्फ्रेस की भी स्थापना की। इसका उद्देश्य मुसलमानों में पाश्चात्य शिक्षा का प्रसार करना था।

सैयद अहमद खाँ द्वारा संचालित अलीगढ़ विश्वविद्यालय में मुस्लिम विद्यार्थियों के सर्वांगीण विकास पर ध्यान दिया जाता था। एक विद्यार्थी के लिए पढ़ाई के साथ वाद-विवाद प्रतियोगिताओं, खेल-कूद व लेखन में भाग लेना, छात्रावास में अनिवार्य रूप से रहना, अंग्रेजी भाषा के माध्यम से पाश्चात्य जगत की प्रगति से परिचित रहना आवश्यक था। उन्होंने मुसलमानों को बताया कि पश्चिमी से उच्च शिक्षा का अध्ययन करना धर्म विरोधी नहीं है। उनके अनुसार अंग्रेजी के माध्यम से उच्च शिक्षा प्राप्त करके ही राजकीय सेवाओं में अच्छे स्थान प्राप्त किये जा सकते हैं।

समाज सुधार के प्रयत्न:

सैयद अहमद खाँ एक समाज सुधारक भी थे। यद्यपि सामाजिक मूल्यों तथा रहन-सहन के तरीकों को वे तत्कालीन परिस्थितियों के अनुकूल नहीं मानते थे लेकिन इसके साथ-साथ वे यह भी भली-भाँति जानते थे कि यदि उन्होंने समाजिक सुधार के कार्य को तेजी के साथ आगे बढ़ाया तो उन्हें कट्टर मौलवियों के तीव्र विरोध के कारण आशातीत सफलता नहीं मिलेगी। इसलिए उन्होंने ऐसी सामाजिक कुरीतियों का विरोध किया जो कुरान तथा हदीस पर आधारित नहीं थी। अतएव उन्होंने पर्दा-प्रथा के अन्त का समर्थन किया किन्तु इस पर विशेष जोर नहीं दिया । इसी प्रकार व बहु-विवाह को उचित नहीं माना। स्त्रियों के स्तर को ऊँचा उठाने का समर्थन करते हुए भी स्त्रियों की उच्च शिक्षा को अच्छा नहीं माना, फलस्वरूप उनके द्वारा चलाया गया सामाजिक सुधार का कार्यक्रम का पुरुषों को अंग्रेजी शिक्षा दिलाकर उन्हें प्रगतिशील बनाना और उनके रहन-सहन के तरीकों में परिवर्तन कराने तक सीमित रह गया।

धार्मिक मान्यतायें:

सैयद अहमद खाँ ने कुरान की नई व्याख्या की। इसके लिए उन्होंने एक पुस्तक तफसीर-उल-कुरान लिखना आरम्भ किया। इस पुस्तक के लेखन का कार्य वे पूरा नहीं कर सके। उनके अनुसार समस्त सृष्टि का रचयिता खुदा है और उसी ने कुरान की रचना की है। अतः कुरान वास्तविकता से दूर नहीं हो सकती। क्योंकि हदीस कुरान पर आधारित है इसलिए न तो वह कुरान के विरुद्ध हो सकती है और न ही वास्तविकता से भिन्न हो सकती है। उन्होंने तहजीब-उल-अखलाक नामक पत्रिका में भी कुरान के बारे में विचार प्रकट किये। उनके अनुसार प्रत्येक परम्परा समय और परिस्थिति के अनुसार आरंभ होती है तथा उसे समय और परिस्थिति के अनुसार अनुपयोगी होने पर छोड़ देनी पड़ती है। इसीलिए उन्होंने हज करने तथा जकात बाँटने का विरोध किया और मुस्लिमों का पाश्चात्य सभ्यता व संस्कृति का अध्ययन करके अच्छी बातें

अपनाने को कहा। उनके इन विचारों का विरोध कट्टर मौलवियों ने किया। अतएव कुछ समय बाद उन्होंने शिक्षा की ओर विशेष ध्यान किया तथा धार्मिक सुधार के कार्यक्रम को अधिक महत्त्व नहीं दिया।

राजनीतिक विचार व कार्य:

आरम्भ से ही सैयद अहमद खाँ शासन के समर्थ थे। मुसमानों को यह सलाह दी कि उनका हित अंग्रेजी राज्य के समर्थन में है। उनके अनुसार 1857 ई. में मुस्लिमों ने अंग्रेजों को विरोध करके एक भूल की। उस भूल को अंग्रेजों के साथ अच्छे सम्बन्ध स्थापित कर सुधारा जा सकता था। इसम समय में अंग्रेज राजनीतिज्ञों व प्रशासकों ने भी मुसलमानों के साथ अपने सम्बन्धों के बारे में फिर से विचार किया। 1871 ई. में प्रकाशित 'इण्डियन मुसलमान' नामक पुस्तक में विलियम विल्सन हण्टर ने लिखा कि भारत में अपने शासन को स्थायी बनाने के लिए अंग्रेजों को मुसलमानों का समर्थन प्राप्त करना चाहिए। अलीगढ़ कॉलेज के प्रथम प्रेंसिपल बैक ने भी सैयद खाँ को अपने विचारों से प्रभावित कर साम्प्रदायिकता की ओर बढ़ाया। रमेश चन्द्र मजूमदार के अनुसार आरम्भ में सैयद अहमद ने मुसलमानों को उच्च पद दिलाने के लिए प्रयत्न किया किन्तु आम तौर पर साम्प्रदायिकता की भावनाओं का प्रदर्शन नहीं किया। उन्होंने कहा कि भारत एक राष्ट्र है। एक खुबसूरत दुल्हन के साथ भारत की तुलना करते हुए उन्होंने हिन्दू व मुसलमानों को उसकी दो आँखें बताया। एक अन्य भाषण में सैयद अहमद खाँ ने कहा कि हिन्दू व मुस्लिम शब्द केवल धर्म की विभिन्नता के सूचक है, अन्यथा हम सब भारतीयों, चाहे वे हिन्दू, मुसलमान, अथवा ईसाई हों, एक ही राष्ट्रीयता रखते हैं। लेकिन धीरे-धीरे उनके दृष्टिकोण में परिवर्तन आया। 1883 ई. में दिये गये एक भाषण में उन्होंने माँग की कि स्थानीय स्वशासन की संस्थाओं में अल्पसंख्यकों को पृथक प्रतिनिधत्व दिये जायें। कांग्रेस की स्थापना के समय से ही सैयद अहमद खाँ ने इसका विरोध्र किया तथा उसके आन्दोलन को मुस्लिम हितों के विरुद्ध माना। 1888 ई. में उन्होंने ब्रिटिश सरकार को आश्वासन दिया कि भारत के अधिकांश मुसलमान कांग्रेस के समर्थक नहीं हैं। उन्होंने 'यूनाइटेड इण्डियन पेंट्रियाटिक एसोसिऐशन' की स्थापना कांग्रेस का विरोध करने के लिए कहा। इस संस्था के कुछ सदस्य हिन्दू भी थे। बैक के प्रभाव में आकर सैयद अहमद खाँ ने 1893 ई. में एक नयी संस्था 'मोहमेडन ऐंग्लो ओरियन्टल डिफेन्स एसोशियेशन आँफ अपर इण्डिया' स्थापित की। इसके सदस्य केवल मुसलमान हो सकते थे। इसके उद्देश्य निम्नलिखित थे-

1. ब्रिटिश सरकार व अंग्रेजों के सामने मुसलमानों की माँगो को प्रस्तुत करना तथा मुसलमानों के राजनीतिक हितों की रक्षा करना।

2. मुसलमानों में राजनीतिक आन्दोलन न पनपने देना,

3. भारत में ब्रिटिश राज्य को मजबूत बनाने में सहायता देना।

इसके पहले सैयद अहमद खाँ 1892 ईसवी में पारित भारत परिषद अधिनियम में प्रजातन्त्र प्रणाली उपयुक्त नहीं थी क्योंकि इससे बहुसंख्यकों को अधिकार मिलता था और अल्पसंख्यकों के हितों को हानि पहुँचती थी, उन्होंने अनेक बार स्पष्ट रूप से कहा कि भारत को एक राष्ट्र मानने वाली संस्था कांग्रेस से उनका समझौता किसी हालत में नहीं हो सकता। इस प्रकार सैयद अहमद खाँ के नेतृत्व में अलीगढ़ आन्दोलन ने कांग्रेस का भरसक विरोध किया तथा दो राष्ट्र के

सिद्धान्त को जन्म दिया। 1898 ई. सर सैयद अहमद की मृत्यु के बाद नवाब मोहसीन-उल-मुल्क ने कांग्रेस का विरोध जारी रखा। अंग्रेजों ने 'फूट डालो और राज करो' की नीति का पालन करते हुए साम्प्रदायिकता की भावना को प्रोत्साहित किया।

अलीगढ़ आन्दोलन का मूल्यांकन

सैयद अहमद खाँ द्वारा चलाया गया अलीगढ़ मुसलमानों को प्रगति के मार्ग आगे बढ़ने की प्रेरणा देने वाला एक प्रमुख आन्दोलन था। शिक्षा का प्रसार करके उन्हें आधुनिक प्रगतियों से परिचित कराने में अलीगढ़ आन्दोलन का महत्त्वपूर्ण योगदान है। परिस्थितियों के साथ बदलने के लिए सलाह देकर अलीगढ़ आन्दोलन के प्रर्वतक सैयद अहमद खाँ ने मुसलमानों को अन्धकारमय युग से निकाला। अंग्रेजों का समर्थन करके मुस्लिमों की दशा सुधारने में भी उन्हें कुछ सीमा तक सफलता मिली। मजूमदार के मत में उन्होंने भारतीय मुसलमानों के जीवन का एक नया युग आरम्भ किया तथा उनके सबसे बड़े संकट काल में उनमें एक नवीन रक्त संचार किया, किन्तु इसके साथ साथ साम्प्रदायिकता की भावना के विकास में अपना योगदान देकर उन्होंने भारत की एकता को खण्डित करने के विचारों को बल दिया।

रहनुमाये मज्दयासना सभाः

भारत के शिक्षित पारसियों ने 1859 ई. में 'रहनुमाये मज्दयासना सभा' नामक संस्था की स्थापना की। इसका उद्देश्य पारसियों की सामाजिक दशा सुधारने तथा पारसियों के धर्म में जरथुस्त्र के समय की शुद्धता को पुनः प्राप्त करना था। इसके प्रमुख नेता दादा भाई नैरोजी थे। इस संस्था ने 'रस्त गौफ्तार' नामक पत्रिका का प्रकाशन भी किया। फरकुहार नामक इतिहासकार लिखता है कि इस संस्था के सदस्यों ने आरम्भ में बड़ी सावधानी के साथ कार्य किया। वे सबसे पहले अपनी समस्याओं को पारसी समाज के विद्वान पुजारियों के सामने प्रश्नों के रूप में रखते थे। इस प्रकार यह ज्ञात कर लेते थे कि किस प्रकार के रीति-रिवाज व परम्पराएँ जरथुस्त्र की शिक्षाओं के अनुरूप है तथा पुरोहित वर्ग को स्वीकार्य है। तत्पश्चात् सभाओं में भाषणों और बहस द्वारा तथा गौफ्तार में लेखें द्वारा उन सुधारों का प्रचार करते थे, जिनका समर्थन पुजारियों ने किया हो। के.आर.कामा ने पारसियों के धार्मिक ग्रन्थ जैन्द अवस्ता का यूरोप में अध्ययन किया। 1859 ई. में भारत लौटकर कामा ने कट्टर पुजारियों के प्रभुत्व को माना और पारसियों को उन सभी कर्मकाण्डों और परम्पराओं को त्यागने को कहा जो अधिकृत 'जैन्द अवस्था' की प्रतियों मे सम्मिलित नहीं थे।

धार्मिक सुधारों के साथ-साथ पारसी नेताओं ने पर्दा प्रथा की सम्पाप्ति, स्त्री शिक्षा का प्रसार, विवाह की आयु में वृद्धि आदि अनेक समाजिक सुधारों के लिये ठोस कदम उठाये।

राधा स्वामी सत्संग

1861 ई. में आगरा में **शिवदयाल** ने राधा स्वामी सत्संग की स्थापना की। उन्होंने अपने उपदेशों को दो पुस्तकों में संकलित कर प्रकाशित किया। इस संस्था के दूसरे गुरु सालिग राम का जन्म आगरा के एक कायस्थ परिवार में हुआ था। उन्होंने इस संस्था को लोकप्रिय बनाया। राधा स्वामी मत के अनुयायी किसी भी हिन्दू देवी-देवता को नहीं मानते हैं। वे मन्दिर जाना आवश्यक नहीं समझते। राधा स्वामी मत के अनुयायी एक स्थान पर अपना सत्संग आयोजित करते हैं। वे

ईश्वर का रूप मानते हैं तथा उन पर असीम श्रद्धा रखते हैं तथा उनके लिये सभी धर्म समान हैं। वे सबसे साथ प्रेम का व्यवहार करते हैं तथा भ्रातृ भावना में विश्वास करते हैं। सामाजिक कुरीतियों का यह मत विरोध करता है तथा जाति के बन्धन को नहीं मानता।

सिक्खों में सुधार आन्दोलन:

सिक्खों ने भी धार्मिक व सामाजिक सुधार के महत्त्व को समझा। उनमें भी अन्ध-विश्वास, रूढ़िवादिता, ब्राह्म कर्म कांड तथा सामाजिक कुरीतियों के विरुद्ध आन्दोलन चलाये गये। 1920 ई. में सिक्खों ने गुरुद्वारों के प्रबन्ध में व्याप्त भ्रष्टाचार को दूर करने के लिये आन्दोलन चलाया। फलस्वरूप 1922 ई. में सिक्ख गुरुद्वारा अधिनियम पारित किया गया।

अन्य आन्दोलन

भारतीये ईसाईयों ने भी अन्ध विश्वास, रूढ़िवादिता और सामाजिक कुरीतियों के विरुद्ध आन्दोलन किया। इस प्रकार भारत के सभी धर्मों के अनुयायियों ने धार्मिक व सामाजिक सुधार के लिये प्रयत्न किये। ब्रिटिश सरकार ने भी सामाजिक कुरीतियों को दूर करने के लिये अनेक कानून बनाये।

सामाजिक सुधारों के लिये बनाये गये कानून:

रमेश चन्द्र मजूमदार के अनुसार सभी सुधार आन्दोलनों के प्रवर्तकों ने अन्धविश्वास और रूढ़िवादिता का तथा अधिकांश ने सामाजिक कुरीतियों को विरोध किया। उनके मत में उन्नीसवीं शताब्दी के अन्त तक उन सब प्रदेशों में भी सामाजिक सुधार की भावना जागृत हो चुकी थी जिनमें कि सुधार आन्दोलन के आरम्भिक युग में इस दिशा में उत्साह प्रदर्शित नहीं किया गया था।। यहाँ तक कि देशी राज्यों मे भी सामाजिक सुधार का कार्य आरम्भ हो गया था। इसके पहले कि हम धार्मिक व सामाजिक सुधार आन्दोलनों के परिणामों का अध्ययन करें, सामाजिक सुधारों के लिये बनाये गये कानूनों की प्रगति के बारे में जानना उचित होगा।

1. सती-प्रथा का उन्मूलन-भारत में काफी समय से पति की मृत्यु पर स्त्री उसकी चिता पर जल कर सती हो जाती थी। फरिश्ता के अनुसार कश्मीर के एक शासक सिकन्दर ने पन्द्रहवी शताब्दी के आरम्भ में इस प्रथा पर प्रतिबन्ध लगाया था किन्तु उसे पुत्र जैनुल आबादीन ने इस प्रतिबन्ध को हटा लिया। 1510 ई. में पुर्तगाली गवर्नर अबुकर्क ने गौआ में सती-प्रथा पर रोक लगायी। अकबर ने भी इस पर प्रतिबन्ध लगाया किन्तु उसके आदेश का पालन दिल्ली और आसपास के प्रदेश तक ही सीमित रहा। बाजी राव प्रथम ने भी इस प्रथा पर प्रतिबन्ध लगाने का प्रयत्न किया। सिरामपुर में डेन, चिनसुरा में डचों और चन्द्रनगर में फ्रांसीसियों ने अपने अधीनस्थ क्षेत्रों मे सती-प्रथा को गैर कानूनी घोषित किया। 1789 ई. से बंगाल के अनेक अंग्रेज जिला अधिकारियों ने सरकार को इस अमानवीय प्रथा को रोकने के लिये लिखा किन्तु उस समय अंग्रेजी सरकार ने भारतीयों के धार्मिक और सामाजिक मामलों में हस्तक्षेप न करने की नीति का पालन करते हुए इस पर प्रतिबन्ध नहीं लगाया। बेलेजली के समय में सदर निजामत अदालत ने कुछ हिन्दू पण्डितों से इस सम्बन्ध में सलाह ली।

इन पण्डितों की राय में किसी स्त्री को जबरदस्ती उसके मृत पति की चिता पर सती होने के

लिए बाध्य करना शास्त्रों व परम्पराओं के अनुकूल नहीं था। इसके साथ-साथ उन्होंने यह भी मत प्रकट किया कि इस प्रथा पर पूर्ण प्रतिबन्ध लगाने से हिन्दुओं की धार्मिक भावना को ठेस पहुँचेगी। अतएव 1813 ई. में भारत सरकार ने किसी स्त्री को उसकी इच्छा के विरुद्ध सती बनने पर मजबूर करने पर प्रतिबन्ध लगाया। तत्पश्चात् 1815 ई.व 1817 ई. में जारी किये गये दो आदेशों में जिला अधिकारियों को सती होनी वाली स्त्रियों की एक वार्षिक सूची भेजने को कहा गया। सती होने वाली स्त्री के सम्बन्धियों को उसके सती होने की सूचना पहले से पुलिस को भेजने का नियम बनाया गया तथा ऐसी स्त्रियों के जो गर्भवती, अल्पायु अथवा ऐसे बालकों व बालिकाओं की माता हो, जिनकी देख-रेख करने वाला कोई न हो, सती होने पर प्रतिबन्ध लगाया गया। किन्तु इन आदेशों का व्यापक प्रभाव नहीं पड़ा। लार्ड हेस्टिंग्ज और एमहर्स्ट के समय में इस प्रथा को गैर कानूनी घोषित करने के लिये पुनः विचार किया गया। बंगाल की सेना में असन्तोष फैलने की आशंका के कारण इस प्रकार की कार्यवाही को स्थगित किया गया। लार्ड हेस्टिंग्स और एमहर्स्ट के मत में वह दिन दूर नहीं था जबकि शिक्षा के प्रसार के साथ-साथ भारत में अज्ञान दूर होगा और स्वयं ही इस प्रथा को गैर कानूनी घोषित करने को समर्थन करेंगे। इसकी यह आशा व्यर्थ सिद्ध नहीं हुई। शीघ्र ही राजा राममोहन राय ने सती-प्रथा को अवैध घोषित करने का समर्थन किया। उनके अनुसार सती-प्रथा प्राचीन धर्म शास्त्रों के अनुकूल नहीं है।

विलियम बेंटिक को कोर्ट ऑफ डायरेक्टर्स ने इस अमानवीय प्लथा को क्रमशः बन्द करने के आदेश दिये। 1 नवम्बर 1829 ईसवी में गवर्नल जनरल की परिषद ने सती-प्रथा को अवैध घोषित करने को निश्चय किया। 4 दिसम्बर, 1829 ई. को बंगाल सूबे में तथा फरवरी 1830 ई. को मद्रास व बम्बई में इसे अवैध घोषित किया गया। कुछ समय पश्चात् अन्य ब्रिटिश प्रान्तों में भी ऐसे कानून बनाये गये। 1857 ई. के बाद अनेक देशी राज्यों के शासकों ने भी सती-प्रथा को गैर कानूनी घोषित किया। यद्यपि आरम्भ में कट्टर हिन्दुओं ने इसका विरोध किया किन्तु क्रमशः सती होनी वाली स्त्रियों की संख्या में कमी आ गई। फिर भी यह कहा नहीं जा सकता कि इसका पूर्ण रूप से उन्मूलन हो गया है। हमें आज भी सती होने के यदा-कदा उदाहरण समाचार-पत्रों में पढ़ने के मिल जाते हैं।

नर बलि व बाल हत्या का निषेध- उनके लिए भी बेंटिक के समय में कानून पास किये गये।

1. ब्रह्म मेरिजेज एक्ट (1872 ई.)-1866 ई. में ब्रह्म समाज दो भागों में विभक्त हो गया। इनके नाम थे- आदि ब्रह्म समाज तथा भारतीय ब्रह्म समाज। भारतीय ब्रह्म समाज ने विधवाओं के विवाह को कानूनी मान्यता दिलाने का प्रयास किया। केशव चन्द्र सेन के अनुरोध पर भारत सरकार ने अन्तर्जातीय विवाह तथा विधवा विवाह को मान्यता दे दी। लेकिन इस अधिनियम में ऐसे विवाह करने वालों को यह घोषणा करनी पड़ती थी कि वे हिन्दू नहीं हैं। अतः इस कानून का व्यापक प्रभाव नहीं पड़ा।

2. दास-प्रथा का उन्मूलन-प्राचीन काल से ही भारत में दास-प्रथा का प्रचलन था। 1787 ई. में ब्रिटेन में दासों के व्यापार को बन्द करने के लिए किये आन्दोलन का प्रभाव भारत पर पड़ा। इसके बाद कुछ अंग्रेज अधिकारियों ने सरकार से इसे गैर कानूनू घोषित करने के लिए लिखा। 1807 ईसवी में ब्रिटिश में दासों का व्यापार अवैध घोषित हो गया। इसके चार वर्ष पश्चात् एक

अधिनियम द्वारा भारत सरकार ने विदेशों से दासों को लाने पर प्रतिबन्ध लगा दिया। 1832 ई. में भारत के एक जिले से दूसरे जिले में दासों के क्रय-विक्रय को अवैध घोषित किया। 1833 ई. के चार्टर एक्ट भारत सरकार को शीघ्र दास-प्रथा समाप्त करके आदेश दिये गये। अतएव 1843 ई. में एक अधिनियम द्वारा दासों को रखना अवैध करार दिया था। क्योंकि इस अधिनियम में दासों को मुक्त करने के लिए उनके स्वामियों को मुआवजा देने की व्यवस्था नहीं थी और इसके अतिरिक्त सरकार ने इस अधिनियम को कठोरता के साथ लागू करने के लिए पर्याप्त कदम भी नहीं उठाये, फलस्वरूप आज भी बंधुआ श्रमिकों जैसी समस्याओं का सामना करना पड़ रहा है

3. विधवा विवाह कानून-सजी प्रथा के गैर कानूनी घोषित होने पर विधवाओं की संख्या बढ़ने लगी। उनके कष्टों को देखकर ब्रह्म समाज ने विधवा विवाह का समर्थन किया। तत्पश्चात् ईश्वर चन्द विद्यासागर ने विधवा विवाह को वैध मानने के लिए सरकार से अपील की । उनके प्रयत्नों के फलस्वरूप भारत सरकार ने जुलाई 1856 ई. में हिन्दू विधवा पुनर्विवाह अधिनियम पारित किया। इस अधिनियम के पारित होने के पश्चात् विधवाओं के पुनर्विवाह की संख्या अधिक नहीं बढ़ी। अतएव आर्य समाज ने इसको अपने सामाजिक सुधार के कार्यक्रम में महत्त्व दिया। 1896 ई. में प्रोफेसर कर्वे ने पूना में एक विधवा आश्रम खोला। इसी प्रकार का एक आश्रम विरेसालिंगम पंतुल ने मद्रास में स्थापित किया। बीसवीं शताब्दी में धीरे-धीरे विधवाओं के पुनर्विवाह पहले की अपेक्षा काफी अधिक संख्या में हो रहे हैं।

4. कन्या बध पर प्रतिबन्ध-हिन्दुओं, विशेषकर राजपूतों, में एक कन्या का जन्म होते ही वध कर दिया जाता था। इस प्रकार की प्रथा मध्यकालीन युग में आरम्भ हुई थी। धार्मिक व समाजिक रीति-रिवाजों के कारण एक कन्या के विवाह में बहुत अधिक धन व्यय होता था। इसके अतिरिक्त कन्या के लिए सम्मानजनक वर ढूंढ़ने में भी अत्यन्त कठिनाई होती थी। यद्यपि 1795 और 1804 ई. के बंगाल के दो अधिनियमों द्वारा बालिकाओं के वध को अपराध घोषित किया गया, किन्तु इनका विशेष प्रभाव नहीं पड़ा। अतएव सुधारवादी नेता इस अमानवीय प्रथा को समाप्त कराने के लिए प्रयत्न करते रहे। अन्त में 1870 ईसवीं में एक अधिनियम द्वारा सरकार ने अपने अधिकारियों को प्रत्येक बालक के जन्म तथा कुछ वर्षों तक कन्या के जीवित रहने की सूचना देने के लिये नियम बनाने की शक्ति दी। शिक्षा के प्रसार के साथ-साथ यह प्रथा समाप्त हो गयी है।

5. बाल विवाह पर प्रतिबंध-प्राचीन काल में एक कन्या का विवाह 14 से 16 वर्ष तक की आयु में किया जाता था किन्तु मध्यकालीन युग में अल्पायु में किया जाने लगा। सभी हिन्दू सुधारवादी आन्दोलनों ने इसका विरोध किया। अन्त में बहरामजी मेहरबानजी मलाबारी के प्रयत्न सफल हुए। 1891 ई. में भारत सरकार ने सहवास-आयु अधिनिमय पारित किया। इसमें कन्या के विवाह की निम्नतम आयु बारह वर्ष रखी गई। समाज सुधार के लिए पारित किये अन्य कानूनों की भाँति यह कानून भी अपने उद्देश्य की प्राप्ति में सफल रहा। तत्पश्चात् 1929 ई. में भारत सरकार ने इस सम्बन्ध के एक अधिनियम पारित किया। यह अधिनियम शारदा एक्ट के नाम से प्रसिद्ध है। कुछ कमियों के कारण अधिनियम भी बाल-विवाह को रोकने में पूर्णतया सफल नहीं हुआ।

सामाजिक कानूनों को वांछित सफलता न मिलने के कारण:

1. भारत सरकार का उत्साह न दिखना-यद्यपि भारत सरकार ने इन कानूनों को पारित किया तथा कुछ में आवश्यकतानुसार संशोधन भी किये किन्तु इन कानूनों को लागू करने में उसने आवश्यक उत्साह का प्रदर्शन नहीं किया। इन कानूनों के पारित होने के बाद भारत सरकार के पॉलिटिकल उत्साह विभाग के कुछ अधिकारियों, जिनमें रेजीडेंट प्रमुख थे, सती-प्रथा रोकने में उत्साह दिखाया लेकिन भारत सरकार ने इस मामले में उन्हें नियन्त्रित करने की कोशिश की। परिणामस्वरूप इन सुधारों को विशेष सफलता नहीं मिली।

2. कानूनों का अव्यवहारिक-कतिपय कानूनों में ऐसे प्रावधान रखें गये जिनके अंतर्गत एक अपराधी के विरुद्ध मुकदमा चलाना लगभग असंभव था। बाल विवाह के सम्बन्ध में बनाया गया कानून व उसमें किये गये संशोधन इसमें ज्वलंत उदहारण हैं।

3. रूढ़िवादियों की विरोधी प्रतिक्रिया-रूढ़िवादी तत्वों ने इन कानूनों का विरोध किया। अशिक्षित जनता में उनका प्रभाव था।

4. परम्परावादिता-भारत की सामाजिक व्यवस्था में परम्परावादिता का प्रभाव व्याप्त है। यहाँ की जनता आसानी के साथ अपनी परंपराओं को नहीं छोड़ पाती।

5. अज्ञानता-स्वतंत्रता प्राप्ति के समय तक भारत में शिक्षित व्यक्तियों की संख्या बहुत कम थी। अतएव वे सुधारों का महत्त्व नहीं समझ सके।

राम मोहन राय के समय ये आरम्भ हुआ सामाजिक व धार्मिक सुधार आंदोलन आज भी समाप्त नहीं हुआ है। यह अभी तक किसी न किसी रूप में प्रगति के पथ पर बढ़ने का प्रयत्न कर रहा है। स्वतंत्रता की प्राप्ति तक यह आन्दोलन मुख्य रूप से तीन चरणों मे होकर गुजरा।

पुनर्जागरण के विभिन्न चरण:

1. 1877 ई. तक- इस समय तक यह आन्दोलन मुख्य रूप से व्यक्तिगत था। इसकी कार्य विधि भी व्यक्तिनिष्ठ रही।

2. 1877 से 1919 ई.- इस अवधि मे समाज सुधार के संगठित प्रयास किये गये। देश के कुछ नेताओं मे, जिनमें तिलक अग्रणी थे, यह अनुभव किया। समाज सुधार के कार्यों के साथ-साथ राजनीतिक स्वतंत्रता की प्राप्ति के लिए कार्य करना आवश्यक था लेकिन अंग्रेज प्रशासक उनका ध्यान सामाजिक सुधार की ओर ही लगाये रखना चाहते थे।

1919-1947 ई.-गाँधीजी के भारतीय राजनीति में प्रवेश के बाद समाज सुधार आन्दोलन राजनीतिक आन्दोलन का एक अंग बनने लगा। इस समय अछूतोद्धार के कार्य को सबसे अधिक महत्त्व दिया गया।

उन्नीसवीं सदी के पुनर्निर्माण का स्वरूप:

1. सुधार आन्दोलन का शिक्षित वर्ग तक सीमित होना-आरम्भ में सुधारकों का कार्य क्षेत्र शहरों में रहने वाले शिक्षित वर्ग तक सीमित था। उन्होंने गाँव में तथा शहर के आम आदमियों तक अपना संदेश फैलाने का विशेष प्रयत्न नहीं किया।

2. धार्मिक सिद्धान्तों पर आधारित-हिन्दुओं के सभी सुधार आन्दोलन धर्म के प्राचीन सिद्धान्तों पर आधारित थे। इसी प्रकार अलीगढ़ आंदोलन भी इस्लाम पर आधारित था।

3. विभिन्न आन्दोलन के कार्यक्रम में भिन्नता-सभी आन्दोलनों के कार्यक्रमों में कुछ भिन्नताएँ पायी जाती हैं। उदाहरण के तौर पर आर्य समाज ने शुद्धि आंदोलन को अपने कार्यक्रम में सम्मिलित किया जबकि अन्य आन्दोलनों के नेताओं ने इस कार्य को हाथ में नहीं लिया। मुस्लिम सुधारकों को बाल हत्या रोकने व विधवा के प्रचार की आवश्यकता ही नहीं थी। आर्य समाज ने मूर्ति-पूजा खण्डन किया किन्तु रामकृष्ण परमहंस देवी भक्त थे।

4. सुधार आन्दोलनों पर पश्चिमी उदारवाद का प्रभाव-अनेक सुधार आंदोलनों पर पश्चिमी उदारवाद का प्रभाव स्पष्ट दिखाई देता है। ब्रह्म समाज तथा प्रार्थना समाज आदि आंदोलनों के प्रणेता इससे प्रभावित थे।

5. रूढ़िवादिता व अन्ध-विश्वासों का विरोध-सभी सुधार आन्दोलनों ने रूढ़िवादिता तथा अन्ध-विश्वासों का विरोध किया। उन्होंने पुजारियों के एकाधिकार को समाप्त करने के लिए भी प्रयत्न किया।

6. कानूनों द्वारा सामाजिक कुरीतियों को दूर करने का प्रयत्न-आम तौर पर सामाजिक सुधारकों ने सरकार से सामाजिक कुरीतियों को दूर करने के लिए कानून बनाने पर जोर दिया। राजा राममोहन राय ने सती-प्रथा को बन्द करने तथा ईश्वर चंद विद्यासागर ने विधवा विवाह को कानूनी मान्यता दिलाने का सफल प्रयास किया।

7. शिक्षा के प्रसार पर जोर-अपने सुधारकों ने शिक्षा के प्रसार को महत्त्वपूर्ण माना। उनके मत में शिक्षा के बिना रूढ़िवादिता व अंधविश्वासों को दूर करना असम्भव था।

8. अतीत के गौरव का गुण-गान-अपने-अपने धर्म के सिद्धान्तों से प्रेरणा लेने वाले सुधारकों ने भारत के प्राचीन गौरव का स्मरण कराया। लेकिन अतीत की चर्चा करते हुए भी उन्होंने भविष्य के समाज की रचना अतीत के आदर्शों पर करने की बात नहीं सोची।

9. स्त्रियों की दशा में सुधार-सभी सामाजिक व धार्मिक आन्दोलनों में स्त्रियों की दशा में सुधार लाने का प्रयास किया गया।

10. जाति के भेद-भाव मिटाने के प्रयत्न-सभी सुधारकों के कठोर जाति बन्धनों का विरोध किया। जाति प्रथा का सशक्त विरोध कुछ निचले जातियों के बीच से उभरे हुए आन्दोलनों ने किया।

11. हिन्दू धर्म की श्रेष्ठता में विश्वास दिलाना-स्वामी दयानन्द, विवेकानन्द, ऐनी बेंसेंट आदि ने हिन्दुओं को अपने धर्म की श्रेष्ठता में विश्वास दिलाया।

12. बाह्य आडम्बरों को दूर करने की इच्छा-इस प्रकार के दोषों के विरुद्ध प्रचार किया गया। धर्म के बाह्य आडम्बरों को समाप्त करने पर जोर दिया गया।

13. तार्किक और लौकिक दृष्टिकोण-सुधारवादियों ने न केवल परम्पराओं का मूल्यांकन तार्किक दृष्टि से किया अपि‌तु उनको सामाजिक उपयोगिता की दृष्टि से भी परखा।

14. राष्ट्रीयता पर बल-यद्यपि राम मोहन राय ने सरकार का समर्थन किया किन्तु कुछ

मामलों में उन्होंने सरकार द्वारा पारित कानूनों का विरोध किया। उनके बाद विवेकानन्द व दयानन्द आदि ने राष्ट्रीयता की भावना को विकसित करने का प्रयास किया।

15. बीसवीं शताब्दी में सुधारकों का सामाजिक व धार्मिक कार्यों के साथ-साथ राजनीतिक कार्य भी करना-जैसा कि पहले बनाया जा चुका है, उन्नीसवीं शताब्दी के अन्त में तिलक आदि ने इन दोनों कार्यों को साथ-साथ किया। राष्ट्रीय आन्दोलन में सक्रिय भाग लेने के साथ-साथ वे सामाजिक व धार्मिक सुधार का कार्य भी करते थे। इस समय के अनेक सुधारक राजनीतिक कार्य करते थे।

16. सार्वभौमिक दृष्टिकोण-यद्यपि सुधारवादियों का क्षेत्र धर्म विशेष तक ही सीमित रहा लेकिन उन्होंने सार्वभौमिक दृष्टिकोण अपनाया। इस दृष्टिकोण को उन्होंने सामाजिक सुधारों के लिए भी प्रयोग किया।

17. सांस्कृतिक ढाल-इस समय भारतीय संस्कृति पर औपनिवेशिक संस्कृति पर हमला प्रति दिन तेज होता जा रहा था। भारतीय संस्कृति की रक्षा करने की कोशिश के साथ-साथ वैकल्पिक सांस्कृतिक वैचारिक पद्धति का भी विकास किया।

18. विदेशों में हिन्दू धर्म प्रचार-सर्व प्रथम विवेकानन्द ने इंग्लैण्ड, फ्रांस व अमेरिका जाकर वहाँ की जनता को हिन्दू के मूल सिद्धान्तों को समझाने का प्रयत्न किया। आर्यसमाज ने भी विदेशों में अपनी शाखाएँ खोलीं।

19. समाचार-पत्रों और साहित्य द्वारा प्रचार-राम मोहन राय ने समाचार-पत्रों द्वारा ब्रह्मसमाज का प्रसार करने की कोशिश की। स्वामी दयानन्द के जीवन काल में ही आर्य समाज की संस्थाओं ने पत्र-पत्रिकाओं का प्रकाशन आरम्भ किया। इसी प्रकार प्राचीन धर्म सिद्धान्तों के अध्ययन के लिए भी पुस्तकें प्रकाशित की गयीं।

20. आन्दोलनों का देशव्यापी होना-बीसवीं शताब्दी के आरम्भ तक सामाजिक व धार्मिक आन्दोलन देशव्यापी हो गया। ब्रह्म समाज बंगाल व उसके आस-पास के प्रदेशों में, प्रार्थना समाज महाराष्ट्र में, आर्य समाज राजस्थान, पंजाब व कुछ अन्य प्रान्तों में लोकप्रिय हो गया।

21. मानववादी दृष्टिकोण-धार्मिक व सामाजिक सुधार करने के लिए सुधारकों ने मानववादी दृष्टिकोण अपनाया। समाज के कमजोर वर्ग के प्रति हो रहे अन्याय के विरुद्ध आवाज उठाई।

22. प्राचीन भारतीय कलाओं, भाषाओं और साहित्य के पुनर्रुत्थान के प्रयास-अनेक पारंपरिक संस्थाओं को समाज के लिए अच्छा माना गया। इसलिए उन्हें पुनर्जीवित करने की कोशिश की गई। इस हेतु भारतीय कलाओं और साहित्य के पुनर्रुत्थान की कोशिश की गई। भारतीय भाषाओं के विकास का समर्थन किया गया। आयुर्वेद चिकित्सा पद्धति को फिर से स्थापित करने की सलाह दी गई। प्राक्-ब्रिटिश काल की तकनीक व दस्तकारी को फिर से गतिशील बनाने का प्रयत्न किया गया। पारम्परिक ज्ञान की पुनर्रचना के भी प्रयास किये गए।

23. विभिन्न प्रकार की प्रतिक्रियाएँ-इन सुधारकों को लेकर जन सामान्य के एक वर्ग ने उत्साह का प्रर्दशन किया किन्तु दूसरी ओर तीव्र विरोध भी हुआ। पारिवारिक और सामाजिक

जीवन में अभूतपूर्व तनाव पैदा कर दिया और समाज का मानस मथ कर रख दिया। परम्पराओं के बंधन टूटने समाज में एक भावात्मक संकट उत्पन्न हो गया। एक तरफ प्रतिबद्धता थी तो दूसरी ओर परम्पराये। लेकिन फिर भी इस संघर्ष से भारत में एक नया आदमी व एक नया समाज उभरा।

इन आन्दोलनों के माध्यम से सांस्कृतिक-वैचारिक संघर्ष चला, इसने राष्ट्रीय चेतना को जन्म दिया और उसके विकास में महत्त्वपूर्ण योगदान दिया। अपने आरंभिक दौर के साथ-साथ भविष्य के प्रति नया दृष्टिकोण प्रदान किया। इसने बौद्धिक और सांस्कृतिक स्थिति को जन्म दिया, जिसमें एक नया समाज, नया परिवार व नया आदमी जन्मा।

❑❑❑

24

जातिगत आन्दोलन

कतिपय अंग्रेज विद्वानों के अनुसार भारत में पहली बार शांति समृद्धि और संतोष के युग की स्थापना अंग्रेजों ने की। उन्होंने उसे 'पेक्स ब्रिटेनिका के शब्दों में अभिव्यक्त किया है। अंग्रेज इतिहासकारों के इस दसवे को पूर्णयतया सही नहीं माना जा सकता। 1857 ई. के पूर्व भारत में ब्रिटिश शासन के विरुद्ध जातिगत आन्दोलन आदिवासियों के विद्रोह, आर्थिक अंसतोष से उत्पन्न विद्रोह, नागरिकों के विरोध आन्दोलन तथा भारतीय सैनिकों की बगावतों के अनेक उदाहरण देखने को मिलते हैं।

ब्रिटिश शासन के विरुद्ध हुए इन विभिन्न प्रकार के आन्दोलनों के भिन्न भिन्न कारण है। विस्थापित नरेशों और जागीरदारों ने अपनी सत्ता और अधिकारों के छिंनने के विरोध में प्रतिवाद किया। कृषकों व आदि निवासियों के विरोध का कारण आर्थिक कठिनाइयाँ थी। कुछ जातियों के विद्रोह के कारण सामाजिक व धार्मिक थे।

सैयद अहमद बहेलवी का नेतृत्व– ब्रिटिश सत्ता के विरुद्ध मुसलमानों के वहाबी सम्प्रदाय ने लगभग पचास वर्ष तक विद्रोह किया। उन्नीसवीं सदी के आरम्भ में भारत में इस सम्प्रदाय का उदय मुस्लिम समाज में प्रचलित कुरीतियों को दूर करने के लिए हुआ था। इसके संस्थापक रायबरेली के सैयद अहमद 1786–1831 ई. था। सैयद अहमद ने धार्मिक व सामाजिक सुधार के कार्यक्रम के साथ–साथ भारत में विधर्मियों के प्रभुत्व का अन्त करने का भी प्रयत्न किया। इस प्रकार वहाबी आन्दोलन ने राजनीतिक रूप भी धारण कर लिया। सैयद अहमद ने इस देश को दारूल हर्ब दुश्मनों के देश घोषित किया तथा प्रत्येक मुसलमान को काफिरों के विरुद्ध जिहाद छोड़ने के आदेश दिये। अंग्रेजों को भारत से निकालने के लिए उसने देशी राज्यों से सहायता माँगी। उन्होंने अपने अनुयायियों को शस्त्र चलाने की शिक्षा भी दी। अंग्रेजों के अतिरिक्त वह सिक्खों की शान्ति का अन्त भी करना चाहता था। अपने एक परिपत्र तरखिब उल–जिहाद में उन्होंने सिक्खों के अत्याचार के विरुद्ध मुसलमानों को सशस्त्र संघर्ष छेड़ने के लिए आव्हान किया। उनके मतानुसार सिक्खों ने सहस्त्रों मुसलमानों का कत्ल किया । तथा उन्हें अपने धर्म का पालन करने से रोका।

राजनीतिक का रूप

सिक्खों से युद्ध करने के लिए अफगानिस्तान तथा उत्तर–पश्चिमी सीमा प्रांत का दौरा किया तथा इन प्रदेशों से सैनिकों की भर्ती की। 1830 ई. में उसने पेशावर पर अधिकार किया किन्तु उसके पठान तथा हिन्दुस्तानी अनुयायियों में मतभेदों के कारण उसकी यह सफलता अस्थायी

रही। सिक्खों ने पेशावर पर पुनः अधिकार कर लिया। 1831 ई. में सैयद अहमद एक लड़ाई में मारा गया।

भारत के अन्य भागों में प्रचार

सैयद अहमद की मृत्यु के बाद वहाबी मत भारत के अनेक भागों में फैला । शाह मुहम्मद ने बंगाल व बिहार के नगरों में इसकी शाखाएँ खोलीं। हैदराबाद दक्षिण में विलायत अली के प्रयासों से इसके अनुयायियों की संख्या काफी बढ़ गई। निजाम के एक भाई मुबरिक-उद-हौला को राज्य विरोधी गतिविधियों के लिए सजा दी गई। उस पर यह आरोप लगाया गया कि उसने सशस्त्र वहाबियों को एकत्र किया है तथा टोंक, रामपुर, व करनूल के नवाबों को ब्रिटिश के विरुद्ध विद्रोह के साथ देने के लिए पत्र लिखे हैं।

सिताना में संघर्ष की तैयारियाँ तथा संघर्ष

उत्तर-पश्चिम सीमा प्रान्त में मौलवी नासीरूददीन को वहाबी सेना का अध्यक्ष बनाया गया। अंग्रेजों के विरुद्ध उसने काबुल के अमीर दोस्त मुहम्मद को सहायता दी। रणजीत सिंह की मृत्यु के पश्चात् पंजाब में फैली अव्यवस्था का लाभ वहाबियों ने उठाया। उन्हें कुछ सफलताएँ भी मिलीं। लेकिन 1847 ई. में पंजाब को ब्रिटिश साम्राज्य में मिलाये जाने के बाद अंग्रेजों ने वहाबी नेताओं को आत्म-समर्पण करने के लिए विवश किया। उनको पटना भेजा गया। इनमें से एक नेता जिसका नाम इनायत अली था पटना से उत्तर पश्चिम सीमा प्रान्त के एक नगर सिताना चला गया। सितम्बर 1849 ई. में विलायत अली के नेतृत्व में वहाबी पटना से देहली की ओर आये। देहली में विलायत अली दो महीने तक रहा। ऐसा विश्वास किया जाता है कि वह मुगल सम्राट बहादुर शाह द्वितीय से भी मिला। देहली से वे खन्ना जा पहुँचे। यहाँ से इनायत अली उन्हें सिताना ले गया। यद्यपि इनायत अली अंग्रेजों से शीघ्र संघर्ष करना था। 1852 ई. में विलायत अली मृत्यु के बाद इनायत अली ने तैयारियाँ जारी रखी। उसने समस्त वहाबियों को सिताना में एकत्रित होने का आदेश दिया। भारत के सभी मुसलमानों से जिहाद में सम्मिलित होने की अपील की। ऐसे मुसलमानों को जो कि इस धर्म युद्ध में सक्रिय भाग लेने में स्वयं को असमर्थ पाते हों अनायत अली ने काफिर शासकों के साथ किसी भी प्रकार का सम्बन्ध न रखने की सलाह दी। मेरठ, बेरली, देहली, तथा बंगाल व बिहार के इलाकों में वहाबी प्रचारक सक्रिय हो गये। पटना में एक वहाबी नेता अहमदुल्ला ने सात सौ सशस्त्र सैनिक इकट्ठे किये गये। पुलिस के कुछ सिपाही भी गुप्त रूप से उसके साथ थे। अनेक स्थानों पर मुस्लिम सैनिकों को विद्रोह के लिये उकसाया गया। 1853 ई. में सिताना के निकट अम्ब में अंग्रेजों ने वहाबियों को बुरी तरह परास्त किया। इनायत अली ने युद्ध-स्थल से भागकर फिर से तैयारियाँ आरम्भ कर दीं। अफगानिस्तान की सीमा पर स्थित ब्रिटिश प्रदेशों पर उसने कई बार हमले किये। इस समय भारत में 1857 ई. का विद्रोह शुरू हो गया था। मार्च 1858 ई. में इनायत अली की स्वागत में मृत्यु हो गई।

1858 के बाद संघर्ष

1858 ई. में सिताना के विरुद्ध एक अंग्रेजी सेना भेजी गई। अंग्रेजी सेना ने सिताना पर अधिकार कर लिया। 1863 ई. में वहाबी नेता अब्दुल्ला ने स्वात व निकटवर्ती प्रदेशों के कबाईलियों की सहायता से इस पर पुनः अधिकार कर लिया। उसके विरुद्ध अंग्रेजों ने अनेक बार सेनाएँ

भेजी। 1863 ई. के एक अभियान में जिसका सेनापति नेविल चेम्बरलेन ने किया था अंग्रेजी फौज को काफी क्षति पहुँची। लेकिन जनरल गारवाँक की सेना बढ़ती गई। सिताना के प्रमुख वहाबी नेताओं को गिरफ्तार किया गया। उन पर मुकदमा चला कर विभिन्न प्रकार की सजाएँ दी गयी। लेकिन अंग्रेजों की इस सफलता से वहाबी विरोध का अन्त नहीं हुआ। 1868 ई. में सिताना से पुनः संघर्ष आरम्भ किया गया। अग्रेजी सेना ने इस बार भी उन्हें हराया।

अब अंग्रेजों ने सभी स्थानों से सक्रिय वहाबियों को गिरफ्तार किया उन पर राजद्रोह का मुकदमा चला कर सजाएं दी। इस कार्यवाही के फलस्वरूप भारत में वहाबियों की शान्ति लगभग समाप्त हो गई।

उपयुक्त विवरण स्पष्ट है कि आरम्भ में वहाबी आन्दोलन एक धार्मिक आन्दोलन था। इसके अधिकांश सदस्य मध्यम वर्ग के मुसलमान थे। रमेश चन्द्र मजूमदार के मत में जिस समय से इस आन्दोलन ने राजनीतिक उददेश्यों की प्राप्ति के लिए। संघर्ष करने का निश्चय किया उसी समय से इसके अनुयायियों की संख्या बढ़ने लगी। सभी वर्गों के मुसलमानों में या तो इसके प्रति सहानभुति थी अथवा उन्होंने इसमें सक्रिय भाग लिया। जब भी वहाबियों पर मुकदमा चलाया गया कुछ व्यक्तियों को छोड़कर शेष ने गवाहियाँ नहीं दीं।

आन्दोलन के प्रति हिन्दुओं का दृष्टिकोण

इस आन्दोलन के प्रारम्भिक चरण में सिक्खों के विरुद्ध जिहाद करने के फलस्वरूप हिन्दू इसके प्रति अशंकित ही रहे। वहाबियों द्वारा ऐसी रीतियों को जो कि हिन्दूओं के सर्म्पक में आकर मुसलमानों ने अपना ली थी समाप्त करने के आन्दोलन से भी हिन्दू प्रसन्न नहीं थे। लेकिन सिक्ख राज्य के अन्त के पश्चात् जब वहाबियों ने अपनी सारी ताकत अंग्रेजों को भारत से निकालने में लगा दी उस समय से हिन्दूओं का रवैया उनके प्रति सहानुभूतिपूर्ण हो गया। यहाँ तक कि वहाबियों के समर्थक के लिए कुछ हिन्दुओं को सजा भी दी गई।

कुछ स्थानों विशेषकर बंगाल में इस विद्रोह ने वर्ग संघर्ष का रूप धारण कर अनुसार बंगाल के एक जिले में वहाबियों की उपस्थिति उन सभी वर्गों के लिये खतरनाक मानी जाती थी जिनके पास सम्पत्ति अथवा विशेषाधिकार थे। अनेक स्थानों पर धनी मुसलमानों तथा कट्टर मौलवियों ने इस आन्दोनल का विरोध किया।

यह आन्दोलन उत्तरी भारत के क्षेत्रों तक ही सीमित नहीं रहा। दक्षिण में हैदराबाद इसका प्रमुख केन्द्र था। मद्रास में भी इसके अनुयायी थे। मुस्लिम स्त्रियों ने भी अपने गहने बेच कर इस आन्दोलन की सहायता की थी।

यद्यपि वहाबी आन्दोलन भारत के काफी प्रदेशों में व्यापक रूप से फैला तथा उसके अनुयायियों ने उत्साह का प्रदर्शन किया किन्तु फिर भी इसे एक राष्ट्रीय आन्दोलन नहीं माना जा सकता। रमेश चन्द्र मजूमदार के मत में यह आन्दोलन मुसलमानों का आन्दोलन था उनके द्वारा किया गया था तथा उनके लिए था कुछ हिन्दुओं को छोड़कर शेष ने इसका साथ नहीं दिया। ऐसे हिन्दुओं में भी कोई महत्त्वपूर्ण व्यक्ति सम्मिलित नहीं था यद्यपि सिक्ख राज्य के अन्त के बाद वहाबियों ने अपने संघर्ष का उददेश्य ब्रिटिश शासन का अन्त करना रखा किन्तु वे अपने लक्ष्य की प्राप्ति के पश्चात् एक राष्ट्रीय राज्य की स्थापना के स्थान पर भारत में मुस्लिम सत्ता की पुनः स्थापना करना चाहते थे।

कूका विद्रोह

वहाबी आन्दोलन के समान कूका विद्रोह की धार्मिक सुधार के उद्देश्य से आरम्भ हुआ और कुछ समय बाद उसने भी अपना लक्ष्य अंग्रेजों को भारत से निकालना बना लिया। उन्नीसवीं शताब्दी के पाँचवे दशक के आरम्भ में पश्चिमी पंजाब में जवाहर सिंह ने सिक्खों में प्रचलित कुछ कुरीतियाँ-जाति भेद, विधवाओं का कठोर जीवन, मूर्ति और समाधियों की पूजा-का अन्त करने के लिए इस आन्दोलन को शुरू किया। उन्होंने उत्तर-पश्चिमी सीमा प्रान्त में हजारा को अपना केन्द्र बनाया। उनके विचार में गुरु गोविन्द सिंह ही सच्चे गुरु थे, क्योंकि उन्होंने केवल ग्रन्थ साहिब की पूजा करने का आदेश देकर सिक्खों के विश्वासों को पुनर्जीवित करने का प्रयत्न किया था। उन्होंने जाति-पाँति के भेद मिटाने मांस-मदिरा और नशीली वस्तुओं का सेवन करने तथा उन्मुक्त जीवन व्यतीत न करने का उपदेश दिया। उनके अनुयायी एक विशेष ढंग से पगड़ी बाँधते थे तथा ऊनी धागों से गूँथी माला पहनते थे।

राम सिंह का जीवन वृत्त

पंजाब पर ब्रिटिश अधिकार के पश्चात् कूका सम्प्रदाय ने अपना मुख्य उद्देश्य सिक्ख सत्ता की पुन: स्थापना रखा। 1863 ई. में राम सिंह इस सम्प्रदाय का अधिष्ठाता बना। वह अपनी युवावस्था में सिक्ख सेना में काम कर चुका था। शीघ्र ही काफी संख्या में जाट व निम्न वर्ग के व्यक्ति उसके अनुयायी बन गये। उसने स्वयं को गुरु गोविन्द सिंह का अवतार घोषित किया गया तथा ब्रिटिश साम्राज्य का अन्त करके सरकार द्वारा संचालित व्यवस्थाओं का बहिष्कार करने की सलाह दी। उसने अपनी गतिविधियों का केन्द्र लुधियाना से चौदह मील दूर भैनी आला को बनाया। यहाँ उसने अपने अनुयायियों को सैनिक शिक्षा दी। उसने पंजाब के विभिन्न जिलों में सूबेदार और नायब सुबेदार नियुक्त किये। अंग्रेज अधिकारी ईबस्टन के अनुसार कूकाओं ने नैतिक जीवन का त्याग कर दिया था और वे विलासिता का जीवन व्यतीत करने लगे थे।

राम सिंह की गतिविधियाँ

ब्रिटिश अधिकारियों के अनुसार राम सिंह ने नेपाल से भी पत्र व्यवहार किया तथा उसकी सहायता से जम्मू में एक कूका सैनिक दस्ता तैयार किया। कूकाओं ने अनेक भारतीय नरेशों को भी उकसाने की कोशिश की। लेकिन इन अधिकारियों के कथनों पर पूर्ण रूप से विश्वास नहीं किया जा सकता।

घटनाएँ

कूकाओं ने पंजाब के कुछ मन्दिरों की मूर्तियों को ध्वंस किया तथा मांस बेचने वाले कुछ दुकनदारों को जान से मारा डाला। अमृतसर के स्वर्ण मन्दिर के एक दरवाजे के बाहर एक बूचड़खाना के खोले जाने तथा हिन्दू मोहल्ले के कुएँ में हड्डियों के फेंके जाने की घटनाओं ने कूकाओं को उत्तेजित कर दिया। लुधियाना के निकट रालकोट ग्राम में उन्होंने तीन कसाइयों को मार डाला तथा तेरह को घायल कर दिया क्योंकं इस घटना में राम सिंह का कोई हाथ नहीं पाया गया इसलिए उस पर मुकदमा नहीं चलाया गया। नौ कूकाओं को फाँसी और दो को आजन्म कारावास की सजा दी गई।

इन सजाओं की खबर ने भैनी में एकत्रित कूकाओं को उत्तेजित कर दिया। लगभग 150 सशस्त्र कूकाओं ने वहाँ से मलेर कोटला की ओर प्रस्थान किया। राम सिंह ने उनकी इस कार्यवाही को पसन्द नहीं किया तथा इसकी सूचना अंग्रेज अधिकारियों को दे दी। मलोघ ग्राम में सशस्त्र कूकाओं ने सरदार बदन सिंह के निवास पर आक्रमण किया। इस आक्रमण में दो व्यक्ति मारे गये तथा कुछ घायल हुए। मलोघ से उन्हें एक बन्दूक एक तलवार और तीन घोड़े प्राप्त हुए। 15 जनवरी 1872 को उन्होंने मलेर कोटला राज्य की राजधानी कोटला पर आक्रमण किया। वहाँ के नबाव की सेना ने उन्हें खदेड़ दिया। कुछ दूरी तक उनका पीछा किया गया। पटियाला राज्य के रूर ग्राम में 68 कूकाओं ने आत्म-समर्पण किया। गिरफ्तार व्यक्तियों को लुधियाना भेजा गया। वहाँ के डिप्टी कमिश्नर ने उसी दिन उनमें से 49 को तोप से उड़ा दिया। शेष पर अगले दिन मुकदमा चलाया गया और उन्हें भी उसी दिन फाँसी दे दी गई।

इस घटना के बाद ब्रिटिश सरकार ने राम सिंह व उसके प्रमुख अनुयायियों को भैनी में नजरबन्द कर दिया। भैनी में एक पुलिस दस्ता रखा गया। यद्यपि राम सिंह इस घटना की जिम्मेदारी स्वीकार नहीं की किन्तु 1872 ई. में उसे निर्वासित करके रंगून भेजा गया। वहाँ 1885 ई. में उसकी मृत्यु हो गई।

महाराष्ट्र में बासुदेव बलवन्त फड़के के नेतृत्व में संघर्ष

जीवन वृत्त- वासुदेव फड़के का जन्म 1845 ई. में बम्बई के निकट कोलावा जिले में हुआ। साधारण शिक्षा प्राप्त करके जिसमें अंग्रेजी का ज्ञान भी सम्मिलित था। उसने सरकारी नौकरी कर ली। लगभग पन्द्रह साल तक वह इस नौकरी में रहा। इस अवधि में ब्रिटिश सरकार के विरुद्ध उसमें घृणा के भाव पैदा हो गये। 1876-77 ई. में पश्चिमी भारत में एक भंयकर अकाल पड़ा। कृषकों की दयनीय स्थिति देखकर फड़के को यह पक्का विश्वास हो गया कि भारत की जनता की शोचनीय अवस्था के लिये ब्रिटिश सरकार जिम्मेदार थी। उसने ब्रिटिश सरकार का अन्त करने की ठान ली। उसने कुछ युवकों को शस्त्र चलाने की शिक्षा दी। शीघ्र ही उसने यह अनुीभव किया कि शिक्षित जनता में इसके प्रति अधिक उत्साह नहीं था। अतएव उसने निम्न वर्ग अथवा पिछड़ी जातियों का सहयोग प्राप्त किया।

रामोसी जाति का सहयोगी- महाराष्ट्र के ग्रामीण क्षेत्रों के किसान, जो कि रामोसी कहलाते हैं, काफी संख्या में उनके अनुयायी बन गये। इस प्रकार उसने एक जाति के सदस्यों का समर्थन प्राप्त कर लिया। अपनी आत्म-कक्षा में **फड़के** ने लिखा है कि उसने बन्दूक आदि शस्त्र चलाना सीखा तथा पूना व अन्य स्थानों में अंग्रेजों के अन्यायों को बता कर जनता को भड़काने की कोशिश की। अपने ब्रिटिश विरोधी अभियानों के लिये उसे धन की आवश्यकता पड़ी। इसके लिये उसने सरकारी खजानों व धनी व्यक्तियों को लूटने का निश्चय किया। फरवरी 1879 ई. में पूना से बारह मील स्थित लोनी खण्ड नामक ग्राम में उसने एक सभा का आयोजन किया। इसमें लगभग एक सौ व्यक्ति उपस्थित थे। इस सभा के तीन दिन बाद फड़के पैंतालीस अनुयायियों के साथ रात में धामारी गाँव गया। इस दल ने इस ग्राम में कुछ दुकानों को लूट कर चार सौ रुपये प्राप्त किये। पुलिस ने उनका पीछा किया। पहाड़ी प्रदेशों में एक स्थान से वह दूसरे स्थान भागता रहा। उसने देखा कि जनता की सहानुभूति उसके साथ थी। अब उसने रवेड़ के सरकारी खजाने को लूटने की योजना बनाई। लेकिन रामोसियों के व्यवहार को देखकर उसे अत्यन्त निराशा हुई।

वे लालची थे और बन्दूकों की मार से डरते थे। 29 मार्च, 1879 ई. की शाम को उसने नानाग्राम में एक सभा की। इसी रात को दो डकेतियों से कुछ धन उन्हें मिला लेकिन उसे सूचना दिये बिना रामोसियों ने अधिकांश धन अपने पास रख लिया।

महाराष्ट्र की सरकार ने फड़के की गिरफ्तारी के लिये तीन हजार रुपये का इनाम घोषित किया। इस समय उसकी मुलाकात ईस्माइल खाँ रुहिल्या से हुई। ईस्माइल खाँ ने दस रुपये रोज पर पाँच सौ रुहिल्यों का प्रबन्ध किया। गंगापुर के पटेल महेश्वर भट्ट ने भी चार सौ सैनिकों की व्यवस्था की। इसके पहले कि अभियान आरम्भ होता ब्रिटिश सेनाओं ने गंगापुर को घेर लिया। किसी तरह से फड़के भाग निकला किन्तु उसके कागजात अंग्रेजों के हाथ लग गये। इन कागजातों से उसकी योजनाओं का पता चला गया। 21 जुलाई, 1879 ई. को फड़के को हैदराबाद राज्य के एक गाँव में पकड़ लिया गया। उस पर राजद्रोह का मुकदमा चलाया गया तथा उसे आजीवन कारावास की सजा दी गई। अदन की जेल में उसे एक छोटी सी कोठरी में रखा गया। उसने वहाँ से भागने की असफल कोशिश की। फरवरी 1883 ई. में उसकी अदन जेल में मृत्यु हो गई

फड़के ने ब्रिटिश सरकार का विरोध करने के लिये कुछ नये तरीके अपनये। फड़के का साथ ग्रामीण जनता ने सदैव दिया। उसके मुकदमे के समय जनता ने उसके प्रति सहानुभूति दिखाई। जब उसे पूना से ले जाया गया उस समय रेलवे स्टेशन पर भारी भीड़ मौजूद थी। इन्दू प्रकाश और डेकन स्टर नामक समाचार-पत्रों ने उसकी प्रशंसा की। कुछ अन्य समाचार-पत्रों ने उसके लक्ष्य को उचित बताते हुए उसके तरीकों को अनुसूचित ठहराया। लेकिन इसमें कोई सन्देह नहीं कि वासुदेव बलवन्त फड़के अपने उद्देश्य की प्राप्ति के लिये किसी भी प्रकार के साधनों का प्रयोग करने में नहीं हिचका। स्वतंत्रता संघर्ष के समय भी क्रांतिकारियों ने इसी तरीके का अनुसरण किया। इसलिये रमेश चन्द्र मजूमदार ने फड़के को भारत में क्रान्तिकारी राष्ट्रीयता का जन्मदाता माना है।

चुने हुए विचार

हंटरः बंगाल के एक जिले में वहाबियों की उपस्थिति उन सभी वर्गों के लिये खतरनाक मानी जाती थी जिनके पास सम्पत्ति व विशेषाधिकार थे।

❑❑❑

25

आदिवासियों के विद्रोह

बंगाल बिहार व उड़ीसा के प्रदेशों में ब्रिटिश प्रभुत्व की स्थापना के समय से ही इन प्रदेशों की जनता ने अंग्रेजी साम्राज्य का विरोध किया। बंगाल सूबे में सामान्य जनता व आदि निवासियों ने समय-समय पर अपना विरोध प्रकट किया। इसके बाद जहाँ-जहाँ अंग्रेजी साम्राज्य का विस्तार था वहाँ पर भी आदि निवासियों ने अवसर मिलते ही विद्रोह किये। उनके ये विद्रोह बीसवीं सदी में भी होते रहे।

आदिवासियों के विद्रोह के प्रमुख कारण:

1. राजनीतिक 2. आर्थिक 3. सामाजिक 4. धार्मिक 5. मनोवैज्ञानिक 6. अन्य

राजनीतिक

1. आन्तरिक स्वायत्ता पर आघात- प्राचीन काल से आदि निवासी अपने प्रदेशों में आन्तरिक स्वायत्तता की स्थिति में रह रहे थे। उनके प्रदेशों के शासक इस स्वायत्तता को छीनने का प्रयास नहीं करते थे। लेकिन आरम्भ से ही अंग्रेजों ने उन पर अपना पूर्ण अधिकार स्थापित करने का प्रयास किया।

2. आदिवासियों के मुखियाओं पर नियन्त्रण-ब्रिटिश प्रशासकों के मत में आदि निवासी शासकों के अधीन हीन अवस्था में जीवन व्यतीत कर रहे थे। अठारहवी शताब्दी के अन्त में **हेमिल्टन ने लिखा कि** "उनके प्रधान मूर्ख, विलासी, अत्याचारी, व अन्धविश्वासी है। अतएव उनको नियन्त्रण में रखकर ही आदि जाति के सदस्यों की भलाई हो सकती है।" इसका विरोध आदिवासियों ने किया।

3. आदिवासियों के प्रदेशों पर अधिकार- अंग्रेजों ने आदिवासियों के प्रदेशें पर अधिकार किया। उनके आने के पहले आम तौर पर किसी शासन ने ऐसा नही किया था। अंग्रेजों ने सामरिक, व्यापारिक व प्रशासनिक आवश्यकताओं के लिये उनके प्रदेशों में सड़के बनायी पुलिस थाने स्थापित किये व सैनिक छावनियाँ बनायीं।

4. ब्रिटिश प्रान्तों में बनाये गये कानून का लागू करना- लार्ड कार्नवालिस ने यह प्रयत्न किया कि बंगाल सूबे के आदिवासी भी उन कानून का पालन करे जो कि कम्पनी की सरकार ने बनाये थे। अंग्रेज प्रशासकों ने सामान्य जनता व आदिवासियों में भेद भाव रखने की आवश्यकता का अनुभव नहीं किया। अन्य प्रान्तों में भी ऐसा ही किया गया। इसमें आदिवासियों में बड़ा रोष फैला।

5. अधीनस्थ कर्मचारियों द्वारा शोषण- आदिवासी क्षेत्रों में ब्रिटिश शासन की स्थापना के लिये अनेक अधिकारी भेजे गये। उनके अधीन पुलिस के सिपाही अमिल व अन्य कर्मचारी नियुक्त किये गये। इन कर्मचारियों ने भोले-भोले आदिवासियों का निर्ममतापूर्वक शोषण किया।

6. अंग्रेज प्रशासकों का आदिवासी क्षेत्रो की उन्नति की ओर ध्यान न -देना अंग्रेज प्रशासक अपनी स्वार्थ सिद्धि में लगे रहे। उन्होंने इन क्षेत्रों के विकास की ओर भी ध्यान नहीं दिया।

आर्थिक

स्टीफन फक्स, राघवैया, कुमार सुरेश सिंह जगदीश चन्द्र झॉ आदि विद्वानों ने जन-जातियों के विद्रोह का प्रमुख कारण उनका आर्थिक शोषण माना है।

कृषि की समस्या- प्राचीन काल से ही आदिवासी जंगलो से शहद फल लकड़ी आदि प्राप्त करके अपना जीवन निर्वाह करते थे। वन्य पशु का शिकार व मछली पकड़ना भी उनके प्रमुख उघ्म थे। अनेक जनजातियों वर्ष में एक बार खेती भी करती थी। वे अपने क्षेत्र में प्रत्येक वर्ष में नवीन भूमि को चुनकर उस पर खेती करते थे। लेकिन अंग्रेजों ने उन्हें विवश किया कि प्रत्येक आदिवासी भूमि के एक टुकड़े पर स्थायी रूप से खेती करे। कार्नवालिस उन्हें स्थायी बन्दोवस्त को मानने पर मजबूर किया। इस अवस्था के अन्तर्गत उन्हें लगान भी देना पड़ा। वे जमींदारों और उनके कारिन्दों के चुगंल में फँस गये। साहुकारों ने उनकी भूमि ऋण के बदले में खरीद ली।

2. निर्वाह के साधनों पा नियंत्रण-1870 के वन कानून जिसका 1875 ई. में संशोधन किया गया के द्वारा अंग्रेजों ने अपने अधीनस्थ प्रदेशों के समस्त वनों पर पूर्ण नियन्त्रण स्थापित कर लिया। अब आदिवासी जंगलो से पहले की भाँति शहद लकड़ी फल आदि एकत्रित नहीं कर सकते थे। इससे जन-जातियाँ निर्वाह के एक प्रमुख साधन से वंचित हो गई। ब्रिटिश सरकारों ने लकड़ी प्राप्त करने के लिये ठेकेदारों को जंगल काटने के ठेके दे दिये। इन ठेकेदारों ने भी जन-जातियों का शोषण किया।

3. भू-राजस्व की वसूली- भारत के अन्य कृषकों की भाँति जन-जातियों से भी सख्ती के साथ लगान वसूल किया गया। यह माना जाता है कि ब्रिटिश काल में कृषकों पर भू-राजस्व का भार उनकी सहन-शक्ति से अधिक था। इसके अतिरिक्त समय-समय पर इसमें वृद्धि होती रहती थी।

4. आबकारी करों की वसूली-जन-जातियों के अनेक इलाकों में ब्रिटिश सरकार ने नवीन आबकारी कर वसूल किये। नमक व ुफीम पर कर वसूल किया गया।

5. जमींदारों, ठेकेदारों, साहूकारों, व व्यापारियों द्वारा शोषण- औपनिवेशिक शासकों ने इन्हें बिचौलिया बनाया तथा उनका जम कर इस्तेमाल किया। इन सब ने आदिवासियों के शोषण में कोई कसर नहीं छोड़ी। जमीदारों ने मनमाना कर वसूल किया। ठेकेदारों ने गाँवों के पेड़ काट लिए। साहूकारों ने काफी ऊँची दरों पर उन्हें ऋण दिये। व्यापारियों ने भी वस्तुओं को मनमाने दामों पर बेचा।

सामाजिक

1. उच्च वर्ग के हिन्दुओं तथा जन-जातियों में अभिन्नता का कम होना- मध्यकालीन युग तक इन वर्गों में सद्भावना थी। उदाहरण के तौर पर राजपूताना के भीलों तथा राजपूतों में

काफी घनिष्ठता थी। लेकिन अठारहवीं सदी में इन दोनों वर्गों की घनिष्ठता कम हो गई। उच्च जाति के हिन्दू जन-जातियों को अपने से हीन मानने लगे।

2. सामाजिक प्रथाओं में हस्तक्षेप- विलियम बैटिक के समय से ब्रिटिश सरकार ने सामाजिक कुरीतियों को दूर करने के लिये कानून बनाये। इन कानूनों को जन-जातियों पर भी लागू किया गया जिसका उन्होंने कड़ा विरोध किया। उड़ीसा में नर बलि को रोकने के प्रयासों के विरोध में खौड़ों ने विद्रोह किया। भीलों ने डाकन प्रथा को रोकने के प्रयत्नों का विरोध किया।

3. सामाजिक संगठन की प्रक्रिया में ब्रिटिश हस्तक्षेप- प्राचीन काल में जन-जातियों का अपना एक सामाजिक संगठन था। वे अपने मामले खुद तय करते थे तथा अपनी परम्पराओं के अनुसार अपराधी को दंड देते थे। किन्तु ब्रिटिश ने उनके इन अधिकारों को छीनने का प्रयत्न किया तथा ब्रिटिश कानूनों को मानने के लिये उन्हें मजबूर किया।

धार्मिक

1. ईसाई धर्म-प्रचारकों की गतिविधियाँ-बंगाल सूबे व बाद में अन्य प्रान्तों में ईसाई धर्म प्रचारकों को सुविधाएँ दी गयी। यद्यपि उन्होंने विपत्तियों के समय आदिवासियों की सेवा की तथा उनमें शिक्षा का प्रसार किया किन्तु साथ ही साथ जन-जातियों की संस्कृति पर प्रहार किया।

2. जन-जातियों में संस्कृति के प्रसार के आन्दोलन-इस समय विभिन्न प्रदेशों में आदिवासियों के नेता जिन्हें भगत कहते है ने अपने अनुयायियो को हिन्दू जाति के उच्च आदर्शों का पालन करने के लिये आन्दोलन किये। उन्होंने ब्रिटिश सरकार के अन्याय के विरुद्ध भी आवाज उठाई।

3. प्राचीन गौरव की स्थापना की भावना- इनमें से कुछ भगतों ने अपने अनुयायियों को विश्वास दिलाया कि वे उन्हें उस स्वर्ण युग में ले जायेंगे। जिसमें वे प्राचीन काल में रहते थे। इसके लिये विदेशी शासन का समाप्त करना आवश्यक बताया गया।

मनोवैज्ञानिक:

1. परिवर्तन के विरोध की भावना- भारत के अन्य वर्गों के समान आदिवासी भी परिवर्तन को पसन्द नहीं करते थे। लेकिन आधुनिक युग में यातायात के साधनों के विकास तथा आदिवासी क्षेत्रों में अन्य वर्गों के बसने के कारण कुछ परिवर्तन होना स्वाभाविक था। आदिवासियों ने इसका विरोध किया।

2. जाति के उत्थान की कामना- भारतीय समाज के अन्य वर्गों के साथ हुए बढ़ते सम्पर्क ने उनमें अपने वर्ग के उत्थान की भावना पैदा कर दी। फलस्वरूप उनमें एक प्रकार का तनाब पैदा हो गया।

नेताओं का आविर्भाव- यदि किसी अंसतुष्ट समाज में नेता का अविर्भाव न हो तो वह विद्रोह की स्थिति में नहीं पहुँच सकता। लेकिन इस युग में जनजातियों के अनेक नेता हुए। इनमें गंगा नारायण, विरसा मुंडा, कालू व सिन्धु उल्लेखनीय है।

यद्यपि आदिवासी औपनिवेशिक सत्ता के विरुद्ध किये गये विद्रोह में सफल नही हुए किन्तु उन्होंने समय-समय पर अपने अंसतोष को प्रकट किया। उन्होंने देशी राज्यों के प्रदेशों में भी विद्रोह किये। यहाँ तक कि अण्डमान द्वीप समूह के आदिवासियों ने भी अपने प्रदेशों में अंग्रेजों के प्रभुत्व की स्थापना का घोर विरोध किया।

खासी विद्रोह 1829 ई.

कारण- बंगाल में जेन्तिया और गारो पहाड़ियों के मध्य के क्षेत्र में खासी रहते हैं। 1765 ई. में सिलहट के प्रदेशों अंग्रेजों के अधिकार में आये। इस समय से ही खासी यदा-कदा इन प्रदेशों में लूट-मार करके वापस चले जाते थे। प्रथम वर्मा युद्ध के अन्त में ब्रह्मपुत्र नदी की घाटी पर अंग्रेजों का अधिकार हो गया। इस क्षेत्र को सिलहट से जोड़ने के लिये एक सड़क बनाने की योजना बनाई गई। इस सम्बन्ध में अंगेजों ने 1827 ई. में अनेक खासी मुखियाओं से समझौते किये। सड़क के निर्माण के लिये खासी इलाकों में कुछ अंग्रेज अधिकारी बंगाली आये। उनके घमण्डी व्यवहार ने खासियों में अंसतोष पैदा किया। खासी मजदूरों की जबरदस्ती भर्ती के मामले में दोनों पक्षों में तनाव बढ़ गया। ननक्लों के प्रधान तिरूत सिंह ने खासी को अपनी जाति के सादे जीवन पर आघात पहुँचाने वाले कार्य बताये। खासी पहाड़ियों के छोटे-छोटे छत्तीस राज्यों के राजाओं ने तिरूत सिंह को खासी इलाकों तथा असम से अंग्रेजों को निकालने के लिये सहायता देने का आश्वासन दिया। मोलिम राज्य के राजा बार मानिक के एक खासी दल ने 5 मई 1829 ई. को गारो युवकों को लेकर अंग्रेज व बंगाली अधिकारियों को ननक्लों के सेनीटोरियम में घेर लिया। इस घटना में लेफ्टीनेंट बेडिंग फिल्ड मारा गया। खासियों ने इस स्थान पर कार्य कर रहे श्रमिकों को मुक्त कर दिया। अब वे इस इलाके के पोलिटिकल एजेण्ड स्टाक को पकड़ने के लिये चेरापूँजी की ओर बढ़े। इसके दल के आगे बढ़ने के समाचार से समस्त खासी क्षेत्र में विद्रोह की अग्नि फैल गई। सहस्त्रों की संख्या में खासी इस दल में सम्मिलित हो गये। गारो पहाड़ियों के इलाकों में भी विद्रोह फैल गया। तिरूत सिंह ने आस-पास के पहाड़ी क्षेत्रों में रहने वाली जन-जातियों को भी अंग्रेज सत्ता को नष्ट करने के लिये इस अभियान में साथ देने की अपील की। उसने असम के भूतपूर्व राजा चन्द्र कान्ता को भीरु ब्रिटिश के विरुद्ध संघर्ष में साथ देने के लिये संदेश भेजा।

अंग्रेजों ने एक के बाद एक खासी ग्राम को जला दिया। उन्होंने खासियों की आर्थिक नाकेबन्दी का प्रयास भी किया। तिरूत सिंह ने अपनी दस हजार सेना के साथ अंग्रेजों पर अनेक हमले किये। कुछ समय बाद वह असम के मैदानों की ओर बढ़ा। असम में अंग्रेजों के मुख्य केन्द्र गुवाहाटी में हलचल मच गई तथा बढ़ी संख्या में जनता शहर खाली करने की तैयारी करने लगी। चार वर्ष तक दोनों पक्षों में झड़पे होती रहीं। जनवरी 1833 ई. में तिरूत सिंह ने इस शर्त पर आत्म-सर्म्पण कर दिया कि उसको मौत की सजा नहीं दी जायेगी तथा उसके भतीजे को उसके प्रदेश सौपे जायेगे। इस समय तक अधिकांश खासी राजा भी आत्म-समर्पण कर चुके थे।

खासी विद्रोह के बाद खाम्पटी के मुखिया के नेतृत्व में सिंगोफोओ ने विद्रोह किया। उन्होंने मार्च 1830 ई. में रंगपुर की छावनी पर आक्रमण किया किन्तु उन्हें आसानी के साथ खदेड़ दिया गया। उनके दो नेताओं को फाँसी की सजा दी गई तथा शेष को ढाका की जेल में कैद किया गया। 1839 ई. में सिंगाफोओ ने विद्रोह किया किन्तु इस बार भी इसे खदेड़ दिया गया।

नागा उपद्रव 1849 ई.

1849 ई. में नागाओं ने दीमापुर के निकट एक पुलिस चौकी के अधिकारी को मार डाला। उनके उपद्रव को दबाने के लिए एक सैनिक दस्ता भेजा गया।

कूकी विद्रोह 1826-49 ई.

लुशाई की पहाड़ियों तथा मनीपुर व त्रिपुरा के मध्य के पहाड़ी इलाकों में रहने वाली कूकी जन-जाति ने भी अपने प्रदेशों में ब्रिटिश अधिकार का विरोध किया। वे अपने मृत राजाओं के शव के साथ मानव मुण्ड गाड़ते थे। इसके लिये वे सिलहट और कछार के इलाकों से मनुष्य को ले जाते थे। 1826-1844 और 1849 ई. में कूकियों कछार में आंतक छा गया। उनके विरुद्ध एक ब्रिटिश सेना भेजी गई। 1850 ई. में कूकी मुखियाओं ने अंग्रेजों की प्रभुसत्ता स्वीकार की।

कोलियार जन-जाति का विद्रोह 1831 ई.

कारणः

बंगाल सूबे के छोटा नागापुर क्षेत्र में वनों में कोलियार कोल जन-जाति रहती है। इस जन-जाति की अनेक शाखाएँ हैं। अठारहवीं शताब्दी में इन पर कुछ मुखियाओं का राज्य था जिन्हें राजा कहते है। अपने इलाकों पर अंग्रेजों के अधिकार को इन्होंने पसन्द नहीं किया। वैसे भी वे किसी बाहरी लोगों का आने का विरोध करते थे। उनको वे दिक् कहते थे जिसका तात्पर्य उन लोगो से था जो परेशान दिक् करते है जैसे पूँजीवादी साहूकार आदि लेकिन स्थानीय हिन्दुओं विशेषकर दस्तकारों का रहना उन्हें बुरा नहीं लगता था। स्थायी बन्दोबस्त के अन्तर्गत आने वाले क्षेत्र में बंजर भूमि से लाभ उठाने का अधिकार जमींदारों को मिला हुआ था। अतएव स्थानीय जमींदार अथवा राजा उठाने का अधिकार जमींदारों को मिला हुआ था। अतएव स्थानीय जमींदार अथवा राजा आदि निवासी रैश्त पर दबाव डालने लगे। कोल जन-जाति ने निरन्तर इसका विरोध किया। छोटा नागपुर के उत्तरी प्रवेश द्वार पर स्थित पालामऊ के राजा व उसकी जनता ने इस विरोध का नेतृत्व किया। अंग्रेजों ने उसे हटाकर दूसरे को राजा बना दिया। परन्तु इससे समस्या का अन्त नहीं हुआ। एक अंग्रेज अधिकारी के अनुसार जब तक भूमि सम्बन्धी प्रश्न तय नही होता तब तक पालामऊ में शांति स्थापित नहीं होगी।

घटनायेंः

छोटी नागपुर के दक्षिण क्षेत्रों में सिंघभूमि पर ब्रिटिश अधिकार का पोराहट के राजा ने विरोध किया। वह कोल जन-जाति की एक शाखा होस का राजा था। होसो ने अपने प्रदेशों में बाहरी व्यक्तियों को घुसने से रोकने के लिये अपनी सीमाओं पर प्रबन्ध किये। यद्यपि पोराहट के राजा ने विवश होकर ब्रिटिश सरकार को कर देना स्वीकार किया किन्तु होस अंसतुष्ट ही रहे। 1820 ई. में अंग्रेज पोलिटिक एजेण्ड के कोल्हन और चौबीसा के इलाकों में प्रवेश करने पर उसका सशस्त्र विरोध किया गया। इसके बाद भी अनेक बार अंग्रेजों का मुकाबला किया गया। 1827 ई. में अंग्रेजों ने उनके कई ग्रामों को जला दिया तथा उन्हें कम्पनी की प्रभुसत्ता मानने जमीदारों को कर देने अपने गाँवों में सभी लोगों को बसने और बच्चों को हिन्दी अथवा उड़ीसा

सिखाने के लिए मानने पर विवश किया। इसके बाद इस इलाके में मैदानी भाग से आये लोगों को आदिवासियों की जमीन के पुश्तैनी अधिकार मिलने लगे। आदिवासियों द्वारा बनाई गई शराब पर उत्पादन शुल्क लगा दिया गया। पोस्त की खेती शुरू की गई। ब्रिटिश न्याय व्यवस्था यहाँ पर लागू की गई। इन कार्यों से इस प्रदेश की जनता का अंसतोष चरम सीमा पर पहुँच गया। 1831 ई. में मुण्डा जन-जाति के ब्रिटिश सरकार के विरुद्ध विद्रोह के समय कोल जाति की विभिन्न शाखाओं जिनमें होश भी शामिल थे ने विद्रोह कर दिया। शीघ्र ही यह विद्रोह रांची हजारीबाग पालामऊ और मानभूमि के इलाकों में फैल गया। अंग्रेज इतिहासकार थ्रोंटन के अनुसार उन्होंने बिना योजना के व्यापक किंसा व लूटमार की। अपने प्रदेशों से बाहर से आकर बसने वाले लगभग एक सहस्त्र व्यक्तियों को विद्रोहियों ने मार डाला। पहाड़ी इलाकों में अंग्रेज सैनिक अधिकारियों को काफी कठिनाइयों का सामना करना पड़ा। एक बार तो लगभग सात हजार सैनिकों को पीछे हटना पड़ा। मार्च 1832 ई. में विद्रोह को दबाने में अंग्रेजों को सफलता मिली। इस विद्रोह की अवधि में दोनों पक्षों ने निर्दयता से काम लिया। जॉन शोर के अनुसार पाँच हजार वर्ग मील का क्षेत्र अंग्रेजी सेनाओं ने उजाड़ दिया। इसके बाद भी होसो का विरोद्ध समाप्त नहीं हुआ। 1836 व 1837 ई. में उनके विरुद्ध फिर सेना भेजी गई।

भूमिज विद्रोह 1832-33 ई.

1832 ई. में होस विद्रोह के दबाये जाने के पहले मानभूमि के प्रदेशों में भूमिज जन-जाति ने विद्रोह कर दिया। इस विद्रोह का नेतृत्व बारभूमि की जागीर के एक दावेदार गंगा नारायण ने किया। इसलिये इसे गंगा नारायण हंगामा भी कहते है।

कारण

बंगाल सूबे में जंगल महल व बारभूमि के अन्य प्रदेशों में भूमिज जन-जाति रहती है। जगदीश नारायण झा ने कोलियारों की एक शाखा भूमिजों में बढ़ते हुए अंसतोष के कारणों का विश्लेषण किया है। उनके अनुसार इस क्षेत्र के आदिवासियों के अंसतोष के दो प्रमुख कारण थे। प्रथम कारण ईस्ट इण्डिया कम्पनी द्वारा इन इलाकों में अपनी शासन व्यवस्था की स्थापना करना तथा अंग्रेज व बंगाली अधिकारियों एवं व्यापारियों का इस क्षेत्र में पदार्पण था। दूसरा प्रमुख कारण आदिवासियों के प्रधानों राजाओं का हिन्दूकरण था, जिसने आदिवासी समाज को विघटित करने की प्रक्रिया आरम्भ कर दी।

इस प्रदेश के ब्रिटिश अधिकारियों को आदिवासियों की परम्पराओं रीति-रिवाजों और भावनाओं का तनिक भी ज्ञान नहीं था। उन्होंने तथा इस प्रदेश के राजाओं ने उनमें बढ़ते हुए अंसतोष के मूल कारणों को जानने का प्रयत्न नहीं किया। वास्तव में अंग्रेज अधिकारियों ने जिनकी संख्या बहुत कम थी आदिवासियों से सम्पर्क स्थापित करने का प्रयास नहीं किया। इस क्षेत्र को मिदनापुर जिले के अन्तर्गत रखा गया था। इसके अतिरिक्त अन्य प्रदेशों का दौरा करने में उसे असुविधा होती थी। कलेक्टर व अन्य अंग्रेज अधिकारी आदिवासियों को अपराधी प्रवृत्ति का मानते थे। इसलिए उन्हें चुआर कहते थे। इन प्रदेशों में भी स्थायी बन्दोबस्त के लागू होने से बाहरी व्यक्तियों को भूमि दी जाने लगी। बंगाल व उड़ीसा के निकटवर्ती क्षेत्रों से काफी संख्या में लोग आकर बसने लगे। इन प्रदेशों के राजाओं ने भी जनता की भलाई के लिए कोई कार्य नहीं

किया। उन्होंने जनता के हितों की रक्षा के प्रबन्ध भी नहीं किये। ब्रिटिश सरकार के कर्मचारियों ने आदिवासियों का शोषण किया। सूदखोर व्यापारियों के चुंगल में आदिवासी फँसने लगे। जगदीश चन्द्र झा के मत में 1832-33 ई. का विस्फोट इस जन-जाति के जीवन पर बाहरी व्यक्तियों के दबाव तथा ईस्ट इण्डिया कम्पनी द्वारा विकसित क्षेत्रों के समान इस अविकसित क्षेत्र पर अपनी राजस्व व न्याय व्यवस्था के पेचीदा नियमों को लागू करने का परिणाम था

इस विद्रोह के तात्कालिक कारण गंगा नारायण द्वारा अपने सौतले भाई माधव सिंह को कत्ल करना था। माधव सिंह बारभूमि परगना के जमींदार का दीवान था। इन दोनों में काफी समय से प्रतिद्वन्द्वता चली आ रही थी। अप्रैल 1832 ई. में माधव सिंह की हत्या के समय गंगा नारायण के साथ कुछ घटवाल पहाड़ी दरों के रक्षक भी थे। माधव सिंह के कठोर व्यवहार से असंतुष्ट भूमिज कृषको का समर्थन भी उसने प्राप्त कर लिया था।

घटनाएँ:

माधव सिंह की मृत्यु के बाद गंगा नारायण लूट मार करता हुआ बड़ा बाजार की ओर बढ़ा। 1 मई 1832 ई. को उसने बड़ा बाजार में मुन्सिफ की कचहरी को जला दिया तथा बजार को लूट लिया। इस प्रदेशों के अंग्रेज अधिकारियों के पास उस समय इतनी सेना नहीं थी कि वे विद्रोह को दबा सके। अतएव कलकत्ता और मिदनापुर से सैनिक सहायता माँगी गई। इस बीच जून 1832 ई. में अंग्रेजी सेना को बांकुरा तक पीछे हटना पड़ा। बारभूमि पर गंगा नारायण का अधिकार हो गया। मिदनापुर व कलकत्ता से सहायता मिलने पर गंगा नारायण का लगातार पीछा किया गया। उसमें अंग्रेजों से कई मुठभेड़ें हुईं। 1832 ई. के अन्त तक विद्रोह दबा दिया गया। इसके कुछ ही समय बाद गंगा नारायण की मृत्यु हो गई।

परिणाम:

छोटा नागपुर की कोल जन-जाति की विभिन्न शाखाओं पर प्रभावशाली नियन्त्रण रखने के लिए इस क्षेत्र में दक्षिण-पश्चिमी सीमान्त ऐजेन्सी के नाम से एक अलग इकाई गया जहाँ ब्रिटिश भारत के कानून पूर्णयता लागू नहीं किये जाते थे और जहाँ अधिक निरंकुशता से शासन चलाया जा सकता था। 1854 ई. में इसे छोटा नागापुर डिवीजन का नाम दिया गया। लेकिन फिर भी इन प्रदेशों में पूर्ण रूप से शांति स्थापित नहीं हुई। 1855-56 ई. में इलाके में संथालों ने भंयकर विद्रोह किया।

खौड विद्रोह 1846 ई.

कारण

उड़ीसा के निकटवर्ती प्रदेश खौडमल के निवासी खेड कहलाते है। अपने प्रदेशों में बाहर से बसने वाले व्यक्तियों की संख्या में लगातार वृद्धि के कारण खौड़ों में अंसतोष बढ़ता गया। यहाँ पर भी स्थिति छोटा नागपुर के आदि-निवासी क्षेत्रों के लगभग समान ही थी ऐसा विश्वास किया गया है कि खौड़ो में नर बलि और बच्चों की हत्या की प्रथाएँ प्रचलित थी। ट्राटर• के अनुसार अंग्रेजों ने इन प्रथाओं को समाप्त करने के लिए कदम उठाये। इसका खौड़ों ने विरोध किया।

उनको यह भी आशंका हुई कि अंग्रेज उनकी जमीनें जब्त कर लेंगे बेगार लेंगे तथा कई नये कर लगायेंगे।

घटनाएँ

अतएव 1846 ई के आरम्भ में उन्होंने विद्रोह कर दिया। उन्होंने अंग्रेज कप्तान मेकफरसन के शिवीर पर सहसा आक्रमण किया। अप्रैल 1846 में मद्रास रेजीमेंट के एक दस्ते ने उन्हें हराया। दिसम्बर 1846 ई. में चन्द्र बिसायी के नेतृत्व में पुनः विद्रोह आरम्भ हुआ। इस बार काफी संख्या में खौड़ों ने विद्रोह में भाग लिया। यह आम विद्रोह लगभग तीन वर्ष चला। अंग्रेजों सेनाओ ने उनके अनेक ग्राम जलाये कई स्थनों पर कब्जा किया तथा जंगलों में उनका पीछा किया किन्तु खौड़ उत्साह के साथ लड़ते रहे। 1848 ई. के अन्त तक विद्रोह दबा दिया गया। किन्तु चन्द्र बिसायी ने हिम्मत नहीं हारी। 1855 ई. में उसने गमसुर में पुनः विद्रोह नहीं किया । अपितु उनका उददेश्य अपनी संस्कृति व अधिकारों की रक्षा करना है। यह विद्रोह भी दबा दिया गया।

संथाल विद्रोह 1855 ई.

कारणः

बिहार के पूर्वी प्रदेशों में मुर्शिदाबाद जिले के पास के इलाकों में संथाल जन-जाति रहती है। बंगाल में स्थानों बन्दोबस्त होने के बाद वे अपने प्रदेशों को छोड़कर राजमहल के जंगलो में बस गये। उस खेती के लिए साफ की गई जमीनों पर कोई कर नहीं लगाया जाता था। लेकिन उन्नीसवीं शताब्दी के मध्य में संथाल इलाकों में लोगों दिक् के प्रवेश से उनमें असंतोष बढ़ने लगा। उनका कहना था कि 'वे मैदान में बसे है हम पहाड़ियों ओर जंगलो में दोनों के रहने के क्षेत्र अलग-अलग हैं।'' अब उनसे भूमि का लगान भी वसूल किया जाने लगा। उचित व अनुचित तरीकों से जमींदार उनकी भूमि हड़पने लगे। साहूकार उनसे ऊँची दरों पर ब्याज लेते थे और कभी-कभी तो मूल ऋण की रकम से दस गुना धन वसूल करते थे। राजस्व और पुलिस विभाग के कर्मचारी उन्हें तंग करते थे। के.के. दत्ता के अनुसार उनके प्रति अंग्रेज अधिकारियों का व्यवहार अपमानजनक था। कुछ अंग्रेज अधिकारियों ने उनकी स्त्रियों को भी तंग किया। इस प्रदेश में रेलवे लाइन के निर्माण का कार्य शुरू होने से संथाल और भी आतंकित हो गये। उको कम वेतन देकर अधिक परिश्रम कराया जाता था। सरकारी अधिकारियों व साहूकारों के द्वारा शोषण भूमि से अपदस्थ किंया जाना तथा अन्य आर्थिक कठिनाईयों ने स्थिति को विस्फोट के करार पर ला दिया। 1855 ई. में इस इलाके में कुछ साहूकारों ने पुलिस दरोगा की सहायता से अपने चरों में मामूली चोरी करने के अपराध में कुछ सँथालों को गिरफ्तार किया। दरोगा ने अपनी शक्ति का प्रयोग इतना अविवेकपूर्ण तरीके से किया कि आदिवासी उसके विरुद्ध हो गये और उनमें से एक ने उसकी हत्या कर दी। गिरफ्तार होकर अपमानित किये जाने की आशंका से उन्होंने विद्रोह कर दिया।

घटनाएँ:

1855 ई. में दो भाइयों-सिंधु और कान्हू-के नेतृत्व में दस हजार संथालों ने सारे देश पर

अधिकार करने तथा अपनी सरकार स्थापित करने का अभियान आरम्भ किया। इन दोनों भाइयों ने स्वयं को 'दैवी शक्ति वाला बताया। कोलों की तरह संथालों ने भी विभिन्न गाँवों में आदमी भेजे साहूकारों की चेतावनी देकर कुछ समय बाद उन पर आक्रमण किया और साहूकारों के मकानों तथा कचहरियों को दस्तावेज समेत जला दिया। अनपढ़ होते हुए भी वे जानते थे कि ये दस्तावेज उनकी गुलामी का कारण है।'' उन्होंने मैदानी लोगों की फसलों को जला दिया और उनके इंजीनियरों के बंगले उजाड़ दिये। दोनों भाइयों ने भविष्यवाणी की कि अब विदेशी शासन का अन्त निकट है तथा ब्रिटिश व उसके समर्थक गंगा के पार लौट जाएँगे और आपस में लड़ मरेगें। कुल्हाड़ियों और विष भरे तीरों से संथालों ने अनेक यूरोपियनों व रेलवे कर्मचारी को मार डाला। आतंकित होकर चाय बागानों नें ग्रेज मालिक व नौकर पुलिस व भू-राजस्व विभाग के अधिकारी व्यापारी साहूकार व रेलवे कर्मचारी संथाल इलाकों से वीरभूमि राजमहल और भागलपुर भाग गये। बाद में संथाल पर यह आरोप लगाया गया कि उन्होंने अनेक बंगालियों को जिन्दा जलाया तथा उनकी स्त्रियों को भी तंग किया।

सन्थालों के इस विद्रोह ने आरम्भ में तो ब्रिटिश अधिकारियों को हक्का-बक्का कर दिया लेकिन शीघ्र ही कुछ महत्त्वपूर्ण केन्द्रों पर सैनिक भेजे गये। हंटर ने लिखा है कि सन्थालों ने ब्रिटिश सेनाओं की वीरता के साथ मुकाबला किया। लेकिन बन्दूकों की मार के आगे वे टिक नहीं सके तथा घने जंगलों में चले गये। वहाँ से उन्होंने अपना संघर्ष जारी रखा। उनके डर से कुछ सैनिक दस्ते आगे बढ़ने से घबराते थे। सन्थालों ने मेजर बरो की सेना को हराया। बाद में अंग्रेजों ने सारा जिला सैनिक अधिकारियों को सौंप दिया। विद्रोह संथालों के विरुद्ध एक विशाल सेना लगाई गई।

उधर विद्रोही संथालों की संख्या भी बढ़ कर तीस हजार हो गई। फरवरी 1826 ई. तक दोनों पक्षों में संघर्ष चलता रहा। सिधु व कान्हू की गिरफ्तारी ने विद्रोह का अन्त कर दिया। उनके नेताओं पर वीरभूमि में मुकदमा चलाया गया। इस मुकदमे में एक नेता कहा कि आपने हमें लड़ने में विवश किया है। हमने आपसे केवल न्याय माँगा और आपने कोई उत्तर नहीं दिया। जब हमने शस्त्रों द्वारा उसको प्राप्त करने का प्रयत्न किया तो आपने हमें इस तरह बन्दूकों से मारा जिस तरह जंगल में चीते को मारते है। इससे स्पष्ट है कि अंग्रेज अधिकारियों ने संथालों की दयनीय स्थिति को समषने की कोशिश नहीं की तथा उनको निर्ममता के साथ मारा। यहाँ तक कि विद्रोह के अन्त हो जाने के बाद भी उन पर निर्मम अत्याचार किये।

सन्थाल प्रदेशों को विनियम रहित जिला घोषित किया गया- उनके हथियार छीन लिये गये किसानों को जमीन के अन्धाधुन्ध लगान और वेदखली से बचाने के लिये 1860 के दशक में कानून बनाया गया। इससे रैयत की थोड़ी राहत मिली।

रमेश चन्द्र मजूमदार के मत में संथाल विद्रोह आर्थिक कारणों से आरम्भ हुआ था लेकिन शीघ्र ही उसका उद्देश्य विदेशी शासन का अन्त हो गया। क्योंकि उन्होने यह देखा कि अंग्रेज अधिकारी उनकी शिकायतों पर तनिक भी ध्यान नहीं देते है। वे तो शोषकों को आश्रय देते है। अतएव ब्रिटिश शासन का अन्त ही उनकी स्थिति सुधार सकता है।

मुन्डा विद्रोह 1895–1900 ई.

कारण

छौटा नागपुर की कोल जन–जाति की शाखाओं व सन्थालों के विद्रोह मुख्य रूप से ईस्ट इण्डिया कम्पनी के शासन में अपनाई गई प्रशासनिक एवं आर्थिक नीतियों तथा जन–जातियों के प्रदेशों में बाहर से आकर बसने वाले व्यक्तियों के विरोध में हुए थे। मुन्डा जन–जाति ने भी अनेक बार इन नीतियों तथा दिकों के प्रवेश के विरोध में अपना असन्तोष व्यक्त किया। एस. सी. राय तथा सुरेश सिंह के अनुसार 1789,1797, 1807, 1812, 1820, और 1832 ई. में मुण्डाओं ने अंग्रेजों के अधिकार का सशस्त्र विरोध किया किन्तु उन्हें दबा दिया गया।

छोटा नागपुर के क्षेत्र में चौबीसा के निकट रहने वाली मुन्डा जन–जाति ने अपनी प्राचीन परम्पराओं और रीति-रिवाजों में बाहरी लोगों का प्रभाव रोकने का भी प्रयत्न किया। उनके राजाओं का हिन्दूकरण हो गया था। हंटर व रिजले के मत में वे प्रजा से स्वयं को उच्च मानने लगे थे। इससे दोनों वर्गों में पहले जैसी अभिन्नता नहीं रहती थी।

यद्यपि अठारहवीं शताब्दी के अन्तिम दशकों तथा उन्नीसवीं शताब्दी के प्रारम्भ में हुए विद्रोह दबा दिये गये किन्तु मुन्डाओं में अंसतोष बना रहा। इसके बाद में कुछ स्थानों पर उपद्रव हुए जिनमें मुन्डा कृषकों ने विशेष रूप से भाग लिया। विद्रोह में 1899–1900 ई. में बिरसा मुन्डा के नेतृत्व में किया गया विद्रोह सबसे भयंकर था।

बिरसा का जीवन वृत्त

बिरसा की आरम्भिक शिक्षा चबासा की स्कूल में हुई थी, जहाँ उसने अंग्रेजी का साधारण ज्ञान प्राप्त किया। ईसाई धर्म के प्रचारकों में आकर वह ईसाई बन गया लेकिन इससे उसकी आत्मा सन्तुष्ट नहीं हुई तथा उसने पुन: अपने पूर्वजों के धर्म को स्वीकार कर लिया। 1895 ई में उसने एक नया मत चलाने का निश्चय किया। बिरसा के अनुसार इसके लिये उसे सिंग बोंगा से प्रेरणा मिली थी। उसने अपने अनुयायियों को शिक्षा दी कि वे केवल एक देवता सिंग बोंगा की पूजा करें स्वच्छता से रहें तथा शुद्ध नैतिक जीवन व्यतीत करें। जनेऊ पहने तथा माँस–भक्षण न करें। शीघ्र ही उसके अनुयायियों की संख्या बढ़ गई। बिरसा स्वयं को एक भगवान का अवतार बताने लगा। उसे अनुयायियों उसे धरती आबा अर्थात् धरती के पिता कहने लगे तथा उसे विशेष युक्तियों वाला बताने लगे। सहस्त्रों मुण्डों के लिये उसका निवास स्थान चाल्काड ग्राम एक तीर्थ स्थान बन गया। शीघ्र ही बिरसा ने अंग्रेजों की भू राजस्व व्यवस्था का विरोध करना शुरू किया। कुवंर सुरेश सिंह के मत में भूमि की समस्या मुण्डाओं के अंसतोष तथा विद्रोह का एक मूल कारण थी। कार्नवालिस द्वारा आरम्भ किये गये स्थायी बन्दोबस्त के नियमों का मुण्डाओं पर भी विपरीत प्रभाव पड़ा था। वनों से लकड़ी काटने के लिये बनाये गये कानून ने उन्हें अपने एक परम्परागत अधिकार से वंचित कर दिया था। अब वह अपने घर के काम के लिये भी लकड़ी नहीं काट सकते थे। वनों में अपने पालतू जानवरों का चारा नहीं काट सकते थे तथा वन–भूमि को साफ करके खेती नहीं कर सकते थे।

यह मानते हुए भी कि बरसा ने स्वयं को रहस्यमय शक्तियों से सम्पन्न भगवान का एक अवतार माना और विदेशी सत्ता का अन्त करके जाति के लिये प्राचीन समय के समान स्वर्ग

बनाने का वायदा किया सुरेश सिंह ने उसके नेतृत्व में हुए विद्रोह को मुख्य रूप से उन सामाजिक व आर्थिक ताकतों के विद्रोह आत्मरक्षा के लिये था। बिरसा का उद्देश्य उन तत्वों से जो कि बाहरी जनता की अनाधिकार चेष्टाओं से जीवीत बच गये थे मुण्डा समाज का पुनर्गठन करना था। अतएव सरेश सिंह बिरसा के विद्रोह को केवल एक धार्मिक आंदोलन नही मानते। वे लिखते है कि बिरसा मुण्डा ने अपनी जाति के आर्थिक शोषण का विरोध काने के साथ-साथ अपनी प्राचीन सभ्यता को पुनजीवित करने की कोशिश भी की। उसने नैतिकता ओर स्वच्छता का पाठ भी पढ़ाया

घटनाएँ

बिरसा की बढ़ती हुई लोकप्रियता ने सरकार की चिन्तित का दिया। उसके द्वारा सरकार के कानूनों की खुली आलोचना को अंग्रेजी सत्ता के विनाश और मुण्डा राज्य की स्थापना का संकेत माना गया। इसलिये उसे गिरफ्तार करने का निश्चय किया गया। क्योंकि दिन में उसके गिरफ्तार किये जाने पर उसके अनुयायियों के सशस्त्र विरोध की आंशका थी इसलिये अगस्त 1895 ई. को रात में गिरफ्तार करके उसे तेजी के साथ राँची ले जाया गया। उसके साथ उसके पंद्रह अनुयायियों को विभिन्न सजाएँ दी गयी। जनवरी 1898 ई. में वह जेल में मुक्त हुआ। इस बीच 1896 -97 ई. के अकाल के कारण मुण्डाओं को भयंकर कष्टों का सामना करना पड़ा। बिरसा ने अब अनेक ग्रामों का दौरा किया उसने अकाल तथा संक्रामक रोगों से त्रस्त व्यक्तियों को सहायता पहुँचाने का प्रबन्ध किया। अंग्रेजों के अन्यायों के विरुद्ध आवाज उठाई। उसने अपने अनुयायियों को तीर व तलवार चलाने की शिक्षा दी। शस्त्रों के निर्माण की व्यवस्था की। अपने एक अनुयायी गया मुण्डा को प्रशिक्षण का कार्य सौंपा तथा सेनाध्यक्ष बनाया। इन सब गतिविधियाँ का केन्द्र खूँटी था। राँची चक्रधरपुर व अन्य स्थानों में इसकी शाखाएँ खोली गयी। विभिन्न स्थानों में रात्रि में आयोजित सभाओं में बिरसा अपने अनुयायियों को अन्यायी सरकार का अन्त करके मुण्डा सरकार की स्थापना करने का आदेश देता था। ऐसा विश्वास किया जाता है कि उसने 1899 ई. के क्रिसमस में विद्रोह को आरम्भ करने की योजना बनाई थी।

मुण्डाओं ने अनेक स्थानों पर पुलिस चौकियों और ईसाई धर्म प्रचारकों के केन्द्रों पर हमले किये। 7 जनवरी 1900 ई. को लगभग तीन सौ मुण्डाओं ने खुँटी की पुलिस चौकी को जला दिया। राँची से भेजी अंग्रेजी सेना का डुमरी की पहाड़ी पर लगभग दो हजार मुण्डाओं ने मुकाबला किया। अंग्रेजी तोपों और बन्दूकों की मार से लगभग दो सौ मुंडा जिनसे स्त्रियों व बच्चे भी थे मारे गये। शेष मुण्डा जंगलों में भाग गये। क्योंकि इस संघर्ष में बिरसा व गया उपस्थित नहीं थे अतएव उनकी खोज की गई। गया मुण्डा मारा गया तथा 3 फरवरी 1900 ई. को बिरसा गिरफ्तार हुआ। 2 जून 1900 ई. को बिरसा जेल में हैजे से मर गया। ब्रिटिश अधिकारियों ने दमन-चक्र चलाया। बिरसा के लगभग चार सौ पचास अनुयायियों को गिरफ्तार किया गया। उनमें से सत्तासी पर मुकदमा चलाया गया। इस प्रकार 1900 ई. का मुण्डा विद्रोह दबा दिया गया।

भीलों के विद्रोह 1821-1825 ई.

कारणः

दक्षिणी राजस्थान मध्य प्रदेश गुजरात और उसके निकट के महाराष्ट्र के अन्य प्रदेशों में

भील जन-जाति काफी संख्या में निवास करती है। गौड़ों के बाद भीलों की संख्या भारत में सबसे अधिक है। 1818 ई. तक मध्य प्रदेश गुजरात और महाराष्ट्र के भीलों के इलाके ब्रिटिश शासन के अधीन हो गये थे। इसी वर्ष दक्षिणी राजस्थान के पाँच देशी राज्यों- मेवाड़ बांसवाडा डूगंरपुर प्रतापगढ़ और कुशलगढ़ ने भी अंग्रेजों की अधीनता स्वीकार कर ली थी। 1823 ई. में सिरोही राज्य भी अंग्रेजी की प्रभुसत्ता के अधीन आ गया।

ब्रिटिश शासित भील प्रदेशों के निवासियों ने आरम्भ से ही विदेशी शासन का विरोध किया। जार्ज गिलबेर्न ने 1828 ई. में खानदेश के भीलों पर तैयार किये गये प्रतिवेदन में लिखा है कि महाराष्ट्र में खानदेश के भील यदा-कदा उत्पात मचाते रहते थे। इस प्रकार के उपद्रवों को दबाने तथा भीलों को नियन्त्रण में रखने के लिये ब्रिटिश सरकार ने खानदेश में एक भील दस्ते का गठन किया। जेम्स आउटरम को इसका कमांर्डेट बनाया गया। उसने कुछ भीलों को सैनिक शिक्षा दी तथा भील इलाकों में शान्ति बनाये रखने के लिये उनका प्रयोग किया। मालवा में भी भीलों ने कई बार शान्ति भंग की। स्टीफन फक्स के अनुसार 1846 ई. में मालवा में भीलों के एक विद्रोह को दबाया गया। गुजरात में भी भीलों ने अनेक बार अपने असन्तोष को प्रकट किया। इन तीनों प्रान्तों में ब्रिटिश कानूनों के लागू होने से भीलों को आर्थिक समस्याओं का सामना करना पड़ा। उन्हे वनों से घर के लिये लकड़ी काटने आम तथा अन्य पेड़ों से फल व पत्ते इकट्ठे करने तथा पशु चराने से रोका गया। ब्रिटिश न्याय-व्यवस्था को लागू करने से उनकी स्वायत्ता पर प्रभाव पड़ा उन्हें भू-राजस्व अदा करना पड़ा। बाहर से आये साहूकारों और अन्य व्यक्तियों ने उनकी पृथकता समाप्त की तथा उनका शोषण किया। अधीनस्थ सरकारी कर्मचारियों ने उन पर अत्याचार किये। इन प्रान्तों की सरकार उनके हितों की रक्षा तथा भलाई के लिये विशेष प्रयत्न नहीं किये।

यद्यपि राजस्थान के पाँच देशी राज्यों को आन्तरिक प्रशासन में ब्रिटिश ने हस्तक्षेप न करने का वचन दिया था किन्तु इन राज्यों में कार्यरत पोलिटिकल ऐजेन्टों ने शनैः शनैः अपना प्रभाव बढ़ा लिया और वे आन्तरिक मामलों में भी हस्तक्षेप करने लगे। भील जन-जाति के प्रति इन राज्यों की नीति भी उन्ही आदेशों पर निर्धारित होने लगी।

राजपूत काल से इन राज्यों के शासकों तथा भीलों के मध्य सद्भावना चली आ रही थी। भीलों ने सदैव अपने शासकों को सहयोग प्रदान किया था। राजपूतों ने भी उन्हें सम्मान दिया तथा उनसे अन्तर्जातीयों विवाह किये। मेवाड़ में तो राज्यों के प्रतीक चिन्ह में भीलों का चिन्ह सम्मिलित है। लेकिन सत्रहवीं शताब्दी के उत्तरार्द्ध में दोनों के सम्बन्धों में पहले जैसी अभिन्नता नहीं रही। राजपूत भीलों को अपने से हीन समझने लगे। इन राज्यों पर मराठों के आक्रमणों के समय मराठों ने भीलों को अपने से हीन किया क्योंकि वे राज्य की ओर से सीमाओं पर चौकसी करते थे तथा मराठा सेनाओं के पिछले भाग को लूटते थे। इन राज्यों के शासकों ने उनकी मदद नहीं की।

1818 ई. के बाद ब्रिटिश सरकार ने दक्षिणी राजस्थान के राज्यों में शांति व सुव्यवस्था स्थापित करने के प्रयास किये। कर्नल टाड की सलाह पर मेवाड़ के महाराणा ने भीलों को भोलाई व रखवाली वसूल करने से मना किया। कई सदियों से यात्रियों व ग्रामों को अपने आक्रमणों से सुरक्षा प्रदान करने के लिये भील उनके उपद्रवों को दबाने के लिये समय-समय पर ब्रिटिश अधिकारियों के नेतृत्व में सेनाएँ भेजी गयीं। एल.पी. माथुर जिन्होंने 1818 से 1901 ई. तक इन प्रदेशों में भीलों द्वारा उत्पात तथा विद्रोह का अध्ययन किया है। लिखते है कि 1818 ई. में पहले

की अपेक्षा मेवाड़ में भीलों का एक व्यापक विद्रोह हुआ जिसे ब्रिटिश शासन ने दबा दिया।

एल. पी. माथुर ने भीलों में व्याप्त असन्तोष के कारणों का भी विश्लेषण किया है। उनके असन्तोष का एक मुख्य कारण आर्थिक था। भोलाई व रखवाली की वसूली की समाप्ति कुछ समय बाद रखवाली की वसूली अनुमति दे दी गई। वनों से लकड़ी काटने तथा आम व महुआ के फूलन इकट्ठा करने के नियमों से उनकी आमदनी के मुख्य साधन बन्द हो गये। भू राजस्व विभाग के कर्मचारियों द्वारा कूंता के समय अधिक लगान निश्चित करना उन पर तिसाला नामक एक नया भूमि कर लगाना ठेकेदारों को जंगलों में लकड़ी व घास काटने का ठेका देना नमक के उत्पादन पर प्रतिबन्ध लगाना उनके प्रदेशों में चौकियों द्वारा चुंगी की वसूली आदि ने भी उनकों आर्थिक क्षति पहुँचाई। इन प्रदेशों में भी साहूकार उन्हें तंग करने लगे। व्यापारियों ने भी उनका शोषण किया।

राजपूतों ने उनको अपने से हीन समझकर तथा उनसे पहले जैसा व्यवहार न करके भी भीलों में अंसतोष पैदा किया। वे उन्हें हरामखोर व चोर कहने लगे। उनके रीति रिवाजों की आलोचना करने लगे। इससे वे अप्रसन्न हुए।

स्थानीय ब्रिटिश अधिकारियों के निर्देश पर इन राज्यों के शासकों ने भीलों में सती-प्रथा को रोकने के प्रयत्न किये। उनके दबाव में आकर डाकन प्रथा की समाप्त करने की कोशिश भी की। प्राचीन काल से भीलों में डाकन जादूगरनी होने के सन्देह में किसी भी औरत को भंयकर शारीरिक यातनायें दी जाती थी। जिसमें कभी किसी स्त्री की मृत्यु भी हो जाती थी। यद्यपि ऐसी प्रथाओं का रोकना मानवीय दृष्टि से उचित था किन्तु उस समय भीलों ने इसको पसन्द नहीं किया।

इन प्रदेशों में यातायात का विकास होने के साथ-साथ बाहरी व्यक्तियों के साथ भीलों का सम्पर्क भी बढ़ा। सड़के बनाने के लिये जंगल भी काटे गये। उसमें उनकी पृथकता का अन्त होने लगा। फलस्वरूप भारत की अन्य जन-जातियों के समान उन पर भी गहरा मनोवैज्ञानिक दबाव पड़ा।

इन राज्यों के उच्च अधिकारियों तथा उनके अधीनस्थ कर्मचारियों ने भीलों के साथ अच्छा व्यवहार नहीं किया। बुक्स लिखते है कि भीलों की दशा सुधारने के लिये 1859 ई. कुछ कार्य नहीं किया गया। वस्तुतः इन राज्यों की वित्तिय दशा इतनी शोचनीय थी कि उनके लिये नीरें बनाना तथा अन्य जन हित के कार्यों करना सम्भव नहीं था।

घटनाएँ

मेवाड़ में 1821 से आरम्भ हुए उपद्रवों को दबाने के लिये 1823 ई. में एक ब्रिटिश अधिकारी के नेतृत्व में एक सेना भेजी गई किन्तु उसे विशेष सफलता नहीं मिली। डूंगरपुर व बाँसवाड़ा में भी भीलों के विरुद्ध सेनाएँ भेजी गयीं। मेवाड़ में दौलत सिंह के नेतृत्व में इन सेनाओं का मुकाबला भील करते रहे। 1823 ई. में दौलत सिंह ने आत्म सर्म्पण कर दिया तथा उसे निर्वाह के लिये भत्ता दे दिया गया।

1836 ई. में ब्रिटिश सरकार ने मेवाड़ भील कोर्प्स की स्थापना की। खेरवाड़ा को इसका मुख्य केन्द्र बनाया गया। इसका खर्चा मेवाड़, बाँसवाड़ा, डूँगरपुर और प्रतापगढ़ के शासकों ने उठाया।

इसके बाद भी स्थिति में विशेष सुधार नहीं हुआ। यात्रियों की लूट-मार तथा पालपू जानवरों की चोरी के मामले कम नहीं हुए। 1868-70 ई. में इन प्रदेशों में अकाल पड़ा। इस काल में भीलों को पर्याप्त राहत नहीं पहुँचाई गई। अंग्रेजों की सहायता लेकर इन राज्यों के शासकों ने भीलों को कई बार दबाया।

1881 ई. का भील विद्रोह

1881 ई. में भीलों की जन-गणना की गई। इस सम्बन्ध में अनेक प्रकार की अफवाहों ने भीलों को बेचैन कर दिया। मेवाड़ के बारायात ग्राम के कोतवाल और पास के गाँव के लम्बादार के बीच एक झगड़े में भीलों ने कोतवाल को मार डाला। उत्तेजित होकर भीलों के उदयपुर व ऋषदेव के मध्य के मार्ग को अवरुद्ध कर दिया। शीघ्र ही यह विरोध अन्य स्थानों पर फैल गया। ब्रिटिश की सलाह पर महाराणा ने श्यामल दास को भीलों से वार्त्ता करने के लिये भेजा। वार्त्ता के सहसा बन्दूक चलने की घटना ने भीलों को उत्तेजित कर दिया। खेरवाड़ा की रक्षा के लिये अंग्रेजों ने बम्बई प्रान्त से सेनाएँ बुलायीं। श्यामल दास व भीलों में ऋषभदेव में एक समझौता हुआ जिसमें भीलों की अधिकांश माँगे मानी गयी। मेवाड़ में अपनी प्रशासनिक व्यवस्था का पुनर्गठन किया।

कुछ वर्षों को छोड़कर 1881 से 1901 ई. तक इन प्रदेशों में अकाल की स्थिति रही। 1899-1901 ई. का अकाल भयंकर था। इस अकाल के समय सहस्त्रों की संख्या में भील मर गये। उनकी प्रतिशोध शक्ति लगभग समाप्त हो गई।

गोविन्द गिरी का आन्दोलनः

बीसवीं शताब्दी के प्रथम दशक में इन प्रदेशों में गोविन्द गिरी ने एक आन्दोलन चलाया। यह आन्दोलन भगत आन्दोलन के नाम से विख्यात है। उनके पहले भी उन्नीसवीं शताब्दी में कुछ सन्तों-मावजी व सूरजी----ने इस का आन्दोलन चलाया था लेकिन उनमें ब्रिटिश सरकार के प्रति विरोध की भावनाएँ दिखाई नहीं देती थीं अतएव अंग्रेजों ने उनके विरुद्ध कोई कदम कहीं उठाये।

गोविन्द गिरी डूँगरपुर राज्य के वेडसा ग्राम के एक बनजारा परिवार में उत्पन्न हुआ था। अपनी युवावस्था में वह कुछ समय तक गुजरात में भी रहा था ऐसा कहा जाता है कि वह महर्षि दयानन्द के सम्पर्क में आया था। उसने मेवाड़ डूँगरपुर व गुजरात के सीमावर्ती प्रदेशों में सुधार आन्दोलन चलाया। उसने राम की भक्ति, पवित्र जीवन मदिरा व माँस का त्याग तथा रोज स्नान करके स्वच्छ कपड़े पहनने का उपदेश दिया। गले में कंठी धारण करके तथा हवन करने का आदेश दिया। अपने अनुयायियों को चोरी और डकैती छोड़ने को कहा। दूसरे की स्त्रियों को लोलुप दृष्टि से देखना उसकी दृष्टि में एक पाप था। किसी भी अन्य व्यक्ति जिनमें ब्राह्मण भी सम्मिलित थे के हाथ का भोजन करने से मना किया। अपने उपदेशों का प्रचार करने के लिए उसने अनेक गाँवों में सम्पर्क सभाओं का संगठन किया। बिरसा मुण्डा के समान उसने भी स्वयं को अवतार बताया। शीघ्र ही उसके अनुयायियों की संख्या बढ़ गई। प्रत्येक वर्ष बांसवाड़ा राज्य में मानगढ़ की पहाड़ी पर वह दपने अनुयायियों की एक सभा का आयोजन करने लगा। गुजरात के सूँठ रामपुर के राजा तथा बाँसवाड़ा व डँगरपुर के शासक उसकी बढ़ती हुई लोकप्रियता से

चिन्तित हुए। इस सम्बन्ध में उन्होंने ब्रिटिश सरकार को लिखा। ब्रिटिश सरकार की सहायता से इन राज्यों के सैनिक दस्तों ने 1913 ई. में मानगढ़ की पहाड़ी को घेर लिया तथा नि:शस्त्र भीलों पर बन्दूकों की बौछार की। इस हमले में काफी संख्या में भील मारे गये। गोविन्द गिरी को गिरफ्तार कर लिया गया।

उसे बीस वर्ष की सजा देकर अहमदाबाद की जेल में रखा गया। दक्षिणी राजस्थान और उसकी सीमा पर स्थिति गुजरात के प्रदेशों के भीलों में गोविन्द गिरी के अनुयायी आज भी काफी संख्या में पाये जाते हैं।

1919 ई. से मोती लाल तेजावत के नेतृत्व में दक्षिणी राजस्थान व गुजरात के कुछ प्रदेशों में भीलों ने भी आन्दोलन किया।

जिस प्रकार से दक्षिणी राजस्थान में भीलों ने निरन्तर अपना असन्तोष प्रकट किया। उसी प्रकार से गुजरात मालवा व महाराष्ट्र में भी असन्तोष बना रहा लेकिन कोई व्यापक विद्रोह नहीं हुआ।

नाईक दास जन-जाति का विद्रोह 1858 ई.

कारण:

बम्बई प्रान्त के पंचमहल के जंगलों के जोरिया नाईक ने स्वयं को परमात्मा का अवतार घोषित किया तथा अपनी जाति के सदस्यों को नैतिक जीवन व्यतीत करने का उपदेश दिया। थोड़े ही समय में उसकी अनुयायियों की संख्या बढ़ गई। रूपा भी उसका शिष्य बन गया। यह निश्चय किया गया कि जोरिया को नये नाईक राज्य का आध्यत्मिक प्रधान तथा रूपा को प्रशासक बनाया जाय। उन्होंने वेडक में अपनी एक कचहरी स्थापित की तथा दान जुर्माना और स्थानीय कर वसूल करने शुरू किये। रूप सिंह ने वरिया राज्य के एक ग्राम राजगढ़ भू-राजस्व वसूल करने का प्रयत्न किया। इसके लिए उसने पाँच सौ अनुयायियों के साथ राजगढ़ पर आक्रमण किया। यद्यपि वह वरिया के अंग्रेज अधिकारी को पकड़ने में असफल रहा किन्तु उसमें इस अधिकारी की अनुपस्थित का लाभ उठाकर वहाँ से कुछ शस्त्र आठ सौ रुपया दो घोड़े तथा निजी व्यक्तियों से धन प्राप्त किया। इसके पश्चात् उसने कुछ मकारानियों की सहायता से जम्बू गढ़ पर आक्रमण करके यहाँ से वह हलोल की ओर बढ़ा। दूसरी तरफ जोरिया भगत जी बढ़ता रहा। 6 फरवरी 1867 ई. को जोरिया ने छोटा उदयपुर में जैतपुर की चौकी पर हमला किया। इस समय तक अंग्रेजी सेना ने भगत की सेना पर आक्रमण करके उसके विद्रोह को दबा दिया था। कुछ समय तक रूप सिंह जोरिया तथा रूप सिंह का पुत्र गलालिया विरोध करते रहे लेकिन उन्हें गिरफ्तार करके फाँसी पर लटका दिया गया।

नाईक दास जन-जाति के इस विद्रोह के भी प्रमुख कारण आर्थिक थे। जोरिया ने स्वयं की एक अवतार घोषित काके अपनी जाति के स्वतन्त्र राज्य की स्थापना के लिये संघर्ष किया।

गौड विद्रोह 1891 ई.

दक्षिणी में आन्ध्र प्रदेश के वनों में गौड जन-जाति ने भी ब्रिटिश के विरुद्ध किये। राघवैया के अनुसार ऐसे विद्रोहों को ब्रिटिश ने दबा दिया। उत्तरी मांडल के गौड के विद्रोह का मुख्य कारण

वनों में उनके परम्परागत अधिकारों को समाप्त करना था। 1891 ई. में मध्य प्रदेश के गौडों ने भी असफल विद्रोह किया।

अण्डमान व निकोबार की जन-जाति का विरोध:

कारण:

अठाहरवीं शताब्दी के अन्त में अंग्रेजों ने अण्डमान द्वीप समूह पर अधिकार करके वहाँ पर एक बस्ती स्थापित की। अपने इलाकों में एक बाहरी सत्ता के प्रवेश का वहाँ की जन-जातियों ने विरोध किया। उनके विरोध तथा खराब जलवायु के कारण अंग्रेजों ने इस द्वीप समूह को छोड़ दिया। 1858 ई. में दोनों द्वीप समूह पर फिर ब्रिटेन ने अधिकार किया। आरम्भ से ही अण्डमान के द्वीपों के आदि निवासियों ने उनका विरोध किया।

घटनाएँ

उन्होंने अंग्रेज अधिकारियों पर हमले किये तथा जंगलों की सफाई के कार्य में रूकावट डाली। 1858 ई. में अण्डमान पर पुनः ब्रिटिश अधिकार के थोड़े समय पश्चात् वहाँ की एक जन-जाति ने पोर्ट ब्लेयर पर हमला किया लेकिन उसे खदेड़ दिया गया। धीरे-धीरे अंग्रेजों ने उनसे सम्पर्क स्थपित किया तथा उनके लिये अपनी बस्तियों में निवास-स्थान खोले जो अण्डमान होम्स कहलाते थे। इन स्थानों का प्रबंध एक अंग्रेज अधिकारी की देख-रेख में कैदी वार्डनों को सौप दिया गया। सभ्यता के साथ इस सम्पर्क को उन पर विपरित प्रभाव पड़ा। उनकी संख्या कम होती चली गई। केवल दो आदि निवासी जातियों-औंग और जरावा ने उनसे कोई सम्पर्क स्थापित नहीं किया। फलस्वरूप उनकी संख्या में कमी नहीं हुई। इन दो जातियों ने सदैव ब्रिटिश सत्ता का विरोध किया। शेष का विरोध धीरे-धीरे समाप्त हो गया। एल. पी. माथुर ने अण्डमान निकोबार के इतिहास में इन आदि निवासियों के विरोध की घटनाओं तथा उनकी संख्या में कमी के कारणों पर समुचित प्रकाश डाला है। उनके मत में अंग्रेजों द्वारा अपनाई गई नीतियों को दो को छोड़कर शेष आदि निवासियों के पतन की जिम्मेदार है।

आरम्भ में निकाबोर की जन-जातिंयों ने भी अंग्रेजों की सत्ता का विरोध किया लेकिन उनका यह विरोध कुछ समय बाद समाप्त हो गया।

जन-जातियों के विद्रोह की असफलता के कारण:

1. असंगठित होना- आम तौर पर इन विद्रोहों में संगठन का अभाव दिखाई देता है। इनकी कोई पूर्व योजना भी बनाई गई थी तथा एक जन जाति के समस्त सदस्यों का विद्रोह में भाग लेने के लिए आह्वान भी नहीं किया गया था।

2. योग्य नेतृत्व की कमी- यद्यपि गंगा नारायण कान्हू सिंधू बिरसा आदि ने कुछ स्थानों पर नेतृत्व प्रदान किया था किन्तु उनमें सफल नेतृत्व के गुणों की कमी थी।

3. समस्त जाति का सहयोग न मिलना- आम तौर पर इन विद्रोहों को एक के बल पर वे ब्रिटिश सेना का मुकाबला नहीं कर सकते थे।

4. हथियारों की कमी- आदिवासियों के पास केवल तीर व कमान थे। इन उन्हें सामान्य जनता का समर्थन नहीं मिला।

5. सामान्य जनता का समर्थन न मिलना- जन-जातियों के विद्रोह के समय उन्हें सामान्य जनता का समर्थन नहीं मिला।

6. अंग्रेजों की सैनिक शक्ति- वस्तुतः ये विद्रोह कमजोर समूहों द्वारा एक शक्तिशाली सत्ता के विरुद्ध किये गये थे। आदि निवासी तीर कमानों से एक ऐसी अंग्रेजी सेना का मुकाबला नहीं कर सकती थी जिसके पास तोपें व बन्दूक थी तथा अन्य प्रकार के साधन थे।

जन-जातियों के विद्रोहों का स्वरूपः

1. हिंसात्मक प्रदर्शन- अनेक अंग्रेज इतिहासकारों ने विद्रोह के समय आदिवासियों द्वारा किये गये हिंसात्मक कार्यों की निन्दा की है। उन्होंने इन्हे केवल उनकी हिंसात्मक प्रवृत्ति तथा लूटमार करने के स्वभाव का प्रतीक बताया है। लेकिन हमें यह नहीं भूलना चाहिये कि प्राचीन काल से ही आदिवासियों के पास अपने असंतोष को प्रकट करने के लिये केवल यही एक माध्यम रहा है। कुमार सुरेश सिंह के मत में उनके कार्यों की काँग्रेस आन्दोलन के अंहिसात्मक स्वरूप के माप-दण्ड से तोलना उचित नहीं होगा। यद्यपि उनके कार्य हिंसात्मक थे किन्तु इन्हें उनके स्वभाव से जोड़ना एक गलत धारणा है। उन्होंने इन विद्रोहों में केवल उन्हीं व्यक्तियों को अपने क्रोध का निशाना बनाया जिनसे उन्हें नुकसान पहुँचाया था।

2. आदिवासियों द्वारा असीम साहस का प्रदर्शन- यह जानते हुए भी कि वे ब्रिटिश शासन का सफलता पूर्वक मुकाबला नहीं कर सकते उन्होंने इन विद्रोहों के समय तथा निर्दोष व्यक्तियों की भी कत्ल किया।

3. विद्रोहों का निर्ममता पूर्वक दबाया जाना- ब्रिटिश शासकों ने इन विद्रोहों को निर्ममता के साथ कुचल दिया। उनके सैनिकों ने आदिवासियों को एक उज्ज्वल भविष्य की ओर ले जाने का वायदा किया।

4. कतिपय नेताओं का स्वयं को अवतार मानना- बिरसा मुंडा तथा कुछ अन्य नेताओं ने स्वयं को अवतार बताया तथा अपने अनुयायियों को एक उज्ज्वल भविष्य की ओर ले जाने का वायदा किया।

5. साम्राज्य की सीमा पर निवास करने वाली जन-जातियाँ तथा मुख्य भूमि पर रहने वाले आदिवासियों के विरोध में अन्तर- बंगाल सूबे के जंगलों में रहने वाली जन-जातियों ने ब्रिटिश सत्ता का हटकर विरोध किया। किन्तु मध्य प्रदेश राजस्थान व गुजरात में आदिवासियों के विद्रोह इतने व्यापक व भंयकर नहीं थे।

6. अण्डमान द्वीप समूह की जन-जातियों तथा भारत की मुख्य भूमि के आदि निवासियों के विरोध में अन्तर- अंडमान द्वीप-समूह की सभी जन-जातियों ने अपनी भूमि पर ब्रिटिश अधिकार के समय से ही उनका विरोध किया जो निरन्तर काफी समय तक चलता रहा। यद्यपि भारत की अन्य जन-जातियों में अंसतोष निरन्तर बना रहा लेकिन उन्होंने अवसर देखकर हर विद्रोह किया।

7. कतिपय जन-जातियों के एक भाग का विद्रोह में सम्मिलित होना– कुछ विद्रोहों को छोड़कर जन-जातियों के विद्रोहों में उनकी समस्त शाखाओं ने भाग नहीं लिया। राजस्थान में भीलों के विद्रोह इसके ज्वलन्त उदाहरण हैं।

8. बींसवीं सदी के राजनीतिक आन्दोलन का प्रभाव– राजस्थान में मोती लाल तेजावत के नेतृत्व में भीलों में एक आन्दोलन चलाया गया जो अहिंसात्मक था। इसमें भीलों को शराब न पीने तथा नैतिकता का पालन करने का वचन देना पड़ता था। बिहार में खेरवारों का आन्दोलन भी असहयोग आन्दोलन से प्रभावित था।

जन-जाति के विद्रोह का प्रभावः

1. जन-जातियों के प्रदेशों में प्रशासकीय व्यवस्था में सुधार– ब्रिटिश अधिकारियों ने विद्रोहों के बाद जन-जातियों के प्रदेशों में प्रशासनीय व्यवस्थाओं का पुनर्गठन किया लेकिन ये उपाय अर्पाप्त थे। अतएव उनका विशेष लाभ नहीं हुआ।

2. **जन जाति क्षेत्रो की अन्य के लिये और सुलभ बनाना–** ब्रिटिश अधिकारियों ने सुरक्षा की दृष्टि से इन इलाकों में और सड़के बनवायीं जंगल कटवाये तथा पुलिस चौकियाँ व सैनिक छावनियाँ स्थापित की। इसके फलस्वरूप इन इलाकों में बाहरी लोगों का आगमन व निवास और बढ़ा।

3. सामाजिक व धार्मिक सुधार की संस्थाओं का ध्यान आकर्षित होना–आर्य समाज व अन्य कई सुधारक संस्थाओं का ध्यान जन-जातियों के उत्थान की ओर आकर्षित हुआ तथा वे इन इलाकों में सेवा कार्यों के लिये गये।

4. राजनीतिक आन्दोलनों का आरम्भ–महात्मा गाँधी की विचार धारा से प्रभावित होकर जन-जातियों के उत्थान के लिये कार्य कर रहे नेताओं ने उनके प्रदेशों में भी अहिंसात्मक आन्दोलन आंरभ किए।

स्वन्त्रता प्राप्ति के बाद भारत सरकार ने जनजातियों के उत्थान के लिये विशेष कार्यक्रम बनाये हैं। इन कार्यक्रम के उत्साहजनक परिणाम सामने आये है, किन्तु अभी भी बहुत कुछ बाकी है।

चुने हुए विचारः

सुरेश सिंहः बिरसा मुंडा अपनी जाति के आर्थिक शोषण का विरोध करने के साथ साथ अपनी जाति की प्राचीन संस्कृति को पुनर्जीवित करने की कोशिश की।

रमेश चन्द्र मजूमदारः संथाल विद्रोह आर्थिक कारणों से उत्पन्न हुआ लेकिन शीघ्र ही इसका उददेश्य विदेशी शासक का अंत करना हो गया।

राष्ट्रीय आन्दोलन में क्रान्तिकारियों का योगदान

"क्रांतिकारियों का अन्तिम उद्देश्य आतंकवाद नहीं है अपितु क्रान्ति और क्रान्ति का उद्देश्य राष्ट्रीय सरकार स्थापित करना है।" **–सुभाष चंद्र बोस**

ब्रिटिश इतिहासकारों व राजनीतिज्ञों के अनुसार क्रान्तिकारी आन्दोलन जो केवल मध्यवर्गीय युवकों में बेकारी के कारण हुआ। वास्तव में क्रान्तिकारी आतंकवादी आन्दोलन के वही कारण

थे जिनसे राष्ट्रीय आन्दोलन में उग्रवाद का उदय हुआ था । भेद केवल इतना था कि तिलक व अन्य उग्रवादी नेताओं का हिंसा में विश्वास नहीं था किन्तु क्रान्तिकारी आतंकवाद का सहारा लेकर जल्दी सफलता चाहते थे। वे पूर्ण रूप से देशभक्त थे। उनके अनुसार अपने प्राणों का बलिदान दिये बना देश को स्वतंत्रता नहीं मिल सकती थी। वे इटली और आयरलैंड के क्रान्तिकारियों के समान आतंवादी तरीकों को अपनाने के पक्ष में थे। ब्रिटिश सरकार के विरुद्ध गुप्त षड़यंत्रों अथवा सशस्त्र विद्रोह को वे अनुचित नहीं मानते थे।

वे ब्रिटिश व भारतीय अधिकारियों को कत्ल कर उनमें आतंक फैलाना चाहते थे। उनके अनुसार अंग्रेजों ने छल की नीति अपना कर भारत को दासता की जंजीरों में जकड़ा है अतएव उनसे मुक्ति पाने के लिए किसी प्रकार के तरीके अपनाना जायज है। वास्तव में उदारवादियों के शांतिपूर्ण तरीकों और अतिवादियों को धीमें प्रभाव के तरीके से उन्हे निराशा हो चुकी थी।

रमेश चन्द्र मजूमदार के अनुसार वासुदेव बलवन्त फड़के के आधुनिक काल में सबसे पहले महाराष्ट्र में एक ऐसी गुप्त संस्था की स्थापना की थी। जिसका उद्देश्य सशस्त्र क्रान्ति द्वारा भारत में ब्रिटिश सरकार का तख्ता उलटना था। उसके पश्चात् पंजाब में नामधारी सिक्खों के गुरु राम सिंह के नेतृत्व में कूका आन्दोलन हुआ। ब्रिटिश सरकार ने कूका विद्रोह का दमन किया तथा राम सिंह को कैद करके बर्मा भेज दिया। इस आन्दोलन से भी क्रान्तिकारी गतिविधियाँ बढ़ने लगी। अनेक स्थानों पर युवकों को सैनिक प्रशिक्षण देने के लिए व्यायाम शालाओं का प्रबन्ध किया गया। पूना में स्थापित इस प्रकार की एक संस्था के दो उत्साही सदस्यों दामोदर और बालकृष्ण चापेकर ने 22 जून 1897 ईसवी की दो अंग्रेज अधिकारियों रेन्ड व आयर्स्ट की हत्या कर दी। चापेकर बन्धुओं के बलिदान का गहरा प्रभाव पड़ा। 1900 ईसवीं में उसने नासिक में मित्र मेला नामक एक गुप्त संस्था स्थापित की। 1904 ईसवी में इसका नाम बदल कर अभिनव भारत रखा गया तथा पूना को इसका केन्द्र बनाया गया। इस संस्था का उद्देश्य किसी भी तरीके से भारत की स्वतंत्रता प्राप्त करना था।

बंगाल के विभाजन ने उस प्रान्त में भी क्रान्तिकारियों का सक्रिय कर दिया। कलकत्ता में अनुशीलन समिति नाम एक गुप्त संस्था स्थापित की गई। शीघ्र ही सारे बंगाल में इसकी शाखाएँ खुल गईं। अरविन्द घोष ने भी ऐसी एक संस्था स्थापित की किन्तु उन्होंने शीघ्र ही अपनी इस सस्था को अनुशीलन समिति में मिला दिया। अनुशीलन समिति के नवयुवक सदस्यों को तलवार, लाठी, कुश्ती और शारीरिक व्यायाम द्वारा सैनिक प्रशिक्षण दिया जाता था। उन्हें त्याग, और बलिदान के लिए प्रेरित किया जाता था। वे दुर्गा की पूजा करते थे। अनुशीलन समिति की शाखाओं को चलाने के लिए आवश्यक धन की व्यवस्था हेतु इसके सदस्य कभी-कभी सरकारी खजानों अथवा धनी व्यक्तियों को लूट लेते थे। अनुशीलन समिति के समान कई अन्य गुप्त क्रान्तिकारी संस्थायें भी इस समय बंगाल के अनेक नगरों में खोली गईं। अरविन्द घोष ने ऐसी सब संस्थाओं को संगठित करने का प्रयास किया।

बंगाल के विभाजन का सशक्त विरोध करने के लिए अरविन्द घोष ने वन्दे मातरम् और उनके छोटे भाई बारीन्द्र घोष ने युगान्तर नामक समाचार-पत्र निकाले। वे खुले रूप से शक्ति के प्रयोग का समर्थन करने लगे। 22 अप्रेल 1906 ईसवी के अंक में युगान्तर में मत प्रकट किया कि जनता के हाथ में समस्या का समाधान है। भारत की तीस करोड़ जनता को इस अत्याचार के शाप को समाप्त करने के लिए अपने साठ करोड़ हाथ उठाने चाहिए बल प्रयोग का उत्तर बल

प्रयोग से देना चाहिए। महाराष्ट्र से प्रकाशित काल नामक पत्रिका भी इस प्रकार के विचारों को समर्थन करती थी।

क्रान्तिकारी देशभक्तों की गतिविधियों को दबाने के लिए सरकार ने दमन चक्र चलाया। किन्तु इसका उन पर कोई प्रभाव नहीं पड़ा। दिसम्बर 1907 ईसवी में क्रान्तिकारियों ने बंगाल के लेफ्टीनेट गर्वनर की गाड़ी उड़ाने का प्रयास किया। इसी महीने में ढाका के मजिस्ट्रेट को गोली मार दी गई। अप्रेल 1908 ईसवी में प्रफुल्ल चाकी और खुदी राम बोस ने यह समझ कर एक गाड़ी पर बम फेंका कि इसमें मुजफ्फरपुर का मजिस्ट्रेट किंग्सफोर्ड बैठा है। उसके बदले केनेडी व उसकी पत्नी मारे गये। पकड़े जाने के पहले प्रफुल्ल चाकी ने स्वयं को गोली मार ली। खुदी राम बोस को फाँसी की सजा दी गई। 1908 में अलीपुर बम षड्यन्त्र केस में अरविन्द घोष व कुछ अन्य देशभक्त पकड़े गये। अरविन्द घोष पर षड्यन्त्र का आरोप सिद्ध नहीं हो सका। बारीन्द्र व उसके कुछ साथियों को काले पानी में आजीवन कारावास का दण्ड भोगने के लिए भेज दिया गया। शेष को विभिन्न अवधियों के लिए सजा दी गई।

विनायक दामोदर सावरकर को राजद्रोह के अपराध में आजीवन कारावास दिया गया। 1909 ईसवी में नासिक में एक अंग्रेज अधिकारी जेक्सन को मारा डाला गया। 37 व्यक्तियों पर मुकदमा चलाया गया जिनमें विनायक दामोदार सावरकार भी थे। इनमें से कुछ को आजीवन कारावास की सजा दी गई।

1904 ईसवी में जोतिन्द्र मोहन चटर्जी ने सहानपुर में एक गुप्त संस्था बनाई। बंग भंग के बाद पंजाब के क्रांन्तिकारियों, ने जिनमें सूफी अम्बा प्रसाद व अजीत सिंह भी थे, सरगर्मी आई। उन्होंने बंगाल के क्रान्तिकारियों से सम्पर्क स्थापित किया। 1907 ईसवी में लाला हरदयाल ने उनका नेतृत्व किया। 1907 ईस्वी में लाला लाजपत राय गिरफ्तार किये गये क्योंकि सरकार को यह संदेह था कि वे गुप्त रूप से क्रान्तिकारियों की मदद करते थे। कुछ दिनों बाद अजीत सिंह भी गिरफ्तार हो गये। सूफी अम्बा प्रसाद को आरोप सिद्ध न होने के कारण छोड़ दिया गया। नवम्बर 1909 ईसवी में अजीत सिंह की भारत माता बुक ऐजेंसी की तलाशी के समय भाई परमानन्द पकड़े गये। इसके पहले 1908 ईसवी मे लाला हरदयाल देश छोड़कर पहले यूरोप और फिर अमेरिका चले गये थे। उत्तरी भारत में क्रांतिकारी आन्दोलन का नेतृत्व रास बिहारी बोस ने संभाला। दिसम्बर 1912 ईसवी में देहली के चाँदनी चौक में हाथी पर बैठे भारत के वायसराय लार्ड हार्डिज पर एक बम फेंका गया जिससे वे बाल-बाल बच गये। किन्तु उनका अंगरक्षक मारा गया। रास बिहारी बोस को पकड़ा न जा सका किन्तु देहली षड्यन्त्र केस में मास्टर अमी चन्द, अवध बिहारी लाल मुकंद, बसन्त कुमार विश्वास को फाँसी की सजा, चरन दास को आजीवन काला पानी तथा अन्य को विभिन्न सजाएँ दी गई।

1907 ईसवी में इलाहाबाद में सुन्दर लाल ने एक जोशीला भाषण दिया। सरकार ने उन्हें सख्त चेतावनी दी। 1909 ईसवी में उन्होंने घोषणा की कि वे कर्मयोगी नाम पत्र निकालेंगे। इलाहाबाद से प्रकाशित स्वराज्य में सरकार विरोधी लेख निरन्तर छपते थे। जून 1908 ईसवी में सरकार ने इसका प्रकाशन बन्द करने के आदेश दिये किन्तु यह छपता रहा। इसके चार सम्पादकों को सजाएँ दी गई।

बनारस में भी क्रान्तिकारी आन्दोलन का केन्द्र अमरावती था। यहाँ के प्रमुख क्रान्तिकारी गणेश श्री कृष्ण खापर्डे थे। तिलक व चापरेकर बन्धुओं से उनका सम्पर्क था। खापर्डे ने बंगाल

के क्रांतिकारियों से भी घनिष्ठ सम्पर्क स्थापित किया था।

राजस्थान में श्याम जी कृष्ण वर्मा के प्रभाव से अर्जुन लाल सेठी, केसरी सिंह बारहठ तथा राव गोपाल सिंह खरवा क्रांतिकारी बन गए थे। ब्यावर के सेठ दामोदर दास राठी का नाम दिल्ली षड्यन्त्र केस के सिलसिले मं लिया गया था। बंगाल के क्रान्तिकारी अजमेर ब्यावर में आकर गुप्त रूप से रहते थे। शचीन्द्र नाथ सान्याल बम बनाने के लिए खरवा आये थे। 1911 ईसवी में केसरी सिंह बारहठ के पुत्र प्रताप सिंह देहली आये। दिल्ली षड्यन्त्र केस के अनुसार वे इस कांड में सम्मिलित थे। उन्हें पाँच साल की सजा हुई। शारीरिक यातनाओं के कारण सजा की अवधि में बरेली जेल में उनकी मृत्यु हो गई।

मद्रास में संगठित रूप से क्रान्तिवादी कार्य नहीं हुए। इस प्रदेश के क्रान्तिकारी नेताओं में चिदम्बरम् पिल्लई और सक्रपनिता शिवा उल्लेखनीय हैं। जून 1911 ईसवी में एक अंग्रेज मजिस्ट्रेट को मनियाची रेलवे स्टेशन पर गोली से मार दिया गया। गोली मारने वाली वांची अरूवर ने पकड़े जाने बचने के लिए आत्महत्या कर ली। तिनेवली षड्यन्त्र केस में उनके साथी शंकर कृष्ण अय्यर का पाँच साल की सजा हुई। वी.बी.एस.अय्यर की गतिविधियों का केन्द्र पांडीचेरी था।

लन्दन में क्रान्तिकारी सक्रिय थे। श्यामजी कृष्ण वर्मा ने जनवरी 1905 ईसवी मे लन्दन में ''इण्डियन होम रूल सोसायटी'' की। इसका मुख्य पत्र ''इण्डियन सोशियोलोजिस्ट'' था उन्होंने भारतीयों के लिये ''इण्डियन हाऊस'' नामक होस्टल की स्थापना की। इसमें एक हजार की छः छात्रवृत्तियाँ उन भारतीय लेखकों, पत्रकारों और अन्य योग्य व्यक्तियों की दी जाती थी जिन्हें भारत के बारे में भाषण देने पश्चिमी देशों में भेजा जाता था। इन छात्रवृत्तियों के माध्यम से भारतीय क्रांतिकारियों को लन्दन में बुलाया गया। इनमें से सावरकर, हरदयाल, व मदन लाल धींगरा प्रमुख थे। 1905 ईसर्वी के बाद प्रत्येक वर्ष इण्डियन होम रूल सोसाईटी 1857 ईसवी के विद्रोह की जयन्ती मनाने लगी। जब 1907 ईसवी में श्याम जी कृष्ण वर्मा के विरुद्ध कार्यवाही करने पर विचार किया जा रहा था, वे पेरिस चले गये। 1914 तक वे वहाँ रहे और फिर स्वीटजरलैंड चले गये। 1900 ईसवी में इण्डियन सोशियोलोजिस्ट का प्रकाशन लन्दन से बन्द किये जाने पर यह पेरिस से छपने लगा।

जुलाई 1909 ईसर्वी में मदन लाल धींगरा ने लन्दन में भारत सचिव विलियम कर्जन वाइली को एक सभा में गोली मारी। उनको इस अपराध में फाँसी दी गई। सावरकर पर भी मुकदमा चला कर उन्हें अजीवन निर्वासन की सजा दी गई। उन्हें एक जहाज में भारत भेजा गया किन्तु मार्सेलिज नामक बन्दरगाह में वे जहाज से कूदकर भागने के प्रयास में पुनः गिरफ्तार हुए। उन्हें भारत भेजा गया।

पेरस में सिंह जी रेवा भाई राना और श्रीमती भीखाजी रूस्तम कामा ने संगठन के कार्य में श्याम जी कृष्ण वर्मा का साथ दिया। श्रीमती कामा ने जर्मनी, ब्रिटेन, फ्रांस व अमेरिका में भारत के क्रान्तिवादी विचारों का प्रचार किया। राना और कामा ने 1907 ईसर्वी में इन्टरनेशनल सोशलिस्ट कांग्रेस में भारत के प्रतिनिधियों के रूप में भाग लिया। मेडम कामा ने इस सभा में भारत का तिरंगा झण्डा भी लहराया। 1909 ईसवी पेरिस में रहते हुए भी जेनेवा से उन्होंने बंदेमातरम नामक मासिक पत्र निकाला। लाला हरदयाल इसके सम्पादक थे।

पेरिस में खासी राव नामक एक युवक गुप्त रूप से युद्ध सामग्री बनाने की कला सीख रहा था। बर्लिन से वीरेन्द्र चटोपाध्याय ने 1909 ई. में तलवार नाम पत्र निकाला।

विवेकानन्द के छोटे भाई भूपेन्द्र नाथ दत्त अगस्त 1908 ई. में न्यार्क पहुँचे। इसके पहले आयरिश क्रान्तिकारियों के एक संगठन की सहायता से मोहम्मद बरकतुल्ला और सेमुअल ल्यूकाश जोशी ने न्यूयार्क में ''पैन आर्यन एशोसियेशन'' की स्थापना की। फरवरी 1907 ईसवी में बरकतुल्ला जापान चले गये और ल्यूकाश जोशी भारत लौट आये।

अप्रेल 1908 ईसवी में कनाडा में वैंकूवर से तारक नाथ दास ने फ्री इण्डिया नाम पत्रिका निकाली। अमेरिका आने के पहले वे अनुशीलन समिति के सक्रिय सदस्य थे। कनाडा से वह अमेरिका के एक नगर सीटेल और वहाँ से न्यूयार्क चले गये। 1910 ईसवीं में संयुक्त राज्य अमेरिका के अधिकारियों ने फ्री इण्डिया का प्रकाशन बन्द कर दिया।

इस बीच कनाडा और संयुक्त राज्य अमेरिका का पश्चिमी तट भारतवासियों का प्रधान कार्य क्षेत्र बन गया था। इन प्रदेशों में काफी संख्या में भारतीय विशेषकर सिक्ख बस गये थे। अमेरिकन मजूदर उन्हें पसन्द नहीं करते थे। उनमें से कई ने भाग कर वैनकूवर में शरण ली।

पंजाब के रामनाथ पुरी 1906 ईसवीं के अन्त में अमेरिका गये। वहाँ वह दुभाषिये का काम करते थे। उन्होंने सेन फ्रांसिस्को में हिन्दुस्तान ऐसोसियेशन की स्थापना की। उन्होंने उर्दू में सर्कुलर-ए-आजादी निकाला। शीघ्र ही अर्थाभाव के कारण इसका प्रकाशन बन्द हो गया।

1907 ईसवीं में केलीफोर्निया के भारतीय विद्यार्थियों में से खेमेन्द्र चन्द्र, पांडुरंग खान-खोजे, तारक नाथ दास आदि ने मिल कर भारतीय स्वतंत्रता संघ की स्थापना की। उन्होंने वहाँ के प्रवासी सिक्खों में क्रान्तिवादी विचारों का प्रसार किया।

गदर पार्टीः

जनवरी 1910 ईसवी में वैनकूवर से गुरुदत्त कुमार ने गुरुमुखी में स्वदेश सेवक नाम पत्र निकला। मार्च 1911 ईसवी में इस पत्र का भारत आना रोक दिया गया। कुछ समय बाद में इसका प्रकाशन बंद हो गया। 1911 ईसवी में लाला हरदयाल ने अमेरिका पहुँचकर केलीफेर्निया में बर्कले नगर को अपनी गतिविधियों का केन्द्र बनाया। वे सिक्खों को क्रांति के लिये तैयार करने लगे। पौर्टलैंड के काशी राम ने उनका साथ दिया। सोहन सिंह गथीले भी पोर्टलेंड में काशी राम से आ मिले। 1913 ईसवी में हरदयाल ने उनसे परामर्श कर गदर पार्टी की स्थापना की। नबम्बर 1913 ईसवी में सोहन सिंह भकना व हरदयाल ने सेन-फांसिस्कों में गदर नाम पत्र निकाला। यह पहले गुरुमुखी और उर्दू निकलता था। 1914 ईसवी मे गुजराती और 1915 ईसवीं में हिन्दी में भी निकाला गया। इसके सम्पादक राम चन्द्र पेशावरी थे। इस पत्र का प्रकाशन युगांतर आश्रम से होता था। इसका उद्देश्य भारत में ब्रिटिश सरकार के अत्याचारों को संसार के सम्मुख प्रस्तुत करना तथा भारतीयों को सभी प्रकार के बलिदान और त्याग के लिये तैयार करना था। गदर के विभिन्न अंको में भारत में ब्रिटिश सरकार के निर्दयी पुलिस शासन, व्यवस्थित रूप से देश का आर्थिक शोषण,1857 ईसवी की सशस्त्र क्रान्ति व अन्य आन्दोलनों पर लेख प्रकाशित किये गये। इसके अंको में विश्व के अनेक देशों में होने वाली महत्त्वपूर्ण घटनाओं पर भी विचार प्रकट किये। स्वतंत्रता और प्रजातंत्र की रक्षा के लिये अमेरिकन जनता से सहयोग की अपील की गई। प्रत्येक अंक में विदेशों में रहने वाले देशवासियों को सशस्त्र विद्रोह करने और अपने प्राणों को

न्यौछावर करने के लिये प्रेरित किया गया। भारतीय सैनिकों को विदेशी सरकार के विरुद्ध विद्रोह करने के लिये उकसाया गया।

कामागाटा मारू की घटना:

1914 ईसवी के आरम्भ में कामागाटा मारू नामक जहाज की घटना ने कनाडा और अमेरिका में रहने वाले भारतीयों के ब्रिटिश सरकार के विरुद्ध भड़काने में मदद की। कनाडा की सरकार ने अप्रत्यक्ष रूप से अपने देश में भारतीयों के प्रवेश पर प्रतिबन्ध लगा दिया था। इसके फलस्वरूप कनाडा में जीविका उमार्जित करने के लिये जाने वाले अनेक पंजाबी, विशेषकर सिक्ख, हताश हो गये। 1914 ईसवी के आरम्भ में गुरुदीप सिंह नामक एक सिक्ख ने हांगकांग में एक जापानी जहाज कामागाटा मारू के कप्तान को किराया देकर उसे कनाडा ले जाने के लिये तैयार किया। मई 1914 ईसवी में यह जहाज भारतीयों को लेकर कनाडा के बन्दरगाह वेनकूवर जा पहुँचा। कनाडा सरकार ने इस जहाज के अधिकांश यात्रियों को अपनी भूमि पर नहीं उतरने दिया। जुलाई 1914 ईसवी में इस जहाज को वेनकूवर छोड़ने के लिए बाध्य किया गया। कनाडा सरकार की इस कार्यवाही के कनाडा व प्रशान्त महासागर के अमेरिकी तट पर रहने वाले भारतीयों में असन्तोष फैला। गदर पार्टी ने भी इसके विरुद्ध प्रचार किया। इस जहाज के कनाडा से वापस लौटने के समय यूरोप में महायुद्ध छिड़ गया। अतएव जहाज को भारत जाने के आदेश दिये गये। मार्ग में गदर पार्टी के कार्यकर्ताओं ने इसके यात्रियों से सम्पर्क स्थापित किया। 29 सितम्बर को कामागाटा मारू कलकत्ता पहुँचा। कलकत्ता में सरकारी अधिकारियों ने जहाज की तलाश ली। इस तलाशी में उन्हें कोई आपत्तिजनक वस्तु नहीं मिली। इसके तुरन्त बाद ही जहाज के सिक्ख यात्रियों का दल एक गुरुद्धारे में गया। वहाँ से लौटते समय सरकारी अधिकारियों द्वारा उनके साथ किये गये दुर्व्यव्यवहार के कारण गड़बड़ फैल गई। गोली चलाये जाने से 18 सिक्ख मारे गये तथा 25 घायल हो गये। एक रेलवे अधिकारी व दो सिपाही भी मारे गये जहाज यात्रियों के अतिरिक्त शेष को गिरफ्तार कर पंजाब भेज दिया गया। इस घटना ने पंजाब में सरकार के विरुद्ध भावनाओं को और भड़काया। ऐसी विस्फोट परिस्थिति में गदर पार्टी ने पंजाब के सशस्त्र विद्रोह करने का निश्चय किया।

भारत में गदर पार्टी द्वारा सशस्त्र क्रान्ति का प्रयास:

गदर पार्टी ने पंजाब व विदेशों में स्थित भारतीय सैनिकों को विद्रोह के लिए उकसाया। अमेरिका से अनेक क्रान्तिकारियों को पंजाब जाने के लिये भेजा गया। किन्तु उनमें से अधिकांश को गिरफ्तार कर लिया गया।

1915 के आरम्भ में रंगून व सिंगापुर में भारतीय सैनिकों ने असफल विद्रोह किये। गदर पार्टी द्वारा भेजा गया शस्त्रों से लदा हुआ एक जहाज भारत पहुँचने मे असफल रहा।

इस बीच पंजाब में पहुँचने वाले क्रान्तिकारियों ने आवश्यक धन प्राप्त करने के लिये अनेक डकैतियाँ की। दिसम्बर 1914 में अमेरिका से विष्णु गणेश पिंगले पंजाब पहुँचा। उसने गदर पार्टी के सदस्यों से सम्पर्क स्थापित किया। शीघ्र ही रास बिहारी बोस भी पंजाब पहुँच गये। यह निश्चय किया गया। कि 21 फरवरी, 1915 को मियां मीर की छावनी में विद्रोह आरम्भ किया जाय। वे यह आशा करते थे कि शीघ्र ही यह विद्रोह व्यापक रूप धारण कर लेगा। कृपाल सिंह

नामक एक व्यक्ति ने इस योजना के बारें में सरकार को सूचित कर दिया। कृपाल सिंह एक सरकारी गुप्तचर था और बड़ी आसानी के साथ विद्रोहियों का नेता बनने में सफल हो गया था। शीघ्र ही रास बिहारी बोस के अतिरिक्त इस षड्यन्त्र के शेष नेता गिरफ्तार कर लिये गये। इसके पश्चात् विद्रोह को सरकार ने आसानी के साथ कुचल दिया।

प्रथम महायुद्ध की अवधि में दक्षिणी पूर्व एशिया के प्रवासी भारतीयों और सैनिकों के विद्रोह को उकसाने को प्रयत्न भी गदर पार्टी ने किया। सिंगापुर मे एक भारतीय बटालियन रहती थी। इसके सब सैनिकों मुसलमान थे। फरवरी 1915 ई में इसे हांगकांग जाने के आदेश दे दिये गये लेकिन हांगकांग जाने के पहले इसने बगावत कर दी। उन्होंने जर्मन कैदियों को मुक्त कर दिया। उनके एक जत्थे ने कर्नल के बंगले पर असफल हमला किया। कुछ अंग्रेजों को सड़कों पर मौत के घाट उतार दिया। यह विद्रोह केवल तीन दिन चला। अंग्रेजी सेना ने इसको दबा दिया। इसके नेताओं को खुले बाजार फाँसी दे दी गई तथा 38 को गोली से उड़ा दिया गया। ऐसा विश्वास किया जाता है अमेरिका से गदर पार्टी के एक सदस्य मूल चन्द सिंगापुर आये थे। तथा उन्होंने सैनिकों को विद्रोह के लिये प्रेरित किया था।

श्याम में भी भारतीय क्रांतिकारियों की हलचलों से ब्रिटिश सरकार चिन्तित हुई। जुलाई। 1915 ईसवी में जोध सिंह न्यूयार्क से बैंकाक पहुँचे। जोध सिंह के साथ सुकुमार चटर्जी और दरिसी चेंचिया भी आये। चीन से शिव दलाल कपूर बैंगकाक पहुँचे। इस समय विन्सेंट क्राफ्ट नामक एक जर्मन ने अंडमान पर अधिकार करने की योजना बनाई। उसे बर्लिन कमेटी ने बटेविया भेजा था। बटेविया में उसकी भेंट भारत से आये कुछ क्रान्तिकारियों से हुई। कुछ समय के बाद अंग्रेजों ने काफ्ट को सिंगापुर में गिरफ्तार कर लिया।

1915 ईसवी के आरम्भ में बर्मा में भारतीय क्रान्तिकारी सक्रिय हो गये। बर्मा आने वाले भारतीय जत्थों को गिरफ्तार किया गया। इनका सम्बन्ध गटर पार्टी से था। मेम्यों में सोहन लाल पाठक गिरफ्तार हुए। वे सेन-फ्रांसिस्को से आये थे। उनका एक साथी नारायध सिंह भी पकड़ा गया। दोनों को मृत्यु दंड दिया गया।

पश्चिम की ओर से भारत पर आक्रमण करने की योजना बनाई गई। भारतीय बर्लिन कमेटी ने कुछ भारतीय नौवान ईरासन भेजे। मार्च 1915 ईसवी में यें जत्था दो भागों में विभक्त हो गया। इनमें से एक दस्ता अगासे और पांडुरंग खानखोजे के कमान में था। सूफी अंबा प्रसाद और मिरजा अब्बास आदि क्रान्तिकारी पहले से ही ईरान में थे। इन सबको काफी मुसीबतों क सामना करना पड़ा। खानखोजे किसी तरह ब्लूचिस्तान की सीमा तक जा पहुँचे। उन्होंने ब्लूचियों को लेकर एक पल्टन बनाई लेकिन वहाँ के अमीर ने हमला करके उसे तोड़ दिया। खानखोजे लौटकर अगासे व प्रथम नाथ से मिले। वास्त नामक नगर में खानेखोजे को अंग्रेजों ने गिरफ्तार कर लिया। वे किसी प्रकार भाग निकले। इस बीच अगासे व प्रथम नाथ गिरफ्तार हो गये। इस समय तक जर्मनी की हार हो चुकी थी।

अक्टूबर 1915 ईसवी के आरम्भ में भारतीय क्रान्तिकारियों के एक प्रतिनिधि मंडल तुर्की की राजधानी में अनवर पाशा से मिला। इसमें बरकतुल्ला, केरसाम्प और तारक नाथ दास शामिल थे। 1916 ईसवी में तुर्की में एक भारतीय सेना के बहुत से सिपाही गिरररफ्तार हो गये थे। बर्लिन से वीरेन्द्र नाथ चट्टोपाध्याय, भूपेन्द्र नाथ दत्त और वीरेन्द्र नाथ दास भारतीय कैदियों से मिलने गये। लेकिन उन्हें जर्मनी व तुर्की का सहयोग नहीं मिला।

महाराजा महेन्द्र प्रताप बर्लिन कमेटी के एक प्रमुख सदस्य थे। उन्होंने कैंसर से भी मुलाकात की। बर्लिन कमेटी और जर्मन सरकार की सलाह से एक भारत-जर्मन मिशन को अफगानिस्तान भेजा गया। इसके भारतीय सदस्य महेन्द्र प्रताप थे। उनके साथ बरकतुल्ला भी थे। अफगानिस्तान के मार्ग में उन्हें काफी तकलीफों का सामना करना पड़ा। अक्टूबर 1915 ईसवी में इस मिशन ने काबुल पहुँचकर अमीर हबीबुल्ला से बात की। उनसे तथा अफगानिस्तान के सरकारी अधिकारियों से विचार-विमर्श करके दिसम्बर 1915 ईसवी को भारत की अस्थाई सरकार की स्थापना की गई। भारत की अस्थाई सरकार के राष्ट्रपति की हैसियत से महेन्द्र प्रताप ने रूस को भी एक पत्र भेजा। रूसी क्रांति के बाद वे रूस भी गये। 1918 ईसवी में वे बर्लिन पहुँचे। क्रान्तिकारियों को अनेक स्थानों पर सफलता मिलने के कारण अस्थाई सरकार समाप्त हो गई।

ज्योतिन्द्र नाथ मुकर्जी, जो कि जतीन मुकर्जी के नाम से विख्यात थे, बंगाल के एक प्रमुख क्रान्तिकारी नेता थे। उन्होंने कलकत्ता की मैसर्स रोड़ा एण्ड कम्पनी की 50 माउजर पिस्तौलें और 40,000 कारतूस उड़ाने की योजना बनाई।

बंगाल के क्रांतिकारियों ने संयुक्त राज्य अमेरिका से शस्त्र मंगाने के लिये प्रबन्ध किया। कलकत्ता में उन्होंने हेरी एण्ड संस नाम फर्म खोली। शस्त्रों के बेटेविया के मार्ग से आना भी किन्तु पुलिस को इसकी खबर लग गई। इसमें अनेक क्रांतिकारी पकड़े गये किन्तु जदु नाथ मुखर्जी भागने में सफल हुए। वे बम्बई होते हुए भारत से बाहर चले गये।

इसी समय उड़ीसा के तटीय नगर बालासोर में नरेन्द्र भट्टाचार्य ने शस्त्र भेजने की योजना बनाई। 9 सितम्बर 1915 ईसवी को पुलिस ने बालासोर के निकट कपटी-पाड़ा में पुलिस और क्रान्तिकारियों की मुठभेड़ हुई। जतीन्द्र नाथ मुखर्जी व उनके चार साथी घायल होने पर गिरफ्तार हो गये। जतीन्द्र मुखर्जी को देहान्त हो गया।

नरेन्द्र भट्टाचार्य को पुनः बटेविया भेजा गया। बटेविया पहुँचकर उन्होंने जर्मन कौंसल से बातचीत की। लेकिन जर्मनों ने उनके द्वारा प्रस्तावित दो योजनाओं को अव्यवहारिक मानकर सहायता देने से इन्कार कर दिया। निराश होकर वे जापान और चीन गए। जापान में वे रास बिहारी बोस से मिले। इसके बाद वे अमेरिका पहुँचे। उन्होंने अपना नाम मानवेन्द्र नाथ राय रखा।

इस प्रकार विदेशों से शस्त्र भेजने की सभी योजनाएँ असफल रही। पंजाब में भी विद्रोह फेलाने के प्रयास सफल नहीं हुए। पंजाब में गिरफ्तार किय गये सिक्खों पर तीन-तीन लाहौर षड़यंत्र केस चलाये गये। पहले मुकदमें में 61 अभियुक्त थे, जिनमें पृथ्वी सिंह, पंडित परमानन्द, कर्तार सिंह, भाई परमानन्द, विनायक गणेश पिंगले, जगत सिंह आदि प्रमुख थे। इनमें से 7 को मृत्यु दंड, 44 को आजीवन काला पानी, 6 को कारावास और 4 को रिहा किया गया। मृत्यु दंड पाने वालों में पिंगले व कर्तार सिंह थे। कर्तार सिंह की आयु उस समय लगभग सत्रह वर्ष की थी। दूसरे मुकदमें में जो कि पहले का पूरक था, 6 को मौत की, 45 को आजीवन काला पानी और 8 को जेल की सजा सुनाई गई। मृत्यु दंड पाने वालों में बलवंत सिंह, मथुरा सिंह, बेता सिंह और वीर सिंह थे। दूसरे पूरक मुकदमें में उत्तम सिंह, अरुण सिंह, केसर सिंह, जीवन सिंह आदि छः को मृत्यु दंड, 5 को आजीवन कारावास और एक को कारावास का दंड दिया गया।

बनारस भी क्रान्तिकारियों का एक केन्द्र था। 1915 ईसवी में बनारस में भारत के विभिन्न प्रदेशों के क्रांतिकारियों की सभा हुई। इसमें राजपूताने के प्रतापसिंह, बरेली के दामोदर स्वरूप

सेठ, बंगाल के नगेन्द्र ना, रास बिहारी बोस आदि ने भाग लिया। महाराष्ट्र, पंजाब, दिल्ली, बिहार आदि प्रान्तों के कार्यकर्ता भी आये। उन्होंने सभी को अपने-अपने प्रदेशों में सेना में विद्रोह फैलाने के लिये कहा गया। अन्य छावनियों में युवक भेजे गये। इस योजना की खबर मिलने पर पुलिस ने क्रान्तिकारियों को पकड़ना शुरू किया। रास बिहारी बोस भागकर जापान चले गये। बनारस षडयंत्र केस में शचीन्द्र नाथ सान्याल को काला पानी, 2 को सात साल की कैद की और 8 को इनसे कम सजाएँ दी गई।

तुर्की के विरुद्ध ब्रिटेन द्वारा युद्ध की घोषणा से भारत के मुसलमान प्रसन्न नहीं थे देवबंद के भूतपूर्व प्रोफेसर मौलवी ओबेदुल्ला के नेतृत्व में कुछ मुस्लिम नवयुवक अक्टूबर 1915 में काबुल पहुँचे। वहाँ उन्होंने कुछ भारतीय क्रान्तिकारियों से बातचीत की। महेन्द्र प्रताप के काबुल पहुंचने पर उनसे सम्पर्क स्थापित किया। उनके कुछ अनुयायियों ने तुर्की जाकर गालिव पाशा नामक एक तुर्की फौजी गर्वनर से जहाद की घोषणा हाँसिल की जिसे गालिबनामा कहते हैं। ओबेदुल्लाा ने अपने एक प्रमुख अनुयायी महमूद हसन को लिखा कि वह तुर्की में कुछ समय के लिये रह कर तुर्की की सरकार और मक्का के शरीफ का सक्रिय सहयोग प्राप्त करने का प्रयत्न करे तथा 'एक अल्ला की फौज' बनाये। इसे सेना का केन्द्र मक्का और इसके दफ्तर काबुल, तेहरान और कुस्तुन्तुनिया में बनायें। वस्तुत: यह सब इस्लामी देशों को एकता के सूत्र में बांध कर अंग्रेजों के खिलाफ लड़ने की योजना थी। ये पत्र 9 जुलाई, 1916 को पीले रेशम के कपड़े पर फारसी में लिखे गये थे। मार्ग में ये पत्र अंग्रेजों को हाथ पड़ गये। महमूद हसन व उसके यह षड़यंत्र असफल हो गया। भारत में भी इस सम्बन्ध में कुछ मुसलमानों का गिरफ्तार किया गया। इनमें अबुल कलाम आजाद भी थे। उन पर यह आरोप लगाया गया कि वे ओबेदुल्ला से पत्र व्यवहार करते थे।

विदेशों से संचालित सशस्त्र क्रांति की असफलता के कारण:

गदर पार्टी तथा अन्य क्रान्तिकारी दलों द्वारा आयोजित इस सशक्त क्रान्ति की असफलता के अनेक कारण थे। उनके नेताओं की यह गलत धारणा थी कि भारत की आम जनता सशस्त्र क्रान्ति के लिये तैयार थी तथा विद्रोह का संकेत मिलते ही देश के सब भागों में विद्रोह फैल जायगा। उनकी यह धारणा भी सही नहीं थी कि भारतीय सैनिक भी बगावत के लिये तैयार थे। ब्रिटिश सरकार की गुप्तचर व्यवस्था ने समय के पहले उनकी योजनाओं का पता लगाकर उन्हें विफल कर दिया। गदर पार्टी के नेताओं में भी कुछ मतभेद थे। भारत में भी विभिन्न प्रान्तों के क्रान्तिकारियों में घनिष्ठ पारस्परिक सम्पर्क की कमी थी। कांग्रेस व अन्य राजनीतिक दलों ने उनका समर्थन नहीं किया। क्रान्तिकारियों के पास धन व साधन की कम थी। उन्हें विदेशी सरकारों से आशातीत सफलता नहीं मिल सकी। जनता से भी उनका कोई सम्पर्क नहीं था।

प्रथम महायुद्ध की अवधि में अंग्रेज सरकार ने क्रान्तिकारियों को बुरी तरह कुचला। उनके अनेक नेता जेल में डाल दिये गये तथा कुछ भूमिगत हो गये। मांटेग्यू-चेम्सफोर्ड सुधार को लागू करने के लिये सद्‌भावपूर्ण वातावरण बनाने के उद्देश्य से सरकार ने 1920 के शुरू में क्रान्तिकारियों को आम माफी के अन्तर्गत रिहा कर दिया। इसके तुरन्त बाद कांग्रेस ने असहयोग आन्दोलन छेड़ दिया।

क्रान्तिकारी आंतकवाद की पुनरावृत्ति

असहयोग आन्दोलन के सहसा स्थगित किये जाने से आतंकवाद में पुन: उग्रता आई। बंगाल में पुरानी अनुशीलन और युगान्तर समितियाँ पुन: जीवित हो उठी। उत्तरी भारत के अनेक नगरों में भी क्रान्तिकारी संगठनों की स्थापना हुई। लाहौर में नौजवान सभा का गठन किया गया, भगत सिंह इसके सदस्य थे।

इस बार विभिन्न क्रान्तिकारी संगठनों ने एक अखिल भारतीय संगठन बनाने का निश्चय किया। अतएव समस्त क्रान्तिकारी दलों का एक गुप्त सम्मेलन बुलाया गया। इसमें शचिन्द्र नाथ सान्याल, रामप्रसाद बिस्मिल, भागत सिंह, शिव वर्मा, सुखदेव, भगवती चरण व चन्द्र शेखर आजाद जैसे क्रान्तिकारी दलों ने भाग लिया। इसक फलस्वरूप 1928 में हिंन्दुस्तान समाजवादी समिति अथवा सेना का गठन किया गया।

इस दल के तीन उद्देश्य थे:

(1) भारतीय जनता में गाँधी जी की अहिंसात्मक नीति की निरर्थकता के प्रति जागृति पैदा करना।

(2) पूर्ण स्वतंत्रता प्राप्ति के लिये सीधी कार्यवाही और क्रांति की आवश्यकता का प्रदर्शन करना।

(3) अंगेजी साम्राज्यवाद के स्थान पर रूसी क्रान्ति तथा समाजवादी विचारधारा से प्रेरित एक संघीय गणतंत्र की स्थापना करना।

क्रान्तिकारियों की गतिविधियाँ:

(1) काकोरी षडयंत्र केस–अगस्त् 1925 में कानपुर के निकट काकोरी रेलवे स्टेशन पर एक रेलगाड़ी में रखे सरकारी खजाने को लूटा गया। इसके अभियुक्त पकड़े गये। रामप्रसाद बिस्मिल, अशफाकुल्ला, रोशन सिंह व राजेन्द्र लाहिडी को फाँसी दी गई तथा अन्य को काले पानी अथवा लम्बी कैद की संजाएँ दी गई।

(2) लाहौर षड़यंत्र केस–साइमन कमीशन के विरुद्ध प्रदर्शन करते समय लाहौर में पुलिस ने लाला लाजपत राय पर लाठियाँ बरसाई जिससे उनकी मृत्यु हो गई। इसका बदला लेने के लिए भगत सिंह व उनके साथियों ने पुलिस इन्सपेक्टर सांडर्स को मार डाला। पुलिस उन्हें गिरफ्तार न कर सकी।

(3) असेम्बली बम केस–जनता को अपनी आवाज सुनाने के लिये अप्रेल 1929 में भगत सिंह व बटुकेश्वर दत्त ने केन्द्रीय विधान सभा में एक बम फेंका और गिरफ्तार हो गये। वे किसी को मारना नहीं चाहते थे। सरकार ने भगत सिंह, राजगुरु व सुखदेव को लाहौर षड्यंत्र केस में गिरफ्तार कर फाँसी की सजा दी। गाँधीजी व अन्य नेताओं ने सरकार से फाँसी की सजा बहाल करने की अपील की किन्तु मार्च,1931 को तीनों को चुपचाप फाँसी पर लटका दिया गया।

(4) चटगाँव शस्त्रागार पर हमला–अप्रेल, 1930 में सूर्य सेन के नेतृत्व में क्रांतिकारियों ने चटगाँव शस्त्रागार पर हमला किया और वे बहुत सी बन्दूकें व गोलियाँ ले जाने में सफल हुए। कुछ समय पश्चात् सूर्य सेन पकड़े गये तथा फाँसी पर लटका दिये गये।

(5) चन्द्रशेखर आजाद की शहादत–फरवरी, 1931 में इलाहाबाद में आजाद पुलिस से लड़ते हुए शहीद हो गये।

(6) जतिनदास की जेल में शहादत–लाहौर जेल में सजा भुगत रहे क्रान्तिकारियों ने जेल अमानवीय दशाओं में सुधार के लिये अनशन किया। सारे श ने उनकी माँगो का समर्थन किया। अनशन के 64 वें दिन 13 सितम्बर, 1931 को जतिनदास शहीद हो गये।

(7) काले पानी में क्रान्तिकारियों को यातनाएँ–काले पानी (अंडमान द्वीप) में सजा भुगत रहे क्रान्तिकारियों को अनेक यातनाएँ दी गई। सावरकार व अन्य क्रान्तिकारियों के साथ वही व्यवहार किया गया जो एक अपराधी के साथ किया जाता था।

(8) आजाद हिन्द फौज–सुभाष चन्द्र बोस भी एक महान क्रांतिकारी माने जाते है। उन्होंने आजाद हिन्द फौज का गठन किया तथा बर्मा सीमा से भारत पर असफल आक्रमण किया।

1937 के लगभग क्रान्तिकारियों ने गुप्त रूप से कार्य करना बंद कर दिया। इस समय तक देश में अहिंसात्मक आन्दोलन प्रगति कर रहा था तथा क्रान्तिकारी अपने आदर्शों को जनता में फैलाने में असफल रहे थे। अतएव भारत में क्रान्तिकारी आतंकवाद लगभग समाप्त हो गया। भारत छोड़ों आन्दोलन के समय यह फिर उभरा लेकिन ब्रिटिश सरकार द्वारा दबा दिया गया।

पहले चरण व दूसरे चरण के क्रान्तिकारियों के आदर्शों और कार्यक्रमों में समानताएँ व भिन्नताएं:

प्रथम विश्व युद्ध के अन्त तक क्रान्तिकारियों, की गतिविधियाँ अपने प्रथम चरण से गुजरी। कुछ समय बाद इसकी पुनरावृत्ति हुई। यह इसका दूसरा चरण था।

समानताएँ:

(1) देशभक्ति व बलिदान की भावना: इस आन्दोलन के दोनों चरणों में क्रांतिकारियो में देशभक्ति व बलिदान की भावना दिखाई देती है। स्वयं गाँधीजी उनके तरीकों को सही न मानते हुए भी उनकी देशभक्ति व बलिदान की प्रशंसा की।

(2) भारत की स्वतंत्रता का लक्ष्य: सभी क्रान्तिकारी विदेशी सत्ता को भारत से उखाड़ फेंकना चाहते थे।

असमानताएँ:

(1) कार्य करने की प्रणाली की भिन्नता: पहले चरण के क्रान्तिकारियों ने अंग्रेज अफसरों, पुलिस के मुखबिरों आदि को अपना निशान आतंक फैलाने की कोशिश की थी। किन्तु दूसरे चरण में क्रान्तिकारियों ने एक फौज का गठन किया तथा गम्भीर सोच विचार के बाद अपनी कार्यवाहियां की। उन्होंने सरकारी संस्थाओं पर हमले करने तथा सरकारी कोष को लूटने का काम किया तथा उन्होंने सशस्त्र क्रांति की योजनाएँ भी बनाई।

(2) संगठन का महत्त्व: पहले चरण के क्रान्तिकारियों ने अलग-अलग क्षेत्रों में स्वतंत्र रूप से कार्य किया लेकिन दूसरे चरण में एक अखिल भारतीय संगठन बनाया।

(3) आतंकवादियों में आस्था: पहले चरण में अधिकांश आतंकवादी नेताओं में से कुछ विशेषकर बंगाल में शक्ति पूजा में विश्वास करते थे। इस प्रकार की आस्था दूसरे चरण में नहीं दिखाई देती। यहाँ तक कि भगत सिंह ने स्वयं को नास्तिक बताया।

(4) जनता में चेतना उत्पन्न करने के प्रयास: दूसरे चरण में क्रांतिकारियों ने जनता में चेतना उत्पन्न करने का प्रयास किया। वे चाहते थे कि जनता उनके ध्येय को समझे जनता को अपनी विचारधारा से अवगत कराने के लिये एक दस्तावेज **दी फिलोसफी ऑफ बम** तैयार कर प्रचलित किया गया। इसमें क्रांति को सामाजिक, राजनीतिक एवं आर्थिक स्वाधीनता के रूप में परिभाषित किया गया था। इसी उद्देश्य से 1928 में भगत सिंह ने पंजाब में क्रांतिकारियों के खुले संगठन (भारत नौजवान सभा) के संगठन में मदद की।

भगत सिंह व बुटकेश्वर दत्त का केन्द्रीय सभा में बम फेंकने का उद्देश्य किसी की हत्या करना नहीं था बल्कि क्रान्तिकारियों के आदर्शों व उद्देश्यों की ओर जनता का ध्यान आकर्षित करना था।

(6) क्रान्तिवादी दर्शन का प्रचार: पहले चरण में क्रान्तिकारियों का मूल उद्देश्य विदेशी सरकार को उखाड़ फेंकना था। इस चरण में अरविन्द घोष ने क्रान्तिकारी विचारधारा पर प्रकाश डाला। लेकिन दूसरे चरण में क्रान्तिकारियों ने अपने दर्शन की व्याख्या की तथा उसका प्रचार किया।

(7) समाजवादी प्रभाव: हिन्दुस्तानी समाजवादी गणतंत्रीय समिति का उद्देश्य अंग्रेजी सम्राज्य की समाप्ति कर रूसी क्रान्ति और समाजवादी विचारधारा के प्रेरित एक संघीय गणतंत्र की स्थापना करना था। इससे स्पष्ट है कि दूसरे चरण में क्रांतिकारियों पर समाजवाद का प्रभाव था। एक प्रसिद्ध क्रान्तिकारी एम.एन.राय काफी समय तक रूस में रहे थे तथा लेनिन से उनका घनिष्ठ सम्पर्क था।

(8) किसानों व मजदूरों के लिये कार्य: 1929 से 1931 के मध्य भगत सिंह तथा उनके क्रान्तिकारी साथियों ने जो बयान दिये उसमें उन्होंने बुद्धिजीवी क्रान्तिकारियों के नेतृत्व में समाज के शोषित वर्ग-किसान व मजदूरों के लिये जन आन्दोलन करने का आह्वान किया। भगतसिंह ने जेल से एक खत में लिखा था कि (किसानो को विदेशी शासकों से ही मुक्ति नहीं पाना है, बल्कि उन्हें जमीदारों और पूंजीपतियों के चंगुल से भी मुक्त होना है।)

(9) साम्प्रदायिकता के विरुद्ध आवाज: 1920 के बाद भारत में साम्प्रदायिकता उभरने लगी थी। अतएव क्रान्तिकारियों ने साम्प्रदायिकता के विरुद्ध आवाज उठाना अपना कर्तव्य समझा। उनके मत में साम्प्रदायिकता उतनी ही खतरनाक थी जितना कि उपनिवेशवाद।

वास्तव में दूसरे चरण के क्रान्तिकारी लगातार अपने आदर्शों के बारे में विचार-विमर्श करते रहे। अतएव उनके विचारों में में तेजी के साथ बदलाव आते रहे। 1930-31 में भगत सिंह ने युवकों से अपील की कि वे क्रान्तिकारी आतंवाद का रास्ता छोड़ दें पर इस बात का सदैव ध्यान रखें कि इससे उनके बलिदानी साहस पर आँच न आए।

क्रान्तिकारियों की असफलता के कारण:

क्रांतिकारी अपने उद्देश्यों में सफल नहीं हो सके। वे जनमत में भी लोकप्रिय न हो सके। इसके कारण अनेक थे:

(1) जन आन्दोलन कि राजनीति का अभाव: ''बिपिन चंद के मत में'' प्रमुख बात तो यह थी कि इनकी राजनीति जन आन्दोलन नहीं थी। यद्यपि उन्होंने दूसरे चरण में आम जनता से सम्पर्क करने का प्रयास किया किन्तु राजनीतिक रूप से उसे उद्वेलित करने में वे असमर्थ रहे।''

(2) गाँधीजी का अहिंसात्मक आन्दोलन:1920 के बाद गाँधी जी के अहिंसात्मक आन्दोलन ने जनता को बहुत प्रभावित किया। उनका संदेश गाँव-गाँव तक पहुँच गया था। इस कारण भी क्रान्तिकारी सफल नहीं हो सके।

(3) भारतीय स्वभाव: स्वभाव से ही भारतीय हिंसा के विरुद्ध थे जब कि आतंक फैलाने के लिये क्रांतिकारियों को हिंसा का आश्रय लेना पड़ता था। हिंसात्मक कार्यों की व्यर्थता को उन्होंने भी समझा। केन्द्रीय विधान सभा बम कांड में भगत सिंह ने अदालत में कहा था ''क्रांति के लिये रक्तरंजित संघर्ष जरूरी नहीं है।''

(4) सरकारी दमन: पहले की भाँति आतंकवादी के दूसरे चरण में भी सरकार ने क्रान्तिकारियों का दमन किया। अनेक क्रान्तिकारियों को फाँसी दी गई, अन्य को आजीवन कारावास तथा अधिकांश को लम्बी सजाएँ दी गई।

(5) साधनों की कमी: क्रान्तिकारियों के पास धन की कमी थी। धन प्राप्त करने के उद्देश्य से ही काकोरी में सरकारी कोष लूटा गया था।

(6) प्रमुख राजनीतिक संगठनों की उनके प्रति उदासीनता: प्रमुख राजनीतिक संस्थाओं के नेताओं ने उन की देशभक्ति की सराहना अवश्य की किन्तु उन्हें किसी भी प्रकार का सहयोग नहीं दिया। बिपिन चंद के मत में राष्ट्रवाद के उद्देश्य के कारण ही क्रांतिकारियों को अपने देश वासियों का प्यार व आदर मिला। गाँधीजी ने भगत सिंह की शहादत के बाद कहा ''हमारे मस्तक भगत सिंह की देशभक्ति, साहस तथा भारतीय जनता के प्रति प्रेम तथा बलिदान के आगे झुक जाते है।''

क्रांतिकारियों का स्वतंत्रता संघर्ष में योगदान:

(1) युवको के प्रेरणा स्त्रोत: अपने बलिदानों से उन्होंने युवकों को देशभक्ति के लिये प्रेरित किया।

(2) समाजवाद का प्रसार: उब्ठरी भारत में समाजवादी विचारधारा के प्रचार-प्रसार में उनका योगदान उल्लेखनीय है। अनेक क्रान्तिकारी आतंकवादी का मार्ग छोड़ कर साम्यवादी अथवा समाजवादी दल में सम्मिलित हो गये।

बारीन्द्र घोष ने कहा था कि, ''इन तरीकों अर्थात् अंग्रेजों को मारने से हम देश को आजाद कराने की आशा नहीं करते हैं मगर हम लोगों को दिखाना चाहते हैं कि उन्हें देश की आजादी के लिये साहस के साथ मरने के लिए तैयार रहना चाहिए।'' इस संदेश को जनता तक पहुँचाने के लिये ही भगत सिंह व बटुकेश्वर दत्त ने केन्द्रीय विधान सभा में बम फेंका था। अतएव उन्होंने देशवासियों को साम्राज्यवाद से जूझने तथा उसके लिये बलिदान देने की प्रेरणा दी। बिपिन चन्द्र के अनुसार यह कोई मामूली सफलता नहीं थी पर इस सफलता का लाभ परम्परागत कांग्रेसी नेताओं ने बटोर लिया जबकि क्रान्तिकारियों ने उन्हें बुर्जुआ और मध्य वर्ग कह कर उनकी निंदा की थी और यह आशा की थी कि उनका स्थान कोई नई शक्ति लेगी।''

चुने हुए विचारः

भगत सिंहः ''क्रान्ति की तलवार में धार वैचारिक पत्थर पर रगड़ने से ही आती है।
''रामप्रसाद बिस्मिल '' मैं अंग्रेजी साम्राज्य के पतन की इच्छा करता हूँ।''

महात्मा गाँधी: ''क्या आप उस लेख को नही देखेंगे जो यह क्रान्तिकारी अपने रक्त से लिख रहे है?''

अजाद हिन्द फौज तथा भारतीय नौ सेना के सैनिकों का विद्रोह

''तुम मुझे रक्त दो, मैं तुम्हें आजादी दूँगा।'' **–सुभाष चन्द्र बोस**

बिपिन चन्द्र के 1942 के विद्रोह को दबाने तथा द्वितीय विश्व–युद्ध के अन्त तक भारत में विशेष राजनीतिक गतिविधियाँ देखने को नहीं मिलती। इस समय की मुख्य घटना भारत की आजादी के लिए सुभाष चन्द्र बोस द्वारा दक्षिणी–पूर्वी एशिया के कुछ देशों में आजाद हिन्द फौज का निर्माण करना था।

सुभाष चन्द्र बोस का भारत से पलायनः

1939 में सुभाष चन्द्र बोस कांग्रेस से अलग हो गये। जुलाई,1940 में सरकार ने उन्हें भारत रक्षा के तहत गिरफ्तार कर लिया। 29 नवम्बर, 1940 को उन्होंने जेल में भूख हड़ताल कर दी। उनकी बिगड़ती हुई दशा को देखते हुए सरकार ने उन्हें उनके मकान में नजरबंद कर लिया। लेकिन 17 जनवरी, 1941 की रात को वे पुलिस को चकमा देकर भाग गये। वे सबसे पहले अफगानिस्तान गये। कुछ समय बाद वे रूस जा पहुँचे। 28 मार्च, 1941 को सुभाष बोस बर्लिन पहुँच गये। जर्मनी में उन्होंने यह प्रयत्न किया कि धुरी राष्ट्र उनको सहायता दें, भारतीय युद्धबन्दियों की एक सेना बनाने में मदद करें। तथा भारत की स्वाधीनता की घोषणा करें। जर्मनी ने उनकी तीसरी माँग को नहीं माना। इस समय वे नेताजी के नाम से प्रसिद्ध हो गये। इस बीच रूस व जर्मनी में युद्ध छिड़ गया।

सूदूर पूर्व की घटनाएँ व आजाद हिन्द फौज का गठनः

सूदूर पूर्व में जापान निरन्तर एक के बाद एक सफलता प्राप्त कर रहा था। 15 फरवरी, 1942 ईसवी को जापानियों ने सिंगापुर पर अधिकार कर लिया। 28 मार्च, 1942 को रास बिहारी बोस ने टोकियो में एक सम्मेलन बुलाया। इसमें निश्चित किया गया कि भारतीय अफसरों के मातहत एक भारतीय राष्ट्रीय सेना संगठित की जाये। 23 जून, 1942 ईसवी को बर्मा, मलाया, थाइलैंड, हिन्द–चीन, फिलीपीन्स, जापान, चीन, इण्डोनिशिया, हांगकांग और अण्डमान के लगभग 100 प्रतिनिधियों का सम्मेलन रास बिहारी बोस की अध्यक्षता में बैंकाक में हुआ। इसमें भारतीय स्वाधीनता लीग की नियमित स्थापना की गई तथा सुभाष बोस को पूर्वी एशिया में बुलाने को फैसला किया गया। बैंकाक सम्मेलन में भारतीय सैनिकों और पूर्वी एशिया के भारतीयों की एक सेना बनाने का निश्चय भी किया गया।

इस बीच जापानियों ने उब्ठरी मलाया में ब्रिटिश सेना को पराजित किया। वहाँ पहली भारतीय बटालियन के कप्तान मोहन सिंह व उसके सैनिकों को मजबूर होकर आत्मसमर्पण करना पड़ा। जापानियों के कहने पर वे भारत की स्वतंत्रता के लिए सहयोग करने को तैयार हो

गये। सिंगापुर के चालीस हजार भारतीय युद्ध बंदी भी आजाद हिंद फौज के सेनापति मोहन सिंह को सुपुर्द किये गये। बैंकाक सम्मेलन तक 25 हजार भारतीय युद्ध बन्दी आजाद हिन्द फौज में भर्ती हो चुके थे। दक्षिणी पूर्वी एशिया के विभिन्न प्रदेशों में रहने वाले भारतीय नागरिक भी इसमें भर्ती हो गये।

सुभाष चन्द्र बोस का नेतृत्व व आजाद हिन्द फौज की गतिविधियाँ:

मोहन सिंह चाहते थे कि आजाद हिन्द फौज को कार्यवाही के लिए स्वतंत्र रखा जाय लेकिन जापानी ऐसा नहीं चाहते थे। इसमें दोनों पक्षों में तनाव बढ़ गया। मोहन सिंह को गिरफ्तार कर लिया गया। फरवरी, 1943 ईसवीं में सुभाष बोस एक जर्मन यू बोट से जापानी पनडुब्बी में सबार हुए तथा सुमात्रा होते हुए टोक्यो पहुँच गये। जापान के प्रधान मंत्री ने उनका स्वागत किया। सिंगापुर में रास बिहारी बोस ने सुभाष को नेतृत्व सौंपा। यहाँ उन्होंने स्वतंत्र भारत की सरकार बनाने और आजाद हिन्द फौज को लेकर हिन्दुस्तान जानें की घोषणा की। उन्होंने 'दिल्ली चलो' का नारा दिया। धुरी राष्ट्रों और पूर्वी एशिया की जापानियों द्वीरा नियन्त्रित सरकारों ने आजाद हिन्द फौज कि अस्थाई सरकार को मान्यता प्रदान की। जापान ने दिसम्बर 31, 1943 ईसवी को अण्डमान व निकोबार का प्रशासन इस सरकार को सौंप दिया। इनका नाम क्रमश: 'शहीद' और 'स्वराज्य' रखा गया।

आजाद हिन्द फौज के कुछ दस्ते जनवरी, 1944 ईसवी में रंगून पहुँचे। शीघ्र ही सुभाष बोस ने रंगून में अपनी फौज को विभिन्न टुकड़ियों में बाँटा। फरवरी, 1944 ईसवी में आजाद हिन्द फौज रंगून से रवाना हुई। मई, 1944 ईसवी में इसका एक दस्ता कोहिमा जा पहुँचा। इस स्थान पर अधिकार करके उन्होंने तिरंगा झण्डा लहराया। ब्रिटिश सेनाओं ने विभिन्न मार्गों से बढ़ रहे दस्तों पर भारी हमले किये। जापानियों ने उनहें सहायता नहीं पहुंचाई। लड़ाई, भूखमरी और बीमारी के कारण आजाद हिन्द फौज के सैनिकों की दशा बिगड़ने लगी। 1944 ईसवी के मध्य में बर्मा पर अंग्रेजों का पुन: कब्जा हो गया। सुभाष बोस वहाँ से चले गये। ऐसा बताया जाता है कि अगस्त, 1945 ईसवी मे जापान में ताई हौकू हवाई अड्डे पर उनका हवाई जहाज क्षतिग्रस्त हो गया तथा सुभाष बोस की मृत्यु हो गयी। भारत में आजाद हिन्द फौज के अफसर व सैनिक गिरफ्तार कर लिये गये।

आजाद हिन्द फौज का भारत का अधिकार करने में असफलता व उसके कारण:

इसमें कोई संदेह नहीं की आजाद हिन्द फौज के सैनिकों ने त्याग व देश प्रेम की भावना से प्रेरित होकर काम किया तथा भारत की ओर बढ़ते समय अनेक कष्ट सहे। लेकिन वे अपने लक्ष्य को प्राप्त न कर सके। इसका वास्तविक कारण हमें उनके द्वारा अन्तर्राष्ट्रीय परिस्थितियों और शक्तियों के सही मूल्यांकन के अभाव में खोजना होगा। आजाद हिन्द फौज के नेता यह समझते थे कि धुरी राष्ट्रों की जीत होगी। लेकिन सुभाष चन्द्र बोस के टोक्यों पहुँचने के समय तक फासिष्ट शक्तियों की हार आरम्भ हो गई थी। जापान ने शुरू से ही आजाद हिन्द फौज को कार्यवाही को स्वतंत्रता नहीं दी। उन्होंने इस फौज को समुचित सहायता भी नहीं प्रदान की। आजाद हिन्द फौज के पास अच्छे अस्त्रों, धन व रसद की कमी हमेशा बनी रही। ब्रिटिश सरकार ने भारत की सीमा पर उनके विरुद्ध सशक्त सेनाएँ भेजी। लेकिन उनका बलिदान असफल नहीं रहा उन्हें जनता में देश प्रेम की भावना कूट-कूट कर भर दी।

आजाद हिन्द फौज के अधिकारियों पर मुकदमाः

भारत सरकार ने आजाद फौज के तीन अफसरों–शाह आलम, ढिल्लन और सहगल–पर देहली में एक फौजी अदालत में मुकदमा चलाया। उनकी पैरवी का प्रबंध कांग्रेस की ओर से किया गया। सारे देश में इन अफसरों की रिहाई की माँग की। तीनों को मृत्यु दण्ड दिया गया। इसके विरोध में देश भर में हड़तालें, प्रदर्शन व सभायें हुई। कई स्थानों पर प्रदर्शनकारियों तथा पुलिस में मुठभेड़ हुई। अन्त में इन तीनो को मौत के स्थान पर लम्बी-लम्बी सजायें दी गई। स्वतंत्रता प्राप्ति के समय इन्हें रिहा किया गया।

1937 के चुनाव के बाद मुस्लिम लीग के चरित्र में आये परिवर्तन

1937 के चुनाव के बाद मुस्लिम लीग में अत्यधिक उग्र भावना विकसित हो गयी। इसका प्रमुख उद्देश्य सहधर्मियों का सहयोग एवं समर्थन प्राप्त करना बन चुका था। जिन्ना के नेतृत्व में मुस्लिम लीग एक अत्यधिक कट्टर साम्प्रदायिक पार्टी बन गई। उसने संगठित भारत के खतरे के बारे में कहा और बताया कि बहुसंख्यक हिन्दू अल्पसंख्यक मुसलमानों को पूर्ण रूप से नष्ट कर देंगे। सन् 1940 ई. में मुस्लिम लीग ने अपने लाहौर अधिवेशन में एक प्रस्ताव पास कर भारत विभाजन एवं पाकिस्तान के निर्माण की मांग की।

कम्यूनल एवार्ड

16 अगस्त 1932 को ब्रिटिश प्रधानमंत्री राम्जे मैक्डोनल्ड ने अपना साम्प्रदायिक निर्णय सुना दिया। साथ ही यह भी घोषित किया कि यदि भारतीय राजनीतिज्ञ इसकी अपेक्षा किसी अन्य योजना पर एक मत हो जाते हैं, तो ब्रिटिश शासन संसद से उसे लागू करने की अनुशंसा कर देगा।

निर्णय की शर्तें–

1. प्रान्तीय विधान मण्डलों में ही केवल स्थानों का बंटवारा किया गया। केन्द्रीय विधान मण्डलों के विशय में कुछ भी निश्चित नहीं किया गया।

2. मुसलमानों, सिक्खों, भारतीय ईसाईयों, ऐंग्लों–इण्डियनों एवं स्त्रियों के लिए पृथक निर्वाचन पद्धति की व्यवस्था की गई।

3. श्रम, व्यापार, उद्योग, जमींदारों एवं विश्वविद्यालयों के लिए भी पृथक, निर्वाचन पद्धति की व्यवस्था की गई, पर इनके स्थान निश्चित कर दिये गये। मुसलमानों, सिक्खों एवं यूरोपियन मतदाताओं को छोड़कर शेष सम्प्रदायों (हिन्दुओं आदि) के लिये साधारण चुनाव क्षेत्र बनाये गये।

4. हरिजनों व दलित वर्ग को अल्पमत स्वीकार किया गया। हरिजनों को पृथक निर्वाचन का अधिकार दिया गया तथा उन्हें साधारण निर्वाचन में भी एक अतिरिक्त मत देने का अधिकार दिया गया।

5. जिन प्रान्तों में मुसलमान अल्पसंख्यक थे, वहाँ उन्हें उनकी जनसंख्या से अधिक स्थान दिये गये, पर हिन्दुओं को ऐसी सुविधायें नहीं दी गईं।

6. पंजाब में सिक्खों एवं बंगाल में यूरोपियनों को जनसंख्या से अधिक स्थान दिये गये।

सन् 1930 के पश्चात् क्रान्तिकारियों की गतिविधियों में कमी आने के कारण

लाहौर षड्यंत्र 1915 की असफलता के बाद क्रान्तिकारी बिखर गये। शासन ने तीव्रता से दमन–चक्र चलाया। शासन ने कुख्यात *'रोलेट एक्ट'* पास करके भाषण की स्वतंत्रता पर रोक लगा दी, जिसका भारतीयों ने विरोध किया। अप्रैल 1919 को इस काले कानून के विराध में एक सभा जलियां वाला बाग (अमृतसर) में हो रही थी। पर पंजाब के गवर्नर ओडायर के आदेश से जनरल डायर ने गोली चला दी। लगभग 1650 गोलियाँ चलाई गईं। हण्टर कमेटी के अनुसार गोली वर्षा से 379 व्यक्ति मारे गये तथा 1200 व्यक्ति घायल हुए। कांग्रेस द्वारा नियुक्त जाँच कमेटी के अनुसार कम सें कम एक हजार व्यक्ति मारे गये। इस क्रूर हत्याकांड से देशभर में रोष फैल गया।

महात्मा गाँधी के नेतृत्व में स्वराज्य की प्राप्ति के लिए असहयोग एवं खिलाफत आन्दोलन (1920–22) चलाया गया था। परन्तु ये आन्दोलन अधिकतर निष्फल ही सिद्ध हुए, अतः क्रान्तिकारियों ने पुनः सशस्त्र संघर्ष प्रारम्भ कर दिया।

हिन्दुस्तान जानतान्त्रिक संघ– शचीन्द्र सान्याल तथा यतीन्द्र मुखर्जी ने 1920 में इस क्रान्तिकारी संस्था का संगठन किया। क्रान्तिकारियों के दमन के लिए शासन ने 25 अक्टूबर, 1924 को बंगाल 'आर्डिनेन्स' नामक दमनकारी कानून पास किया।

काकोरी षडयन्त्र, 9 अगस्त, 1925–राम प्रसाद बिस्मिल, अशमाकुल्लाह, शचीन्द्र सान्याल, राजेन्द्र लाहिड़ी, चन्द्रशेखर आजाद, मन्मथनाथ गुप्त आदि क्रान्तिकारियों ने धनाभाव को दूर करने के लिये ट्रेन से सरकारी खजाना लूट लिया। फलतः *'काकोरी षडयन्त्र'* के नाम से एक केस चला। सरकार ने क्रान्तिकारियों को कुचलने का प्रयास किया। इस केस में बिस्मिल, अशफाकुल्लाह, राजेन्द्र लाहिड़ी एवं रोशन सिंह को फांसी की सजा मिली। सरकार के दमनचक्र के कारण क्रान्तिकारी बिखर गये।

हिन्दुस्तान सोशलिस्ट रिपब्लिकन आर्मी–साईमन कमीशन (1928) का प्रत्येक भारतीय ने विशेष रूप से विरोध किया था। सम्पूर्ण देश में अनेक विरोध स्वरूप विशाल जुलूस निकाले गये थे। ऐसे ही जुलूस का नेतृत्व करते हुए लाला लाजपत राय पर पुलिस ने लाहौर में 5 अक्टूबर, 1928 को लाठियाँ बरसाईं, जिससे 17 नवम्बर को उनकी मृत्यु हो गई।

सांडर्स की हत्या–क्रान्तिकारियों ने सरदार भगतसिंह के नेतृत्व में हिन्दुस्तान प्रजातान्त्रिक संघ का पुनर्गठन कर उसका नाम *'सोशलिस्ट रिपब्लिकन आर्मी'* रखा और इस राष्ट्रीय अपमान का बदला लेने के लिये सम्बद्ध हो गये।

17 दिसम्बर, 1928 को अंग्रेज पदाधिकारी सांडर्स की हत्या करके क्रान्तिकारियों ने राष्ट्रीय अपमान का बदला लिया।

असेम्बली बम काण्ड– हिन्दुस्तान रिपब्लिकन आर्मी का अगला महत्त्वपूर्ण कार्य 8 अप्रैल, 1929 को सम्पन्न हुआ। दिल्ली की केन्द्रीय असेम्बली में सार्वजनिक सुरक्षा अधिनियम पर बहस चल रही थी। जनता इस बिल के विरुद्ध थी। जनता की आवाज शासन के बहरे कानों तक पहुँचाने के लिए क्रान्तिकारियों ने योजना बनाई कि असेम्बली में एक अहिंसक बम विस्फोट किया जाये। भगतसिंह एवं बटुकेश्वर दत्त को यह काम

सौंपा गया। बम विस्फोट के समय दोनों क्रान्तिकारियों द्वारा सदन में एक पर्चा फैंका गया, जिसमें लिखा था– **'बहरों को सुनाने के लिये बमों की आवश्यकता है।'**

23 मार्च, 1931 को भगतसिंह, राजगुरु एवं सुखदेव को प्राणदण्ड दिया गया। अन्य क्रान्तिकारियों को भी सजायें हुईं।

चन्द्रशेखर आजाद के कार्य– आजाद मुख्य रूप से काकोरी षड्यन्त्र के प्रमुख सहयोगी थे एवं साथ ही फरार भी थे। सरदार भगतसिंह को जेल से मुक्त कराने का भी उन्होंने भरपूर प्रयास किया था, जो कि असफल ही रहा। भगतसिंह को प्राणदण्ड सुनाया गया। अतः बदला लेने के लिए 22 दिसम्बर, 1929 को क्रान्तिकारियों ने वायसराय लार्ड इरविन की ट्रेन की पटरी के नीचे बम विस्फोट करके उलट दिया। परन्तु इस बम विस्फोट में इरविन पूरी तरह से बच गया।

27 फरवरी, 1931 को इलाहाबाद के अल्फ्रेड पार्क में एक भारतीय गद्दार की मुखबरी के कारण चन्द्रशेखर आजाद को पुलिस द्वारा घेर लिया गया। वहीं पर वे लड़ते हुए शहीद हो गये।

आजाद के शहीद होने के बाद हिन्दुस्तान सोशलिस्ट रिपब्लिकन आर्मी का नेतृत्व यशपाल ने सम्भाला, लेकिन 23 जनवरी, 1932 को वे भी गिरफ्तार हो गये। यशपाल को 14 वर्ष की सजा हुई। इस प्रकार क्रान्तिकारी आन्दोलन पूर्ण रूप से समाप्त हो गया।

क्रिप्स आन्दोलन के मुख्य प्रस्ताव

सर स्टेफर्ड ब्रिटिश संसद के समाजवादी सदस्य थे। ब्रिटेन के पक्ष में सोवियत रूस उन्हीं के प्रयत्नों से युद्ध में शामिल हुआ था। वे पं. जवाहर लाल नेहरू के मित्र थे। वे इसके पूर्व दो बार और भी भारत आ चुके थे। 22 मार्च, 1942 को वे भारत आये और लगभग 3 सप्ताह तक भारतीय राजनीतिज्ञों से विचार–विमर्श करते रहे।

क्रिप्स योजना– भारत में गतिरोध को दूर करने के लिए क्रिप्स ने जो योजना भारतीयों के सामने प्रस्तुत की उसके दो भाग थे–(अ) युद्ध के दौरान लागू होने वाले प्रावधान एवं (ब) युद्ध के बाद लागू होने वाले प्रावधान। इनका प्रमुख विवरण निम्न प्रकार है–

युद्ध के दौरान लागू होने वाले प्रावधान–युद्ध के दौरान होने वाले मुख्य प्रावधान निम्न प्रकार थे–

1. ब्रिटिश सरकार का भारत की सुरक्षा के लिये उत्तरदायित्व–ब्रिटिश शासन इस नाजुक समय में एवं भारत का संविधान बनने तक भारत की सुरक्षा का दायित्व वहन करेगा।

2. ब्रिटिश सरकार का नियंत्रण एवं निर्देशन–भारतीय सुरक्षा साधनों को, विश्वव्यापी युद्ध के निर्णायक दौर में पहुँचाने के लिए ब्रिटिश सरकार नियंत्रित एवं निर्देशित करेगी।

3. विभिन्न साधनों का संगठन– शासन भारतीय जनता के सहयोग से भारत के फौजी, नैतिक एवं भौतिक साधनों को संगठित करेगा, एवं

4. भारतीयों के सहयोग की आवश्यकता–शासन भारतीय राजनीतिज्ञों का पूरा सहयोग ब्रिट्रेन, राष्ट्रमण्डल एवं मित्र राष्ट्रों के परामर्श में चाहेगा।

युद्ध के बाद लागू होने वाले प्रावधान–

1. औपनिवेशिक स्वराज्य– एक नये भारतीय संघ की स्थापना कर इसे औपनिवेशिक स्वराज्य दिया जायेगा। इसे अपनी इच्छानुसार राष्ट्र संघ से सम्बन्ध विच्छेद करने का अधिकार होगा। यह ब्रिटिश शासन का अन्तिम ध्येय है।

2. नवीन संविधान–भारत का संविधान बनाने के लिए एक निर्वाचित निकाय गठित किया जायेगा। इसका निर्वाचन समानुपातिक प्रतिनिधित्व के आधार पर प्रान्तीय विधान मण्डलों के नवीन चुनाव कराये जायेंगे। संविधान निकाय में देशी रियासतों को भी प्रतिनिधित्व दिया जायेगा।

3. संविधान सभी की रचना– युद्ध की समाप्ति के पूर्व यदि भारतीय राजनीतिज्ञ किसी अन्य व्यवस्था पर एकमत न हो पायें, तो प्राथमिक निर्वाचन (प्रान्तीय विधान मण्डल) के बाद प्रान्तीय निम्न सदनों द्वारा आनुपातिक प्रतिनिधि पद्धति से संविधान सभा के प्रतिनिधि चुने जायेंगे। रियासतों एवं प्रान्तों के प्रतिनिधि की शक्तियाँ बराबर होंगी।

4. प्रान्तीय संविधान–सम्राट की सरकार इस प्रकार से बनाये गये संविधान को लागू करने की गारन्टी करती है। पर शर्त यह है कि जिन ब्रिटिश भारतीय प्रान्तों को यह संविधान पसन्द न होगा, वे अपनी वर्तमान संविधानिक स्थिति को बनाये रख सकेंगे अथवा उन्हें अपना नया संविधान बनाने का पूर्ण अधिकार होगा। यदि ऐसे प्रान्त बाद में भारतीय संघ में शामिल होना चाहें, तो वे ऐसा कर सकेंगे। सभी पृथक प्रान्त भारतीय संविधान के समान ही होंगे।

5. सम्राट की सरकार एवं नया संविधान–सम्राट की सरकार एवं नवीन संविधान परिषद् के मध्य एक संधि होगी, जिसमें शक्ति के हस्तान्तरण से उत्पन्न विशयों के सम्बन्ध में व्यवस्थायें होगीं। अल्पसंख्यकों की सुरक्षा का प्रबन्ध किया जायेगा। इस संधि से भारत की भावी विदेश नीति अप्रभावित रहेगी। क्रिप्स योजना की अन्तिम विशेषता यह थी कि इसमें दिये गये प्रावधानों में परिवर्तन अथवा संशोधन की गुंजाइश नहीं थी। भारतीय इसे स्वीकार भी कर सकते थे साथ ही वे इसे अपनी इच्छानुसार अस्वीकार भी कर सकते थे।

कांग्रेस की प्रतिक्रिया–इस योजना में कांग्रेस की केवल दो मांगों को स्वीकार कर लिया गया था।

1. भारत को युद्ध के बाद स्वराज्य (औपनिवेशिक) दिया जाये एवं ब्रिटेन अथवा कामनवेल्थ से संबंध तोड़ने की स्वतंत्रता, तथा
2. कांग्रेस द्वारा की जाने वाली संविधान सभा की मांग।

इसमें निम्नलिखित प्रमुख दोष थे–

1. अल्पसंख्यक वर्ग के बारे में क्रिप्स के प्रस्ताव अनिश्चित थे।
2. वायसराय की सारी शक्तियों को ज्यों का त्यों रखा गया था।

3. यह बिल्कुल भी स्पष्ट नहीं था कि कथित संधि के समय ब्रिटेन, संविधान सभा से कौन–कौन सी शर्तें मनवाना चाहेगा। जिसके परिणामस्वरूप कांग्रेस ने यह योजना स्वीकार नहीं की।

क्रिप्स योजना पर मुस्लिम लीग की प्रतिक्रिया–मुस्लिम लीग ने अपने 11 अप्रैल, 1942 के प्रस्ताव द्वारा क्रिप्स योजना को पूर्ण रूप से अस्वीकार कर दिया। इसके प्रमुख कारण निम्न प्रकार थे–

1. इस योजना में मुख्य रूप से सम्पूर्ण भारत को एक रखने की कोशिश की गई थी।

2. संविधान सभा में अल्पसंख्यकों को बहुसंख्यकों की दया पर छोड़ दिया गया था।

3. प्रान्तों के विधान मण्डलों में अल्पसंख्यकों को प्रतिनिधित्व सन्तोषजनक नहीं था।

4. प्रांतों का संघ से अलग रहने का अधिकार अस्पष्ट था। इस संबंध में प्रान्त का भी मत जानने की कोई प्रभावशाली व्यवस्था प्रस्तावित नहीं की गई थी।

5. लीग का विश्वास था कि इस योजना द्वारा मुस्लिम पृथक राष्ट्र के निर्माण को सुदूर सम्भावना के क्षेत्र में धकेल दिया गया है।

क्रिप्स योजना पर अन्य भारतीय दलों की प्रतिक्रिया–भारतीय सिक्ख सम्प्रदाय पंजाब को भारतीय संघ से स्वायत्ता या पृथक होने का अधिकार देने के पक्ष में न था, क्योंकि इससे पंजाब के बहुसंख्यक मुसलमान सिक्खों को शासित करने की स्थिति में आ जाते। अतः सिक्खों ने क्रिप्स योजना अस्वीकार कर दी।

क्रिप्स की वापसी–भारत के राजनीतिक दलों ने क्रिप्स के प्रस्तावकों को अस्वीकार कर दिया। इसलिए क्रिप्स ने अपने प्रस्ताव वापिस ले लिये एवं इंग्लैंड के लिए रवाना हो गया। वास्तव में क्रिप्स योजना का प्रस्ताव अमेरिका के आग्रह पर किया गया था और उसका वास्तविक उद्देश्य भारतवासियों को नहीं, बल्कि अमेरिका की जनता को संतुष्ट करना था।

सन् 1945 के पश्चात् ब्रिटिश सरकार के मनोभाव में परिवर्तन के कारण

अंग्रेजों के मनोभाव में परिवर्तन आने के अनेक कारण थे, जिनमें से प्रमुख निम्न प्रकार थे–

1. द्वितीय विश्व युद्ध 1945 में समाप्त हो गया था। इस युद्ध ने विश्व में शक्ति–संतुलन को बदल दिया था। संयुक्त राज्य अमरीका एवं सोवियत संघ बड़ी शक्तियों के रूप में उभरकर सामने आए थे। ब्रिटेन युद्ध विजयी रहा था परन्तु सैनिक एवं आर्थिक दृष्टि से बहुत ही हानि उठाने के कारण उसकी आर्थिक एवं राजनीतिक सत्ता छिन्न–भिन्न हो गई थी।

2. 1945 के चुनाव में लेबर पार्टी सत्ता में आ गई जिसके नेता एटली थे। लेबर पार्टी साम्राज्यवाद विरोधी थी और वह भारत को स्वतंत्रता देने के लिए वचनबद्ध थी।

3. ब्रिटिश भारत की सरकार अब अपने आधार स्तम्भ राजतंत्र एवं सशस्त्र सेनाओं पर निर्भर कदापि नहीं रह सकती थी, क्योंकि उसमें विद्रोह के चिन्ह बड़े ही स्पष्ट दिखाई

देने लगे थे। अब कांग्रेस राष्ट्रीय आन्दोलन को कुचलने के लिए इन पर किसी भी परिस्थिति में निर्भर नहीं रह सकते थे।

4. भारतीय जनता का विश्वासपूर्ण एवं कृतसंकल्प मनोभाव स्पष्ट हो चुका था। अंग्रेजों को यह बिल्कुल स्पष्ट हो गया था कि भारतवासी अब विदेशियों के अपमान को किसी भी कीमत पर और अधिक सहने के लिए कदापि तैयार नहीं थे।

5. कलकत्ता के छात्रों ने आजाद हिन्द फौज के बन्दियों की रिहायी के लिए एक विशेष विरोध प्रदर्शन किया। 11 फरवरी, 1946 ई. को आजाद हिन्द फौज के अधिकारी अब्दुर रशीद को दिए गए सात वर्ष के कारावास दण्ड के विरोध में छात्रों ने एक विशाल प्रदर्शन किया, एक सप्ताह बाद 18 फरवरी, 1946 ई. को रॉयल इण्डियन नेवी ने बम्बई में हड़ताल कर दी। इन घटनाओं ने सिद्ध कर दिया कि लोगों के मन में अंग्रेजों के प्रति भारी विरोध की भावना थी।

6. बम्बई एवं कलकत्ता में विभिन्न हड़तालें की गईं। विभिन्न स्थानों पर अनेक दुकानें लूटी गईं, थानों को जलाया गया एवं सार्वजनिक यातायात को पूरी तरह से रोक दिया गया। इनके समर्थन में सेना एवं वायुसेना ने भी हड़ताल की। निःसन्देह ये विद्रोह सत्ता को कड़ी चुनौती थे।

प्रारम्भिक राष्ट्रवादियों की विचारधारा कार्यक्रम और उपलब्धियाँ

कांग्रेस तो केवल एक ''सूक्ष्मदर्शी अल्पसंख्या'' का प्रतिनिधित्व करती है और कांग्रेस की माँग तो केवल ''अज्ञात में छलांग'' मारने के समान है। **–लार्ड डफरिन**

कांग्रेस के इतिहास के प्रथम बीस वर्षो में नरम दल अथवा उदारवादियों का प्रभाव बना रहा। सुमित सरकार के अनुसार निश्चय ही इस कालावधि में कांग्रेस के लक्ष्यों और गतिविधियों की पद्धति में मौटे तौर पर एकरूपता देखी जा सकती है।

इस समय में कांग्रेस पर पाश्चात्य शिक्षा प्राप्त बुद्धिजीवियों का प्रभाव था। उनके साथ संपतिधारी समूहों के कुछ व्यक्ति भी थे। इन संपतिधारी समूहों में बंबई के कुछ उद्योगपति, कुछ व्यापारिक घराने और लगभग सर्वत्र भूस्वामी अथवा जोतधारी सम्मलित थे। उनकी निजी जवन शैली अंग्रेजी पद्धति पर आधारित थी। अपने-अपने व्यवसायों में सफल होने के कारण राजनीतिक गतिविधियों के लिए उनके पास अधिक समय नहीं रहता था। उदाहरण के तौर पर फीरोज शाह मेहता अत्यधिक व्यस्त रहते थे। अनेक शीर्षस्थ कांग्रेसी नेताओं ने अभिताज्य जीवन शैली अपना ली थी। समाज के मध्यम व निम्न वर्ग से उनका सम्बन्ध नहीं था। कांग्रेस में भाग लेने वाले अधिकतर व्यक्ति नगरों से आते । इस प्रकार का जीवन व्यतीत करने वाले व्यक्तियों से इन्कलाबी अथवा जन-आन्दोलन का समर्थन करने की आशा नहीं की जा सकती थी। रूसी लेखक जी.जी. कॉटोवास्की के अनुसार आरम्भ में भारतीय राष्ट्रीय आन्दोलन को भारतीय बुर्जुआ वर्ग का समर्थन मिला और वहीं उसका प्रवक्ता बना।

उदारवादी नेताओं के विचार व आस्थाएँ-मुख्य रूप से शिक्षा की पृष्ठभूमि के कारण कांग्रेस के नेता अंग्रेजी इतिहासकार और संस्कृति की सराहना करते थे। उनके मत में भरत में अंग्रेजी राज्य की स्थापना ''देवी कृपा'' थी। उनका यह दृढ़ विश्वास कि अंग्रेजी राज्य प्रजा के

हित में है। अतएव वे अंग्रेजों को भारत का हितैषी मानते थे। वे विश्वास करते थे कि समय के साथ-साथ अंग्रेज उन्हें पाश्चात्य परम्परा के सर्वोत्तम मापदण्डों के अनुसार स्वशासन के योग्य बना देंगे। 1886 में कांग्रेस के अध्यक्ष दादा भाई नैरोजी ने अंग्रेजी राज्य के वरदानों का मुक्त कण्ठ से गुणगान किया। 1898 के कांग्रेस अधिवेशन के अध्यक्ष आनंद बोस ने कहा कि शिक्षित वर्ग अंग्रेजों का मित्र है शत्रु नहीं। इस प्रकार यह माना जाता था कि भारत की प्रगति में अंग्रेजी साम्राज्यिक प्रशासन बाधा नहीं है अपितु वास्तविक बाधा है भारतीयों की सामाजिक तथा आर्थिक पिछड़ापन या ऐग्लों इंडियन नौकरशाहों की प्रतिक्रियावादी नीति।

वास्तव में नरम दल के नेता अंग्रेजों के इस प्रचार से प्रभावित थे कि अंग्रेजों का भारत में बना रहना भारत के हित में है। उन्हें यह आशंका थी कि यदि अंग्रेजी साम्राज्य का अन्त हो गया तो भारत में अराजकता तथा अव्यवस्था फैल जायगी। शान्ति व व्यवस्था बनाये रखने के लिए अंग्रेजी शासन का बने रहना आवश्यक था। इस प्रकार के विचारों को गोपाल कृष्ण गोखले ने व्यक्त किया था। वास्तव में नरम दल के नेता ऐसा कुछ करने को तैयार नहीं थे जिससे साम्राज्य निर्बल हो। इस प्रकार सम्राज्यवादी संस्कृति में पनपे इन नेताओं का विश्वास था कि भारत में अंग्रेजी साम्राज्य बना रहे।

कार्य पद्धति-प्रत्येक वर्ष के अंत में कांग्रेस का एक त्रिदिवसीय अधिवेशन होता था जो एक राजनीतिक सभा के साथ-साथ एक महान सामाजिक अवसर भी होता था। कांग्रेस के अधिवेशनों के अध्यक्ष लम्बे-लम्बे भाषण देते थे। इन भाषणों के आरम्भ में अंग्रेजों की न्यायप्रियता के प्रति विश्वास प्रकट किया जाता था। वे संवैधानिकवाद में तथा क्रमवाद में विश्वास करते हुए अंग्रेज सरकार से प्रार्थना और याचना करते थे। अपने प्रस्तावों के स्वीकार न होने पर वे विरोध भी प्रकट करते थे। लेकिन उनकी नीति ब्रिटिश सरकार से सहयोग करने की थी न कि विरोध करने की। केम्ब्रिज विद्धानों ने इस कार्य पद्धति को होड़ तथा सहयोग बताया है लेकिन उग्रवादियों ने इसे भिखमंगी राजनीति का दर्जा दिया है। **नरम दलीय राजनीति के प्रमख चरणः** सुमित सरकार ने नरम दलीय राजनीति को मौटे तौर पर तीन चरणों में बांटा है:

पहला चरण (1885-1892): इस समय में कांग्रेस पर ह्यूम छाए रहे। केवल वे ही इसके पूर्णकालिक कार्यकर्ता थे। कांग्रेस के पहले पाँच अधिवेशनों में उपस्थिति तेजी के साथ बढ़ी। 1885 के प्रथम अधिवेशन में केवल 72 प्रतिनिधियों ने भाग लिया था। जबकि 1889 के अधिवेशन में यह संख्या 2,000 हो गई। इससे स्पष्ट है कि कांग्रेस की गतिविधियों में लोगों की रुचि बढ़ी। इस अवधि में कांग्रेस ने संवैधानिक सुधार, प्रशासनिक सुधार व आर्थिक सुधार की माँगे प्रस्तुत कीं।

1887-88 में सैयद अहमद खाँ के नेतृत्व में सयुक्त प्रान्त के अभिजनों के एक वर्ग, जिनमें बनारस के हिन्दू राजा भी सम्मिलित थे, ने चुनी हुई कोंसिलों एवं परीक्षा द्वारा सेवाओं में भर्ती को कांग्रेस की माँगों का विरोध किया इस पर ह्यूम ने बदरूदीन तैयबजी के माध्यम से मुसलमानों को सहयोग प्राप्त करने का प्रयत्न किया। इसके पहले उन्होंने किसानों का सहयोग प्राप्त करने का प्रयास किया था। लेकिन ऐसे प्रयत्नों को विशेष सफलता नहीं मिली। अलीगढ़ के मुसलमान अभिजनों पर इसका प्रभाव नहीं पड़ा। सरकारी दृष्टिकोण को देखते हुए ह्यूम ने कृषकों के साथ अपना सम्पर्क समाप्त कर दिया तथा 1892 में इंग्लैण्ड चले गये।

दूसरा चरण (1892-1900): इस काल में कांगेस निष्क्रिय रही। समस्त निर्णय एक गुट द्वारा लिये जाते थे। इसमें प्राय: सुरेन्द्र नाथ बनर्जी, डब्ल्यू सी. बेनर्जी, आनन्द चार्लू और फीरोज शाह मेहता होते थे। रानाडे उनके सलाहकार थे। 1899 में फीरोज शाह ने अपना दबदबा स्थापित कर लिया। इस अवधि में कांग्रेस अपनी ब्रिटिश कमेटी के माध्यम से इंग्लैण्ड में आन्दोलन करने में लगी हुई थी। इसी काल में उग्रवादियों का उदय हुआ।

तीसरा चरण (1900-1905): कर्जन की नीतियों ने ने नरम पंथियों मे नवजीवन का संचार किया। इस समय गोखले का प्रभाव बढ़ा। दूसरी और तिलक ने नरम दल की नीतियों और कार्यप्रणाली का बढ़ता हुआ विरोध किया। नरम दल व गरम दल के बीच मतभेद बढ़ते गये। 1907 में सूरत के अधिवेशन में दोनों दलों के मतभेद खुले रूप से सामने आये। इस अवधि में कौंसिलों में सुधार की बात कम सुनाई देती है।

नरम दल की माँगें: कांग्रेस के प्रत्येक अधिवेशन में प्राय: एक से ही प्रस्ताव पारित किया जाते थे। जिनका सम्बन्ध मोटे तौर पर शिकायतों से होता था।

(अ) कांग्रेस की मुख्य राजनीतिक माँगें:

सुप्रीम कोर्ट एवं स्थानीय लेजिस्लेटिव काउंसिलों में सुधार की होती थी। कांग्रेस के प्रथम अधिवेशन से ही सर्वोच्च तथा प्रान्तीय विधान परिषदों के गठन, इन परिषदों की क्षमता में विस्तार इत्यादि की माँग की गई। कांग्रेस चाहती थी कि इन परिषदों में सदस्यों को बजट पर बहस करने एवं प्रश्न करने अथवा हस्तक्षेप करने के अधिकार दिये जायें। स्थानीय निकायों चैंबर्स ऑफ कॉमर्स को उनमें सम्मिलित करके उन्हें प्रतिनिधि बनाया जाय। 1892 के भारतीय परिषद अधिनिमय ने विधान परिषदों का विस्तार तो किया किन्तु ये सुधार कांग्रेस को संतुष्ट न कर सके। यद्यपि कांग्रेस उस समय स्वाय शासन अथवा जनतंत्र की माँग नहीं कर रही थी लेकिलन उनके नेतआओं को सरकार से यह आशा थी कि वह ब्रिटिश नमूने पर इस ओर धीरे-धीरे बढ़ेगी जब तक कि यह देश उप अपेक्षित किन्तु दूरस्थ लक्ष्य को प्राप्त नहीं कर लेता जिसे दादा भाई नैरोजी ने अस्पष्ट रूप से स्वायत्त शासन अथवा स्वराज्य जैसा कि इंग्लैण्ड अथवा उपनिवेशों में है, बताया था। संवैधानिक सुधारों की माँग को प्रत्येक वर्ष दोहराया गया किन्तु ब्रिटिश सरकार ने कांग्रेस की वास्तविक सक्रिय प्रतिनिधित्व की माँग को स्वीकार नहीं किया।

(ब) प्रशासनिक सुधार माँगे:

(1) इन माँगों में सबसे अधिक महत्त्व सरकारी सेवाओं के भारतीयकरण को दिया गया था। अपने प्रथम अधिवेशन में कांग्रेस ने प्रस्ताव पारित किया कि सेवा के पदों के लिये प्रतियोगिता इंग्लैण्ड और भारत में एक समय में होनी चाहिए जिससे कि अधिक संख्या में भारतीय इसमें भाग ले सकें। अंग्रेज प्रशासकों के मत में यह माँग अभिजन के छोटे से समूह को संतुष्ट करने के लिये की जाती थी ताकि उन्हें इंडियन सिविल सर्विस में प्रवेश करने का अवसर मिल सके किन्तु सुमित सरकार के अनुसार यह माँग इससे कहीं विस्तृत विषयों से जुड़ी हुई थी। भारतीयकरण से नस्लवाद पर प्रहार होता, इससे संपत्ति के दोहन पर भी रोक लगती क्योंकि श्वेत अधिकारियों को दिये जाने वाले मोटे वेतन और पेंशनों की रकम इंगलैण्ड चली जाती थी और साथ ही प्रशासन भारतीयों की आवश्यकताओं के प्रति अधिक संवेदनशील बनता। यद्यपि 1893 में इंगलैण्ड के

हाऊस ऑफ कॉमन्स ने इस माँग के पक्ष में एक प्रस्ताव पारित कर दिया किन्तु कुछ समय तक कार्यान्वित नहीं किया गया।

(2) स्वतंत्र न्यायपालिका का गठनः यूरोपीय उदारवाद की भावना से प्रेरित हो कर नरम दल के नेताओं ने कार्यपालिका तथा न्यायपालिका के कार्यों को अलग-अलग करने की माँग की। 1899 में कुछ अनुभवी अंग्रेज प्रशासकों, जिनमें लार्ड हॉबहाऊस भी थे, जो एक समय वायसराय की कार्यकारिणी के सदस्य भी रह चुके, इस माँग के समर्थन में अपना मत प्रकट किया। 1902 में पी.सी.रे. ने इस विषय मे अधिकृत विचारों तथा वक्तव्यों को एक पुस्तकालय के रूप में प्रकाशित किया।

(3) जूरी द्वारा मुकदमों की सुनवाईः कांग्रेस ने इस की भी माँग की। नरम दल के नेताओं ने बाद में जूरी के अधिकारों को कम करने का विरोध किया।

(4) शस्त्र कानून का निरस्त्रीकरणः नरम दल ने शस्त्र कानून को हटाने की माँग की।

(5) सेना में भारतीयों को उच्च पद व सैनिक अधिकारियों को भारत में शिक्षा देने की व्यवस्था : नरम दल के नेता चाहते थे कि भारतीय सेना में भारतीयों को अधिक उच्च पद दिये जायें। उन्होंने सैनिक अधिकारियों के लिये भारत में कॉलेज खोलने पर जोर दिया।

(6) जन साधारण में शिक्षा का प्रसार-जन साधारण में शिक्षा का प्रसार तथा उच्च व तकनीकी शिक्षा का प्रबन्ध अपने जीवन काल के आरंभिक दो दशकों में कांग्रेस ने लगातार इन दोनों माँगो के दुहराया।

(7) प्रशासनिक व सैनिक व्यय में कमीः कांग्रेस चाहती थी कि सरकार भारत के प्रशासनिक व सैनिक व्यय में कमी करे।

(8) पुलिस व्यवस्था में सुधारः नरम दल ने सरकार से पुलिस व्यवस्था में भी सुधार की माँग की।

(9) प्रेस व भाषण की स्वतंत्रताः आरंभ से ही कांग्रेस ने इस माँग पर जोर दिया। 1897 में बम्बई की सरकार द्वारा तिलक व उनके साथियों पर भाषणों और लेखों द्वारा असंतोष फैलाने के आरोप में मुकदमा चलाये जाने पर कांग्रेस ने अपना रोष प्रकट किया।

(10) सेक्रेटरी ऑफ स्टेट की भारतीय परिषद का अन्तः उदारवादियों ने भारतीय परिषद का अन्त करने माँग की।

कांग्रेस की उपर्युक्त माँगों में नस्ली समानता के साथ-साथ नागरिक अधिकारों की चिन्ता भी स्पष्ट दिखाई देती है।

(स) आर्थिक दृष्टिकोण माँगेः

कांग्रेस के अधिवेशनों में उठाये जाने वाले सभी मुद्दे देश की व्यापक गरीबी और संपत्ति के दोहन के विषय से ही जुड़े होते थे।

(1) संपत्ति का दोहनः दादा भाई नैरोजी, रमेश चंद्र दत्त आदि ने विभिन तरीकों से भारत से संपत्ति दोहन की आलोचना की। उन्होंने आंकड़ो द्वारा यह सिद्ध करने का प्रयत्न किया कि

भारत की बढ़ती हुई दरिद्रता के लिये अंग्रेजों की आर्थिक नीतियाँ ही उब्ठरदायी है। दादाभाई नैरोजी ने तो स्पष्ट रूप से कहा 'अंग्रेज भारत का रक्त चूस रहे हैं।' अतएव कांग्रेस के अधिवेशनों में इस नीति का अन्त करने की दिशा में सुझाव दिये जाते थे। इन सुझावों में निम्नांकित सुझााव महत्त्वपूर्ण थे:

स्थायी बन्दोबस्त का विस्तार: ब्रिटिश प्रान्तों में जहाँ स्थायी भूमि कर व्यवस्था नहीं है वहाँ इसे लागू किया जाय और जहाँ यह व्यवस्था लागू करना उचित न समझा जाय वहाँ अधिक कर निर्धारण पर प्रतिबन्ध लगाया जाय।

अकालों की जाँच: देश में पड़ने वाले आकालों की जाँच की जाये तथा अकाल पीड़ितों को समुचित सहायता दी जाय।

कृषकों की दशा में सुधार: कृषकों की दशा को सुधारने के लिये सभी सम्भव प्रयत्न किये जायें।

कृषि बैंको की स्थापना: कृषि बैंक खोले जायें तथा कृषि ऋण अधिनियम के अन्तर्गत ऋण लेने की प्रक्रिया को सरल बनाया जाये।

(1) उद्योगों को प्रोत्साहन: भारतीय उद्योगों को प्रोत्साहन दिया जाये। इसके लिये तकनीकी शिक्षा का प्रबन्ध किया जाये।

सैनिक व असैनिक विभागों में प्रशासकीय व्यय में कमी: भारत सरकार इन विभागों के व्यय में कमी करे तथा अपव्यय रोके।

अनुचित चुंगी व आबकारी करों की समाप्ति: कांग्रेस ने नमक कर तथा आय कर में कमी करने की माँग की।

❑ ❑ ❑

26

राष्ट्रीय आन्दोलन के प्रति सरकारी प्रतिक्रिया

'कांग्रेस एक अत्यन्त अल्पकालिंक वर्ग के प्रतिनिधियों की संस्था से अधिक कुछ नहीं है।" यद्यपि ऐसा विश्वास किया जाता है कि ह्यूम ने राष्ट्रीय कांग्रेस की स्थापना एक सुरक्षा वाल्व के रूप में की थी और उन्हें तत्कालीन वायसराय डफरिन का आशीर्वाद प्राप्त था लेकिन इस धारणा का यहां पर विवेचन किये बिना यह कहा जा सकता है कि आरंभ से ही अंग्रेजी सरकार राष्ट्रीय भावना के विकास व राष्ट्रीय तत्वों के उत्थान को पंसद नहीं करती है।

उदारवादियों के प्रति दृष्टिकोण

डफरिन के निजी पत्रों से यह ज्ञात होता है कि उसके विचार में कांग्रेस का कार्य अनिवार्य रूप से सरकार की नीतियों अथवा कार्यों की आलोचना करना होगा और ऐसी माँगों को प्रस्तुत करना होगा, जिनको स्वीकार करना ब्रिटिश सरकार के लिये कठिन होगा। लेकिन इस दृष्टिकोण को प्रकट न करते हुए उसने कांग्रेस के प्रथम अधिवेशन में भाग लेने वाले प्रतिनिधियों के सम्मान में एक भोज दिया।

कांग्रेस के प्रथम दो अधिवेशनों में पारित किये प्रस्तावों व माँगों से ब्रिटिश नौकरशाही प्रसन्न नही हुई। उनके अप्रत्यक्ष प्रोत्साहन से सैयद अहमद के नेतृत्व में उत्तर प्रान्त के कुछ मुस्लिम व हिन्दू अभिजनों ने कौंसिलों से सम्बन्धित एवं परीक्षा द्वारा सेवाओं में भर्ती की कांग्रेस की माँगों का विरोध किया। लेकिन सरकार ने अपने दृष्टिकोण को स्पष्ट रूप से प्रकट नहीं किया। 1887 के अधिवेशन में भाग लेने वाले 607 प्रतिनिधियों का मद्रास के गर्वनर हाऊस में स्वागत् किया गया।

1888 में डफरिन ने लिखा कि कांग्रेस एक अत्यन्त अल्प संख्यक वर्ग के प्रतिनिधियों की संस्था से अधिक कुछ नहीं है। इसी साल सर जांन स्ट्रैची ने केम्ब्रिज में विद्यार्थियों को विश्वास दिलाया कि भारत देश जैसी कोई चीज न तो है और न कभी थी।----न तो कोई राष्ट्र है न ही भारत के लोग है जिनके बारे में हम इतना सुनते है। यह अंसम पंजाब बंगाल नौकरशाही और पश्चिमोत्तर प्रान्तों के लोग अपने को एक महान भारत का अंग मानें। ब्रिटिश सरकार द्वारा 1888 के अन्त में इलाहबाद में कांग्रेस के अधिवेशन के चुनने की प्रक्रिया में बाँधा डालने में देख सकते है।

1890 में बंगाल की सरकार ने अपने अधिकारियों को निर्देश दिये कि वे कांग्रेस अधिवेशनों में उपस्थित तो रह सकते हैं किन्तु उसकी कार्यवाही में भाग नहीं ले सकते ।

लेकिन एक ओर डफरिन ने कांग्रेस की गुरुता तथा प्रतिनिधि रूप के महत्व को कम करने का प्रयत्न किया तो दूसरी ओर कांग्रेस के आन्दोलन के महत्व को समझते हुए उसने अपने गुप्त पत्रों में विधान परिषदों का विस्तार करने तथा उन्हें उदार बनाने के सुझाव इंग्लैड की सरकार को भेजे। उसने परिषद एक समिति की भी नियुक्ति की, जिनका कार्य प्रान्तीय परिषदों के विस्तार करने उनकी प्रतिष्ठा को बढ़ाने उनके कार्यक्षेत्र को विस्तार करने उनमें आंशिक रूप से प्रतिनिधित्व प्रणाली आंरम्भ करने तथा एक राजनीतिक संस्था के रूप में उसका प्रसार करने के लिये योजना बनाना था। परन्तु उसने यह भी स्पष्ट कर दिया कि वह भारत में अंग्रेजी नमूने की संसदीय प्रणाली स्थापित नहीं करना चाहता। उसकी सिफारिशों पर विचार करने के बाद 1892 में भारतीय परिषद अधिनियम पारित किया गया।

दादा भाई नौरोजी, फिरोज शाह मेहता व गोपाल कृष्ण गोखले आदि उदारवादी नेताओं ने इस अधिनियम के प्रति अपना अंसतोष व्यक्त किया। लेकिन इंग्लैण्ड की अनुदारवादी सरकार तथा ब्रिटिश नौकरशाही पर इसका प्रभाव नहीं पड़ा। जैसा कि पहले बताया जा चुका है कि 1892 के बाद से 1904 तक हमें कौंसिलों में भारतीय प्रतिनिधित्व और अन्य सुधारों की बात कम सुनाई देती है। अब कांग्रेस ने इंग्लैण्ड में अपने प्रचार को तीव्र गति भी प्रदान की। ऐसी परिस्थितियों में ब्रिटिश सरकार राष्ट्रीयवादियों को षड्यन्त्रकारी व स्वामी द्रोही बताने लगी। भारत सचिव हेमिल्टन ने खुले शब्दों में दादा भाई नौरोजी की निंदा की। अब सरकार ने खुले रूप से कांग्रेस का दमन करने की नीति अपनाई। इसका एक कारण कांग्रेस के तत्वाधान में उग्रवाद तत्वों का उदय होना भी था। लार्ड कर्जन ने कांग्रेस की शक्ति और लोकप्रियता को कम करने के लिये प्रत्यक्ष व अप्रत्यक्ष रूप से कई कदम उठाये। 1900 में उसने कहा कि कांग्रेस अब पतन की ओर अग्रसर हो रही है तथा भारत में जब तक मैं हूँ इसकी शांतिपूर्ण मृत्यु के लिये कार्य करता रहूँगा। कुछ अंग्रेज अधिकारियों ने यह भी आरोप लगाया कि कांग्रेस को ब्रिटिश विरोधी प्रचार करने के लिये रूस से धन मिलता है।

कांग्रेस की बढ़ती हुई लोकप्रियता को रोकने के लिये ब्रिटिश सरकार ने 'फूट डालों और राज्य करो' की नीति अपनाई। उसने सैयद अहमद खां को कांग्रेस से मुसलमानों को पृथक रखने के लिये उकसाया। हिन्दी व उर्दू के प्रयोग को विवाद खड़ा किया गया। कट्टरपंथी हिन्दुओं द्वारा चलाये गये गौ-रक्षा आन्दोलन को साम्प्रदायिक रूप दिया गया। 1893 में भारत सचिव किम्बरले ने वायरसराय लैडसडाऊन को लिखा कि इस आन्दोलन के कारण हिन्दुओं व मुसलमानों में एकता स्थापित होना अंसभव है। वस्तुतः यह आन्दोलन कांग्रेस द्वारा भारत के निवासियों में एकता स्थापित करने के आन्दोलन की जड़ों पर प्रहार करता है।

इसके साथ-साथ प्रान्तीयता की भावनाओं को भी उकसाया गया। 1890 के दशक में कांग्रेस के नेताओं की गुटबंदी को आवश्यकता से अधिक महत्त्व दिया गया जबकि राजनीतिक अथवा समाज सुधार के मुद्दों से इसका विशेष संबंध नहीं था।

शिक्षित वर्ग में भी सरकारी नौकरियों के मुद्दे को लेकर मतभेद पैदा किये गये। इसी प्रकार हिन्दुओं व मुसलमानों के विभिन्न वर्गों अथवा जातियों अथवा समूहों में भी मतभेदों को उभारने के प्रयास किये गये।

इस अवधि में सरकार द्वारा कांगेस के आन्दोलन का दमन करने का भी प्रयत न किया गया। 1895 में इंगलैण्ड में नौरोजी चुनाव हार गये, क्योंकि टोरी दल उनके विरुद्ध था। तिलक व कुछ अन्य उग्रवादी नेताओं को गिरफ्तार किया गया। 1898 में प्रेस कर स्वतंत्रता पर प्रतिबंध लगाये गये। पुलिस व न्यायाधीशों को और अधिकार दिये गये। तत्कालीन वायरसराय एल्गिन ने तो 1898 में यहाँ तक कहा कि भारत की विजय तलवार के बल पर हुई है और उसी के बल पर इसे साम्राज्य में बनाये रखा जायेगा। लेकिन् इसके साथ ही साथ सरकार ने राष्ट्रवादियों के एक भाग को संतुष्ट रखने का प्रयास भी किया। 1892 का भारत परिषद अधिनियम इसी दिशा में एक असफल प्रयत्न था।

ब्रिटिश नौकरीशाही ने उदारवादियों के ऐसे नेताओं जो कि अंग्रेज सरकार की नीतियों की आलोचना करने लगे थे तथा ब्रिटिश सरकार की न्यायप्रियता में आस्था रखने वाले नेताओं के मध्य मतभेद पैदा करने की कोशिश की। उदाहरण के तौर पर 1890 में रानाडे और गोखले तथा अंग्रेजों की नीतियों के आलोचक दादा भाई नौरोजी और सुरेन्द्र नाथ बनर्जी के बीच मतभेद पैदा करने का प्रयत्न किया गया।

ब्रिटिश नौकरशाही के मतानुसार भारतीयों में राष्ट्रीयता के उदय व विकास का एक प्रमुख कारण उनमें शिक्षा का विकास था। इसलिये ब्रिटिश सरकार ने शिक्षा पर अपना नियंत्रण बढ़ाने के लिये कदम उठाये। 1899 में भारत सचिव हेमिल्टन ने वायसराय को लिखा कि सरकार शिक्षा व उसके संगठन पर यथा सम्भव नियंत्रण स्थापित करे। उसने यह भी सलाह दी कि पाठ्य पुस्तकों का सूक्ष्म अवलोकन करने के बाद ही उन्हें शिक्षा के लिये स्वीकार किया जाए। 1903 में कर्जन ने स्कूल व कॉलेजों की निरीक्षण व्यवस्था को पूर्ण रुप से सरकारी नियन्त्रण में ले लिया। एक सम्प्रदाय की धार्मिक संस्थाओं द्वारा चलाई जाने वाले स्कूलों व कालेजों को प्रोत्साहन दिया गया। धर्म निरपेक्षता के स्थान पर धार्मिक प्रवृति की शिक्षा देना पसन्द किया गया। यद्यपि प्राचीन काल व मध्यकालीन युग में भी धार्मिक शिक्षा देने वाली संस्थाओं को अच्छा समझा जाता था किन्तु अब ऐसी संस्थाओं को इसलिये पसंद किया गया क्योंकि ये बालकों व युवकों को आधुनिकता की ओर बढ़ाने में सहायक नहीं थी।

वास्तव में 1885 के बाद भारत के प्रति इंगलैण्ड में टोरी लिबरल दृष्टिकोण का अन्तर निरन्तर धुंधला गया। सुमित सरकार के अनुसार भारतीय संदर्भ में ब्रिटेन के दलीय विभाजन कितने अप्रासंगिक हो गये थे, यह इसी से स्पष्ट है कि सैलिसबरी के टोरी मंत्रिमंडल द्वारा नियुक्ति वायसराय लैंसडाऊन ने बड़ी तत्परता के साथ डफरिन की इस निजी राय को स्वीकार किया कि प्रादेशिक कौंसिलों में भी चुनाव के लिये थोड़े स्थान रखे जाये। दोनों ने यही तर्क दिया कि कांग्रेस के पास लड़ने को कोई मुद्दा ही नहीं बचेगा।

वस्तुत: ब्रिटिश राज का एक पहलू नस्लवादी था इसका लक्ष्य अंतत: औपनिवेशिक शोषण को बनाये रखना था। ब्रिटिश सम्राज्यवादी व उसकी नौकरशाही अपने अधिकारों को खोना नहीं चाहती थी। अतएव उसका कांग्रेस का विरोध करना स्वाभाविक था। अतएव शिक्षित भारतीयों के प्रति, जिनका प्रतिनिधित्व कांग्रेस करती थी, उनमें निरन्तर वैमनस्य का भाव होना अनिवार्य था। 1903 में यह भावना अपनी चरम सीमा पर पहुँच गई। एल्गिन को कर्जन ने एक पत्र में लिखा कि कांग्रेस यदि निर्दोष है तो बेकार है, और यदि सरकार के प्रति वैर रखती है तो स्वाभाविक रुप से खतरनाक है। वस्तुत: कर्जन तो कांग्रेस को एक गंदी वस्तु मानता था और उसने उसके पतन की कामना भी की थी।

यद्यपि उदारवादी ब्रिटिश सरकार के ईरादों में अपनी आस्था प्रकट करते रहे, किन्तु वे औपनिवेशिक अर्थतंत्र और उसके अन्तर्गत किये गये शोषण को उजारग करने से नहीं चूके। इसका उत्तर देते हुए उपनिवेशवादी शासक यह दुहाई देते रहे कि भारत के आर्थिक विकास के लिये उनका भारत में रहना जरूरी है। उन्होंने शिक्षा के माध्यम से भी जनता को यह समझाने का प्रयत्न किया कि ब्रिटिश शासन का चरित्र लोक-कल्याणकारी था। प्राईमरी स्कूल की किताबों में पहला पाठ होता था- ब्रिटिश शासन के लाभ।

1892 के अधिनियम के पारित हो जाने के बाद उदारवादियों ने विधान मंडलों में सरकारी नीति की आलोचना की। उन्होंने नौकरशाही की कमियों और दोषों को उजागर किया, सार्वजनिक वित्त से संबंधित मामलों पर आपत्तियाँ की तथा तत्कालीन विधान परिषदों की कार्य-प्रणाली की आलोचना की। विधान परिषदों में इस नई प्रवृत्ति से नौकरशाही तिलमिला उठी। वायसराय व प्रान्तीय गर्वनर भी इससे कुपित हो उठे लेकिन वे केवल उनको सुनने तथा जैसा भी बन पाता था वैसा उत्तर देने के अतिरिक्त कर भी क्या सकते थे।

उग्रवादियों के प्रति नीति-

कांग्रेस में तिलक, विपिन चंद्र पाल व लाला लाजपत राय के नेतृत्व में उग्रवाद के उदय से भी सरकार चिन्तित हुई। लार्ड कर्जन ने दमन की नीति अपनाई। उसने ऐसे नियम बनाये, जिससे कि शिक्षा व स्थानीय संस्थाओं पर सरकारी नियंत्रण बढ़ता हो। तिलक पर राजद्रोह के आरोप में मुकदमा चला कर सजा दी गई। बंग-विभाजन के विरुद्ध हुए आन्दोलन को दबाने की कोशिश की गई। इसी समय क्रान्तिकारी आन्दोलन सक्रिय हो गया। सरकारन ने अनेक क्रान्तिकारियों को गिरफ्तार कर सजाएँ दी। उन पर चलाये गये मुकदमों में अलीपुर षड्यन्त्र केस, नासिक षडयंत्र केस उल्लेखनीय है। विपिन चन्द्र पाल के अनुसार अब राष्ट्रीय आन्दोलन को कमजोर करने के लिये एक वैकल्पिक नीति अपनाई गई। इसके अन्तर्गत उदारवादियों को दुत्कारने के स्थान पर अपने साथ करने का प्रयास किया गया। गरमपंथी व क्रांतिकारियों का दमन करके नरमपंथियों में दहशत पैदा करना था। इसके बाद उन्हें कुछ रियायतें देकर रिझाने व समझाने की योजना थी। यदि एक बार नरमपंथी उनके जाल में फंस जाते तो गरमपंथियों को आसानी से समाप्त किया जा सकता था और फिर वापस नरमपंथियों को दुत्कारा जा सकता था।

दुर्भाग्यवश यह चाल सफल हो गई। उदारवादियों व उग्रवादियों में फूट पड़ गई। इसके बाद भी राष्ट्रीय आन्दोलन को दबाने के लिये यह चाल अपनाई गई किन्तु राष्ट्रीय नेतृत्व 1907-1909 की तरह फिर अंग्रेजों के जाल में नहीं फंसा।

साम्प्रदायिकता को बढ़ावा- इस समय अंग्रेजों ने साम्प्रायिकता को बढ़ावा दिया। बंगाल के विभाजन के बाद एक मुस्लिम शिष्ट मुण्डल वाससराय से मिला। 1909 के अधिनियम में मुसलमानों के लिये पृथक निर्वाचन प्रणाली स्वीकार की गई।

प्रथम महायुद्ध के समय सरकार की नीति- भारत रक्षा अधिनियम के तहत भारतीयों के नागरिक अधिकारियों को सीमित करके साम्राज्यवादियों ने यह स्पष्ट कर दिया कि वे वे अपने नागरिक साम्राज्य की रक्षा के लिये कुछ भी कर सकते है। उसने गदर पार्टी द्वारा संचालित सशस्त्र क्रान्ति को कुचला। युद्ध के आरम्भ में कांग्रेस ने अंग्रेजों के प्रति सहानुभूति की भावना प्रकट करते हुए स्वशासन की माँग की तथा इसके समर्थन में तिलक व ऐनी बीसेंट ने होम रूल

आन्दोलन चलाया। होम रूल आन्दोलन ने जैसे ही जोर पकड़ना शुरू किया, सरकार ने दमन चक्र तेज कर दिया। 23 जुलाई, 1916 को तिलक से 60 हजार रुपयें का मुचलका भरने को कहा गया। तिलक की ओर से कांग्रेस के वकीलों ने मुकदमा लड़ा और वे हाईकोर्ट में जीत गये। नवम्बर, 1916 में ऐनी बीसेंट पर बरार व मध्य प्रान्त में तथा 1917 में तिलक के पंजाब व दिल्ली जाने पर प्रतिबन्ध लगाया गया। जून 1917 में एनी बीसेंट व उसके साथियों को गिरफ्तार किया गया। सरकारी प्रतिबन्धों के बावजूद उनकी रिहाई के लिये एक विशाल प्रदर्शन किया गया। इस प्रकार सरकारी दमन ने आन्दोलन को बढ़ावा दिया। सरकार को अपनी नीति बदलनी पड़ी। भारत सचिव मोंटेग्यू ने सुधार की घोषणा की।

1919–1922 तक सरकार की नीति

लेकिन युद्ध की समाप्ति के बाद सरकार ने ''रौलट बिल'' को पारित करके जनता में असंतोष पैदा कर दिया। उसके विरुद्ध देश भर में असंतोष भड़का। कई स्थानों पर हड़तालों में हिंसात्मक घटनायें हुई। अप्रैल 1919 में अमृतसर में जलियावाला बाग में पुलिस की गोली से लगभग 379 निहत्थे भारतीय मारे गये। पंजाब में मार्शल लॉ लागू करके जनता पर अत्याचार किये गये। गाँधी जी ने असहयोग आन्दोलन को नेतृत्व किया। सरकार के दमन के बावजूद अनेक आंदोलनकारी विचलित नहीं हुए। सरकार ने स्वयं सेवी संगठनों को अवैध घोषित किया तथा देश भर में गिरफ्तारी की गई। अगले दो महीने में 30 हजार व्यक्ति जिनमें कांग्रेस के अनेक नेता भी गिरफ्तार किये गये। जनवरी 1922 में गाँधीजी द्वारा दमन बंद करने की अपील पर सरकार ने कोई ध्यान नहीं दिया। फरवरी, 1922 में चौरी–चौरा कांड के कारण आन्दोलन स्थगित कर दिया गया।

1923 से 1930 के मध्य सरकारी नीति

इस अवधि में सरकार को क्रांतिकारी आंतकवाद का तथा स्वराज्य दल द्वारा विधान मंण्डलों में प्रतिरोध का सामना करना पडा। सरकार ने आंतकवादियों का दमन किया। उसने हिन्दू व मुसलमानों में मतभेदों को बढ़ाने के लिये मुसलमानों को उकसाया। जिन्ना के नेतृत्व में मुस्लिम लीग कांग्रेस से दूर होती गई। हिन्दू महासभा फिर से सक्रिय हुई। यद्यपि स्वराज्य दल ने विधान मंडलों में प्रतिरोध किया किन्तु सरकार उससे विचलित नहीं हुई।

साइमन आयोग के गठन ने साम्राज्यवाद विरोधी जन–आक्रोश को फिर से उभार दिया। भारतीय राष्ट्रीय कांग्रेस ने इसके बहिष्कार को जन–आंदोलन को रूप दिया। 1928 में साइमन कमीशन का सफल बहिष्कार किया गया। पुलिस ने लाठी चार्ज आदि तरीकों से प्रदर्शनकारियों पर जितना अत्याचार किया जनता ने उतना ही क्रोध जताया। कांग्रेस ने अब पूर्ण स्वतंत्रता की माँग की।

सविनय अवज्ञा आन्दोलन व सरकार

गाँधी जी के अहिंसात्मक आन्दोलन ने सरकार को दुविधा में डाल दिया। लेकिन आन्दोलन की तेजी से बढ़ती लोकप्रियता को देखकर सरकार ने अपने चेहरे पर पड़ी प्रजात्कत्य के नकाब को उठाकर दमन की नीति अपनाई। गाँधी जी गिरफ्तार किये गये। अनेक स्थानों पर प्रदर्शनकारियों पर अत्याचार किये गये। लेकिन जनता ने उन्हें चुपचाप सहा। जनता के नागरिक अधिकारियों में

कटौती के अध्यादेश जारी किये गये तथा प्रांतीय सरकारों को सिविल नाफरमानी करने वाले संगठनों पर प्रतिबन्ध लगाने को कहा गया।

गाँधी-इरविन समझौते के तहत् कांग्रेस ने अपना आन्दोलन समाप्त किया। राजनीतिक बंदियों को रिहा किया गया।

सविनय अवज्ञा आन्दोलन के पुनः शुरू किये जाने पर सरकार ने भारतीय नौकरशाही में गाँधी के बढ़ते प्रभाव के फलस्वरूप फैली निराशा को रोकने का प्रयास किया। उसने ग्रामीन इलाकों में इसकी जड़ों को फैलने से रोकने का भी प्रबन्ध किया। 1932 में गाँधी जी की गिरफ्तारी के बाद प्रशासन को मनमाना अधिकार देने वाले अध्यादेशों को एक सिलसिला जारी किया गया। पहले चार महीने में 80 हजार सत्याग्रही कैद किये गये। सरकार का दमन-चक्र बढ़ता गया। सरकार यह समझाने लगी कि वह कांग्रेस का प्रभाव कम करने में सफल हुई है। 1933 में **विलिगडन** ने लिखा, "1930 की तुलना में इस समय कांग्रेस की हालत निश्चित तौर पर गड़बड़ है, जनता के बीच उनकी पकड़ नहीं रही।" लोगों पर दमन का प्रभाव कुछ हद तक अवश्य पड़ा किन्तु कांग्रेस में उनकी आस्था और दृढ़ हुई।

इस समय में क्रान्तिकारी आन्दोलन को दबाया गया। मुस्लिम लीग ने कांग्रेस का विरोध किया। गोल मेज सम्मेलन में साम्प्रदायिकता की माँगों को बढ़ावा दिया गया।

1935-1939 तक की नीतियाँ

इस अवधि मे सरकार ने राष्ट्रीय आन्दोलन को दबाने के लिये जो नीतियाँ अपनाईं वे इस प्रकार थीं। उसने सोचा कि सुधारों का चारा फेंक कर वह उदारवादियों, संविधानवादियों और उन तमाम नरमपंथियों को, जो सविनय अवज्ञा आन्दोलन की अवधि मे जनता का समर्थन खो चुकें थे, अपनी ओर मिला लेंगे। इसके साथ ही बड़े पैमाने पर दमन चक्र चालू करने से कांग्रेस का एक बड़ा भाग संघर्ष के असंवैधानिक तरीकों को छोड़कर संवैधानिक संघर्ष की राह पकड़ेगा व जनता से दूर हो जायेगा। एक बार सत्ता का सुख भोगने के बाद कांग्रेसी बलिदान और संघर्ष की राजनीति में वापस नहीं आयेंगे। वह यह भी विश्वास करती थी कि सुधारों के सवाल पर कांग्रेस में फूट पड़ जायेगी। फूट पड़ने के बाद दमन के बल पर सरकार वामपंथियों की रही-सही ताकत को खत्म कर देगी।

1935 के अधिनियम के पारित होने के बाद सरकार ने नरम रुख अपनाया। सुधारों के मसले पर नहेरू व कुछ कांग्रेसी नेताओं मे मतभेद पैदा हुए। गाँधी जी ने समाजवादी सिद्धान्तों को पसन्द नहीं किया। प्रांत के चुनावों में भाग लेने के मसले पर भी कांग्रेसी मे मतभेद उभरे। फरवरी, 1937 में कांग्रेस ने चुनावों में भाग लिया। कांग्रेस के दोनों खेमों ने अपने मतभेदों को दबाये रखा। सरकार को निराशा हुई। कांग्रेस द्वारा मंत्रिमण्डल बनाये जाने से उसकी प्रतिष्ठा बढ़ी। मुस्लिम लीग को इन चुनावों में विशेष सफलता नहीं मिली। उसने कांग्रेस शासन के अट्ठाईस मासों को मुस्लिम के हितों के विरुद्ध बताया। 1939 मे कांग्रेस मंत्रिमंडलों के इस्तीफे के बाद वे कांग्रेसी नेता, जो मंत्री रह चुके थे, पुनः संघर्ष की राजनीति मे आ गये। उससे भी सरकार को निराशा हुई।

द्वितीय विश्व युद्ध में सरकार की नीति

कांग्रेस ने फासिस्ट ताकतों की निंदा करते हुए इस बात की भी भर्त्सना की कि भारत को

उसकी जनता की राय के बिना युद्ध में धकेलना उचित नहीं था। ब्रिटिश सरकार ने नकारात्मक प्रतिक्रिया अपनाते हुए मुस्लिम लीग और देशी राज्यों को कांग्रेसियों के विरुद्ध भड़काने की कोशिश की। इंग्लैंड व भारत सरकार ने भारतीयों, विशेषकर हिन्दुओं व मुसलमानों के बीच, के मतभेदों पर जोर दिया और विशुद्ध हिन्दू संगठन बनाया। इससे स्पष्ट है कि ब्रिटेन भारत पर अपनी गिरफ्त कमजोर नहीं करना चाहता था और जरूरत पड़ने पर कांग्रेस को शत्रु भी मान सकता था। उसने 1940 में आरम्भ हुए व्यक्तिगत सत्याग्रह को दबाने का भी प्रयत्न किया।

जून 1941 में सोवियत रूस ने युद्ध में प्रवेश किया। सरकार ने साम्यवादियों को, जो अब तक युद्ध को साम्राज्यवादी बताते थे लेकिन अब ब्रिटेन का साथ देने को तैयार थे, जेल से रिहा कर दिया।

1942 के विद्रोह का दमन

जापान के युद्ध में प्रवेश करने के कारण भारतीय सामाज्य की सुरक्षा को खतरा बढ़ गया। क्रिप्स मिशन के प्रस्तावों से यह स्पष्ट हो गया कि ब्रिटिश सरकार युद्ध में भारत की अनिच्छुक साझेदारी को तो बरकरार रखना चाहती थी। ऐसी परिस्थिति में कांग्रेस ने संघर्ष को अपरिहार्य माना। अगस्त 1942 में 'भारत छोड़ो' आन्दोलन आरंभ हुआ। युद्ध की आड़ लेकर सरकार ने अपने को सख्त से सख्त कानूनों से लैस पहले ही कर लिया था और अब उसने शांतिपूर्ण राजनीतिक गतिविधियों को भी प्रतिबंधित कर दिया। 9 अगस्त को उसने देश भर में कांग्रेस के सभी बड़े नेताओं को गिरफ्तार कर लिया। वायसराय ने लिखा कि कांग्रेसी के किसी भाग द्वारा संघर्ष की घोषणा का जवाब उस संगठन को पूर्ण रूप से कुचलना ही है। नेताओं की गिरफ्तारी के बाद नेतृत्वही जनता मे आन्दोलन स्वयं चलाया। इसमें हिंसात्मक घटनायें भी हुई। सरकार ने दमन की नीति अपनाई। गाँधी जी ने इस आन्दोलन में हिंसा के लिये सरकार को दोषी ठहराया। गाँधी जी के उपवास करने पर उनकी रिहाई की माँग ने जोर पकड़ा, लेकिन सरकार टस से मस नहीं हुई। चर्चिल ने गाँधी जी के प्रति अपमानजनक शब्दों का प्रयोग किया। वायसराय ने कहा कि गाँधी के न रहने पर समझौते की संभावनाएँ बढ़ जायेंगी। सेना की टुकड़ियों को गांधी जी की मृत्यु के बाद अंतिम संस्कार की तैयारियाँ करने को कहा गया। लेकिन गाँधी जी ने उपवास तोड़ दिया। मई, 1944 में गाँधी जी की रिहाई के बाद कांग्रेस पर कड़ी नजर रखी गई। वेवेल ने समस्या के समाधान के लिए प्रस्ताव रखे किन्तु शिमला सम्मेलन असफल हुआ। आजाद हिन्द फौज के भारतीय सीमा पर आक्रमण को अंग्रेजों ने विफल कर दिया, लेकिन उससे जनता में बड़ा उत्साह फैला। युद्ध के बाद समस्या को सुलझाने के प्रयास ब्रिटेन की नई लेबर सरकार ने यह निर्णय लेकर किया कि वह शीघ्र ही भारतीयों को सत्ता हस्तांतरित कर देगी। ब्रिटिश राज्य के उस आखिरी दौर में केबीनेट मिशन ने अपनी योजना प्रस्तुत की जिसे भारत के राजनीतिक दलों ने स्वीकार नहीं किया। मुस्लिम लीग को प्रोत्साहन दिया गया और वह पाकिस्तान की माँग पर अड़ी रही। देश के अनेक स्थानों पर भयंकर साम्प्रायिक दंगे हुए। गाँधी जी की रिहाई, आजाद हिन्द फौज के अवसरों पर चलाए गए मुकदमों और भारतीय नौ सेना के विद्रोह ने अधिकारी वर्ग के मनोबल को कमजोर कर दिया। 1942 के क्रूर दमन ने उदारवादियों तथा सरकार परस्तों की संवेदना को आहत किया था। इंग्लैंड की सरकार पर अमेरिका व चीन का दबाव बढ़ता जा रहा था। वे उसे भारतीयों से समझौता करने के लिए कह रहे थे। अतएव इन परिस्थितियों में साम्राज्यवाद

और राष्ट्रवाद का संघर्ष जिसका सैद्धान्तिक तौर पर समाधान हो गया था। 1946 के आरंभ में पर्दे के पीछे चला गया लेकिन ब्रिटिश सरकार ने जिस मुस्लिम लीग को संरक्षण देकर आगे बढ़ाया था उसे अब दबाना नहीं था। अगस्त 1946 'डाइरेक्ट एक्शन' के दिन कलकत्ता में साम्प्रदायिक पागलपन देखने को मिला। अब पुनः ब्रिटिश सरकार लीग को सन्तुष्ट करने में लगी। उसने विभाजन का प्रस्ताव रखा जिसे कांग्रेस ने भी अनेक कारणों से माना।

राष्ट्रवादी आन्दोलन के समय दोनों पक्षों में अपना वर्चस्व बनाए रखने के लिये संघर्ष हुआ। राष्ट्रवादी तत्त्व धीरे-धीरे तथा जीवन के प्रत्येक क्षेत्र में औपनिवेशिक शासकों के वर्चस्व यानी वैचारिक प्रभावों को नष्ट करना चाहते थे। वे जानते थे कि ब्रिटिश ताकत के सहारे ही नहीं अपितु इस विश्वास पर भी टिके थे कि उनका भारत में रहना जरूरी है। अतएव कांग्रेस ने लगातार इस पर हमले किए। उसने औपनिवेशिक शासन के प्रशासनिक यंत्र को भी कमजोर करने की नीति अपनाई। इसके साथ-साथ विधान मंण्डलों में सरकार की नीतियों के खोखलेपन को भी उजागर किया। इस संघर्ष की अवधि में सरकार आम तौर पर दमन व समझौते के मार्गों के बीच उलझी रही। ऐसे मौकों पर वह सोचती थी, यदि दमन किया गया तो राष्ट्रीय आन्दोलन ताकतवर होगा और नहीं किया गया तो उसके द्वारा संचालित प्रशासनिक ढांचा लड़खड़ा जायेगा। कुछ समय तक दमन का मार्ग न अपनाने के बाद उसने दमन ही किया।

दोनों पक्षों के मध्य इस संघर्ष में एक साम्राज्यवादी ताकत को एक अहिंसात्मक आन्दोलन के सामने झुकना पड़ा। इस आन्दोलन को जनता का समर्थन मिला और यही इसकी प्रमुख शक्ति थी। अंग्रेजों की दमन नीति भारत की निहत्थी जनता को अपने निश्चय से नहीं डिगा सकी। इस संघर्ष में राज्य सत्ता पर एक क्रान्तिकारी आन्दोलन द्वारा एक झटके से कब्जा नहीं किया गया अपितु लम्बी राजनीतिक लड़ाई द्वारा इस लक्ष्य को हासिल किया गया। किन्तु ब्रिटिश साम्राज्यवादी देश की दो प्रमुख कौमों में मतभेद उत्पन्न कराने व उनको बढ़ावा देने की अपनी नीति में सफल हुए जिसके फलस्वरूप देश का विभाजन हुआ।

चुने हुए विचार-

1. विपिन चन्द्र पाल- "राष्ट्रीय आन्दोलन के उद्भव और विकास में ब्रिटिश राज का मुख्य योगदान यह रहा कि उसने भारतीय लोगों के बीच ईर्ष्या और संघर्ष को तेज किया।"

2. जवाहर लाल नेहरू- "ब्रिटिश शासन के अन्तर्गत भारत का प्रमुख मनोयोग भय था, चतुर्दिक व्याप्त दमनकारी, गलघोटू भय का मनोवेग, सेना का भय, पुलिस का भय, दमनकारी कानूनों और जेल का भय, जमींदारों के गुमाश्तों का भय, सूदखोरों का भय, बेरोजगारी और भुखमरी का भय। ये भय हमेशा लोगों के दरवाजे पर दस्तक देते रहते थे।"

उदारवादियों की उपलब्धियों का मूल्यांकनः

तिलक व अन्य उग्रवादी नेताओं ने उदारवादियों की नीतियों को राजनीतिक भिक्षावृति क संज्ञा दी है। तिलक के अनुसार "यदि हम एक बार मेंढ़कों की तरह टर्र-टर्र करके चुप होते रहे तो हमें कभी अपने प्रयासों में सफलता नहीं मिलेगी" लेकिन यह मानना उचित नहीं होगा कि उदारवादियों का स्वतंत्रता संग्राम में योगदान नगण्य था। इसी प्रकार लाला लाजपत राय की यह आलोचना कि कुछ उदारवादी नेता अवसरवादी थे तथा उन्हें देशभक्ति के नाम पर अपना व्यापार बढ़ाने का अवसर मिला आवश्यकता से अधिक कठोर प्रतीत होती है।

यद्यपि कांग्रेस के आरंभिक काल में उदारवादी नेताओं की माँगो पर ब्रिटिश सरकार ने समुचित ध्यान नहीं दिया किन्तु उनका बीस बर्षा का कार्य व्यर्थ नहीं गया। मैकलेन के मत में यद्यपि कांग्रेस के प्रथम बीस वर्षों में नाटकीय का अभाव था किन्तु फिर भी इन्हीं बीस वर्षों में महत्त्वपूर्ण प्रयोग दिये गये। राष्ट्रीय नेताओं को प्रशिक्षण मिला, जिससे भारतीय राजनीति में आने वाले प्रतिवादी, गाँधीवादी तथा साम्प्रदायिक तत्वों को विकसित होने में सहायता मिली। इसमें कोई संदेह नहीं कि उदारवादियों ने भारत के शिक्षित वर्ग को राजनीतिक आन्दोलन चलाने का प्रशिक्षण दिया। उन्होंने जनता में भी चेतना पैदा की।

उनका एक प्रमुख योगदान ब्रिटिश की शोषण की नीति की ओर जनता का ध्यान आकर्षित करना था। दादा भाई नैरोजी और रमेश चन्द्र दत्त ने यह सिद्ध करने की कोशिश की कि भारत की जनता की गरीबी का प्रमुख कारण अंग्रेजों की स्वार्थपूर्ण नीतियां थीं।

उन्होंने भारतीयों के लिये अधिकारों की माँग करके तथा अन्याय के विरुद्ध प्रस्ताव पारित करके अंग्रेजी शासन की कठोरता को कम करने में कुछ हद तक सफलता प्राप्त की।

नरम दल के नेताओं को निष्ठाहीनता के स्रोत मान सकते हैं। ब्रिटिश सरकार में आस्था प्रकट करते हुए भी उनका उद्देश्य भारतीयों को अधिकाधिक अधिकार दिलाना था। अन्त में उनकी माँगों पर उचित ध्यान न देने का परिणाम उग्रवाद का जन्म होना था।

चुने हुए विचार

महादेव गोविंद रानाडे: ''उदारवाद अथवा नरम दल का अर्थ यह है कि हम असंभव अथवा दूर स्थित आदर्शों तथा उद्देश्यों के लिये व्यर्थ ही प्रयत्न न करें अपितु प्रत्येक दिन अगला पग उठायें जो कि प्राकृतिक विकास का भाग है और हमारे पास ही है और औचित्य तथा समझौते की भावना से प्रेरित है।''

मैकलेन: नरमदलीय कांग्रेस अधिकाधिक रूप से ''राष्ट्रवादी भावना के एक छोटे से भाग को ही प्रतिबिंबित कर रही थी।''

सुमित सरकार: ''नरमदलीय आर्थिक चिन्तन बाद में राष्ट्रवाद के समस्त चरणों में विदेशी शासन की भारतीय समीक्षा का सार रहा-भले ही वह चरण उग्रवादी, क्रांतिवादी, आतंकवादी गाँधीवादी, बल्कि समाजवादी ही क्यों न रहा हो।''

भारत की राजनीति में गाँधीजी का उदय, असहयोग आन्दोलन एवं 1923-30 तक घटनाएँ।

''सत्याग्रह एक क्रान्तिकारी दर्शन है। यह बल प्रयोग के विपरीत है।'' **-महात्मा गाँधी**

गाँधी का भारतीय राजनीति में प्रवेश:

1915 ईसवी में गाँधी दक्षिण अफ्रीका से भारत लौटे। दक्षिण अफ्रीका में रंग-भेद के कानूनों के विरुद्ध किये गये सत्याग्रह के कारण वे भारत में प्रसिद्ध हो गये थे। उन्होंने गोपाल कृष्ण गोखले को अना गुरु माना। गोखले के समान वे भी युद्ध प्रयत्नों में सरकार को सहयोग देने के पक्ष में थे। इसलिए उन्होंने रंगस्टों की भर्ती तथा घायल व्यक्तियों की देख-भाल के लिए अपनी सेवाएँ अर्जित की। उनकी सेवाओं के लिए सरकार से उन्हें पदक भी मिला। ऐनी बिसेंट की अध्यक्षता में हुए 1917 की कांग्रेस के वार्षिक अधिवेशन में उन्होंने ब्रिटिश उपनिवेशों में रहने वाले भारतीयों

के साथ बुरा व्यवहार किये जाने के सम्बन्ध में प्रस्ताव पेश किया। चम्पारन सत्याग्रह 1917 में वे बिहार में चम्पारन गये। उन्हें इस जिले के नील की खेती करने वाले किसानों ने बुलाया था। उनके अंग्रेज मालिक उन पर बड़ा जुल्म करते थे। चम्पारन पहुँचने के पहले सरकार ने उनके प्रवेश पर रोक लगा दी किन्तु उन्होंने इस निषेधाज्ञा का पालन नहीं किया। उनके नेतृत्व में किसानों ने सत्याग्रह भी किया। अन्त में वे किसानों की अधिकांश माँगें सरकार को माननी पड़ी।

अहमदाबाद के मजदूरों के आन्दोलन में भाग:

इस समय देश के कई स्थानों में मजदूरों ने अपने संगठन बना लिये थे। कई स्थानों में हड़तालें भी हुई थीं। 1918 ईसवी के आरम्भ में अहमदाबाद में मिल मालिकों ने मजदूरों के बोनस में कमी कर दी। इससे वहाँ पर हड़ताल हुई। मजदूरों के प्रति गाँधी जी की सहानुभूति थी। लेकिन इसके साथ वे यह भी चाहते थे कि मजदूर-महाजन संघ का संगन किया। उन्होंने मजदूरों के लिये अनशन भी किया। इसका मिल मालिकों पर असर पड़ा।

खेड़ा सत्याग्रह:

खेड़ा के किसान आन्दोलन में गाँधीजी की भूमि का वर्णन एक अन्य अध्याय में किया गया है।

1918 ईसवी के कांग्रेस अधिवेशन में गाँधी जी व ऐनी बिसेन्ट ने उन लोगों का नेतृत्व किया जो मांटेग्यू-चेम्सफोर्ड सुधारों को स्वीकार करने और सरकार के साथ सहयोग करने के पक्ष में थे। लेकिन शीघ्र ही वे सरकार के सहयोगी के स्थान पर असहयोगी बन गये। इसके लिये रौल्ट एक्ट जलियां वाला बाग की घटना, युद्ध के बाद ब्रिटेन द्वारा तुर्कों के साथ की गई कठोर सन्धि तथा खलीफा के बारे में अंग्रेजों का रवैया जिम्मेदार था।

सहयोगी से असहयोगी बनने के कारण:

1. रौल्ट एक्ट –नवम्बर, 1917 ईसवी की रूसी क्रान्ति के तुरन्त बाद ब्रिटिश सरकार ने इंगलैण्ड के हाई कोर्ट के एक जज रौलट की अध्यक्षता में सिडीशन कमेटी नियुक्त की। उसने विभिन्न राजद्रोहात्मक कार्यों की जाँच करके अप्रेल 1918 ईसवी में अपनी रिपोर्ट पेश की। उसके सुझावों के अनुसार भारत सरकार ने मार्च, 1919 ईसवी में एक कानून पास किया जो रौल्ट एक्ट कहलाता है। ब्रिटिश सरकार ने युद्ध काल में, जो विशेषाधिकार प्राप्त कर लिये थे, उन्हें युद्ध की समाप्ति क बाद भी जारी रखने का प्रावधान इस कानून में था। राजद्रोहात्मक कार्यों के सन्देह पर किसी को भी बिना मुकदमा चलाये जेल में अथवा किसी अन्य स्थान पर नजरबन्द रखने, उससे जमानत लेने अथवा उनकी हलचलों पर प्रतिबन्ध लगाने का अधिकार सरकार ने अपने हाथ में रखा। गाँधीजी ने इस कानून का विरोध करने के लिये ''सत्याग्रह लीग'' की स्थापना की। उनकी सलाह से कांग्रेस ने 30 मार्च 1919 ईसवी को सारे देश में हड़ताल करने का निश्चय किया। बाद में इसे 6 अप्रेल को करना निश्चित हुआ। हड़ताल, प्रदर्शन और जुलुसों को शान्तिपूर्ण ढंग से करने के आदेश दिये गये।

2. जलियांवाला बाग की घटना:

यह हड़ताल सभी स्थानों में काफी सफल रही। पंजाब में जन सभाओं, जुलुसों और सभाओं ने व्यापक रूप धारण किया। अगले दिन अमृतसर में हिन्दुओं व मुसलमानों ने एक सम्मिलित

जुलुस निकाला। सरकार ने इसके नेता डाक्टर सत्यपाल डाक्टर किचलू को गिरफ्तार कर अमृतसर से बाहर भेज दिया। इसके विरोध में 10 अप्रेल को फिर एक जुलुस निकाला गया। सिपाहियों तथा भीड़ में झड़पें हुईं। सिपाहियों ने फिर गोली चलाई। इससे 20 आदमी मारे गये तथा काफी घायल हुए लौटते समय उत्तेजित भीड़ ने शहर में कुछ हिंसात्मक वारदातें कीं। गाँधीजी पंजाब की ओर रवाना हुए किन्तु देहली के समीप पलवल में उन्हें रोक दिया गया। इसके विरोध में देहली व कई अन्य स्थानों में हड़तालें हुई।

19 अप्रेल को अमृतसर के जलियांवाला बाग में एक सभा बुलाई गई। इस के पहले पंजाब के गर्वनर माइकेल ओडायर ने सारे अमृतसर को एक सैनिक अधिकारी जनरल डायर को सौंप दिया। धारा 144 भी लगा दी गई। इस पर भी सभा में लगभग बीस हजार व्यक्ति उपस्थित हुए। लगभग पाँच बजे शाम को डायर ने बिना किसी चेतावनी की गोली चलाने के आदेश दिये। क्योंकि बाग से बाहर निकलने का केवल एक ही रास्ता था इसलिए व्यक्तियों का निकलना कठिन हो गया। प्रत्यक्ष दर्शियों के अनुसार एक हजार से ज्यादा व्यक्ति मारे गये। डायर ने मार्शन लॉ लगा दिया। फौजी अदालतों ने लागों को मनमानी सजाएँ दीं। सड़कों पर व्यक्तियों की निर्मम पिटाई की गई। उन्हें पेट के बल सड़क पर चलना पड़ा।

इन घटनाओं के विरोध में पंजाब के नगरों में व्यापक प्रदर्शन हुए। लाहौर में भी मार्शल लॉ लागू किया गया। सारे पंजाब में जनता पर जुल्म किया गया। पंजाब की घटनाओं के समाचार पाकर देश के अन्य भागों में भी प्रदर्शन हुए। अहमदाबाद में मजदूरों व सिपाहियों में भिड़न्त हुई।

3. हंटर अयोग का प्रतिवेदन:

सरकार ने जलियांवाला बाग की घटना की जांच के लिये हंटर की अध्यक्षता में एक आयोग नियुक्त किया इसके सामने बयान देते हुए डायर ने कहा कि उसने जान-बूझ कर गोली चलाने का आदेश दिया था। वह भारतीयों को आतंकित करना चाहता था। आवश्यकता से अधिक बल प्रयोग का दोषी पाये जाने पर भी ब्रिटिश जनता ने डायर की प्रशंसा की तथा उसे बीस हजार पौंड की थैली भेंट की।

4. तुर्की के साथ ब्रिटेन की सन्धि:

युद्ध के अन्त मे ग्रेट ब्रिटेन ने तुर्की के साथ सेब्र की संधि की। इसमें तुर्की के साम्राज्य का विभाजन किया गया। अन्य शर्तें उस पर लादी गई। इससे भारतीय मुसलमानों में अप्रसन्नता की लहर दौड़ गई।

5. खिलाफत का प्रश्न:

तुर्की का सुल्तान मुस्लिम जगत का खलीफा भी माना जाता था। तुर्की के विभाजन के कारण अब उसका राजनीतिक प्रभुत्व एक छोटे प्रदेश तक ही सीमित रह गया था। इसका विरोध करने के लिये भारत में 1918 ईसवी में खिलाफत कमेटी बनी। यद्यपि यह आन्दोलन प्रतिक्रियावादी था लेकिन भारत में इसे साम्राज्य विरोधी रूप देकर राष्ट्रीय बना दिया गया।

6. आर्थिक कठिनाईयाँ:

प्रथम विश्व युद्ध के कारण मंहगाई बढ़ गई। नगरों व गाँवों के मध्यम व निम्न वर्ग के सदस्य परेशान थे। युद्ध के बाद भी महंगाई खत्म नहीं हुई थी।

कलकत्ता अधिवेशन:

अहिंसात्मक आन्दोलन चलाने का निश्चय किया गया। उनके कार्यक्रम की स्वीकृति के लिये कलकत्ता में सितम्बर, 1920 ईसवी में कांग्रेस उच्च समिति का एक विशेष अधिवेशन हुआ, जिसके सभापति लाला लाजपत राय थे। इसमें महात्मा गाँधी ने कहा कि न तो ब्रिटिश सरकार ने खिलाफत के बारे में किये गये अपने वचनों का पालन किया है और न ही पंजाब के निद्रोष व्यक्तियों पीर अत्याचार करने वाले अधिकारियों के विरुद्ध कोई कार्यवाही की है, अतएव जब तक इन भूलों को सुधारा नहीं जाता तथा भारत का औपनिवेशिक स्वाशासन नहीं दिया जाता, महात्मा गाँधी द्वारा बताये गये प्रगतिशील अहिंसात्मक असहयोग आन्दोलन के मार्ग को देश स्वीकार करे। मोतीलाल नेहरू व अली बन्धुओं ने इस प्रस्ताव का समर्थन किया।

नागपुर अधिवेशन:

दिसम्बर, 1920 ईसवी में कांग्रेस के नागपुर अधिवेशन में इसका पुनः समर्थन किया गया। यद्यपि उग्रवादी नेता पूर्ण स्वतंत्रता की माँग के पक्ष में थे किन्तु इस समय औपनिवेशिक स्वशासन को ही कांग्रेस का लक्ष्य घोषित किया गया। इस लक्ष्य की प्राप्ति के लिये शान्तिपूर्ण और वैध उपायों का पालन करने का निश्चय किया गया।

असहयोग आन्दोलन:

असहयोग आन्दोलन का कार्यक्रम इस प्रकार था।

1. विदेशी माल का बहिष्कार और स्वेदेशी माल का प्रयोग किया जाये। सभी क्रांग्रेसियों को चर्खा कातने का आदेश दिये गये और लाखों जुलाहों को घरों में कपड़ा बनाने के लिये उत्साहित करने का निश्चय किया गया।

2. ब्रिटिश सरकार द्वारा दी गयी उपाधियों तथा अनैतिक पदों को त्यागने की अपील की गई।

3. स्थानीय संस्थाओं से नामजद सदस्यों को भी त्याग-पत्र देने को कहा गया।

4. सरकारी दरबारों में भाग न लेने का निश्चय किया गया।

5. सरकारी स्कूलों अथवा सरकारी सहायता से चलाये गये स्कूलों से बालकों को धीरे-धीरे हटाने की अपील की गई।

6. वकीलों तथा विवादितों को न्यायालयों का बष्किार कने की सलाह दी गई।

7. अंग्रेजों द्वारा स्थापित धारा सभाओं के चुनावों में वोट न देने की अपील की गई।

8. सैनिकों, बाबुओं तथा मजदूरों को कहा गया कि वे मेसोपोटोनिया के लिये अपनी सेवाएँ न दें।

9. विदेशी वस्तुओं का बहिष्कार किया जाय।

उपर्युक्त सभी कार्यक्रमों का उद्देश्य सरकारी नौकरियाँ, कौंसिलों, न्यायालों और स्कूलों तथा कॉलेजों का बहिष्कार करना था। इसके अतिरिक्त रचनात्मक कार्यक्रम भी अपनाया गया। इसमें

मुख्य रूप से सरकारी स्कूलों व कॉलेजों के स्थान पर राष्ट्रीय शिक्षण संस्थाएँ खोलना, सरकारी अदालतों की जगह जनता की अदालतें खोलना, घर-घर में चर्खा चलाना और सूत कातना, हिंदू-मुस्लिम एकता को पक्का करना व छुआछूत को दूर करना आदि कार्य थे। खिलाफत आन्दोलन को भी इसके साथ जोड़ा गया।

1921 में आन्दोलन की प्रगतिः

महात्मा गाँधी ने देश का दौरा किया तथा जनता को इसमें भाग लेने के लिये उत्साहित किया। उन्होंने लोगों को उपाधियाँ वापस करने, न्यायालयों और सरकारी समारोहों तथा उत्सवों का बहिष्कार करने के लिये कहा। उन्होंने विद्यार्थियों से सरकारी समारोहों का बहिष्कार करने तथा कॉलेजों को छोड़कर राष्ट्रीय स्कूलों और कॉलेजों में प्रवेश लेने की अपील की। इस हेतु कई राष्ट्रीय संस्थाएं खोली गईं जैसे गुजरात विद्यापीठ, बिहार विद्यापीठ, बनारस विद्यापीठ व तिलक विद्यापीठ आदि। अनेक वकीलों ने ''अदालत छोड़ो'' आन्दोलन में भाग लिया।

डाक्टर अन्सारी, मौलाना आजाद व अली बन्धु जैसे प्रसिद्ध राष्ट्रीय मुसलमान नेताओं ने देश के विभिन्न भागों का दौरा करके जनता को इस आन्दोलन में भाग लेने को उत्साहित किया।

कोई भी कांग्रेसी केन्द्र व प्रान्तों के विधान मण्डलों के चुनावों में खड़ा नहीं हुआ। ड्यूक ऑफ कनॉट के भारत आने पर उसके स्वागत समारोहों में अनेक भारतीयों ने भाग लिया। विदेशी कपड़ों की होलियाँ जलाई गई। स्वराज्य फण्ड में एक करोड़ तथा कुछ लाख रुपये इकट्ठे हो गये। अनेक लोगों ने अपनी सरकारी उपाधियों को वापिस कर दिया।

नवम्बर 1921 ईसवी के प्रिन्स ऑफ वेल्स के बम्बई आने पर कांग्रेस ने अपने अनुयायियों को उनके स्वागत समारोहों में भाग न लेने के आदेश दिये। बम्बई में कुछ लोगों के स्वागत समारोहों में भाग लेने पर झगड़ा हो गया व हिंसात्मक घटनाएँ हुईं जिनकी गाँधी जी ने घोर निन्दा की। इसके लिये उन्होंने पाँच दिन का उपवास भी रखा।

पंजाब में अकालियों ने गुरुद्वारों के उन महन्तों के विरुद्ध, जिन्हें सरकार का समर्थन प्राप्त था, आन्दोलन किया। विवश होकर सरकार ने 1922 में गुरुद्वारा नियन्त्रण अधिनियम पास किया। मिदनापुर जिले में ग्रामीणों ने ग्राम शासन के लिये लगाया गया कर देने से मना किया। सरकार ने इसे हटा लिया। चिटाला व जियवाड़ा में स्थानीय संस्थाओं को कर नहीं दिया गया। पालनाड़ में चरागाह कर अदा नहीं किया गया। बिहार में आदिवासियों ने आन्दोलन में भाग लिया।

दिसम्बर 1921 ईसवी में कांग्रेस का अधिवेशन अहमदाबाद में हुआ। इस समय तक गाँधीजी के अतिरिक्त अगभग सभी नेता गिरफ्तार हो चुके थे।

अहमदाबाद अधिवेशन में गाँधी जी को कांग्रेस का ''सर्वाधिकारी'' नियुक्त किया गया। उन पर आन्दोलन की भावी रूपरेखा को तैयार करने का भार भी छोड़ दिया गया।। उन्होंने 1 फरवरी, 1992 ईसवी को जलार्ड रीडिंग को लिखा कि यदि एक हफ्ते के अंदर दमन बन्द नहीं किया गया तो वे बारदोली में सामूहिक सविनय अवज्ञा आन्दोलन आरम्भ करेंगे। वायसराय ने अपने उत्तर में जनता को दोषी ठहराया तथा परिस्थिति को काबू में रखने के लिये उचित उपायों को काम में लाने का निश्चय प्रकट किया। इस पर असहयोग आन्दोलन तेज किया गया। सारे देश की जनता ने इसमें भाग लिया।

संयुक्त प्रदेशों में किसानों ने भी असहयोग आन्दोलन में सक्रिय भाग लिया। दस हजार के लगभग किसानों ने फैजाबाद के प्रदर्शनों में हिस्सा लिया। उन्होंने लगान बन्दी को अपनाया।

चौरा-चौरी की घटना:

5 फरबरी, 1922 ईसवी को गोरखपुर के चौरा-चौरी में एक हिंसक घटना हुई। एक उत्तेजित भीड़ ने वहाँ की पुलिस चौकी में आग लगा दी जिससे 22 सिपाही जलकर मर गये। इस समय आन्ध्र प्रदेश के गंटूर जिले में कर न देने का आन्दोलन आरंम्भ हो गया था। गाँधी जी ने इसे रोक देने का आदेश किया। रजमी पाम दत्त के मत में इससे साम्राज्यवाद के साथ-साथ जमीदारों पर भी आघात पहुँचता। अब गाँधी जी ने 12 फरवरी, को बारदोली में कांग्रेसी की वर्किंग कमेटी की बैठक्क बुलाकर आन्दोलन को स्थगित कर दिया। इसकी आलोचना कई कांग्रेसी नेताओं ने की सुभाष चंन्द्र बोस ने लिखा कि जब सारे देश की स्थिति सविनय अवज्ञा आन्दोलन के लिये बहुत ही ज्यादा अनुकूल है, गाँधी जी ने आन्दोलन को स्थगित कर महान भूल की है। चितरंजन दास, मोती लाल नेहरू और आसफ अली भी इससे असन्तुष्ट थे, जवाहर लाल नेहरू ने भी कहा कि ऐसे समय जब हम सब मोर्चों पर आगे बढ़ रहे थे इसे स्थगित नहीं करना चाहिये था। रजनी पाम दत्त ने इस निर्णय की अलोचना में भाग लेने से उन्हें यह आशंका हुई कि वह अब अमीर वर्ग के विरुद्ध संघर्ष करेगी। यद्यपि आन्दोलन स्थगित हो गया किन्तु सरकार का दमन बन्द न हुआ।

10 मार्च, 1922 ईसवी को महात्मा गाँधी गिरफ्तार किये गये। 18 मार्च, 1922 ईसवी को अहमदाबाद में सेशस जज ब्लूमफील्ड की अदालत में गाँधी जी पर मुकदमा चलाया गया और उन्हें 6 वर्ष की कैद की सजा दी गई। इसके बाद असहयोग आन्दोलन स्वयं बंद हो गया।

समीक्षा:

अनेक मामलों मे असहयोग आन्दोलन पूर्ण रूप से सफल नहीं रहा, जिनके निम्न कारण थे-

1. न्यायालयों, सरकारी स्कूलों व कॉलेजों, विधान मण्डलों के बहिष्कार और उपाधियों के त्यागने का कार्यक्रम पूर्णतया सफल नहीं रहा। कांग्रेस के प्रत्याशियों की अनुपस्थिति में सरकार के वफादार व्यक्ति विधान सभाओं में चुन लिये गये।

2. आन्दोलन को स्थगित करने से जनता में निराशा फैल गई।

3. इस आन्दोलन में महात्मा गाँधी ने ब्रिटिश सरकार के विरुद्ध मुसलमानों का सहयोग प्राप्त करने और हिन्दू-मुसलिम एकता को पक्का करने का प्रयास किया लेकिन जनता को इसमें रुचि नहीं थी, क्योंकि यह केवल मुसलमानों की एक धार्मिक समस्या थी। खिलाफत आन्दोलन के नेता गाँधीजी की तरह इसे हिन्दू-मुस्लिम एकता की ओर ले जाने वाला नहीं मानते थे। स्वयं मुहम्मद अली ने कहा कि हिन्दुओं व मुसलमानों के बीच मतभेद समाप्त नहीं हुए हैं।

4. आन्दोलन को एकदम स्थगित करने से हिन्दू-मुस्लिम तनाव भी बढ़ा क्योंकि अधिकांश मुसलमानों ने आन्दोलन के अहिंसात्मक स्वरूप को भली-भाँति नहीं समझा, इसके अतिरिक्त मुस्लिम लीग ने यह भी प्रचार किया कि प्रचार महात्मा गाँधी ने अपने उद्देश्य की सिद्धि के लिये मुसलमानों को बेवकूफ बनाया है। फलस्वरूप अनेक स्थानों पर साम्प्रदायिक दंगे हुए।

इन असफलताओं के होते भी असहयोग आन्दोलन की निम्नलिखित उपलिब्धयाँ सराहनीय हैं-

1. काँग्रेस द्वारा अब तक के किये गये आन्दोलनों में यह सबसे अधिक महत्त्वपूर्ण था क्योंकि इसमें प्रार्थना पत्रों को भेजने की नीति को त्याग दिया गया था तथा जनता से आन्दोलन में भाग लेने को कहा गया था। अत: अब कांग्रेस का आन्दोलन पढ़े-लिखे लोगों तक सीमित नहीं रहा बल्कि किसानों, मजदूरों और आम जनता के साथ उसका सम्पर्क हो गया।

2. जनता का डर मिट गया और जेलों में जाना अब सबसे बड़ी देश भक्ति मानी जाने लगी। बच्चे-बच्चे की जबान से स्वराज्य का शब्द सुनाई देने लगा।

3. इस आंदोलन से ब्रिटिश सरकार की दमनकारी नीतियों के बारे में जनता जान गई। अब कांग्रेस आन्दोलन जन-आन्दोलन बन गया।

4. कांग्रेस के रचनात्मक कार्यक्रमों से देश को भारी लाभ हुआ। स्वदेशी वस्तुओं के प्रयोग के प्रचार से कुटीर उद्योगों को प्रोत्साहन मिला। खादी आन्दोलन ने जनता व नेताओं को एक सूत्र में बाधा।

5. प्रथम बार कांग्रेस ने हिन्दी को राष्ट्र भाषा के रूप में स्वीकार किया। स्वतंत्र भारत के संविधान में भी इसे राष्ट्र भाषा माना गया।

6. मोती लाल नेहरू, चितरंजन दास आदि नेताओं ने विधान सभाओं में भारतीयों को स्वशासन के अधिकार देने के लिये माँग की।

7. कांग्रेस के संविधान में परिवर्तन: असहयोग आन्दोलन को आरम्भ करने के पहले गाँधी जी ने कांग्रेस संविधान में परिवर्तन कराया।

1922 से 1929 तक की घटनायें: मोती लाल नेहरू व चितरंजन दास ने दिसम्बर 1922 में होने वाले विधान सभाओं के चुनावों में कांग्रेस में सदस्यों के भाग लेने की अनुमति माँगी। उनके अनुसार इससे निम्नांकित लाभ हो सकते थे:-

1. जनता के सामने कांग्रेस को एक नया कार्यक्रम रखने तथा प्रचार करने का अवसर मिलेगा। इससे जनता को कांग्रेस के कार्यक्रमों के बारे में सही ज्ञान प्राप्त होगा।

2. अक्सरवादियों व सरकार के समर्थकों को विधान मण्डलों में जाने का अक्सर नहीं मिलेगा। तथा सरकार अपनी मनमानी नहीं कर सकेगी।

3. असहयोग का कार्यक्रम कौंसिलों में ले जाया जायेगा एवं सरकार की निरंकुशता पर रोक लगाने का प्रयास किया जाएगा।

4. सरकार की कड़ी आलोचना से जनता में जागृति उत्पन्न की जायेगी, जिससे स्वराज्य की माँग जीवित रहेगी।

5. 1919 ईसवी के अधिनियम में सुधार करने के लिये सरकार को विवश किया जायेगा।

6. विधान मण्डल में भारतीयों के लाभ के लिए कानून बनाये जायेंगे जिससे स्वराज्य की माँग जीवित रहेगी।

इसी कार्यक्रम क राजगोपालाचारी, वल्लभ भाई पटेल, डॉ. अन्सारी आदि ने विरोध किया। इस पर चितरंजन दास ने कांग्रेस से त्याग-पत्र दे दिया तथा 1923 ईसवी में स्वराज्य दल बनाया। स्वराज्य दल के अनुयायियों में कांग्रेस के प्रति बढ़ते हुए क्षोभ को दूर करने के लिए सितम्बर,

1923 ईसवी में मौलाना आजाद की अध्यक्षता में दिल्ली में कांग्रेस का एक विशेष अधिवेशन बुलाया गया। इसमें कांग्रेसियों को विधान मण्डलों में प्रवेश करने की अनुमति दी गई । गाँधी ने भी स्वराज्य दल के राजनीतिक कार्यक्रम का समर्थन किया।

इसी कार्यक्रम का राजगोपालाचारी, वल्लभ भाई पटेल, डॉ. अन्यासी आदि ने विरोध किया। इस पर चितरंजन दास ने कांग्रेस से त्याग-पत्र दे दिया तथा 1923 ईसवी में स्वराज्य दल बनाया। स्वराज्य दल के अनुयायियों में काँग्रेस के प्रति बढ़ते हुए क्षोम को दूर करने के लिये सितम्बर, 1923 ईसवी में मौलाना आजाद की अध्यक्षता में दिल्ली में कांग्रेस का एक विशेष अधिवेशन बुलाया गया। इसमें काँग्रेसियों को विधान मण्डलों में प्रवेश करने की अनुमति दी गई। गाँधी ने भी स्वराज्य दल के राजनीतिक कार्यक्रम का समर्थन किया।

स्वराज्य दल का मुख्य उद्‌देश्य ब्रिटिश साम्राज्य के अन्तर्गत रह कर औपनिवेश स्वराज्य या अधिराज्य स्थिति प्राप्त करना था। यही लक्ष्य कांग्रेस ने भी अपनाया था। गाँधीजी इस लक्ष्य को असहयोग आन्दोलन द्वारा प्राप्त करना चाहते थे। वे अवाँछनीय व्यक्तियों के चुनावों को रोकना चाहते थे। 1919 ई. के सुधारों में परिवर्तन की माँग भी उन्होनें की। वे रचनात्मक कार्यो के साथ विधान मण्डलों में भाग लेना भी आवश्यक समझते थे। गाँधीजी के सत्याग्रह आन्दोलन में शामिल होने में उन्हें कोई आपत्ति नहीं थी।

1923 ईसवी में विधान मण्डलों के चुनावों में स्वराज्य दल के प्रत्याशियों को आशा से अधिक सफलता मिली। बंगाल तथा मध्य प्रदेश के विधान मण्डलों में उनका सबसे बड़ा दल बना। केन्द्रीय विधान मण्डल में स्वराज्य दल के विरोधी नेता माती लाल नेहरू थे। अनेक राष्ट्रवादियों व स्वतंत्र सदस्यों ने उनका साथ दिया। उनके सहयोग से केन्द्रीय विधान मण्डल में निम्नलिखित प्रस्ताव 8 फरवरी, 1924 को पारित किया गया।

''यह असेम्बली गवर्नर जनरल को भारत के लिए उत्तरदायी सरकार स्थापित करने की दृष्टि से 1919 ईस्वी के अधिनियम में एक परिवर्तन करने की सलाह देती है। इसके लिए भारत के विभिन्न राजनीतिक दलों के सदस्यों का एक गोल-मेज सम्मेलन शीघ्र बुलाया जाये।''

ब्रिटिश सरकार द्वारा 1919 ई. के सुधारों में परिवर्तन की कोई सम्भावना को न देखकर स्वराज्य दल के नेताओं ने अड़ंगे की नीति अपनाई। केन्द्रीय विधान मण्डल की 1924-25 ईसवी की बैठकों में सरकार की बजटों की माँगों को अस्वीकार किया गया। फलस्वरूप गवर्नर जनरल को अपनी विशेष शक्तियों का प्रयोग करना पड़ा 1918 ईसवी के दमनकारी कानूनों के विरुद्ध भी प्रस्ताव पास किये गये। राजनीतिक नेताओं की रिहाई के लिए प्रस्ताव पास किये गये। कई अन्य मामलों में भी सरकार के विरुद्ध प्रस्ताव किये गये।

विवश होकर सरकार ने 1919 ईसवी के अधिनियम की जाँच के लिए गृह सदस्य अलेक्जेडर मुद्दीमैन की अध्यक्षता में एक आयोग नियुक्त किया। मोतीलाल नेहरू ने इसका सदस्य बनने से इन्कार कर दिया। इस आयोग के प्रतिवेदन को केन्द्रीय विधान मण्डल ने स्वीकार नहीं किया।

1925 ईसवी मे देशबन्धु चितरंजन दास का स्वर्गवास हो गया। उनकी मृत्यु के बाद स्वराज्य दल कमजोर हो गया। 1926 ईसवी के चुनावों में स्वराज्य दल को पहले की अपेक्षा कम सफलता मिली, क्योंकि स्वराज्य दल की अड़ंगा नीति की कुछ नेताओं ने आलोचना की थी। विपिन चन्द्र पाल जैसे कांग्रेसियों ने तथा जोसेफ बाप्तेस्ता जैसे स्वतंत्र सदस्यों ने उसे निरर्थक बताया।

उदारवादी भी इसके विरुद्ध थे। सुरेन्द्र नाथ बनर्जी ने इसे बेकार और अर्थ शून्य बताया। इन सब नेताओं का कहना था कि इससे सरकार के कार्यों में वास्तविक बाधा उपस्थित नहीं हुई। उनकी यह आलोचना पूर्ण रूप से सही नहीं थी। असहयोग आन्दोलन के सफल न होने पर स्वराज्य दल ने जनता का ध्यान राष्ट्रीय समस्याओं की ओर आकर्षित किया। इसलिए आगे चलकर जनता ने सविनय अवज्ञा आन्दोलन में अधिक भाग लिया। स्वराज्य दल ने ब्रिटिश सरकार को गोल-मेज सम्मेलन बुलाने के लिये बाध्य किया तथा दोहरे शासन का अन्त करके प्रान्तों स्वायत्तता देने के लिये विवश किया।

साईमन कमीशन :

1919 के अधिनियम के अनुसार दस वर्ष बाद भारत में उत्तरदायी सरकारी की प्रगति को जांच करने के लिये एक आयोग की नियुक्ति की जानी थी।

1927 में ब्रिटिश सरकार ने इंग्लैण्ड की लिबरन पार्टी के एक सदस्य सर जॉन साइमन के नेतृत्व में एक आयोग की नियुक्ति की। इस आयोग के समय से पूर्व नियुक्त होने के अनेक कारण थे। भारतीयों ने 1919 ईसवी के सुधारों में शीघ्र परिवर्तन की माँग की थी। 1929 ईसवी में इंग्लैण्ड में चुनाव होन वाले थे और इसमें मजदूर दल की जीत की पूर्ण आशा थी, सत्तारूढ़ दल भारत के भविष्य की मजदूर दल के हाथों में नहीं छोड़ना चाहता था, क्योंकि उसे यह भय था कि कहीं मजदूर दल भारत को पूर्ण स्वराज्य न दे दे। भारतीय नेता भी इसके विरुद्ध नहीं थे।

साइमन कमीशन के उद्‌देश्य-

आयोग को आदेश दिया गया कि वह ब्रिटिश भारतीयों प्रान्तों में जाकर पता लगाये कि सरकार कैसे चल रही है, प्रतिनिधि संस्थायें कहाँ तक ठीक कार्य कर रही हैं तथा शिक्षा में कितनी उन्नती हुई है। इसके बाद वह सिफारिश करे कि भारतीयों को शासन के और अधिकार दिये जाये उन्हें कम किया जाये।

साइमन कमिशन का बहिष्कार-

कमीशन के सारे सदस्य अंग्रेज थे। भारत सचिव के अनुसार उसमें भारतीयों को इसलिए नहीं लिया जा सकता था, क्योंकि इसका प्रतिवेदन ब्रिटिश पार्लियामेण्ट के सम्मुख पेश होना था। सरकार ने यह भी कहा कि भारत ने अनेक दल हैं, अगर एक दल से प्रतिनिधि लिया गया तो दूसरा दल विरोध करेगा और सब दलों के एक-एक सदस्य लिये जाने से सदस्यों की संख्या अधिक हो जायेगी। आयोग में एक भी भारतीय सदस्य को न लिये जाने को जनता ने अपना अपमान समझा। इसलिये हिन्दू महासभा, मुस्लिम लीग और इण्डियन नेशनल कांग्रेस ने इसका बहिष्कार करने का निश्चय किया। 7 फरवरी, 1928 ई. को कमीशन के बम्बई पहुंचने पर इसके विरुद्ध प्रदर्शन किये गये। जहाँ भी कमीशन गया वहाँ काले झण्डों से उसका स्वागत किया गया व 'साइमन कमीशन वापस जाओ' के नारे लगाये गये। लाहौर में लाला लाजपत राय के नेतृत्व में इसके विरुद्ध प्रदर्शन किया गया। पुलिस अधिकारी सॉन्डर्स ने लाला लाजपत राय पर लाठी के सख्त प्रहार किये, जिससे कुछ दिनों बाद उनका देहान्त हो गया।

साइमन कमीशन की रिपोर्ट–

साइमन आयोग का प्रतिवेदन 1930 ई. में प्रकाशित हुआ। इसकी सिफरिशें निम्नलिखित थी–

1. दोहरे शासन की समाप्ति कर दी जाये। सारा प्रान्तीय शासन मंत्रियों को सौंप दिया जाय। संविधान के असफल होने पर राज्यपालों को विशेष शक्तियाँ दी जाये। संविधान के असफल होने पर राज्यपालों को विशेष शक्तियों के अनुसार प्राँन्तों का शासन सम्भालने का अधिकार दिया जाये।

2. प्रान्तों और केन्द्र मे अल्पसंख्यकों के हितों की रक्षा के लिए राज्यपालों तथा महा राज्यपालों को विशेष शक्तियाँ दी जायें।

3. कम से कम 10 या 15 प्रतिशत आबादी को मताधिकार दिया जाये।

4. पहले की भांति केन्द्र के अनुत्तरदायी शक्तिशाली सरकार की स्थापना पर बल दिया गया।

5. महत्त्वपूर्ण प्रान्तों की विधान सभाओं में 200 से 230 तक सदस्य लिये जाये।

6. एक ऐसी परिषद की स्थापना की जाये जिसमें ब्रिटिश प्रान्तों व देशी रियासतों के प्रतिनिध शामिल हों, इसे केवल कुछ मामलों पर विचार करने का अधिकार दिया जाये।

7. संघीय आधार पर केन्द्रीय विधान मण्डलों का संगठन किया जाय। केन्द्रीय विधान सभा में भावी संघ में शामिल होने वाले प्रान्तों के प्रतिनिधि शामिल हों, देशी रिसायतों के प्रतिनिधि भी यदि इसमें मिलने को तैयार हों तो सम्मिलित किये जाये।

8. बर्मा को भारत व सिन्ध को बम्बई से अलग किया जाये।

9. कमीशन ने सेना का भारतीयकरण करने की सिफरिश की।

10. भारत सचिव को परामर्श देने के लिये भारत परिषद को कायम रखा जाये।

11. हर दस वर्ष बाद भारत की संवैधानिक प्रगति की जाँच पड़ताल की पद्धति को त्याग दिया जाये। इसके स्थान पर संविधान को इस प्रकार से तैयार किया जाये कि वह स्वयं ही विकसित हो सके।

इस कमीशन के प्रतिवेदन में औपनिवेशिक स्वशासन के उद्देश्य को कहीं जिक्र नहीं था। केन्द्र में उत्तरदायी सरकार की स्थापना की सिफरिश नहीं की गई थी। प्रतिरक्षा को भी भारतीयों के हाथों में सौंपना स्वीकार नहीं किया गया था। यद्यपि अनेक विषयों में स्वशासन के अधिकार देने की सिफरिश की गई थी किन्तु प्रान्तों के राज्यपालों को विशेष अधिकार देकर उनकों निरर्थक बना दिया गया था। इसलिये सभी भारतीय दलों ने इसे रद्दी कागजों की ढ़ेरी मे रखने योग्य बताया।

नेहरू रिपोर्ट

साइमन कमीशन के विरूद्ध जनता के आक्रोश का एक कारण भी था कि उसके सभी वर्ग चाहते थे कि भारत के भावी संविधान उन्हीं को बनाना चाहिये। चूंकि उस समय अंग्रेज की उपेक्षा नहीं की जा सकती थी इसलिये यह कहा गया कि शासकों को ऐसा संविधान भारतीयों की सलाह

से व उनकी देख-रेख मे बनाना चाहिये। साइमन आयोग में किसी भारतीयों का न होना इस बात का द्योतक था कि बिटिश सरकार भारतीयों को स्वशासन के योग्य नहीं मानती थी। अतएव साईमन आयोग के बहिष्कार के आन्दोलन के समय फरवरी, 1928 मे विभिन्न विचारधाराओं के नेताओं का एक सम्मेलन बुलाया गया। इस सर्वदलीय सम्मेलन ने लगभग तीन महीने तक विचार-विमर्श कर मोतीलाल नेहरू की अध्यक्षता में एक समिति का गठन किया। इस समिति ने जुलाई, 1928 में उसके द्वारा तैयार किये गये मसविदे को प्रकाशित किया जो नेहरू रिपोर्ट के नाम से प्रसिद्ध है। इसकी मुख्य सिफारिशे निम्नांकित थीं-

1. इसमें कनाडा व आस्ट्रेलिया के समान डोमिनियन स्टेटस (अधिराज्य का दर्जा) मांगा गया।

2. भारत की शासन प्रणाली में कार्यपालिका पूर्ण रूप से विधान मण्डल के प्रति उत्तरदायी हो। विधान मण्डल का दर्जा ब्रिटिश साम्राज्य के अन्दर किसी स्वराज्य प्राप्त उपनिवेश ने कम नहीं होना चाहिये।

3. जनता को भाषण देने, समाचार-पत्र निकालने, सभाएँ करने, संगठन बनाने की स्वतंत्रता होनी चाहिये।

4. धर्म या जाति पर आधारित भेद-भावों की समाप्ति होनी चाहिये।

5. पृथक सांप्रदायिक प्रनिनिधित्व का अन्त होना चाहिये।

6. सभी बालिगों को मत का अधिकार मिलना चाहिये।

अगस्त 1928 में इस पर विचार करने के लिये एक सर्वदलीय बैठक हुई। इसमें आम सहमति प्रकट की गई किन्तु कुछ समय बाद जिन्ना ने मुसमानों के रवैये के बारे में कुछ सुझाव दिये। ये सुझाव नहीं माने गये। इस पर जिन्ना, आगा खाँ और मुहम्मद शफी के नेतृत्व में मुस्लिम लीग इससे अलग हो गई। कांग्रेस में भी एक ऐसा वर्ग था जो अधिराज्य के दर्जे के स्थान पर पूर्ण स्वतंत्रता चाहता था।

सर्वदलीय सम्मेलन अपने उद्देश्यों में सफल नहीं हों सका क्योंकि इसके आरम्भिक विचार विमर्श में गाँधी व जिन्ना ने भाग नहीं लिया था। जिन्ना व उसके साथियों के रवैये से कांग्रेस व लीग के बीच जो खाई पैदा हुई, उसे कभी मिटा नहीं जा सका। इसकी असफलता ने साइमन आयोग के काम को सरल बना दिया। आयोग ने कहा कि विभिन्न दलों के बीच मतभेदों के कारण भारत स्वशासन के योग्य नहीं है।

1929 में कांग्रेस के कलकत्ता अधिवेशन में नेहरू रिपोर्ट को स्वीकार कर लिया गया। सरकार को चेतावनी दी गई कि वह उस वर्ष के अन्त तक इसे स्वीकार कर ले वरना कांग्रेस अपना अहिसात्मक आन्दोलन फिर शुरू कर देगी।

अक्टूबर, 1929 में सरकार ने घोषणा की कि भारत के लिये एक नया संविधान बनाने के लिये लन्दन में एक गोल-मेज सम्मेलन बुलाया जायगा। गाँधीजी व अन्य कांग्रेसी नेताओं ने अंग्रेजों की ईमानदारी पर शक किया। यदि कांग्रेस ने गोल मेज सम्मेलन मे भाग लिया तो कांग्रेस के बाहर व अन्दर उग्रवादियों व वामपंथी तत्वों को प्रोत्साहन मिलेगा। अत: उसने इसमें भाग न लेने का निश्चय किया।

पूर्व स्वतंत्रता की माँग–1929 में गाँधी जी ने देश का दौरा किया। दिसम्बर 1929 में लाहौर में कांग्रेस का अधिवेशन जवाहर लाल नेहरू के सभापतित्व में हुआ। कांग्रेस ने अब औपनिवेशिक स्वराज्य के स्थान पर 'पूर्ण स्वराज्य' लेने का निश्चय किया। कांग्रेस के सदस्यों को आदेश दिये गये कि वे अब कौंसिलों के चुनावों में भाग न लें तथा कौंसिलों के सदस्य त्याग पत्र दे दें। भारतीय कांग्रेस कमेटी को यह अधिकार दिया गया कि वह जब और जहाँ चाहे सविनय अवज्ञा और करबन्दी का कार्यक्रम प्रारम्भ कर दे।

26 जनवरी, 1930 को देश भर में पूर्ण स्वाधीनता दिवस मनाया गया। इसने जनता में उत्साह भर दिया। अब सविनय अवज्ञा आन्दोलन की तैयारियाँ होने लगीं।

चुने हुए विचार–

जवाहर लाल नेहरू– ''गाँधी के असहयोग आन्दोलन ने आत्म निर्भरता एवं शक्ति संचित करने का पाठ पढ़ाया।... सरकार पर दबाव डालने का यह प्रभावशाली ढंग है।''

तारा चंद– ''गाँधी के आन्दोलन के संकुचित राजनीतिक उद्देश्य नहीं थें। यद्यपि स्वराज्य प्राप्ति और खिलाफत की पुनर्स्थापना गाँधी के उद्देश्य थे किन्तु ये साधन मात्र थे, साध्य नहीं।''

कांग्रेस का प्रतिज्ञा पत्र (26 जनवरी, 1930)– ''अब हम यह यह मानते है कि विदेशी शासन ने चारों तरफ से हमारे देश का सत्यानाश किया है, उसके शासन के आगे समर्पण करना मनुष्य और ईश्वर के प्रति अपराध है।''

वेवेल योजना व शिमला सम्मेलनः

क्रिप्स मिशन की असफलता के बाद ''भारत छोड़ो'' आन्दोलन तथा आजाद हिन्द फौज की गतिविधियों ने यह सिद्ध कर दिया कि भारतवासी अब अंग्रेजों की उपस्थिति को सहन करने के लिए तैयार नहीं थे। द्वितीय महायुद्ध के अन्त होते ही इंग्लैंड में चुनाव हुए तथा लेबर पार्टी की सरकार बनी। इंग्लैंड के नये प्रधान मन्त्री एटली ने भारत में संविधानिक गतिरोध को दूर करने के लिए लार्ड़ वेवेल को वायसराय बनाकर भेजा।

14 जून, 1945 ईसवी को वेवेल ने एक योजना की घोषणा की जिसकी प्रमुख बातें निम्न थी।

1. ब्रिटिश सरकार भारत के राजनीतिक गतिरोध को दूर करना एवं उसे स्वशासन देना चाहती है।

2. इसे दृष्टिगत रखते हुए वायसराय की कार्यकारणी परिषद् का विस्तार किया जायेगा, जिसमें वायसराय ओर प्रधान सेनापति (जो युद्ध मन्त्री होगा) को छोड़कर शेष सभी सदस्य विभिन्न राजनीतिक दलों के नेता होंगे।

3. वैदेशिक मामलों का विभाग (सीमान्त और कबाइली मामलों को छोड़कर) भी कार्यकारिणी परिषद् के भारतीय सदस्य के हाथ में होगा।

4. परिषद् में सुवर्ण हिन्दुओं और मुसलमानों की संख्या होगी तथा

5. कार्यकारिणी परिषद अन्तर्कालीन राष्ट्रीय सरकार के समान होगी और गर्वनर जनरल अकारण निषेधाधिकार का प्रयोग नहीं करेंगे। क्रिप्स योजना के मुकाबले वेवेल योजना अधिक

स्पष्ट एवं समुन्नत थी, क्योंकि इसमें कार्यकारिणी समिति का भारतीयकरण कर दिया गया था।

वायसराय ने शिमला में 29 जून, 1945 ईसवी को 22 भारतीय प्रतिनिधियों का सम्मेलन बुलाया। आमन्त्रित व्यक्तियों में कांग्रेस और मुस्लिम लीग के अध्यक्षों के अतिरिक्त समस्त प्रान्तों के मुख्यमंत्री और भूतपूर्व मुख्यमंत्री, भूला भाई दिसाई, लियाकत अली, वी. शिवराज तथा मास्टर तारा सिंह आमन्त्रि थे। 25 जून को सम्मेलन आरम्भ हुआ और तीन दिन की बातचीत के बाद स्थगित कर दिया। 11 जुलाई को जिन्ना ने वायसराय को स्पष्ट कर दिया कि मुस्लिम लीग को ही सरकार समस्त मुसलमानों का प्रतिनिधि माने। उसने मुसलमानों के लिए विशेष संरक्षण भी माँगा। उसकी माँग थी कि यदि कार्यकारी परिषद् के किसी निर्णय को मुस्लिम लीग स्वीकार न करे तो उसे उस समय तक स्वीकार नहीं किया जाना चाहिए, जब तक कि दो-तिहाई सदस्य उसको स्वीकार न करें। कांग्रेस ने जिन्ना की माँगों का विरोध किया। पंजाब की यूनियनिष्ट पार्टी व प्रांत के मुख्य मन्त्री खिजर हयात खाँ ने भी इनका विरोध किया। तीन दिन बाद वेवेल ने शिमला सम्मेलन को असफल बताकर समाप्त कर दिया।

असफलता के कारण-

(1) इसकी असफलता के लिए जिन्ना उब्तरदायी थे। उसने यह माँग की कि वायसराय की कार्यकारणी के पाँचों मुस्लिम सदस्य मुस्लिम लीग के प्रतिनिधि होने चाहिए। उसने मुस्लिम सदस्यों के लिए विशेष संरक्षण की माँग भी की जो अनुचित थी।

(2) वेवेल भी इसकी असफलता के लिए उत्तरदायी था। उसे अपनी कार्यकारी परिषद् के गठन के सम्बन्ध में भारतीय नेताओं से परामर्श कर लेना चाहिए था उसे मुस्लिम लीग को प्रस्तावों के मानने में रुकावट पैदा करने की छूट नहीं देनी चाहिए थी।

(3) इंग्लैंड की सरकार भी इसकी असफलता के लिए आंशिक रूप से उत्तरदायी थी। सम्मेलन के प्रारम्भ में वेवेल ने कांग्रेस अध्यक्ष को यह विश्वास दिलाया था कि उसकी योजना में किसी को भी जान-बूझकर बाधा डालने की अनुमति नहीं दी जायेगी लेकिन ऐसा लगता है कि क्रिप्स की भाँति वेवल को भी अन्तिम समय में कुछ अन्य ही आदेश मिले थे।

परिणाम-

(1) भारत में संवैधानिक गतिरोध बना रहा।

(2) जिन्ना की स्थिति और भी सुदृढ़ हो गई। मुस्लिम लीग यह अच्छी तरह जान गई कि वह किसी भी प्रस्तावित समझौते में बाधाएँ उपस्थित कर सकती है।

(3) जुलाई,1945 में इंग्लैंड में श्रमिक दल की सरकार स्थापित हुई। प्रधान मन्त्री एटली ने वेवल को विचार विमर्श के लिए लंदन बुलाया। वेवेल ने लौटने के बाद यह घोषणा की कि केन्द्रीय तथा प्रान्तीय विधान मण्डलों के चुनाव शीघ्र कराये जायेंगे तथा चुनावों के तुरन्त बाद एक संविधान सभा बनाई जाएगी।

मन्त्रिमण्डलीय शिष्ट-मण्डल योजना फरवरी,1946:

(1) इंग्लैंड की श्रमिक दल की सरकार भारत में संवैधानिक गतिरोध दूर करना चाहती थी।

(2) भारत सचिव लार्ड पेथिक लारेंस की काफी समय से भारत के प्रति सहानुभूति थी।

(3) आजाद हिन्द फौज की तीन अधिकारियों के मुकदमें ने यह बता दिया था कि अब भारतीय न जो दमन सहन करेंगे और ही अस्पष्ट प्रस्तावों से सन्तुष्ट होंगे।

21 फरबरी, 1946 को एटली ने एक मंत्रि-मण्डलीय शिष्ट मण्डल को भारत भेजन की घोषणा की। इस शिष्ट मिण्डल में पेथिक लारेंस, स्टेफर्ड क्रिप्स तथा एलेक्जेंडर सम्मिलित थे।

उक्त प्रतिनिधि मण्डल 24 मार्च, 1946 ईसवी को दिल्ली पहुँचा। 13 अप्रेल तक वह भारत के प्रमुख प्रतिनिधियों से मिला। 8 मई को जिन्ना ने भारत मंत्री को पत्र लिखा कि प्रतिनिधि मण्डल को योजना से कोई वास्तविक लाभ नहीं होगा। कांग्रेस ने उक्त मण्डल से एक अन्तरिम सरकार के निर्माण की अपील की। दोनों दलों ने अपने निजी प्रस्तावों को प्रतिनिधि मण्डल के सम्मुख रखा। दोनों दलों की विरोधी अवस्था को देखते हुए भी प्रतिनिधि मण्डल ने 16 मई, 1946 ई. को अपनी योजना प्रस्तुत की जो इस प्रकार से थी:

1. एक भारतीय संघ हो, जिसमें ब्रिटिश भारत और देशी रियासतें दोनों सम्मिलित हों और जिसके अधीन परराष्ट्र सम्बन्ध, रक्षा और यातायात के विषय रहें।

2. संघ का एक कार्यपालिका समिति और एक विधान मण्डल हो जिसमें ब्रिटिश भारत और भारतीय रियासतों के प्रतिनिधि हों, यदि विधान मण्डल में कोई महत्त्वपूर्ण साम्प्रदायिक मामले को प्रस्तुत किया जाए तो उसके निर्णय के लिए दोनों सम्प्रदायों का पृथक-पृथक रूप से बहुमत तथा सम्पूर्ण उपस्थित सदस्यों का बहुमत अनिवार्य हो।

3. संघ को समर्पित विषयों के अतिरिक्त सब विषय प्रान्तों के अधीन हों और अवशिष्ट शक्तियाँ भी प्रान्तों के अधीन रहें।

4. देशी रियासतों का उन सब विषयों पर अधिकार रहे जो संघ में समर्पित करने के पश्चात् अवशिष्ट हों।

5. प्रान्तों को अपने समूह बनाने का अधिकार हों। प्रत्येक प्रान्त समूह की पृथक कार्यपालिका समिति और विधान मण्डल हो। प्रत्येक प्रान्त समूह को यह निश्चित करने का अधिकार हों कि कौन से विषय सामूहिक शासन में रहेंगे।

6. भारतीय संघ और प्रान्त समूहों के संविधान में इस प्रकार की व्यवसा की जाये जिसके अन्तर्गत प्रत्येक प्रान्त अपने विधान मण्डल के बहुमत से प्रथम दस वर्ष के पश्चात् और तत्पश्चात् प्रति दस वर्ष के बाद संविधान की शर्तो पर पुनर्विचार करने का प्रस्ताव प्रस्तुत कर सके।

7. उपर्युक्त प्रस्तावों के अतिरिक्त केबिनेट प्रतिनिधि मण्डल ने इस बात पर भी जोर दिया कि भारतीयों द्वारा संविधान निर्मित हो। प्रान्तीय विधान सभाएँ संविधान निर्माणी परिषद् के सदस्यों का दस लाख व्यक्तियों पर एक व्यक्ति के अनुपात में निर्वाचन करेगी। सिक्ख और मुसलमान प्रतिनिधि अपनी जाति में से जन संख्या के आधार पर निश्चित संख्या में चुने जाने को थे। एकांकी हस्तान्तरित मतदान की अनुपातिक प्रतिनिधित्व की चुनाव प्रणाली अपनायी जाने को थी। सम्पूर्ण प्रतिनिधियों को क, ख, ग तीन भागों में विभाजित करना था। ''क'' भाग में बंगाल और ''ग'' भाग में शेष प्रान्तों के प्रतिनिधि थे। संविधान निर्मात्री परिषद् की कुल सदस्य संख्या 385+4=389 रखी गई जिनमें 296 ब्रिटिश एवं भारत और 93 देशी रियासतों के प्रतिनिधि थे।

8. केबिनेट प्रतिनिधि मण्डल ने यह भी सिफारिश की कि जब तक नया संविधान कार्यान्वित न हो तब तक भारत का शासन चलाने के लिए एक अन्तर्कालीन सरकार का निर्माण किया जाये।

9. इसके अतिरिक्त केबिनेट प्रतिनिधि मण्डल ने कुछ और भी सिफारिशें पेश कीं। उसके अनुसार अल्प संख्यकों, कबायली और अपवर्जित प्रदेशों के लिए परामर्शदात्री समिति नियुक्त होगी। नये संविधान के कार्यान्वित होते ही तथा प्रत्येक प्रान्त को चुनाव के पश्चात् अपने विधान मण्डल के निर्णय से यह अधिकार होगा कि वह उस समूह से बाहर निकल जाये जिसमें उसे रखा गया हो। सत्ता हस्तान्तरण के परिणाम स्वरूप उत्पन्न कुछ मामलों के सम्बन्ध में यूनियन की संविधान सभा और ब्रिटेन में संधि आवश्यक होगी। इसके अतिरिक्त सभा का अध्यक्ष यह निर्णय करेगा कि प्रस्तुत प्रस्तावों में से कौन सा ऐसा है जो साम्प्रदायिक है। यदि दोनों में से किसी भी प्रमुख सम्प्रदाय के सदस्य बहुमत से अनुरोध करे, तो अध्यक्ष अपना निर्णय देने के पूर्व संघीय न्यायालय का परामर्श लेगा। केबिनेट प्रतिनिधि मण्डल ने पाकिस्तान निर्माण की माँग को अनुचित ठहराया।

केबिनेट प्रतिनिधि मण्डल की यह योजना कई कारणों से महत्त्वपूर्ण थी। पहला, इसने विधान निर्मात्री परिषद् का निर्माण भारतीयों द्वारा की जाने की व्यवस्था की। दूसरा, इसका निर्माण लोकतंत्रात्मक पद्धति पर किया जाने को था। तीसरा, इसमें किसी दल को अत्यधिक सन्तुलन नहीं दिया गया था। चौथा, इसने सम्पूर्ण देश को एक सूत्र में बाँधने की योजना बनाई और पृथक पाकिस्तान निर्माण की माँग का विरोध किया। पाँचवा, इसने विधान निर्मात्री परिषद् को अंग्रेजी या सरकारी हस्तक्षेप से मुक्त कर दिया।

इस योजना में कई दोष भी थे:

(1) इसमें प्रस्तावित प्रान्तों के समूहों की योजना अलोकतांत्रिक व अस्पष्ट थी।

(2) मुस्लिम लीग ने प्रान्तों के समूहीकरण को अनिवार्य माना।

(3) इन प्रस्तावों के अनुसार पहले प्रान्तों व समूहों का और उसके बाद संघ का संविधान बनाया जाना था।

(4) इसमें सिक्खों के जातिगत् अधिकारों के संरक्षण की कोई व्यवस्था नहीं थी जबकि वे इनको प्राप्त करने के लिए आग्रह कर रहे थे।

(5) आरम्भ में कांग्रेस ने यह समझा कि प्रान्तों के लिए समूह बनाना वैकल्पिक है जब कि मुस्लिम लीग ने इसे अनिवार्य माना। सरकार ने मुस्लिम लीग के विचार का समर्थन किया।

केबीनेट मिशन के प्रस्तावों को कांग्रेस, मुस्लिम लीग, सिक्खों व अन्य दलों ने अस्वीकार किया। यद्यपि **महात्मा गाँधी** ने कहा, "तत्कालीन परिस्थितियों में ब्रिटिश सरकार द्वारा यह सबसे अच्छा प्रलेख था।" फिर भी कांग्रेस को अनेक आपत्तियाँ थी।

परिणाम:

(1) केबीनेट मिशन भी भारत के संवैधानिक गतिरोध को दूर नही कर सका।

(2) मुस्लिम लीग ने कांग्रेस के प्रति अपना विरोध जारी रखा उसने कांग्रेस व सरकार व दोनों को धूर्त बताया तथा कहा कि अब समय आ गया है जबकि पाकिस्तान की प्राप्ति के लिए मुसलमान सीधी कार्यवाही करें।

(3) देश के अनेक भागों मे साम्प्रदायिक दंगे भड़क उठे। 16 अगस्त 1946 को मुस्लिम लीग ने ''सीधी कार्यवाही दिवस'' मनाया। उस दिन कलकत्ता में सहस्त्रों की संख्या में हिन्दू मारे गये व उनके घरों को लूटा गया।

भारतीय नौ-सेना विद्रोह (1947 ईसवी):

जिस समय एटली के एक मंत्रिमण्डलीय शिष्टमंडल को भारत भेजने की घोषणा की उस समय बम्बई में भारत में नौ-सेना में विद्रोह फैल रहा था।

कारणः

(1) स्वतन्त्रता संघर्ष की आवाज सैनिकों के कानों में भी गूंजने लगी थी। वे भी अनुभव कर रहे थे कि ब्रिटिश सरकार अब अधिक देर तक भारत में नहीं टिक सकती।

(2) सुदूर पूर्व में अनेक स्थानों पर अंग्रेजों की हार ने भी उन्हें प्रभावित किया था।

(3) आजाद हिन्द फौज की गतिविधियों तथा उसके तीन अधिकारियों पर मुकदमें के समय देशवासियों के समर्थन से भी प्रभावित हुए थे।

(4) भारतीय नौ सेना के अधिकांश अफसर अंग्रेज थे तथा वे भारतीयों का अपमान करते थे।

(5) भारतीय अफसरों व नौ-सैनिकों को अंग्रेज अफसरों व नौ सैनिकों के समान सुविधाऐं नहीं दी जाती थी।

(6) नौ-सेना से छँटनी होने पर उनकी नौकरी की व्यवस्था नहीं क जाती थी।

(7) आकस्मिकः जनवरी, 1946 में एक अंग्रेज अधिकारी के बुरे व्यवहार तथा अंग्रेज अधिकारियों के बराबर सुविधाएँ न देने के समर्थन में बम्बई में हवाई सेना के 1,500 सैनिकों ने विद्रोह किया।

घटनाएँ: 19 फरवरी, 1946 को बम्बई में 20 जहाजों के नाविकों ने हड़ताल आरम्भ की। जहाजों पर यूनियन जैक के स्थान पर भारतीय झण्डे लहराने लगे। ''अंग्रेजों भारत छोड़ो'' के नारे लगाए गये। 21 फरवरी तक इस हड़ताल में गोदी मजदूर व जहाज की मरम्मत करने वाले कारीगर भी सम्मिलित हो गये। ब्रिटिश सैनिकों ने विद्रोही सैनिको को बैरकों में घेर कर गोलाबारी की। इसके विरोध में बम्बई के श्रमिकों ने आम हड़ताल की। समस्त देश में भी प्रदर्शन हुए। 21-23 फरवरी के बीच बैरकों तथा बम्बई शहर में लगभग 250 आदमी मारे गये। स्थल व हवाई सेना में भी असन्तोष के चिह्न दिखाई देने लगे। इस समय तक इंगलैण्ड की सरकार मंत्रिमण्डलीय शिष्ट मण्डल भेजने की घोषणा कर चुकी थी। अतः कांग्रेस व मुस्लिम लीग ने नौ-सैनिकों को हड़ताल समाप्त करने की सलाह दी। उन्होंने यह कह कर कि ''हम भारत के समाने आत्मसमर्पण कर रहे है, ब्रिटेन के सामने नहीं'' हड़ताल समाप्त कर दी।

प्रभावः

(1) नौ-सेना के विद्रोह ने ब्रिटेन की सरकार को झकझोर दिया। वे अब यह अच्छी तरह समझ गये कि केवल जनता ही नहीं अपितु भारतीय सेना भी उनके विरुद्ध हो गई है।

(2) अतएव उन्होंने भारत से जल्दी जाने का निश्चय किया।

चुने हुए विचारः

सुभाष चन्द्र बोसः ''ईश्वर के नाम पर हम भारतीय जनता से अपील करते है कि हम एक झण्डे के नीचे खड़े हों तथा भारत की आजादी के लिये लड़ें।''

नौ-सेना की हड़ताल कमेटी के अध्यक्षः ''हम भारत के सामने आत्म-समर्पण कर रहे हैं, ब्रिटेन के सामने नहीं।''

भारतीय राष्ट्रीय आन्दोलन–सिंहावलोकन

सन् 1885 में कांग्रेस केवल कतिपय शिक्षित सम्भ्रान्त व्यक्तियों की संस्था थी। पर शीघ्र ही यह जन–आन्दोलन में परिणत होने लगी। सन् 1905 के बंग–भंग आन्दोलन के फलस्वरूप बड़े–बड़े प्रदर्शन हुए, जिनमें अधिकतर स्त्रियों एवं छात्रों ने भी भाग लिया। सन् 1906 से 1918 ई. के दौरान नरम दल, उग्र दल राष्ट्रवादियों एवं क्रान्तिकारियों ने राजनीतिक चेतना विकसित करने में महत्त्वपूर्ण भूमिका निभाई तथापि आन्दोलन ने गाँधी जी के नेतृत्व में ही जन–आन्दोलन का रूप धारण किया था।

गाँधी जी का मूल उद्देश्य जनसाधारण को सक्रिय राजनीति में लाना था। उन्होंने कहा, "जिस स्वराज की लोग मांग करते हैं उसे वे प्राप्त कर सकेंगे जब वे इसे प्राप्त करने की शक्ति प्राप्त कर लेंगे। भारतीय सशस्त्र विद्रोह स्वतंत्रता प्राप्त नहीं कर सकते क्योंकि शक्तिशाली ब्रिटिश साम्राज्य उसे कुचल सकता है। स्वतंत्रता प्राप्ति एकमात्र साधन सत्याग्रह है। सत्याग्रह की सफलता जन–सहयोग पर निर्भर है।"

जनता की सहभागिता हेतु नागपुर अधिवेशन में कांग्रेस ने अपनी संगठनात्मक व्यवस्था को सुगठित एवं प्रभावशाली राजनीतिक संगठन का रूप दे दिया था। अखिल भारतीय एवं प्रान्तीय कार्य समितियाँ बना दी गईं थीं। गाँव, खण्ड, ताल्लुक और जिला (मंडल) स्तर पर भी कार्य समितियाँ बनाई गई थीं। इस प्रकार आन्दोलन की जड़ें भारत के नगरीय एवं ग्रामीण क्षेत्र में थी।

नेताओं की अपील का जन–मानस के मन–मस्तिष्क पर बहुत गहरा प्रभाव पड़ा। उनकी अपील का आधार धर्म, जाति अथवा क्षेत्रीय भाव नहीं था बल्कि उन्होंने अच्छे और बुरे शासन की भावना को उभारा था। जून 1920 ई. में गाँधी जी ने वायसराय को पत्र में लिखा था कि, "अनादि काल से लोगों को अधिकार है कि एक कुशासन देने वाली सरकार को सहयोग ने दें।"

अस्पृश्यता को हटाने की लड़ाई में गाँधी जी तथा डॉ. बी. आर. अम्बेडकर का योगदान

समस्त हिन्दू समाज में अस्पृश्यता एक शर्मनाक एवं अपमानजनक प्रथा थी जो समाज को विभाजित कर रही थी। गाँधी जी द्वारा सभी अछूतों को हरिजन कहा जाता था। इनके उत्थान के लिए गाँधी जी द्वारा निम्नलिखित कार्य किये–

1. समाज कार्यकर्त्ताओं की व्यवस्था की।
2. उनका हरिजन अभियान मानवता एवं तर्क पर आधारित था।
3. उन्होंने अपने लेखों एवं क्रियाकलापों से स्पष्ट किया कि अस्पृश्यता एक बुराई

है जो मनुष्य को मनुष्य से अलग करती है।

4. जब ब्रिटिश सरकार ने कम्यूनल अवार्ड (साम्प्रदायिकता को बढ़ावा) घोषित किया था तो स्वयं गाँधी जी ने अन्य राष्ट्रवादियों के साथ–साथ इसका बहुत ही कड़ा विरोध प्रकट किया।

5. हरिजन सेवक संघ की स्थापना की और हरिजनों के सुधार के लिए अनेक कार्यक्रम रखे। उन्हें शिक्षा, स्वास्थ्य सुरक्षा एवं शराब छोड़ने के लिए अत्यधिक प्रेरित किया गया।

डॉ. बी. आर. अम्बेडर जैसे अन्य लोगों ने सुधार आन्दोलन को सशक्त बनाने में निम्न सहयोग दिये–

1. उन्होंने अखिल भारतीय दलित वर्ग संघ की स्थापना की।

2. जाति विरोधी आन्दोलन को राष्ट्रीय आन्दोलन से जोड़ दिया गया।

3. उन्होंने घोषणा की कि स्वतंत्र भारत के लिए अस्पृश्यता उन्मूलन आवश्यक है।

नारी मुक्ति आन्दोलन

उन्नीसवीं शताब्दी में राष्ट्रीय आन्दोलन के साथ–साथ ही नारी मुक्ति आन्दोलन का प्रारम्भ हुआ। बीसवीं शताब्दी में इस आन्दोलन की गति में काफी वृद्धि हो गई।

1. सन् 1905 ई. में बंग विभाजन विरोधी आन्दोलन से स्त्रियाँ राष्ट्रीय आन्दोलन में शामिल हो गई थीं। **गाँधी जी** ने कहा, ''स्त्रियों को निर्बल कहना पुरुषों द्वारा स्त्रियों पर अन्याय है।''

2. सन् 1930 ई. में नमक सत्याग्रह के समय गाँधी जी ने स्त्रियों से आन्दोलन में शामिल होने की अपील की। अकेले दिल्ली (जिसे रूढ़िवादी नगर समझा जाता था) में 1600 स्त्रियों को राजनीतिक गतिविधियों के कारण बन्दी बनाया गया।

3. शराब एवं अफीम की दुकानों पर धरना देने, राजनीतिक प्रदर्शन में भाग लेने एवं गोलियों का सामना करने तथा जेल भरने में स्त्रियों ने अपनी भूमिका बड़े ही उत्साहपूर्वक निभाई।

4. स्त्रियों ने चुनाव में भाग लिया था और सरोजनी नायडू कांग्रेस की अध्यक्ष निर्वाचित हुई थीं।

5. कांग्रेस द्वारा हिंसात्मक संघर्ष शुरू करने के कारण स्त्रियाँ एवं अनेक अन्य वर्ग इसमें भाग ले सके थे। यदि यह सशस्त्र संघर्ष होता तो ऐसा सम्भव नहीं होता।

इस प्रकार राष्ट्रीय आन्दोलन विशेष कर अपने अन्तिम चरण में स्त्रियों के उत्थान को अत्यधिक आगे बढ़ा सका।

❑❑❑

27

पुर्तगालियों का आगमन और अंग्रेजों की सफलता

17 मई, 1498 को कालीकट के निकट एक गांव में समुद्री मार्ग से वास्को-डी-गामा का आगमन भारत के इतिहास में एक युगान्तरकारी घटना थी। भारत के समुद्री मार्ग की खोज के बाद पुर्तगालियों ने अरब सागर के तट से व्यापार आरंभ किया। उनके बाद डच, डेन, अंग्रेज़ व फ्रांसीसियों ने भी व्यापार के क्षेत्र मे कदम रखा। उन्होंने भारत के समुद्र तट पर अपनी अनेक बस्तियाँ स्थापित कीं। मुगल साम्राज्य के पतन के समय में इन यूरोपियन जातियों में व्यापारिक एकाधिकार और राजनीतिक प्रभुत्व के लिये संघर्ष हुआ। अंत में इस संघर्ष में अंग्रेजों की विजय हुई। भारत में अपने साम्राज्य विस्तार की प्रक्रिया में अंग्रेजों को विशेषकर मराठे, मैसूर के हैदर अली व टीपू सुल्तान, सिंध के अमीरों, सिक्ख के अमीरों, सिक्ख व अन्य शक्तियों के प्रतिरोध का अंत करना पड़ा।

भारत की भूमि पर यूरोपियनों का आगमन एक ऐसे समय में हुआ लब यूरोप के अनेक देश नये युग में प्रवेश कर रहे थे। इन देशों में समंतवाद अपने अध:पतन की ओर अग्रसर हो रहा था, राष्ट्रीय राज्यों की शक्ति बढ़ रही थी।, वैज्ञानिक एवं भौगोलिक खोजों ने जनता मे एक नयी चेतना व उत्साह भर दिया था तथा धार्मिक सुधार आदोलन ने उनमें स्वतंत्रता की भावना को विकसित किया था। उन सब परिवर्तनों के फलस्वरूप यूरोपीय देशों मे एक व्यापरिक क्रान्ति हो रही थी। अमेरिका की खोज से स्पेन, पुर्तगाल, इंगलैंड व फ्रांस को काफी लाभ हुआ था। अतएव भारत के समुद्री मार्ग की खोज के बाद यूरोपियनों का ध्यान इस ओर आकर्षित हुआ। उन्होंने शक्तिशाली मुगल सम्राट, उनके सूबेदारों व स्थानीय शासकों से व्यापार करने की अनुमति प्राप्त कर ली। अठारहवीं सदी के आरम्भ में मुगल साम्राज्य का पतन तेजी के साथ आरंभ हुआ केन्द्रीय सत्ता दुर्लभ होती चली गई। प्रान्तीय सूबेदार मनमानी करने लगे। मराठों की शक्ति बढ़ी। अमीरों की दलबंदी व पारस्परिक ईर्ष्या ने स्थिति को और बिगाड़ दिया। नादिर शाह के आक्रमण ने मुगल साम्राज्य की रही सही शक्ति को भी नष्ट कर दिया। देश में अराजकता फैल गई। इसका लाभ यूरोपियन जातियों ने उठाया।

पहले उनमें व्यापारिक एकाधिकार प्राप्त करने के लिये संघर्ष हुआ। अंग्रेजों ने धीरे-धीरे पुर्तगालियों और डचों की शक्ति का नष्ट किया। इसक बाद उनमे तथा फ्रांसियियों में व्यापारिक

प्रतिद्वंद्विता आरंभ हुई। भारत के विभिन्न भागों में फैली हुई अराजकता के करण उनमें राजनीतिक महत्त्वकाक्षा को हराया। तत्पश्चात् उन्होनें भारत की अन्य शक्तियों को भी परास्त किया। 1848 तक समस्त भारत प्रत्यक्ष अथवा अप्रत्यक्ष रूप से उनके साम्राज्य का अंग बना गया।

भारतीय समुद्र में पुर्तगाली नियंत्रण

वास्को-डी-गामा के साथ कालीकट के हिन्दू राजा जमोरिन ने मित्रतापूर्ण व्यवहार किया। वास्को-डी-गामा ने तीन महीने बाद अपनी यात्रा शुरू की। सितम्बर, 1500 में पेड्रो अल्वारिज के नेतृत्व में छः पुर्तगाली जहाज कालीकट पहुँचे। उसने मुसलमानों के गरम मसाले के व्यापार के एकाधिकार को भंग करने की चेष्टा की। धीरे-धीरे स्थानीय लोगों व मुसलमानों से उसके सम्बन्ध बिगड़ते गये। दिसम्बर, 1500 में उसने एक अरब जहाज को घेरने की कोशिश की। इस पर जमोरिन अप्रसन्न हुआ। अत: जनवरी, 1501 में वह कोचीन चला गया और वहाँ से पुर्तगाल में पाँच साल तक झड़पें होती रही।

हिन्द महासागर के क्षेत्र मे अरबों की समुद्री शक्ति का अन्त करने के लिये पुर्तगाल ने डी अल्मेडा के नेतृत्व में एक जहाजी बेड़ा भेजा। उसने अरबों के अनेक जहाज लूटे ओर अरब सागर में पुर्तगालियों का आतंक स्थापित किया। उसने 1509 मे ड्यू के पास मिश्र व भारत की सम्मिलित मुस्लिम शक्ति का हराकर पुर्तगाल को एशिया के साथ में आ गया। भारत में दुर्गों के निर्माण, स्थल सेनिकों की संख्या बढ़ाने तथा राजनीतिक सत्ता स्थापित करने में अल्मोड़ा को रुचि नही थी। उसने पुर्तगाल सरकार को लिखा ''जितने दुर्ग तुम्हारे अधीन होंगे, उतनी ही तुम्हारी शक्ति कमजोर हो जायेगी। हम अपनी सारी शक्ति समुद्र में रखे, क्योंकि यदि हम समुद्र में शक्तिशाली न हुए तो तत्काल सारी परिस्थितियों हमारे प्रतिकूल हो जायेगी। ''

1509 में उस स्थान पर अलिमयदा भारत में पुर्तगाल बस्तियों का गवर्नर बन कर आया। अलमियदा ने जमोरिन के समुद्री बेड़े को नष्ट किया। उसने फारस की खाड़ी में ड्यू के निकट उरमुज के मुस्लिम शासक को हराकर अरब सागर में अरबों का प्रभुत्व समाप्त कर दिया। 1509 में उल्बुकर्क पूर्व में पुर्तगाली बस्तियों का गर्वनर बना। उसके विचार अल्मेंडा से भिन्न थे। उसने अपने को निम्नांकित चार बिन्दुओं पर आधारित किया-

1. महत्त्वपूर्ण व्यापारिक केन्द्रों पर नियतंत्रण स्थापित करना,
2. स्थानीय निवासियों के साथ विवाह सम्बन्ध स्थापित कर एकता बढ़ाना।
3. नये दुर्गों का निर्माण करना, तथा
4. स्थानीय व्यापारियों से अपने राजा के लिए उपहार लेना।

1510 में उसने बीजापुर से गोआ जीत लिया। बीजापुर का सुल्तान यूसुफ अदिल खाँ गोआ वापस न ले सका। उसने शीघ्र ही फारस की खाड़ी में स्थित आर्मेज के बन्दरगाह कर अधिकार कर लिया। उसके बाद मलक्का पर भी पुर्तगालियों का कब्जा हो गया। लेकिन वह अवन न जीत सका। **डाडवेल** लिखता है ''1515 में अपनी मृत्यु के समय तक अल्बुकर्क ने यूरोप व पूर्व के व्यापार की तीन प्रमुख कुंजियों-मलक्का, ओर्मेज व अदन- के महत्त्व को भली-भाँति जान लिया था।''

अल्बुकर्क के समय में पुर्तगालियों ने श्रीलंका पर भी अपना नियंत्रण स्थापित कर लिया था।

इस प्रकार गोआ से लेकर श्रीलंका के समुद्र तट का मार्ग भी उनके नियंत्रण में आ गया था। अफ्रीका के पूर्व में समुद्र पर भी वे छाये हुए थे। लगभग एक शताब्दी तक इन क्षेत्रों मे उनका व्यापारिक प्रभुत्व बना रहा। सत्रहवीं शताब्दी के आरंभ में डचों व अंग्रेजों ने उनको चुनौची दी। पुर्तगाली उनका सामना न कर सके।

भारतीय शासकों के साथ पुर्तगालियों के सम्बन्ध

1535 में पुर्तगालियों ने हुमायूँ के विरुद्ध गुजरात के शासक बहादुर शाह की मदद क॥ इसके बदले में बहादुर शाह ने उन्हें बम्बई, साल्सिट व बेसिन दिये। किन्तु यह जाने पर कि पुर्तगाली इन केन्द्रों की किलेबन्दी कर रहे हैं, बहादुरशाह ने उन्हें बेदखल करने के आदेश दिये। पुर्तगालियों ने इस विषय पर बातचीत करने का प्रस्ताव किया। पुर्तगालियों के साथ बातचीत करते समय जहाज में दोनों पक्षों में झड़प हो गई। अपनी जान बचाने के लिये बहादुरशाह समुद्र में कूदा किन्तु डूब कर मर गया।

बंगाल के सूबेदार के साथ सम्बन्ध

पुर्तगालियों ने बंगाल मे भी अपनी बस्तियाँ स्थापित की। 1533 में गोआ से पुर्तगाली गवनग्रनुनों-ड-कुन्हा ने मार्टर के नेतृत्व में एक जहाज चटगांव भेजा। मार्टम ने मुस्लिम व्यापारियों को तंग किया। इस पर बंगाल के नवाब ने उसे गिरफ्तार कर लिया। कुन्हा द्वारा भेजे पुर्तगाली जहाजी बेड़े ने चटगांव के बन्दरगाह भेजा। इस समय बंगाल के सूबेदार शेरशाह से संघर्ष करना पड़ा। अतएव उसने पुर्तगालियों से मित्रता की तथा पुर्तगाली बन्दूकचियों को अपनी सेना में भर्ती किया।

मुगल सम्राटों के साथ सम्बन्ध

अबुल फजल लिखता है कि अकबर यह मानता था कि जब तक पुर्तगालियों का नियन्त्रण पश्चिमी समुद्र तट पर रहेगा तब तक भारत की पश्चिमी सीमा सुरक्षित न रहेगी। इसी प्रकार वह भारत में व्यापार करने वाले अन्य यूरोपियनों से भी आशंकित था। 1572 मे गुजरात अभियान के समय उसका एक उद्देश्य पुर्तगाली शक्ति को नष्ट करना था किन्तु आगरा की अनिश्चित स्थिति व अन्य घटनाओं के कारण अकबर उनके विरुद्ध कुछ न कर सका। आशीर्वादी लाल श्रीवास्तव ने 'अकबर महान्' के यह मत प्रकट किया है कि अकबर ने पुर्तगालियों से तोपें, बन्दूकें व बारूद प्राप्त करने का असफल प्रयत्न भी किया।

यद्यपि अकबर पुर्तगालियों को संदेह की दृष्टि से देखता था किन्तु उसने उनके विरुद्ध धार्मिक असहिष्णुता की नीति का पालन नहीं किया। अपनी जिज्ञासा को संतुष्ट करने के लिये उसने गोआ से पुर्तगाली पादरियों को दरबार में बुलाया। पहला पुर्तगाली शिष्ट मंडल 1591 मे लाहौर पहुँचा किन्तु जब उन्होंने देखा कि अकबर ईसाई बनना नहीं चाहता तो वे गोआ लौट गये। 1594 मे अकबर ने फिर पादरियों का भेजने का संदेश गोआ भेजा। उसके दरबार मे तीन पादरी आये। इनमें से जेरोम जेवियर 23 साल तक दरबार में रहा। आर्शीवादी लाल श्रीवास्तव के अनुसार जोवियर भी धर्म प्रचार के साथ साथ पुर्तगालियों का राजनीतिक प्रभुत्व करने के लिये उत्सुक था। उसने लगातार अंग्रेजों द्वारा व्यापारिक अधिकार प्राप्त करने का विरोध किया।

1608 में इंगलिश ईष्ट इंडिया कंपनी ने विलियम हाकिन्स को भारत भेजा। पुर्तगालियों ने उसके सूरत आने पर बाधाएँ उपस्थित कीं। नवम्बर 1609 में हाकिन्स ने जहांगीर से भेट की। पुर्तगालियों ने खुर्रम से अंग्रेजों को व्यापारिक सुविधाएँ देने का विरोध किया। इसी समय अरब सागर में अंग्रेजों ने एक पुर्तगाली जहाजी बेड़े को हराया। अंग्रेज जहांगीर से व्यापार करने की अनुमति पाने में सफल हुआ।

1617 ई. मे इंग्लैंड के सम्राट जेम्स प्रथम के प्रतिनिधि टॉमस रो ने जहांगीर से मुलाकात की। उसने देखा कि खुर्रम पुर्तगालियों का समर्थक था। पुर्तगालियों व डचों के विरोध के कारण टॉमस रो को आशातीत सफलता नही मिल सकी। उसने अंग्रेज ईस्ट इण्डिया कम्पनी के संचालकों को लिखा कि यदि हमें भारत में अपने व्यापार को बढ़ाना है तो सबसे पहले हमें पुर्तगालियों और डचों की शक्ति को नष्ट करना होगा।

शाहजहाँ के पुर्तगालियों के सम्बन्धः

शाहजहाँ के समय में बंगाल में पुर्तगालियों की उद्दण्डता बढ़ने लगी थी। उन्होंने बलपूर्वक भारतीयों को ईसाई बनाना शुरू कर दिया था। समय-समय पर शाही भूमि और बाजारों लूटमार आरम्भ कर दी थी। इसके अतिरिक्त उन्होंने मुगलों के विरुद्ध अराकान के राजा को भी सहायता दी थी। 1632 मे उन्होंने चटगाँव मे मुमताज महल की कुछ दासियों को पकड़ लिया था इससे नाराज होकर शाहजहाँ ने पुर्तगालियों को दण्ड देने का निश्चय किया। बंगाल के सूबेदार ने साढ़े तीन महीने के घेरे बाद हुगली जीत लिया। अनेक पुर्तगाली गिरफ्तार किये गये तथा कुछ मारे गये। गिरफ्तार पुर्तगालियों में से कुछ ने इस्लाम स्वीकार कर लिया। कुछ जवान स्त्रियों को हरम में ले लिया गया।

औरंगजेब के समय में पुर्तगालियों के साथ मुगलों के सम्बन्धः

बंगाल में पुर्तगालियों ने शाहजहाँ के समय से ही आतंक मचा रखा था। उस समय चटगाँव व उसके आस-पास कई पुर्तगाली बस्तियों थी। वे बंगाल को अपनी जागीर समझते थे तथा लूटमार करते रहते थे। शाहजहाँ ने इनको दण्ड दिया किन्तु उन्हें दबाया नहीं जा सका। औरंगजेब ने बंगाल के सूबेदार मीर जुमला को पुर्तगालियों का दमन करने के लिये आदेश दिये लेकिन असम मे व्यस्त रहने के कारण वह ठोस कदम न उठा सका। 1664 में उसकी मृत्यु के बाद शाईस्ता खाँ बंगाल का सूबेदार बना। उसने 1666 ई. में उसने चटगाँव का किला जीत लिया। इसके बाद शेष लुटेरों ने आत्म समर्पण कर दिया। आलमगीरनामा के अनुसार इन लोगों ने बंगाल के अनेक किसानों को बन्दी बना रखा था। इन्हें मुक्त करके उनके घरों को वापस भेज दिया गया।

अरब सागर के तट पर पुर्तगाली कभी मराठों से मिल जाते थे और कभी मुगलों से। 1665 मे गोआ के पुर्तगाली गवर्नर ने मिर्जा राजा जय सिंह को लिखा कि वे शिवाजी को किसी प्रकार की मदद नहीं देंगे। 1667 मे पुर्तगालियों और मुगलों के बीच एक सन्धि हुई। इसमें एक शर्त यह थी कि पुर्तगाली किसी ऐसे व्यक्ति की रक्षा नहीं करेंगे जो मुगल सम्राट का विद्रोही हो। लेकिन 1668 ई. में उन्होंने शिवाजी से सन्धि कर ली। 1683 ई. में जब शम्भूजी ने शाहजादा अकबर के साथ गोआ पर आक्रमण किया तो पुर्तगालियों ने पहले अफसरों के साथ सहयोग किया तथा बाद

में मराठों से संन्धि कर ली। कुछ समय बाद शाहजादा शाह आलम ने गोआ पर आक्रमण किया। लेकिन वह सफल नहीं हुआ। 1693 ई. में मराठी और पुर्तगालियों की मित्रता के कारण फिर मुगलों ने पुर्तगालियों के इलाके बेसीन और दमन पर आक्रमण कर दिया। अन्त में गोआ के वायसराय ने संधि कर ली।

मराठों के पुर्तगालियों से सम्बन्धः

शिवाजी भी पुर्तगालियों से नाराज थे। इन दोनों के बीच मनमुटाव के अनेक कारण थे जो निम्नलिखित है-

1. पुर्तगाली चाहते थे कि उनके क्षेत्र में आने वाले जहाज उन्हें कर अदा करें लेकिन मराठे इसके लिये तैयार न थे।

2. रत्नागिरि के देसाई शासक ने मराठों से हार कर पुर्तगालियों के यहाँ शरण ली थी। यहाँ से वह मराठों के विरुद्ध अभियान करता रहता था।

3. दमन के निवासियों से शिवाजी चौथ वसूल करते थे। क्योंकि यह प्रदेश पुर्तगालियों के पास था, इसलिये वे इसका विरोध करते रहते थे।

पुर्तगालियों से मनमुटाव होने पर भी शिवाजी ने काफी समय तक उनसे कभी खुला संघर्ष नहीं किया। सिद्दियों के विरुद्ध संघर्ष में उन्होंने पुर्तगालियों से मदद लेने का प्रयास किया किन्तु पुर्तगालियों ने सिद्दियों की सहायता की। उनकी सहायता से देसाई ने बारदेस मे मराठा सैनिकों पर आक्रमण करना शुरू किया। उनकी सहायता से देसाई ने बारदेश पर अनेक आक्रमण कर पुर्तगालियों का बन्दी बना लिया। दिसम्बर 1667 मे दोनों के बीच एक संधि हुई। इसके अनुसार पुर्तगालियों ने यह वायदा किया कि वे शिवाजी के क्षेत्र के बीच घाटों के ऊपर तथा भारत के अन्य जहाजों को पुर्तगाली अनुमति पत्र देंगे। शिवाजी ने भी अपने अधिकारियों को पुर्तगालियों व्यापारियों को न सताने अथवा उन पर कर का भार समाप्त करने के आदेश देने का वचन दिया। छोटे छोटे मराठा व्यापारियों को पुर्तगालियों को पुर्तगाली इलाकों में व्यापार करने के लिये अनुमति पत्र लेने की जरूरत समाप्त कर दी गई।

इसके बाद भी शिवाजी के प्रति पुर्तगालियों की नीति संदेहपूर्ण बनी रही। 1675 ई. मे शिवाजी द्वारा फौडा के घेरे के समय पुर्तगालियों ने वहाँ के किलेदार को खाद्य सामग्री पहुँचाने का प्रयत्न किया किन्तु शिवाजी के जहाजों ने उनको ऐसा करने से रोका।

इस प्रकार शिवाजी ने अपनी सूझ-बूझ से पुर्तगालियों को अपने नियंत्रण में रखा। शीघ्र ही पुर्तगालियों की शक्ति को डचों और अंग्रेजों ने अरब सागर व हिन्द महासागर ने नष्ट कर दिया।

बाजीराव प्रथम का पुर्तगालियों के विरुद्ध अभियान-

पेशवा बाजीराव प्रथम व पुर्तगालियों मे संघर्ष के निम्नाकित कारण थे-

1. पुर्तगाली हिन्दुओं पर अत्याचार करते थे तथा उन्हें बलात् ईसाई बनाते थे। कभी-कभी तलवार की नोक पर पूरे गाँव के निवासियों को वे ईसाई बना लेते थे।

हिन्दू धर्म की रक्षा के लिये पेशवा ने उनका दमन करने का निश्चय किया।

2. गोआ के नये गवर्नर सेन्डो मिले ने 1732 ई. में थाना के सुदृढ़ दुर्ग का निर्माण करना

प्रारम्भ किया। वह अपनी शक्ति बढ़ाकर मराठों से संघर्ष करना चाहता था।

3. उसके एक सेनापति ने मराठों के दूत का अपमान किया। 1736 ई. में मराठा सेनापतियों ने पुर्तगालियों को हराकर कैम्वे पर अधिकार कर लिया। 1737 ई. मे चिमनाजी अप्पा ने पुर्तगालियों से थाना जीत लिया। इस समय पेशवा के निजाम के साथ भोपाल के युद्ध शुरू किया। 1739 ई. के आरम्भ मे मराठों ने बेसिन के दुर्ग को जीत लिया। लगभग 800 पुर्तगाली मारे गये। शेष को दुर्ग से जाने की अनुमति दी गई। पुर्तगालियों ने मराठों को 75 मील तक लम्बा क्षेत्र प्रदान किया। उत्तरी कोकण में पुर्तगालियों ने सबको धार्मिक आचरण की स्वतंत्रता प्रदान की। **एच. एन. सिन्हा** के अनुसार ''इस प्रकार मराठों के सफल अभियानों ने पश्चिमी समुद्र तट पर पुर्तगाली शक्ति का पूर्ण विनाश कर दिया।'' अरब सागर व हिन्द महासागर में उनकी शक्ति पहले ही नष्ट हो चुकी थी।

पुर्तगालियों की सफलता के कारण:

1. व्हाइटवे के अनुसार समुद्री मार्ग से आने वाले पुर्तगाली प्रथम यूरोपियन जाति थी। आम तौर पर पूर्वी देशों मे प्रथम आक्रान्ता का विरोध किया जाता था। अतएव भारतीयों ने भी उनका विरोध किया।

2. 1580 ई. में पुर्तगाल का राज्य स्पेन में मिल गया। इस समय से पुर्तगाल की दशा बिगड़ने लगी। उसे स्पेन के युद्धों में भाग लेना पड़ा। रोमन कैथोनिक देश होन के कारण स्पेन और यूरोप के प्रोटेंस्टेंट राज्यों से संघर्ष करना पड़ा। अन्त में वे इंग्लैंड और हालैण्ड के सामने टिक नहीं सके।

3. राबर्ट्स के मत में ब्राजील की खोज के बाद पुर्तगालियों ने अपनी अधिकांश शक्ति उस देश मे लगा दी।

4. एब्रे रेलान नामक एक पुर्तगाल इतिहासकार के मत में उस समय में पुर्तगाली एक पतनोन्मुख प्रजाति थी। वे धर्मान्ध, क्रूर, लालची और विलासी थे।

5. उन्होनें भारत में अपनी बस्तियों में धार्मिक नीति का पालन किया। 1540 ई. में गोआ मे हिन्दू मन्दिरों को नष्ट किया। युद्ध-बन्दियों को ईसाई धर्म स्वीकार करने अथवा मौत को गले लगाने के लिये बाध्य किया। उन्होंने बालात् धर्म परिवर्तन की नीति अपनाई। अपनी धर्मान्धता के कारण वे अलोक-प्रिय हो गये।

6. भारत मे पुर्तगाली अधिकारियों व सैनिकों ने हर तरीके से धन बटोरने की कोशिश के लिये उनके हाथ, कान आदि काट लेते थे। **अल्फाजों** नामक एक पुर्तगाली लेखक ने कहा है, ''पुर्तगाली एक हाथ में तलवार और दूसरे हाथ में क्रास लेकर भारत में घुसे थे किन्तु भारत को सोना बटोरने के लिये उन्होंने क्रास जमीन पर रख दिया और जब जेबें भारी हो गईं तो तलवार भी फेंक दी। ऐसी दशा में जो लोग उनके बाद में आये वे आसानी से उन पर हावी हो गये।''

7. अल्बकर्क के बाद कोई भी योग्य पुर्तगाली सेनापति भारत में नहीं आया। गोआ के गवर्नर भ्रष्टाचार व विलासिता में लिप्त होकर अपने कर्त्तव्यों को भूल गए।

8. भारत में आने वाले अनेक पुर्तगालियों के मुकाबले में श्रेष्ठ थी। अतः वे उनके मुकाबले में नहीं ठहर सके। डचों ने उन्हें समाले के द्वीपों, मलाया प्रायद्वीप व श्रीलंका से भी खदेड़ दिया।

अंग्रेजों ने उन्हें समुद्री युद्धों में हराया।

10. 1661 ई. में इंग्लैंड मे सम्राट जेम्स द्वितीय का विवाह पुर्तगाल की राजकुमारी कैथोरिन के साथ हुआ। उस दहेज में बम्बई का बन्दरगाह मिला। उसने यह बन्दरगाह ईस्ट इंण्डिया कम्पनी को दे दिया। जब यह बात गोआ के पुर्तगाली शासक को मालूम हुई तो उसने अपनी गृह-सरकार को लिखा कि ''जिस दिन अंग्रेज बम्बई में बस जायेंगे उसी दिन भारत हमारे हाथ से निकल जायेगा।'' इंग्लिश ईस्ट इण्डिया कम्पनी ने बम्बई का शीघ्र ही एक महत्त्वपूर्ण बस्ती में बदल दिया। इस स्थान से उन्होंने आसानी के साथ पुर्तगाली शक्ति पर आक्रमण किये।

11. मुगलों तथा मराठों ने भी पुर्तगालियों की शक्ति पर प्रहार किये।

पुर्तगाली नियंत्रण का राजनीतिक व आर्थिक परिणाम-

डाडवेल के अनुसार भारत मे पुर्तगाली नियंत्रण के राजनीतिक व आर्थिक परिणाम हानिकारक सिद्ध हुए।

राजनीतिक-

1. पुर्तगालियों ने भारतीयों शासकों को पारस्परिक संघर्षों में सहायता देने की पद्धति का आरम्भ किया। उन्होंने गुजरात के बहादुर शाह को सहायता दी। बाद में मराठों से भी उनका संघर्ष हुआ। इस प्रकार उन्होंने अंग्रेजों व फ्रांसीसियों को भारत मे राजनीतिक प्रभुत्व स्थापित करने का मार्ग दिखाया।

2. डाडवेल के अनुसार पुर्तगाली अपना साम्राज्य स्थापित करने में असफल रहे किन्तु व अरबों को समुद्री यद्धों मे हराकर भारत में यूरोपियन साम्राज्य की पृष्ठभूमि तैयार की। उन्होंने यूरोपियन शक्तियों को यह भी बता दिया कि भारतीयों की समुद्री शक्ति अत्यन्त दुर्बल है।

3. वह सबसे पहली यूरोपियन जाति थी जिसने सेना में भारतीयों को सैनिक प्रशिक्षण दिया। उनका अनुसरण अन्य यूरोपियन जातियों ने किया। अँग्रेजों ने भारतीयों के बल पर ही भारत को जीता।

आर्थिक-

1. सोलहवीं शताब्दी के अन्त तक गोआ से लेकर श्रीलंका के समुद्री तट पर पुर्तगालियों का नियंत्रण था। उन्होंने अरबों व तुर्कों के व्यापारिक जहाजों को लूटकर अथवा नष्ट करके इन देशों से होने वाले भारत के व्यापार को हानि पहुँचाई। लगभग सौ साल तक उनके पास भारत के पूर्वी समुद्र के व्यापार का एकाधिकार रहा किन्तु इस समय में उनके अधिकारियों ने निजी स्वार्थ के वशीभूत होकर व्यापार सिद्ध नहीं हुआ और इस ओर ध्यान नहीं दिया। अंतएव विदेशी व्यापार आशा के अनुकूल लाभदायक सिद्ध नहीं हुआ।

2. पुर्तगाली भारत से सोना व धन बटोरने मे लगे रहे। उन्होंने अपनी बस्तियों में रहने वाले निवासियों का निर्मम शोषण किया।

मुगल साम्राज्य के पतन के समय भारत में पुर्तगाली शक्ति क्षीण हो गई थी। अत: केन्द्रीय शक्ति के ह्रास तथा प्रादेशिक शक्तियों की पारस्परिक प्रतिस्पर्धा का लाभ दूसरी यूरोपियन

जातियों ने उठाया। अन्त में व्यापारियों का एकाधिकार और राजनीतिक प्रभुत्व संघर्ष में अंग्रेजों की विजय हुई।

डचों की भारत में गतिविधियाँ:

पुर्तगालियों के माध्यम से डच और अंग्रेज ने पूर्व के साथ अत्यन्त लाभप्रद व्यापार सोलहवीं शताब्दी में आरम्भ कर दिया था। 1580 ईसवी में स्पेन के फिलिप द्वितीय का पुर्तगाल पर अधिकार करने के कारण हालैण्ड व इंग्लैंड के साथ स्पेन के संघर्ष में पुर्तगाल को भी सम्मिलित होना पड़ा जिसके फलस्वरूप पुर्तगालियों के व्यापार को बड़ा धक्का पहुँचा। 1588 ईस्वी में स्पेनिश आर्मेडा की पराजय ने स्पेन की जल शक्ति को अत्यन्त दुर्बल बना दिया। इनका लाभ हालैण्ड ने उठाया। उसने स्पेन को आर्थिक हानि पहुँचाने की दृष्टि से पूर्व मे पुर्तगाल के व्यापारिक जहाजों को लूटना आरम्भ किया।

1592 ईसवी में हालैण्ड की राजधानी एमटरडम मे डच इण्डिया कम्पनी की स्थापना की गई। 1595 ईसवी में एक डच बेडे ने केप आप गुड होप में प्रवेश किया। शीघ्र ही हालैण्ड के अनेक नगरों में पूर्व के साथ व्यापार करने के लिए भिन्न भिन्न कम्पनियाँ स्थापित हुई। अन्त में 1602 ईसवी में एक यूनाईटेड कम्पनी बनाई गई। इस कम्पनी ने आरम्भ में बड़े जहाजों का एक बेड़ा पुर्तगाली साम्राज्य के प्रमुख केन्द्रों-मोजम्बिक, गोआ और मलक्का पर आक्रमण करने के लिए भेजा किन्तु उन्हें सफलता डचों को सबसे पहले सफलता मोलुक्कास (स्पाईवस आइलैण्स्) में प्राप्त हुई। 1609 ईसवी में डचों ने इंडोशिया मे अम्बोयना पर अधिकार कर लिया। 1619 ई. तक डचों का अधिकार जकार्ता पर हो गया। उन्होंने वहाँ बटाविया नगर बसा कर उसे अपनी गतिविधियाँ का केन्द्र बनाया। भारत में भी उन्होंने अपनी व्यापारिक बस्तियाँ स्थापित की। कोरोमंडल तट पर मासुलीपम, पेटापाली और देवनामप नाम स्थानों पर उन्होंने सत्रहवीं शताब्दी के प्रथम दशक में बस्तियाँ बना ली थीं। पुलीकट में बस्ती स्थापित कर डचों ने उसे अपना केन्द्र बनाया। 1617 ई. तक सूरत, पोर्टोनोवा, संदरसपम, गोलकुण्डा और बम्बलीपम मे भी उनकी फेक्ट्रियाँ स्थापित हो चुकी थी। कुछ समय पश्चात् कोचीन, पुराखद ओर त्रावनकोर मे भी उनके व्यापारिक केन्द्र स्थापित हुए। 1639 ई. में मद्रास, 1635 ई. में चिनसुरा व कुछ समय बाद कासिम बाजार और पटना में भी उन्होंने बस्तियाँ स्थापित की। इन सभी स्थानों पर डचों ने अपनी बस्तियों की साधारण किलेबन्दी की। डचों ने भारत के साथ व्यापार की अपेक्षा इण्डोनेशिया के द्वीपों के साथ गर्म मसाले के व्यापार को अधिक महत्त्व दिया। अत: उन्होंने अपनी शक्ति इस ओर लगाई। डाडवेल के अनुसार भारत का व्यापार स्पष्ट रूप से डचों के लिये स्पाईस आइलेंड्स के व्यापार के मुकाबले में कम महत्त्व रखता था। इसलिये उन्होंने इन द्वीपों में इंग्लैण्ड के व्यापार को पनपने का अवसर नहीं दिया। यूरोप मे दोनों देशों में स्पेन के विरुद्ध मित्रता होने पर भर उन्हांने इंग्लैण्ड का विरोध इन द्वीपों मे किया। अत: इन द्वीपों के व्यापारिक महत्त्व के लिए दोनों देशों की कम्पनियों में संघर्ष हुआ। अन्त में 1623 ई. में इण्डोनेशिया मे अम्बोयना नामक स्थान पर डचों ने कुछ अंग्रेज व्यापारियों को कत्ल करके इस संघर्ष का अन्त किया। इसके पश्चात् अंग्रेज ने इस द्वीप समूह ने अपना प्रभुत्व स्थापित करने का गम्भीर प्रयत्न नहीं किया।

श्रीलंका ने डचों का ध्यान सत्रहवीं शताब्दी के आरम्भ से ही आकर्षित किया। वहाँ पर भी पुर्तगालियों ने उनका विरोध किया। अनेक समुद्री संघर्षों के पश्चात् डचों ने भारत के नेगापट्टम

बन्दरगाह से 1643 ई. में एक जहाजी बेड़ा भेजकर पुर्तगालियों को श्रीलंका में नेगोम्बो के बन्दरगाह मे परास्त किया। 1658 ई. उन्होंने कोलम्बों से भी पुर्तगालियों को खदेड़ दिया। श्रीलंका के शासक डचों ने मलाया प्रायद्वीप के प्रसिद्ध बन्दरगाह मलक्का से भी पुर्तगालियों को मार भगाया। 1652 ई. मे डचों को केप आफ गुड होप के तट पुर्तगालियों को हराने में सफलता मिल चुकी थी।

मालाबार तट पर भी डचों व पुर्तगालियों मे संघर्ष हुआ। डचों ने गोआ के निकट वेनगुरिआ ने अपनी बस्ती स्थापित कर किलेबन्दी की। 1633 ई. में डचों के कोचीन में पुर्तगाली प्रभाव को सामाप्त किया। शनैः शनैः उन्होंने गोआ, दमन और ड्यू के अतिरिक्त सभी स्थानों से पुर्तगालियों की शक्ति को नष्ट कर दिया।

डचों की असफलता के कारणः

पुर्तगालियों के समान डच भी भारत मे अपने व्यापारिक हितों की रक्षा नहीं कर सके। भारत मे उनकी असफलता के निम्नलिखित कारण थे–

1. यूरोप मे हालैण्ड की तत्कालीन परिस्थितियों ने भारत मे उनके प्रयासों को सफल नहीं होने दिया। यूरोपियन राजनीति में उन्हें इंग्लैण्ड व फ्रांस के विरोध का सामना करना पड़ा। 1648 ई. में विक्टोरिया की संधि से अन्त होने वाले स्पेन के साथ लम्बे संघर्ष के चार वर्ष उनका संघर्ष इंग्लैण्ड से छिड़ गया। यह संघर्ष के समय हालैण्ड जैसा छोटा देश अपनी पूर्व शक्ति पूर्व की ओर नही लगा सकता था। तारा चंद के अनुसार लगातार युद्धों से उनकी आर्थिक स्थिति शोचनीय हो गई थी। यूरोप के युद्ध में भाग्य ने डचों का साथ नहीं दिया।

2. सत्रहवीं शताब्दी मे भारत में डचों की स्थिति समुद्री शक्ति पर निर्भर थी। उन्होंने समुद्री युद्धों मे ही पुर्तगाल को हराया था। मुगलों के साथ सम्बन्ध मे भी उन्होंने कभी कभी अपनी सामुद्रिक श्रेष्ठता का परिचय दिया था। क्योकि अंग्रेज उस समय विश्व के समुद्रों में सबसे अधिक शक्तिशाली थे। अतः वे उनके सम्मुख नहीं टिक सके।

3. सत्रहवी शताब्दी की प्रारंभिक दशाब्दियों मे अंग्रेज व डच कम्पनियाँ पुर्तगालियों से टक्कर लेने में व्यस्त रही, किन्तु उसके बाद दोनों एक दूसरे को मिटाने की भावना जागृत हो गई। इस समय दोनों को भारतवर्ष की मुख्य भूमि की चाह नहीं थी बल्कि दोनों ही सुदूर पूर्व में मलाया द्वीप मण्डल पर मुग्ध थे, क्योंकि वहाँ उनको तुरन्त लाभ दिखाई दे रहा था। राबर्ट्स के अनुसार इस संघर्ष में डचों की विजय हुई जिन्होंने अपनी शारीरिक का लाभ उठाकर अंग्रेज को इस क्षेत्र से बाहर निकाल दिया। उनका यह कार्य अंग्रेजों के लिए वरदान सिद्ध हुआ। एक ओर डचों ने अपना अधिकांश ध्यान उधर लगाया तो दूसरी ओर अंग्रेजों ने भारत के समुद्री तट को अपनी गतिविधियों का मुख्य केन्द्र बनाया।

4. डचों ने पुर्तगालियों के व्यापारिक तरीकों का अनुसरण किया। उन्होंने अपने अधीन प्रदेशों में व्यापार का एकाधिकार सुरक्षित रखा। कम कीमतों पर भारतीय माल खरीदा तथा अधिक मूल्यों पर यूरोपियन वस्तुओं को बेचा। तारा चंद के अनुचार डचों ने अपने प्रदेशों के निवासियों का निर्मम शोषण किया तथा कठोरता के साथ शासन किया। अतः उनके विरुद्ध भी घृणा का उत्पन्न होना स्वाभाविक था।

5. डाडवेल के मत मे डच ईस्ट इण्डिया कम्पनी की व्यवस्था में गम्भीर दोष थे। उन्होंने बटेरिया को अपनी गतिविधियों का मुख्य केन्द्र बनाया। वहाँ से वे न तो हालैण्ड के साथ ही शीघ्र सम्पर्क स्थापित कर सकते थे और न ही भारत में अपनी गतिविधियों का संचालन योग्यता के साथ कर सकते थे। भारत मे उनकी बस्तियों के प्रशासकों ने शासन तंत्र की दूरी का पूरा-पूरा लाभ उठाया। इस कारण उनमें भ्रष्टाचार बढ़ता गया।

6. डचों ने अपनी कम्पनी की आर्थिक स्थिति को सुदृढ़ बनाये रखने के लिए समुचित प्रबन्ध नहीं किये। विभिन्न स्थानों पर की गई किलेबन्दी और समय पर होने वाले युद्धों का भार कम्पनी पर डाला गया। व्यापार की आमदनी व व्यय का पृथक ब्यौरा कभी भी नहीं रखा गया। अठारहवीं शताब्दी मे व्यापार से काफी लाभ होने पर भी धीरे धीरे कम्पनी का घाटा बढ़ता गया। डाडवल के अनुसार इस शताब्दी के नौवें दशक में यह घाटा एक अरब गिल्डर (डच मुद्रा)से अधिक था।

7. डचों का विरोध दक्षिण के शासकों ने भी किया। त्रावनकोर के योग्य शासकों-मार्तण्ड वर्मा और राम वर्मा- ने उन्हें मनमानी करने से रोका। हैदर अली ने मलाबार की विजय के बाद उन्हें वहाँ से खदेड़ दिया।

8. दक्षिण में फ्रांसीसी प्रभाव की स्थापना ने भी डचों को प्रभावित किया। डूप्ले ने 1750 ई. में मासुलीपम पर अधिकार कर लिया। इस प्रकार अठारहवीं शताब्दी के मध्य तक भारत मे डच प्रयत्नों की असफलता स्पष्ट हो गई। प्लासी के युद्ध के पश्चात् क्लाइव ने वडेरा के संघर्ष में डचों को परास्त करके यह स्पष्ट कर दिया कि भारत में डच शक्ति का अन्त हो चुका है।

इंग्लिश ईस्ट इण्डिया की स्थापना व आरंभिक गतिविधियाँ:

हालैण्ड के समान इंगलेण्ड ने भी सार्वजनिक रूप से पोपतन्त्र की अवज्ञा भौगोलिक, धार्मिक एवं राजनीतिक कारणों से की। प्रथम, उत्तरी मार्ग खोजने में उन्हें निराशा हाथ लगी। द्वितीय, पोप की आध्यात्मिक सत्ता के प्रति उनके मन मे दबा विरोध प्रबल हो उठा तथा तृतीय, 1580 ई. स्पेन ने पुर्तगाल को अपने में मिला लिया। इसके अतिरिक्त पुर्तगाल को पूर्वी व्यापार से होने वाले अत्यधिक लाभ ने उनकी आँखें चकाचौध कर दी। तारा चंद के अनुसार 1600 ई. में लन्दन मे ईस्ट इंण्डिया कम्पनी की स्थापना इंगलैंड के व्यापार के लिए किये गये साहसिक प्रयत्नों के एक लम्बे क्रम का परिणाम थी। चौदहवीं शताब्दी में इंगलैण्ड मे ऊन के व्यापारिक एकाधिकार के लिए एक संघ स्थापित किया गया था। धीरे-धीरे इस प्रकार के अनेक संघ बने गये। सोलहवीं शताब्दी के उत्तरार्ध में इंगलैण्ड के कुछ संगठित कम्पनियों की स्थापना हुई जिन्होंने सरकार से विभिन्न देशों के साथ व्यापार करने का एकाधिकार हस्तगत किया। यद्यपि 1581 ई. मे स्थापित तुर्की कम्पनी (कालान्तर मे लैवेन्ट कम्पनी) को ईस्ट इण्डीज तक स्थल मार्ग द्वारा व्यापार करने की अनुमति 1593 ई. में मिल गई थी। किन्तु मार्ग की जटिल बाधाओं के कारण उसे अपने लक्ष्य में पूर्ण सफलता नही मिल सकी। अत: उन्होंने 1599 ई. में पूर्व के उन स्थानों से व्यापार करने के अधिकार के लिए प्रार्थना की जहाँ पर स्पेनिशों तथा पुर्तगालियों का कोई किला, चौकी या कमाडेंट नहीं था। 31 दिसम्बर, 1600 ई. के चार्टर द्वारा इंगलैंड की सरकार ने 'दि गवर्नर एण्ड कम्पनी आफ मर्चेट्स आफ लन्दन ट्रेडिंग दि ईस्ट इण्डिया, नामक कम्पनी को पन्द्रह वर्ष के

लिए पूर्वी समुद्र में व्यापार का एकाधिकार प्रदान किया।'

तारा चंद के अनुसार अपने जीवन के पहले सौ साल में ईस्ट इण्डिया कम्पनी को तीन प्रकार की समस्याओं को सामना करना पड़ा। पहली समस्या ताज द्वारा अपने विशेषाधिकारों का प्रयोग करके उसे एकाधिकार प्रदान करने के स्वरूप से सम्बन्धी थी। दूसरी समस्या पूर्व में पुर्तगालियों, डचों और फ्रांसीसियों के विरोध की थी। यह निश्चित था कि पूर्व से व्यापार करने वाले यूरोपियन राष्ट्र अंग्रेजों कम्पनी की सशस्त्र व्यापारी की हैसियत का विरोध करेंगे। तीसरी समस्या यूरोपियन विरोधियों तथा स्थानीय शासकों की विरोधी नीतियों से भारत मे कम्पनी की बस्तियों की रक्षा करना था।

यहाँ पर प्रथम समस्या से सम्बन्धित संक्षिप्त में वर्णित की गई है। क्योंकि यह समस्या भारत के इतिहास मे अन्य दो समस्याओं के कम महत्त्व रखती है। डाडवेल लिखता है कि एलिजाबेथ के उत्तराधिकारी जेम्स प्रथम ने 1609 ई. में कम्पनी का पन्द्रह वर्ष के स्थान पर सदैव के लिए पूर्व से व्यापार करने का एकाधिकार प्रदान कर उसकी स्थिति रद्द कर दी। चार्ल्स प्रथम (1625-49 ई.) के शासक काल में कम्पनी के एकाधिकार को समाप्त करने की चेष्टा की गई। पार्लियामेन्ट व चार्ल्स प्रथम में गम्भीर झगड़े के कारण सम्राट को धन की सदैव आवश्यकता रहती थी। अत: उसने एक नई कम्पनी को ईस्ट इण्डीज से व्यापार करने की अनुमति दे दी। दोनों कम्पनियों ने एक दूसरे के अधिकार को समाप्त करने के लिये अनेक प्रयत्न किये। राबर्टस् के अनुसार 1649 ई. में इन दोनों संस्थाओं को मिलाकर एक किया गया। इस संगठित कम्पनी के सदस्यों के आपसी मतभेदों के कारण क्रामवेल ने 1657 ई. में भारत से व्यापार करने की अनुमति सबको दे दी। किन्तु शीघ्र ही एक नये राज पत्र के अनुसार कम्पनी को पुन: एकाधिकार दे दिया। 1688 ई. की रक्तहीन क्रान्ति से वास्तविक सत्ता पार्लियामेन्ट के हाथ में आ गई। उसने इस कम्पनी के एकाधिकार को समाप्त करने के प्रयास किये। 1698 ई. मे पार्लियामेन्ट ने एक नवीन कम्पनी को पूर्व में व्यापार के एकाधिकार दिये। दस वर्ष बाद इन दोनों कम्पनियों को मिला कर एक किया गया। इसके पश्चात् इस कम्पनी को एकाधिकार को समस्या मे विशेष कठिनाइयों का सामना नहीं करना पड़ा।

पूर्व के साथ व्यापार करने में अंग्रेजों को पुर्तगालियों, डचों फ्रांसीसियों के विरोध का सामना करना पड़ा। यद्यपि पूर्व में पुर्तगालियों की शक्ति को नष्ट करने का प्रमुख भार डचों ने वहन किया किन्तु विजय अंग्रेजों की हुई। 1604 ई. में अंग्रेजों ने फारस के शाह के साथ एक सन्धि करके उसकी सहायता से पुर्तगालियों को फारस की खाड़ी मे परास्त कर उनके दुर्ग उरमुख पर अधिकार कर लिया। 1608 ई. में अंग्रेजों ने हाकिन्स को मुगल सम्राट से भेंट करने के लिये भेजा। पुर्तगालियों के विरोध के कारण उसे 1611 ई. मे आगरा से निराश लौटना पड़ा। इसके पश्चात् अंग्रेजों ने खुले रूप से भारतीय समुद्रों में पुर्तगालियों को चुनौती दी। 1611 ई. में ताप्ती के मुहाने में जब अंग्रेजी जहाजों बेड़े ने प्रवेश करने का प्रयत्न किया तो पुर्तगालियों की उससे झड़प हुई। अंग्रेजों के बेड़े के कप्तान थोमस बैस्ट तथा कप्तान निकोलस डान्टल ने कई झड़पों में पुर्तगालियों को परास्त किया। फरवरी, 1613 ई. मे जहाँगीर ने अंग्रेजों को सूरत में व्यापार करने की अनुमति दे दी। साथ ही दरबार में एक प्रतिनिधि रखने की भी आज्ञा दी। 1615 ई. में सूरत के निकट स्वाली की झड़प में भी अंग्रेज विजयी रहे। इन विजयों ने पुर्तगालियों के मुकाबले में अंग्रेजो की

समुद्री शक्ति की श्रेष्ठता को स्थापित कर दिया। इसी वर्ष सर टामस रो जहाँगीर से मुलाकात की। वह इंग्लैण्ड के बादशाह जेम्स प्रथम का प्रतिनिधि था। उसने अजमेर में जहाँगीर से मुलाकात की। उसने अनुभव किया कि शाहजहाँ के नेतृत्व में एक शक्तिशाली गुट पुर्तगालियों का समर्थन कर रहा था। यद्यपि वह अपनी इच्छानुसार सन्धि न कर सका किन्तु उसने भारत के अनेक नगरों में अंग्रेज के कारखाने स्थापित करने की अनुमति प्राप्त कर ली।

1619 ई. तक अंग्रेजों ने सूरत और मासूलीपम की बस्तियों को अपनी गतिविधियों का मुख्य केन्द्र बना लिया था। केम्बे व करवार के बन्दरगाह के अतिरिक्त आगरा, अहमदाबाद व भड़ौच मे उनकी फैक्ट्रियाँ थी। 1630 ई. मे इंग्लैंड व सपेन की सन्धि के द्वारा इंग्लैंड व पुर्तगालियों के मध्य इस संघर्ष का अन्त करने का निश्चय किया गया। 1640 ई. में मद्रास में बस्ती स्थापित की गई।

आरम्भ मे अंग्रेजों व डचों में स्पेन का विरोधी होने के कारण सहयोग की भावना बनी रही किन्तु पूर्व का व्यापार इतना लाभदायक था कि उस दोनों मे शीघ्र ही द्वेष उत्पन्न हो गया। सर्व प्रथम पूर्वी द्वीप समूह मे उनके बीच व्यापारिक प्रभुत्तव के लिए तीव्र संघर्ष हुआ जिसमें डचों की विजय हुई। अम्बोयना के डच गवर्नर वान स्पेल्ट ने 1623 ई. मे एक अंग्रेज ऐजेंट, नौ अंग्रेज व अठारह जापनियो पर झूठे आरोप लगा कर उन्हें फाँसी पर दे दी। इसके पश्चात् अंग्रेजों ने इण्डोनेशिया द्वीप समूह में डच अधिकार को गम्भीर चुनौती नहीं दी। उधर भारत में डच अंग्रेजों का सशक्त विरोध करने में असमर्थ रहे। प्लासी के युद्ध के बाद वडेरा में क्लाइव ने उन्हें हराया। इसके पश्चात् उन्होंने भारत में अंग्रेजों से छेड़-छाड़ नहीं की।

1600 ई. में इंग्लिश ईस्ट कम्पनी की स्थापना के समय से ही उसके कर्मचारी भारत के बन्दरगाहों से व्यापार आरम्भ करने में जुटे हुए थे। वे मुख्य-मुख्य स्थानों पर अपनी फैक्ट्रियाँ लगाने की अनुमति प्राप्त करने की दिशा में भी प्रयत्नशील थे। हाकिन्स को इसमें सफलता नहीं मिली। टामस रो अपनी व्यवहार कुशलता के कारण अंग्रेज के प्रति मुगल विरोध को मिटाने में तो सफल हो गया किन्तु वह भी अंग्रेजों फैक्ट्रियों की स्थापना के लिये बादशाह की अनुमति प्राप्त नहीं कर सका। अन्त में पुर्तगालियों के विरुद्ध बैस्ट को विजय के पश्चात् जहाँगीर ने अंग्रेज ईस्ट इण्डिया कम्पनी के एजेन्ट थामस एल्डवर्थ को एक फैक्टरी स्थापित करने की अनुमति दे दी।

सबसे पहले अंग्रेजों ने सूरत में अपना व्यापारिक केन्द्र स्थापित किया। सूरत की फैक्टरी के बाद उन्होंने 1620 और 1632 ई. में आगरा से बिहार में पटना तक कलमी शोरे का व्यापार करने का असफल प्रयत्न किया। उन्होंने मासुलीपम् मे अपनी एक बस्ती स्थापित की। 1633 ई. में बालासोर व हरिहरपुर में बस्तियाँ बनाई। 1605 ई. में उन्होंने मद्रास में सेन्ट जार्ज का किला बनाना आरंभ किया। 1651 ई. में उन्होंने बंगाल में हुगली नामक स्थान पर अपना प्रथम व्यापारिक केन्द्र स्थापित किया। बंगाल के सूबेदार शुजा ने उन्हें सब प्रकार की चुंगी व अन्य करों के बदले प्रति तीन हजार रुपये अदा करने पर अपने सूबे में व्यापार करने की इजाजत दे दी। 1688 और 1676 ई. में क्रमश: ढ़ाका और मालदा के केन्द्र स्थापित किये गये। 1688 ई. में ही बम्बई में फैक्ट्री खोली गई।

औरंगजेब के शासन के आरंभ से ही मुगलों व अंग्रेजों में मतभेद आरंभ ही गये। मुगल अधिकारी अंग्रेज से नियम विरुद्ध रुपया वसूल करते थे। तथा उनके व्यापार में बाधा डालते थे।

अंग्रेजों ने बंगाल के सूबेदार शाहस्ता खाँ से बातचीत कर समस्या का समाधान करने का असफल प्रयत्न किया। अब अंग्रेज ने अपने व्यापार को सुचारु रूप से चलाने के लिये स्वयं ही अपने सुरक्षा की व्यवस्था के प्रयत्न किये। इस पर दोनों पक्षों में झगड़ा छेड़ना पड़ा। वे सुतनती चले गये। फरवरी, 1687 ई. मे फिर संघर्ष छिड़ गया। अंग्रेजों ने हिजली पर अधिकार कर लिया। लेकिन मुगल सेना के आने पर उसे खाली कर दिया। शाईस्ता खाँ ने अंग्रेजों को खूब डांटा। लेकिन 1689 ई. अंग्रेजों ने बालासोर के मुगल किले पर आक्रमण किया। इस पर औरंगजेब ने आक्रमणकारियों को कैद करने तथा अंग्रेजों का व्यापार करने के आदेश दिये। फरवरी 1690 ई. में दोनों पक्षों में संधि हो गई। अंग्रेजों को फिर से व्यापार करने की अनुमति दी गई। इसी समय जार्ज चारनाक ने कलकत्ता की स्थापना की।

भारत से व्यापार आरम्भ करने के समय से ही अंग्रेजों ने अपनी शक्ति का प्रदर्शन करके लाभ उठाने की चेष्टा की। तारा चंद के अनुसार 1617 ई. मे अंग्रेज कप्तान मिडलटन ने गुजरात और लाल सागर के मध्य यातायात को रोक कर मुगलों पर दबाव डालने का प्रयत्न किया। सूरत मे फैक्ट्री की स्थापना के बाद से ही उन्होंनें इस मार्ग से भारतीय व्यापार में बाधा डाली। मुगलों ने उनकी इन कार्यवाहियों को पसन्द नहीं किया तथा उन पर कठोर नियंत्रण स्थापित किया। 1636 में औरंगजेब की नियुक्ति दक्षिण के सूबेदार के पद पर हुई। उसके स्थान पर मुगल साम्राज्य बीजापुर, गोलकुण्डा और शिवाजी ने 1664 व 1670 ई. में सूरत को लूटा। पश्चिमी समुद्र तट की बस्तियों की अपेक्षा पूर्वी समुद्र तट पर बस्तियाँ स्थापित की। इनमें हरिहरपुर व बासासूर के अतिरिक्त पीपली, पुलीकट, पट्टापोली, मासुलीपट्ट तथा मद्रास अधिक प्रसिद्ध हैं।

1649 से 1689 ई. के मध्य कम्पनी को भारत के व्यापार से अत्यधिक लाभ हुआ। 1674 ई. मे सर जोसिया चाइल्ड कम्पनी का डायरेक्टर बना। अगले पच्चीस वर्षों में उसके प्रभावशाली व्यक्तित्व व नीतियों के कारण कम्पनी का उत्कर्ष हुआ। एण्डरसन के अनुसार उसके निर्देशन मे कम्पनी ने पहली बार राजनीतिक महत्त्व और शक्ति के लिए दौड़ लगाना आरम्भ किया। उसके एक सम्बन्धी सर जान चाइल्ट ने 1682 ई. मे सूरत और बम्बई की फैक्ट्रियों के सभापति के पद से उसे सहयोग प्रदान किया। जान चाइल्ड ने भारतीय व्यापारियों के ऋण को नहीं चुकाया। मुगल सरकार द्वारा कार्यवाही की सम्भावना को देखकर उसने संघर्ष की तैयारियाँ आरम्भ कर दी। सूरत, मासूलीपट्टम और विजयगाट्टम की अंग्रेजी बस्तियों पर मुगलों ने अधिकार कर लिया। जंजीरा के सिद्दियों ने बम्बई के किले के अतिरिक्त वहाँ की शेष बस्ती को जीत लिया। अंग्रेजों द्वारा माफी माँगने पर 1690 ई. में औरंगजेब ने उन्हें भारतीय व्यापारियों का चुकारा करने, साम्राज्य को पहुँचाई गई हानि का मुआवजा देने और जान चाईल्ड को भारत मे वापस बुलाने की शर्तों पर माफी दी। इस घटना के बाद अगले पचास वर्षों में अंग्रेजों ने भारत के शासकों को अप्रसन्न होने का अवसर प्रदान नहीं किया। ताराचंद के अनुसार व्यापारिक अधिकार एवं अन्य सुविधाओं के लिए सदैव खुशामद से काम लेते रहे।

अठारहवीं शताब्दी के प्रथम दशक के अंत तक कम्पनी की दशा प्रत्येक दृष्टि से बहुत अच्छी हो गई थी। भारत में पुर्तगालियों और डचों का व्यापार समाप्त हो गया था तथा अंग्रेजों का व्यापार का एकाधिकार मिल गया था। पश्चिमी तट पर बम्बई, बंगाल में कलकत्ता और कोरोमण्डल तट पर मद्रास उनके महत्त्वपूर्ण केंद्र थे। इन तीनों की रक्षा करना उनके लिए कठिन

नहीं था। कम्पनी के व्यापार में भी दिन प्रतिवृद्धि हो रही थी। अब कम्पनी के डायरेक्टरों ने राजनीतिक अधिकार प्राप्त करना अपना एक प्रमुख लक्ष्य बनाया किन्तु वे सुअवसर की खोज में रहे। इस लक्ष्य की ओर बढ़ने के लिए यूरोप व भारत में परिस्थितियाँ भी अनुकूल थी। दोनों कम्पनियाँ संगठित हो गई थीं। यूटेक्ट की संधि (1713) से लेकर आस्ट्रियाँ के उत्तराधिकार का युद्ध (1740) तक यूरोप युद्धों से मुक्त था।

लुई चौदहवें के युद्ध से थक कर स्पेन, फ्रांस और हालैण्ड अपनी बिगड़ी स्थिति को सुधारने मे लगे हुए थे। इंग्लैण्ड का प्रधान मंत्री वालपोल शान्ति की नीति का समर्थक था। भारत में मुगल साम्राज्य की अवनति तेजी के साथ हो रही थी। प्रांतीय सुबेदार व मराठे मनमानी कर रहे थे। ताराचंद के मत मे यद्यपि ऐसी परिस्थितियों में भी अंग्रेज ने मुगल साम्राज्य पर प्रत्यक्ष आक्रमण करना खतरनाक माना किन्तु उन्होंने हर संभव तरीके से अपनी आमदनी बढ़ाने की नीति अपनाई। मिल व विल्सन के अनुसार तंजौर के शासक से मित्रता स्थापित कर उन्होंने फ्रांसीसियों के विरुद्ध उसकी सहायता प्राप्त की। इसके पश्चात् बिना किसी कारण के उन्होंने तंजौर के एक किले देवीकोटा, जिसकी आमदनी 8,000 पैगोडा वार्षिक थी, कब्जा कर लिया तथा राजा को सिंहासन से उतारने के लिये सेना भेज दी। पूर्वी समुद्रों में मराठा सेनानायक अंग्रिया के नेतृत्व मे मराठा नौ-सेना से उनकी झड़पे होती रहीं। बंगाल में अलीवर्दी खां के कठोर नियंत्रण के कारण वे शांत रहे ।

अठारहवीं शताब्दी के पूर्वार्द्ध में कम्पनी की आर्थिक अवस्था पहले की अपेक्षा और अच्छी हो गई। 1708 ई. में भारत में 61,000 पौण्ड मूल्य का माल आयात किया गया। 1748 ई. में 1,27,000 पौण्ड का माल आयात हुआ। इसी प्रकार इसी समय से इंग्लैण्ड का निर्यात 5,00,000 पौण्ड से बढ़कर 10,00,000 पौण्ड तक पहुँच गया।

भारत मे फ्रांसीसियों का आगमन उस समय हुआ जब कि पुर्तगाल व हालैण्ड की शक्ति लगभग नष्ट हो चुकी थी। पूर्व से व्यापार करने का सबसे पहला संगठित प्रयत्न फ्रांस के सम्राट हेनरी चतुर्थ ने 1604-09 ई. के मध्य दो फ्रेच ईस्ट इण्डिया कम्पनी की स्थापना कर के किया। किन्तु ये कम्पनियाँ धन एवं सार्वजनिक समर्थन के अभाव में सफल न हो पाई। रोबर्टस के अनुसार 1642 ई. मे फ्रांस के प्रधान मंत्री रिशूल ने एक नयी कम्पनी की स्थापना की, किन्तु इस कम्पनी ने अपनी सारी शक्ति मेडागास्कर से 1650 व 1660 ई. के मध्य कुछ फ्रांसीसी व्यापारिक जहाज अरब अथवा भारत तट पर आये। चौदहवे लुई के प्रधान मंत्री कोलबर्ट ने 1664 ई. में पूर्व में व्यापार करने, उपनिवेश स्थापित करने, ईसाई धर्म का प्रचार तथा देशी शासकों के साथ संधि समझौता करने का अधिकार एक नवीन फ्रांसीसी ईस्ट इण्डिया कम्पनी को दिया। 1668 व 1669 ई. क्रमशः सूरत व मासुली पट्टम में फैक्ट्रियाँ स्थापित की गई। 1674 ई. में मद्रास में पचास मील दूर पर एक भू-भाग में फ्राकुई मार्टिन ने पाण्डेचेरी की स्थापना की। 1691 ई. बंगाल में चन्द्रनगर में एक फाँसीसी बस्ती बसाई गई।

चौदहवें लुई के शासन काल (1643-1715 ई.) से यूरोपियन युद्धों के कारण फाँसीसी कम्पनी आशा के अनुसार प्रगति नहीं कर सकी। 1672 से 1713 ई. तक हालैण्ड व फ्रांस में संघर्ष चलता रहा। इस लम्बे युद्ध की अवधि में डचों ने भारत में फाँसीसी व्यापार को हानि पहुँचाई। 1672 ई. में डचों ने इसे फिर जीत लिया। 1693 से 1699 ई. तक पाण्डीचेरी डचों के कब्जे में

रहा। इस संघर्ष के कारण सूरत, मेंटम तथा मासुलीपट्टम की फ्रांसीसी बस्तियाँ उजड़ गईं तथा कम्पनी की स्थिति मरणासन्न हो गई।

1720 ई. में इस कम्पनी को परपीचुअल कम्पनी ऑफ दी इण्डीज के नाम से पुनर्गठित किया गया। इसके पश्चात् यह कम्पनी उन्नति करने लगी। 1721 ई. में फ्रांसीसियों ने मारीशस पर अधिकार कर लिया। 1725 ई. में ड्यूमा पाण्डेचरी का गवर्नर नियुक्त हुआ। तारा चंद के अनुसार उसने व्यापारिक हितों को बढ़ावा देने के साथ-साथ राजनीतिक प्रभाव करने का प्रयत्न करने की नीति पर विचार किया किन्तु इस नीति पर 1740 ई. से ही कार्य किया गया।

राबर्ट्स के मत मे ड्यूमा और उसके उत्तराधिकारी डूप्ले ने फाँसीसी कम्पनी को शीघ्र ही अंग्रेजी कम्पनी के समान स्तर पर ला दिया। किन्तु यह बात निर्विवाद रूप से सिद्ध हो चुकी है कि कर्नाटक में आंग्ल-फाँसीसी संघर्ष के आरम्भ होने के समय वित्तीय सत्ता, वाणिज्यि वैभव तथा भौतिक साधनों की दृष्टि से अंग्रेजी कम्पनी अपनी प्रतियोगी कम्पनी से बहुत आगे थी। फ्रांसीसी कम्पनी का आयात और निर्यात अंग्रेजी कम्पनियों के आयात की तुलना में बहुत कम था।

सत्रहवीं शताब्दी में फ्रांसीसी कम्पनी की गतिविधियों से अंग्रेजों को विशेष चिन्ता नहीं हुई। वास्तव में 1718 ई. तक इण्डीज में डचों को ही सबसे शक्तिशाली यूरोपियन शक्ति माना जाता था। राबर्टस लिखता है भारत में हालैण्ड के क्षीण होते दबाव का ठीक अनुमान न लगाने के कारण अंग्रेज यह नहीं जान पाये कि उनके लिए एक नया प्रतिद्वंद्वी तैयार हो रहा है।

1740 ई. में यूरोप आस्ट्रियन उत्तराधिकार का युद्ध आरम्भ हो गया। इस युद्ध में फ्रांस व अंग्रेज एक दूसरे के शत्रु थे। 1742 ई. में डूप्ले पांडीचेरी का गवर्नर बना। उसने व्यापार का एकाधिकार प्राप्त करने के लिए राजनीतिक प्रभाव और प्रदेशों पर नियन्त्रण करना आवश्यक समझा। उधर अंग्रेज भी भारत में फ्रांसीसियों के व्यापार को नष्ट करना चाहते थे ऐसी परिस्थिति में दोनों देशों की कम्पनियों के बीच संघर्ष होना अनिवार्य हो गया। 1743 से 1763 मे मध्य दोनों कम्पनियों के बीच कर्नाटक में तीन युद्ध हुए। वास्तव में ये युद्ध भारत में व्यापारिक एकाधिकार तथा राजनीतिक प्रभुत्व के लिये लड़े गये थे।

प्रथम कर्नाटक युद्ध (1743-48)-

इस संघर्ष के निम्नलिखित कारण थे-

1. यूरोप की राजनीति में इंग्लैंड व फ्रांँस एक दूसरे का विरोध करते थे।

2. विश्व के अनेक भागों में उनमें औपनिवेशिक प्रतिद्वन्द्वता थी।

3. दोनों शक्तियाँ भारत मे एक दूसरे के व्यापार को समाप्त करना तथा राजनीतिक प्रभाव करना चाहती थीं।

4. भारत के शासकों की आपसी फूट के कारण पारस्परिक संघर्ष के लिये अनुकूल परिस्थितियों पैदा कर दी थीं।

5. 1740 ई. ईसवी में इंग्लैण्ड फ्रांस के मध्य यूरोप में आस्ट्रिया के उत्तराधिकार का युद्ध छिड़ गया था। यद्यपि दोनों कम्पनियों के संचालकों ने भारत मे कार्यरत अधिकारियों को युद्ध न

करने के आदेश दिये थे किन्तु उन्होंने इन आदेशों का पालन नहीं किया।

6. इस समय भारत में डूप्ले फ्रांसीसी बस्तियों का गवर्नर था। तत्कालीन परिस्थितियों को देखते हुए उसने संघर्ष आरम्भ करने का निश्चत किया। फ्रांसीसी सरकार कम्पनी की आर्थिक दशा को सुधारने के लिये किसी प्रकार का कदम उठाने को तैयार नहीं थी। उसका ध्यान यूरोपीय युद्धों में लगा रहता था। फ्रांसीसी कम्पनी पर ऋण बढ़ता जा रहा था। अतएवं डूप्ले ने कम्पनी के व्यय की पूर्ति और ऋण की अदायगी के लिए धन की व्यवस्था भारत में ही करने का निश्चय किया। राजनीतिक प्रभुत्व और व्यापारिक एकाधिकार प्राप्त करना सम्भव था। लेकिन यह जानता था कि पूर्ण तैयारियाँ किये बिना अंग्रेजों से युद्ध छेड़ना फ्रांसीसियों के हित में नहीं होगा क्योंकि अंग्रेज की समुद्री शक्ति उनके मुकाबले अच्छी थी। इसलिये उसने अंग्रेजों के सामने शान्ति बनाये रखने के प्रस्ताव रखे किन्तु अंग्रेजों ने इन्हें ठुकरा दिया।

7. इस समय कर्नाकट के प्रदेश हैदराबाद कू निजाम के अधीन थे। मराठा व अन्य शक्तियों के साथ निरन्तर संघर्ष में लगे रहने के कारण निजाम उन पर पूर्ण रूप से नियन्त्रण स्थापित न कर सका। 1740 ई. में कर्नाटक के नवाब दोस्त अली ने त्रिचनापल्ली के मृत हिन्दू राजा कि विधवा पत्नी को हटाकर नगर पर अधिकार कर लिया। 1741 ईसवी में मराठों के साथ हुए युद्ध करते हुए दोस्त अली मारा गया। मराठों ने उसके दामाद चाँद साहिब ही को गिरफ्तार कर लिया। शीघ्र दोस्त अली के उत्तराधिकारी सफदर अली की हत्या हो गई। अब दोस्त अली का अल्पवयस्क पुत्र मुहम्मद अली नबाव बना । निजाम ने अनवरूद्दीन को उसका संरक्षक नियुक्त किया। अनवरूद्दीन ने उससे सत्ता छीन ली। उन घटनाओं से कर्नाटक में अशान्ति फैल गई। फ्रांसीसियों के समान अंग्रेजों ने भी इसका लाभ उठाने का निश्चय किया। डूप्ले को फ्रांस से सहायता मिलने के पहले ही अंग्रेजों ने युद्ध छेड़ दिया।

यद्यपि कर्नाटक के तीनों युद्धों के क्षेत्र आजकल तमिलनाडु, कर्नाटक और आंध्र प्रदेश में स्थित हैं किन्तु उस समय उन विदेशी कम्पनियों ने इन्हें कर्नाटक युद्ध की ही संज्ञा दी।

परसीवल स्पियर के अनुसार डूप्ले ने अंग्रेजों को इंग्लैंड से सहायता मिलने के पहले ही उनके समुद्री शक्ति को हानि पहुँचाने का निश्चय किया। अतएंव उसने एक जहाजी बेड़ा कोरोमंडल तट की ओर भेजा। इस बीच मारीशस के फ्रांसीसी गवर्नर ने अपनी सरकार के आदेशानुसार कुछ जलपोत भारत भेजे। 1745 ईसवी में एक अंग्रेजी जहाजी बेड़ा कमोडोर बार्नेट के नेतुत्व में भारत पहुँचा। यह बेड़ा मारीशस से युद्धपोत आने के पहले ही आ पहुँचा था। इससे पांडीचेरी की सुरक्षा खतरे में पड़ गई। बार्नेड ने कुछ फ्रांसीसी जहाजों को डुबो दिया। जुलाई 1746 ई. में ला बोर्दानियों के नेतृत्व में फ्राँसीसी जहाजी बेड़ा मारीशस से भारत पहुँचा। डूप्ले ने बोर्दानिया को सचेत रहने की सलाह दी। वह जानता था कि अंग्रेजों की समुद्री शक्ति फ्रांसीसियों के मुकाबले अधिक है तथा मद्रास की रक्षा व्यवस्था सुदृढ़ है। अतएवं उसने फिर अंग्रेजों से सन्धि का प्रस्ताव रखा। पुन: अंग्रेजों ने इसे नहीं माना।

मद्रास की सुरक्षा व्यवस्था की दृढ़ता को देखते हुए डूप्ले ने फोर्ट सेन्ट डेविड पर आक्रमण करने की सलाह दी। लेकिन बोर्दानिया ने उसकी सलाह न मानते हुए मद्रास पर आक्रमण किया। सितम्बर, 21,1746 ईसवी को मद्रास पर आक्रमण बोर्दानिया ने चालीस हजार बेड़ा नष्ट हो गया। डूप्ले ने मद्रास पर अधिकार कर लिया। इस समय निजाम व कर्नाटक के नवाब ने दोनों

कम्पनियों को युद्ध बन्द करने का आदेश दिया। इन आदेशों का पालन दोनों ने नहीं किया। मद्रास के बाद डूप्ले ने फोर्ट सेन्ट डेविड पर आक्रमण किया किन्तु स्ट्रिचर लारेंस ने इसे विफल कर दिया। इंग्लैंड से तेरह जहाजों के आगमन पर अंग्रेजों ने पांडीचेरी का घेरा डाल दिया। इस बस्ती पर अंग्रेजों के अधिकार होने के पहले यूरोप में 1748 ईसवी में इंग्लैंड और फांस के बीच एलाशैपल की संधि होने से समाचार भारत में दोनों कम्पनियों के अधिकारियों को मिल चुके थे । इस सन्धि के अनुसार फ्राँसीसियों ने अमेरिका में लुइसबर्ग के बदले मे मद्रास अंग्रेजों को लौटा दिया। सरकार व दत्त के अनुसार अमेरिका में अनिश्चित लाभ के बदले फ्रांसीसियों ने भारत में निश्चित लाभ छोड़ दिया तथा वे शीघ्र ही अमेरिका के लाभ को भी खो बैठे।

डाडवेल ने प्रथम कर्नाटक युद्ध के परिणामों को दूरगामी बताया है। यद्यपि इस संघर्ष मे दोनों शक्तियों ने प्रकट रूप से कुछ भी प्राप्त नहीं किया तथा भारत की राजनीतिक सीमाएँ भी नहीं बदलीं किन्तु फिर भी इसने भारत में एक नये युग का आरम्भ किया। डाडवेल के मत में इसकी महत्ता निम्नलिखित बिन्दुओं में है-

1. इसने सूझ-बूझ के साथ निर्देशित समुद्री शक्ति के प्रभाव को दर्शाया।

2. भारतीय सेनाओं द्वारा पालन किये गये युद्ध के तरीकों के मुकाबले में यूरोपियन युद्ध-तरीकों की श्रेष्ठता को स्थापित किया। इस संघर्ष की अवधि में एक छोटी फ्रांसीसी सेना ने नवाब की एक बड़ी सेना को परास्त किया।

3. भारतीय राजनीतिक व्यवस्था के पतन को स्पष्ट किया।

4. यूरोपियन कम्पनियों द्वारा भारत के शासकों के आन्तरिक मामलों में हस्तक्षेप करने की प्रवृत्ति को बढ़ावा दिया।

इस युद्ध के पश्चात् दोनों शक्तियों ने अपनी सैनिक शक्ति में वृद्धि की। वे आगामी संघर्ष की तैयारी करने लगे। मैलसेन के मत में यद्यपि 1748 ईसवी में यूरोप में दोनों शक्तियों मे बन्द हो गया किन्तु भारत में दोनों के मध्य वास्तविक शांति स्थापित नही हो सकी। वह लिखता है, ''महत्त्वकांक्षाओं के उदय, पारस्परिक ईष्या की भावनाओं के विस्फोट और अपने द्वार पर प्रदेशों के विस्तार के प्रलोभन को खटखटाते हुए सुनने की स्थिति में इन दोनों को अब शान्ति से क्या लेना था'' इस लक्ष्य की ओर बढ़ने की दिशा में उन्होंने देशी राज्यों के आन्तरिक मामलों में प्रतिद्वन्द्वियों को सैनिक सहायता देने की नीति अपनाई। डाडवेल की सुविधा देने लगे। 1738 ईसवी में सर्वप्रथम अंग्रेजों ने तंजोर में ऐसा ही किया।

कर्नाकट का द्वितीय युद्ध (1748-54 ईसवी):

उपयुक्त विवेचन से स्पष्ट है कि दोनों कम्पनियों के अधिकारियों संघर्ष छेड़ने के लिये एक सुअवसर की तलाश मे थे। 1748 ईसवी में निजामुलमुल्क की मृत्यु पर छिड़े उत्तराधिकारी के संघर्ष ने उन्हें यह अवसर प्रदान कर दिया।

निजाम का द्वितीय पुत्र नासिर जंग उसके स्थान पर हैदरबाद का सूबेदार बना क्योंकि उसका बड़ा भाई मर चुका था। उसके विरूद्ध निजाम के नवासे मुजफ्फर जंग से फ्रांसीसियों से सहायता ली। कर्नाटक में भी अनवरूद्दीन व चांदा साहिब में छिड़ गया। 1748 ईसवी में मराठों की कैद से छूटने के बाद चाँद साहिब ने डूप्ले से सहायता का वचन ले लिया। मुजफ्फर जंग, चांद साहिब

एवं डूप्ले की सम्मिलित सेनाओं ने अनवरूद्दीन को अम्बर नामक स्थान पर हराया। कुछ समय बाद अवनरूद्दीन की हत्या हो गयी। उसके पुत्र मुहम्मद अली ने त्रिचनापल्ली में शरण ली। कर्नाटक के अधिकांश भागों पर चाँदा साहिब ने अधिकार कर लिया। उसने डूप्ले को पाँडीचेरी के निकट में अस्सी गांव जागीर के रूप मे दिये। इनकी आमदनी दस हजार पौण्ड सालाना थी। उसे कृष्णा नदी से कुमारी अन्तरीप तक के प्रदेशों का गवर्नर बनाया गया। अंग्रेजों ने अपनी स्थिति को खतरे में देख कर नासिर जंग व मुहम्मद अली को सहायता देने का निश्चय किया। एक युद्ध में पहले मुजफ्फर जंग हारा किन्तु दूसरे मे उसने नासिर जंग को परास्त किया। 1750 ईसवी में नासिर जंग की हत्या हो गई तथा मुजफ्फर जंग ने स्वयं को निजाम घोषित कर दिया। उसने फ्राँसीसियों को बहुत सा धन तथा डूप्ले को जागीर दी। जनवरी, 1751 ईसवी मे मुजफ्फर जंग की मृत्यु पर हैदराबाद मे डूप्ले के प्रतिनिधि बुसी ने निजामुल्मुल्क आसाफजाह के तृतीय पुत्र सलाबत जंग की गद्दी पर बैठा दिया। सलाबत जंग ने उत्तरी सरकार के चार जिले फ्राँसीसियों को दिये। इस प्रकार दक्षिण में अंग्रेजों की स्थिति चिन्ताजनक हो गई लेकिन अर्काट के घेरे में राबर्ट क्लाइव ने सफलता प्राप्त करके पासा पलट दिया। उसने थोड़ी सी सेना लेकर चांदा साहिब की राजधानी अर्काट पर सहसा आक्रमण कर अधिकार कर लिया। चाँदा साहिब ने, जो उस समय त्रिचनापल्ली मे मुहम्मद अली के विरुद्ध व्यस्त था, अपनी फौज का एक भाग अर्काट भेजा। तिरेपन दिन तक क्लाइव ने इस फौज का कड़ा मुकाबला किया। इस बीच लारेंस मे चाँदा साहिब को हराया। कुछ समय बाद चाँदा साहिब की मृत्यु तंजोर में हो गई। मुहम्मद अली कर्नाटक का नवाब बना। डूप्ले ने कम्पनी की शोचनीय आर्थिक स्थिति और अंग्रेजों की समुद्री शक्ति को देखते हुए संधि के प्रस्ताव रखे। अंग्रेज चाहते थे कि डूप्ले मुहम्मद अली का नवाब माने। डूप्ले के राजी न होने पर वार्ता असफल हो गई। 1754 ईसवी के अन्त में अंग्रेज कम्पनी से पांडीचेरी की संधि कर ली। इनकी शर्तें निम्नांकित थीं–

1. अंग्रेज व फ्रांसीसी अधिकारी मुगल सम्राट तथा अन्य शासकों द्वारा दिये गये पदों व सम्मानों का त्याग करेंगे।

2. भविष्य में देशी राज्यों के मामले में हस्तक्षेप नहीं करेंगे।

3. दक्षिण में दोनों कम्पनियों के पास समान भू-क्षेत्र रहेंगे।

4. जहाजरानी और सीमा सम्बन्धी शर्तें निश्चित की गयी।

5. फोर्ट सेन्ट डेविड के किले तथा देवीकोटाई पर अंग्रेजों का अधिकार रहेगा तथा फ्रांसीसी मासुलीपट्टम पर से अपना अधिकार छोड़ देंगे।

6. युद्ध की क्षतिपूर्ति के बारे में समझौता किया गया।

7. दोनों ने वचन दिया कि वे इस सन्धि को गृह सरकार अनुमोदित करायेंगे से तथा ऐसी स्वीकृति मिलने तक न तो युद्ध करेंगे और न ही किलेबन्दी करेंगे।

डूप्ले ने इस सन्धि को अपमानजनक और विनाशकारी बताया। फ्रांसीसी इतिहासकारों ने इस मत को माना है। मैलेसन ने भी इसे अंग्रेज के पक्ष में होना बताया है किन्तु तत्कालीन परिस्थितियों के अवलोकन से ज्ञात होता है कि संधि करते समय फ्राँसीसियों की स्थिति अच्छी नही थी। उनकी आर्थिक स्थिति चिन्ताजनक थी। डूप्ले व अन्य फ्रांसीसी अधिकारियों मे मतभेद था। अंग्रेज की समुद्री शक्ति अधिक थी इस प्रकार परिस्थिति का अनुभव स्वयं डूप्ले ने 1753

ईसवी में किया था तथा संधि का प्रस्ताव रखा था। अतएव उसका पद से हटने के बाद सन्धि की आलोचना करना उचित नहीं है। फ्राँस की सरकार ने भी इसे अपमानजनक नहीं माना। इसके अतिरिक्त इस सन्धि से अंग्रेजों को, जो भूमि प्राप्त हुई थी, उसकी वार्षिक आमदनी एक लाख रुपया थी जबकि फ्रांसीसियों के पास आठ लाख रुपये सालाना आमदनी की भूमि थी। हैदराबाद में अभी फ्राँसीसियों का प्रभाव था।

पहले कर्नाटक युद्ध के समान द्वितीय कर्नाटक युद्ध का भी अत्यधिक महत्त्व है इस युद्ध मे दोनों ने खुले रूप से देशी शासकों के आन्तरिक झगड़ों में भाग लिया। अब वे अपनी राजनीतिक लक्ष्यों की प्राप्ति की ओर बढ़ने के लिये प्रयत्नशील हो गये। इस युद्ध ने अंग्रेजों की सुदृढ़ स्थिति को भी स्पष्ट कर दिया।

डूप्ले का मूल्यांकन–यद्यपि डूप्ले 1720 ईसवी में भारत आया था किन्तु उसने गवर्नर के पद पर 1742 से 1754 ईसवी तक कार्य किया। भारत से लौटने के बाद फ्रंास में उस पर मुकदमा चलाकर उसे दण्ड दिया गया। उसकी मृत्यु के पश्चात् फ्राँसीसी इतिहासकारों ने उसकी प्रशंसा की।

डूप्ले ऐसे समय मे भारत मे फ्राँसीसी बस्तियों का गर्वनर बना जबकि भारत में उसकी आर्थिक स्थिति खराब थी। फ्राँस की सरकार इस कम्पनी व्यापारिक लाभ को भी अन्य मदों मे व्यय कर रही थी। आल्फेड मार्टिन्यू में मत मे आर्थिक कठिनाइयों से मुक्ति पाने के लिए डूप्ले ने भारत मे ही धन जुटाने की नीति अपनाई। भारत मे व्याप्त अराजकता का लाभ उठा कर उसने एक निश्चित क्षेत्र से राजस्व प्राप्त करने के लिये राजनीतिक सत्ता हस्तागत करना आवश्यक माना। उसने व्यापारिक एकाधिकार प्राप्त करने के प्रयत्न किये क्योंकि इसके द्वारा ही वह अंग्रेजों के व्यापार को नष्ट करके उन्हें भारत से हटा सकता था। आरम्भ में उसकी महत्त्वकांक्षा व्यापारिक अधिकार प्राप्त करने तक ही सीमित थी किन्तु तत्कालीन राजनीतिक परिस्थितियों को देखते हुए उसने देशी राज्यों से गठबन्धन करने, उनके मामलों में हस्तक्षेप करने अथवा सहायता देने की नीति अपनाई। उसे अपनी इन नीतियों में असफलता मिली। इसके अनेक कारण थे–

1. अंग्रेजी की समुद्री शक्ति; आर्थिक सम्पन्नता व यूरोप मे फ्रांसीसियों की अपेक्षा अच्छी स्थिति ने उसे सफल होने नहीं दिया।

2. डूप्ले ने फ्रांस की सरकार तथा कम्पनी के संचालकों को भारत की वास्तविक स्थिति से पूर्ण रूप से अवगत नही कराया। उसने सदैव यही लिखा कि इन युद्धों में कम्पनी को धन व्यय नहीं करना पड़ेगा, उसे तो देशी राजाओं से धन प्राप्त होगा। अपनी कठिनाइयों और असफलताओं को क्षणिक बताया। अतएव उसे फ्रांसीसी सरकार से सहायता न मिल सकी।

3. मार्टिन्यू ने डूप्ले को हठी व्यक्ति बताया है। दूरदर्शी राजनीतिज्ञ होने के साथ–साथ वह उग्र व दम्भी स्वभाव का व्यक्ति था। उसने अपने अधिकारियों की सलाह व सहयोग लेने का प्रयत्न नहीं किया।

4. उसकी योजनाएँ असंतुलित थी। कर्नाटक व हैदराबाद के आन्तरिक मामलों में अलग कर उसने अपना कार्य क्षेत्र आवश्यकता से अधिक विस्तृत कर लिया। मुहम्मद अली के विरुद्ध चांदा साहिब को मदद देना भी एक भूल थी। लगभग छः वर्ष तक मराठों की कैद मे रहने के कारण चांदा साहिब का प्रभाव कर्नाटक मे कम हो गया था। चांदा साहिब ने अनेक आमलों मे

उसकी सलाह नहीं मानी।

5. उसने युद्ध के समय कम्पनी के व्यापार बनाये रखने पर विशेष ध्यान नहीं दिया।

6. उसने धन का अपव्यय भी किया। कर्नाटक व हैदराबाद मे जागीरें प्राप्त करने के बाद वैभवपूर्ण जीवन व्यतीत किया।

7. फ्रांसीसी अधिकारियों से उसका मत भेद बना रहा। बोर्दानिया ने उसे पूर्ण सहयोग नहीं दिया।

8. क्लाईव व लारेस जैसे योग्य अंग्रेज अधिकारियों ने उसकी योजनाओं को विफल कर दिया।

9. मैलसन ने उसकी असफलता का उत्तरदायित्व ऐसी घटनाओं के संयोग पर डालने का प्रयत्न किया है जिसवकी पहलें से आशा नहीं की जा सकती थी जैसे तूफान से बोर्दानिया के बेड़े का नष्ट होना आदि। किन्तु हमें डाडवेल के इस कथन को सही मानना होगा कि उसकी नीति मे सफलता के मूल तत्त्वों का अभाव था।

यद्यपि डूप्लें ने कुछ भूलों की तथा अन्त में वह असफल रहा किन्तु उससे उसकी महानता कम नहीं होती। वह अपना फ्रांसीसी था जिसने भारत की तत्कालीन स्थिति से अपने देश को लाभ पहुँचाने की नीति अपनाई। उसकी नीति का अनुसरण करके अंग्रेजों ने धीरे-धीरे भारत में अपना साम्राज्य स्थापित किया। अपने लक्ष्य की प्राप्ति के लिये डूप्ले ने अपना सर्वस्व भी लुटा दिया।

तृतीय कर्नाटक युद्ध (1757-1763 ईसवी):

द्वितीय कर्नाटक युद्ध मे अपनी पराजय से फ्रांसीसी चिन्तित थे। अतएव उन्होंने आगामी संघर्ष की तैयारियाँ शुरू कर दी। 1757 ई. में प्लासी मे अंग्रेजों की विजय के तुरन्त बाद ही दोनों पक्षों में फिर युद्ध छिड़ गया। इसका आकस्मिक कारण यूरोप मे इंगलैंड और फ्रांस के बीच 1756 ई. में सप्तवर्षीय युद्ध का आरम्भ होना था। इसके समाचार मिलते ही भारत में दोनों पक्षों ने एक दूसरे के ठिकानों पर आक्रमण शुरू कर दिये। अंग्रेजों ने बंगाल सूबे में चंदन नगर, कासिमबाजार, बालासोर एवं पटना की फ्रांसीसी बस्तियों पर अधिकार कर लिया। फाँसीसीयों ने त्रिचनापल्ली को जीतने का असफल प्रयास किया। 1758 ई. मे फ्रांस की सरकार ने काऊट डी लैली को भारत के सम्पूर्ण फ्रांसीसी प्रदेशों का सेनापति बनाकर भेजा। उसे पूर्ण सैनिक व प्रशासनिक अधिकार देने की सलाह भी दी गई। लैली ने भारत आते ही फोर्ट सैट डेविड पर हमला करके की सलाह भी दी गई। लैली ने भारत आते ही फोर्ट सैट डेविड पर हमला करके उसे जीत लिया। उसकी इच्छा मद्रास पर भी अधिकार करने की थी लेकिन धन की कमी के कारण उसने ऐसा न करके तंजौर पर हमला किया। इसमें वह असफल रहा। इसी समय एक फ्रांसीसी नौ सेनापति डी अंग्रेजों से समुद्री युद्ध में परास्त हुआ। लैली के स्वभाव व कुछ प्रशासनिक सुधारों के कारण अन्य फ्रांसीसी अधिकारियों ने भी उसे पूर्ण सहयोग नहीं दिया। अपनी स्थिति को संकटमय जान कर भी लैली निराश नहीं हुआ। उसने मद्रास का घेरा डाला तथा मदद के लिये बुसी को हैदराबाद से बुला लिया। बुसी कूटनीति के द्वारा अंग्रेंजों की शक्ति को नष्ट करने की नीति का समर्थन करना चाहता था। धन, रसद व सैनिकों की कमी के कारण फ्रांसीसियों को मद्रास से हटना पड़ा सितम्बर, 1959 ई. में डी. एच भारत लौटा किन्तु अंग्रेजी सेनापति आयर कूट ने बुसी को

वांडेवास के युद्ध में हराकर बंदी बना लिया। जनवरी 1761 ई. मे लैली ने पाँडीचेरी में आत्मसमर्पण कर दिया। उसे बंदी बना पहले इंग्लैण्ड फिर फ्रांस भेजा गया। 1766 ई. में उसे मृत्यु दण्ड दिया गया।

1763 ई. में पेरिस की संधि द्वारा यूरोप में युद्ध समाप्त होने के बाद भारत में संघर्ष का अन्त हो गया। उस संधि के अनुसार पाँडीचेरी व चंद्रनगर फ्रांसीसीयों को लौटा दिये गये। फ्रांसीसियों ने वायदा किया कि वे इन बस्तियों की किलेबन्दी नहीं करेंगे। दक्षिण में उनके सैनिकों की संख्या कम कर दी गई। जैसा कि पहले संकेत दिया गया है 1783 ई. के पश्चात् फ्रांसीसी संगठित रूप से भारत अंग्रेजी शक्ति के विस्तार का विरोध नही कर सके। वे देशी राज्यों के यहाँ सेनापति, प्रशिक्षण व सलाहकार के पदों पर काम करते रहे। वेलजली ने सहायक संधियों द्वारा ऐसे फ्रांसिसियों को पदों से हटवा दिया।

अंग्रेजों की सफलता के कारण–

यूरोपियन शक्तियों, विशेषकर फ्रांसीसियों के विरुद्ध अंग्रेजों की सफलता के निम्नांकित कारण थे–

1. आर्थिक स्थिति– अंग्रेज कम्पनी की आर्थिक फ्रांसीसी कम्पनी की प्रार्थना स्थिति के मुकाबले मे सदैव अच्छी रही। सरकारी कम्पनी होने के कारण फ्रांसीसी द्वारा कमाया गया मुनाफा अन्य मदों में खर्च हो जाता था जब कि अंग्रेज ईस्ट इण्डिया कम्पनी की व्यापारिक कमाई का लाभ उसके भागीदारों को मिलता था। अंग्रेज कम्पनी के अधिकारियों द्वारा युद्ध के समय भी व्यापार पर ध्यान दिया जाता था। फ्रांसीसी अधिकारी ऐसे समय में व्यापार की उपेक्षा करते थे। वे समय पर सैनिकों को वेतन भी नहीं दे सके। 1757 ई. में बंगाल सूबे में अंग्रेजों का प्रभुत्व स्थापित हो जाने से उनकी कम्पनी की आर्थिक दशा सुधरी तथा उन्होंने बंगाल से धन भेजा। राबर्टस के मत मे पर्याप्त धन की व्यवस्था किये बिना डूप्ले द्वारा भारत में फ्रांसीसियों को राजनीतिक सत्ता बनाना एक मूल भूल थी।

2. कम्पनियों के संचालन के भेद– अंग्रेजी कम्पनी के मामले में सरकार हस्तक्षेप नहीं करती थी। किन्तु फ्रांसीसी कम्पनी एक सरकारी संस्था थी, अतएव वहाँ की सरकार एक ओर इसके मामले में अनावश्यक हस्तक्षेप करती थी तो दूसरी ओर इसको समय पड़ने पर पूर्ण सहायता नहीं देती थी। वह भारत मे कार्य करने वाले फ्रांसीसी अधिकारियों के साथ भी अच्छा व्यवहार नहीं करती थी। डूप्ले व लैली के साथ किया गया व्यवहार इसके उदाहरण हैं।

3. फ्रांसीसी सरकार की अन्य नीतियाँ– फ्रांस की सरकार ने भारत की अपेक्षा अमेरिका व कनाडा में उपनिवेशों की स्थापना को अधिक महत्त्व दिया। इसके अतिरिक्त उसका लक्ष्य यूरोप की राजनीति मे अपना प्रभाव जमाना था। इस लक्ष्य की पूर्ति के लिये लुई चौदहवें के समय में फ्रांस लगातार युद्धों में सलंग्न रहा। सप्तवर्षीय युद्ध में अंग्रेजों की यूरोप में विजय ने भारत में भी इनके भाग्य का निर्णय कर दिया।

4. अंग्रेजी नौ-सैना की श्रेष्ठता–इस समय विश्व में अंग्रेजों की नौ सैनिक शक्ति का मुकाबला कोई भी राष्ट्र नहीं कर सकता था। विश्व के ओर भागों की तरह भारत में भी अंग्रेजों की सफलता का यह एक महत्त्वपूर्ण कारण था। डूप्ले की प्रारम्भिक सफलताओं का अन्त इंग्लैंड में

एक जहाजी बेड़े के भारत आने के साथ ही हो गया। डी एच को दो बार समुद्री युद्ध में अंग्रेजों ने हराया। फ्रांस से आने वाले जहाजों को इंग्लैण्ड मार्ग मे रोक सकता था। बंगाल व बम्बई से भी अंग्रेजों ने दक्षिण में अपने अधिकारियों को निरंतर सहायता पहुँचाई। आल्फेड लायल के मत फ्रांसीसी जल सेना की दुर्बलता ने उसके जहाजों के साथ भारत में उसके साम्राज्य को भी डुबो दिया। डाडवेल ने भी अंग्रेजी नौ सेना की श्रेष्ठता को इनकी सफलता का मुख्य कारण माना है।

5. अंग्रेजों के पास भारत में सुरक्षित आधारों का होना–उनके पास बम्बई, कलकत्ता व मद्रास के बन्दगाह थे, किन्तु फ्रांसीसियों के पास केवल पांडीचेरी का बन्दरगाह था। विंसेंट स्मिथ के अनुसार पांडीचेरी को आधार बनाकर एक ऐसी शक्ति से युद्ध करने में, जिसके पास बंगाल तथा सामुद्रिक शक्ति थे, सिकन्दर महान एवं नेपोलियन भी भारत में साम्राज्य स्थापित करने में सफल नहीं हो सकते थे।

6. अंग्रेज अधिकारियों की योग्यता व एकता–अंग्रेज अधिकारियों मे पारस्परिक सहयोग की भावना थी। 1757 ई. में बंगाल में अंग्रेजी अधिकारियों की सहायता के लिये क्लाइव को मद्रास से भेजा गया। क्लाइव, लारेंस तथा आयर कूट ने योग्यता के साथ फ्रांसीसियों का मुकाबला किया। यद्यपि डूप्ले और बोर्दानिया योग्य थे किन्तु उनमें सहयोग की भावना नहीं थी।

7. फ्रांसीसी अधिकारियों के मतभेद– डूप्ले तथा बोर्दानिया, लैली तथा बुसी और लैली तथा एच डी ने सहयोग से काम नहीं किया। डूप्ले व लैली उग्र स्वभाव के थे तथा अपने अधिकारियों से सलाह नहीं लेते थे। बोर्दानिया ने डूप्ले की सलाह लेने के पहले ही अंग्रेजों को मद्रास लौटा दिया। लैली ने बुसी की इच्छा के विरुद्ध उसे हैदराबाद से बुला लिया। इसके फलस्वरूप निजाम अंग्रेजों के प्रभाव में चला गया!

इस संघर्ष में अंग्रेजी कम्पनी की सहायता का श्रेय व्यक्तिगत भूलों अथवा योग्यता को न देकर दोनों कम्पनियों की कार्य प्रणाली, आर्थिक स्थिति, इंग्लैंड की समुद्री शक्ति तथा यूरोप में तत्कालीन परस्थितियों को देना चाहिये। लायेल के अनुसार फ्रांसीसियों की हार का मूल कारण उनका दुर्भाग्य अथवा योग्यता की कमी नहीं था अपितु परिस्थितियों का सामूहिक सहयोग था।

8. अंग्रेजों द्वारा अनियमित व्यापार–इस विषय पर अंग्रेजों की स्वार्थपूर्ण नीति ने दोनों के मध्य संघर्ष को अनिवार्य कर दिया! कई बार मीर कासिम ने वेन्सीटार्ट से अपील की कि अंग्रेज अधिकारी ऐसा न करें किन्तु कलकत्ता कौंसिल के अधिकांश सदस्य अपनी जिद पर अड़े रहे। विवश होकर मीर कासिम ने सभी व्यापार को कर मुक्त कर दिया। वेन्सीटार्ट और कलकत्ता कौंसिल के सदस्य वारेन हेस्टिंग्ज ने अन्य सदस्यों को समझाने का असफल प्रयत्न किया। कौंसिल के सदस्यों ने बहुमत से यह निश्चय किया कि नवाब इस आदेश को वापस लें। नवाब ने ऐसा करने से इनकार किया। इस पर दोनों तरफ से युद्ध की तैयारियाँ होने लगीं।

9. अंग्रेजी झंडे का बढ़ता हुआ प्रयोग–अंग्रेजों ने अपने स्वार्थ के लिये ईस्ट इंडिया कंपनी के झंडे का बढ़ता हुआ प्रयोग किया। वारेन हेस्टिंग्ज ले लिखा कि अंग्रेजों का झंडा हर जगह हर गाँव में फहराया जाता है और यह जनता को बुरा लगता है।

10. ऐलिस की कार्यवाही–पटना की अंग्रेजी फैक्ट्री के प्रमुख एलिस ने नवाब के कार्यों में बाधा डालनी आरम्भ की। इससे नबाव रूष्ठ हो गया। उसने एक अंग्रेज अधिकारी को गिरफ्तार कर लिया। इसके प्रत्युत्तर में एलिस ने पटना पर आक्रमण करके उसे लूट लिया। इस

घटना से युद्ध आरम्भ हो गया।

घटनाएँ-जुलाई, 1763 ईसवी में मेजर एडम्स ने मीर कासिम को कटवा में हराया। इसके बाद तीन अन्य स्थानों पर भी अलग-अलग युद्ध में हार कर मीर कासिम पटना पहुँचा। पटना पर अधिकार करके उसने राम नारायण को फाँसी दी। अक्टूबर में उसने एक यूरोपियन सैनिक अधिकारी समरू ने कुछ अंग्रेजों का कत्ल करवा दिया। पटना पर अंग्रेजों का पुनः अधिकार होने के पहले मीर कासिम इलाहाबाद चला गया। इलाहाबाद में मुगल सम्राट शाह आलम द्वितीय तथा अवध के नवाब शुजाऊद्दौला ने उसे सहायता देने का वचन दिया। 22 अक्टूबर 1764 ईसवी को अंग्रेज सेनापति हेक्टर मुनरो ने बक्सर के यंद्ध तीनों की सम्मिलित सेनाओं को परास्त किया। जनवरी एवं अप्रेल 1765 ईसवी में शुजाऊद्दौला क्रमशः बनारस व कड़ा के निकट परास्त हुआ। मीर कासिम देहली चला गया, जहाँ 1772 ईसवीं मे उसकी मृत्यु हो गई।

बक्सर के युद्ध का महत्त्व:

प्लासी का युद्ध पूर्ण रूप से निर्णायक युद्ध नहीं था। इसने बंगाल के वास्तविक शासक के बारे में अन्तिम निर्णय नहीं किया था किन्तु बक्सर ने अंग्रेजों को बंगाल का वास्तविक शासक बना दिया। यह दूसरी बात है कि क्लाइव ने दोहरा शासन स्थापित करके इस तथ्य को छुपाने का प्रयत्न किया।

सैनिक दृष्टि से भी बक्सर के युद्ध ने यह सिद्ध कर दिया कि उसकी सैनिक शक्ति भारतीयों से कहीं अधिक है।

प्लासी की विजय से अंग्रेजों का नियन्त्रण केवल बंगाल सूबे पर ही स्थापित हुआ था, अब अवध भी उनके संरक्षण में आ गया। मुगल सम्राट ने भी उनका संरक्षण स्वीकार किया।

बंगाल के बाद अवध के भी ब्रिटिश नियन्त्रण में आने साम्राज्य विस्तार का कार्य अंग्रेजों के लिये सरल हो गया। अवध में भी ब्रिटिश सेना रखी गई तथा बंगाल व मराठों के मध्य को एक सुरक्षा प्रकोष्ट के रूप में काम लाया गया।

यद्यपि प्लासी ने ईस्ट इण्डिया कम्पनी को एक राजनीतिक सत्ता बना दिया था, किन्तु बक्सर ने उसे भारत की एक प्रमुख राजनीतिक सत्ता के रूप में स्थापित किया। अंग्रेजों ने शाह आलम व शुजाऊद्दौला से संधियों अपनी शर्तों पर की।

कम्पनी ने इलाहाबाद की संधि द्वारा मुगल सम्राट से बंगाल की दीवानी प्राप्त कर बंगाल में अपने आधिपत्य को वैधानिक रूप दिया।

रेम्जे म्यूर के मत में बक्सर ने प्लासी के अधूरे कार्य को पूरा किया। उसने भारत में अंग्रेजी साम्राज्य की स्थापना की कीलें जड़ दीं। यदि प्लासी ने बंगाल में अंग्रेजी प्रभाव की स्थापना की तो बक्सर ने उसे सुदृढ़ किया तथा अवध तक उसका विस्तार किया।

बंगाल में दोहरा शासन प्रबन्ध (1765-1767 ईसवीं):

1764 ईसवी में मीर कासिम के साथ संघर्ष छिड़ने, कम्पनी के अधिकारियों के भ्रष्टाचार तथा बंगाल की बिगड़ती हुई स्थिति के समाचारों से चिन्तित होकर कम्पनी के संचालकों ने क्लाईव को विशेषाधिकार देकर भारत भेजा। उसे आदेश दिये गये कि वह भ्रष्टाचार समाप्त करे

तथा बंगाल की स्थिति सुधारे। 1765 ईसवीं में क्लाइव के भारत आगमन के समय तक अंग्रेज बक्सर के युद्ध में विजय प्राप्त कर चुके थे। उन्होंने मीर कासिम के स्थान पर मीर जाफर को पुनः नवाब बनाया तथा उसके देहावसान पर उसे अल्पव्यस्क पुत्र नजमुद्दौला को गद्दी पर बिठाया। दोनों ही अवसरों पर अंग्रेज अधिकारियों ने उपहार के रूप में भारी रकम ली। अंग्रेजों ने शाह आलम को देहली तक जाने में सहायता का वचन दिया था। अतएव क्लाइव को इस सम्बन्ध में भी निर्णय करना था तथा अवध से भी उसे समझौता करना था।

क्लाइव की विदेश नीतिः

क्लाइव ने नजमुद्दौला के साथ समझौता कर के उसकी पेशन तिरेपन लाख रू. सालाना निश्चित कर दी। बाद में यह घटाकर इकतालीस लाख और वारेन हेस्टिंग्ज के समय में बत्तीस लाख कर दी गई। शाह आलम द्वितीय से इलाहाबाद की संधि में अंग्रेजों ने बंगाल की दीवानी के अधिकार प्राप्त कर नवाब के पास केवल निजामत का कार्य ही रहने दिया। सैनिक शक्ति कम्पनी के हाथ में रही।

यद्यपि वह अवध को ब्रिटिश साम्राज्य में मिला सकता था किन्तु विदेशी शक्तियों, मराठों एवं अन्य भारतीयों शक्तियों के विरोध की सम्भावनाओं को देख कर, इंग्लैण्ड की लोक सभा तथा जनता के हस्तक्षेप से बचने के लिए उसने ऐसा नहीं किया। इसके अतिरिक्त उस समय अंग्रेजों के पास प्रशासनिक अधिकारियों की कमी थी।

अबध से संधि-

1765 ईसवीं में इलाहाबाद की संधि के अनुसार उसने अवध की सुरक्षा का भार कम्पनी पर डाल दिया। अवध के नवाब ने बाह्य खतरों से सुरक्षा के लिये भेजी गई अंग्रेजी सेना का व्यय वहन स्वीकार किया। अवध के कड़ा व इलाहाबाद के जिले कम्पनी ने लिये तथा उन्हें शाह आलम को सौंप दिये। शुजाऊद्दौला ने बनारस व गाजीपुर को बलतंज सिंह की जागीर माना। उसने पचास लाख रुपये क्षति पूर्त्ति देना भी स्वीकार किया। अवध को अंग्रेजी साम्राज्य में मिलाया जाता जो उसकी सीमाएँ मराठा प्रदेशों से मिल जातीं। फलस्वरूप उस पर मराठों का आक्रमण हो सकता था। ए.एम. डेविस ने इस नीति की आलोचना की। उसके मत में 1765 ईसवी के बाद अंग्रेजों को सदैव अवध की सुरक्षा का प्रबन्ध करना पड़ा। इसके लिये उन्हें समय-समय पर अवध के आन्तरिक मामलों में हस्तक्षेप करना पड़ा। उनके हस्तक्षेप के कारण अवध के नवाब प्रशासनिक जिम्मेदारियों के प्रति अपने दायित्व को न निभा सके। किन्तु रेम्जे म्यूर के मत में अवध के साथ घनिष्ठ सम्बन्ध बनाये रखने की नीति के कारण ही मराठे उस पर आक्रमण नहीं कर सके। डाडवेल ने भी इस नीति की प्रशंसा की है।

शाह आलम से संधिः

अगस्त 1765 ईसवीं में क्लाइव ने शाह आलम से इलाहाबाद में एक पृथक संधि की। उसने शाह आलम को देहली जाने तक सहायता न देने का निश्चय किया क्योंकि ऐसा करने से उसे उन सब कठिनाईयों का सामना करना पड़ता, जिनकी कि अवध को ब्रिटिश साम्राज्य में मिलाने की स्थिति में अंग्रेजों के सामने उपस्थित होने की सम्भावनाएँ थी। इस संधि के द्वारा मुगल सम्राट ने

अंग्रेजों को बंगाल सूबे की दीवानी प्रदान की। कम्पनी ने सम्राट को छब्बीस लाख रुपया प्रति वर्ष देना स्वीकार किया। कड़ा व इलाहाबाद के जिले सम्राट के अंग्रेजों को बंगाल सूबे की दीवानी प्रदान की। कम्पनी के कुछ अधिकारियों ने मुगल सम्राट को, जिसकी शक्ति कुछ भी नहीं थी तथा जो पहले के सम्राटों की परछाई मात्र था, दो जिले तथा छब्बीस लाख रुपये वार्षिक कर देने की शर्तों की आलोचना की। किन्तु सिल्विया के मत में शाह आलम को दिये गये वचनों को भंग कर के क्लाइव ने अंग्रेजों को एक ऐसी स्थिति से बचाया जिसमें उनका भारतीय राजनीति के संघर्ष में उलझना अवश्यंभावी था। डाडवेल ने, यह मत प्रकट किया है कि तत्कालीन परिस्थितियों को देखते हुए यह एक सही निर्णय था उस समय भारत की सभी राजनीतिक शक्तियाँ मुगल सम्राट की वैधानिक सत्ता को मानते थे। अतएव क्लाइव ने बंगाल में अंग्रेजी सत्ता को वैधानिक मान्यता दिलाकर उचित ही किया। इसके अतिरिक्त शाह आलम को नितान्त असहाय अवस्था में छोड़ने की स्थिति में उसका मराठों के आश्रय में जाने की सम्भावना थी। नन्द लाल चटर्जी ने बंगाल सूबे की दीवानी के अधिकार प्राप्त करने को उस प्रशासनिक व्यवस्था की आधार-शिला माना है जो कि अंग्रेजों के शासन काल में भारत में विकसित हुई।

द्वैध शासनः

अनुभवी अधिकारियों की कमी के कारण तथा स्थिति छुपाने के लिये क्लाइव ने दीवानी का कार्य करने के लिये दो नायब दीवान नियक्त किये। बंगाल में मुहम्मद रजा और बिहार में सिताब राय को इस पद नियुक्त किया गया। उनके माध्यम से अंग्रेजों ने भूमि कर वसूल करने की जिम्मेदारी ठेकेदारों पर डाल दी। हर वर्ष के लिये राजस्व की नीलामी का ठेका दिया जाता था। इससे कम्पनी को राजस्व की निश्चित रकम प्राप्त होने लगी किन्तु ठेकेदारों ने कृषकों से मनमाना धन वसूल किया। प्रत्येक वर्ष पहले से अधिक रकम की बोली लगान की दर बढ़ती गई। 1765 ईसवीं मे बंगाल सूबे का राजस्व अस्सी लाख था। 1766-1767 ईसवी में यह बढ़ कर दो करोड़ पच्चीस लाख के लगभग हो गया। फलस्वरूप अनेक कृषकों ने खेती छोड़ दी। 1770 ईसवी में बंगाल में भीषण अकाल पड़ा

कम्पनी की नीति के कारण बंगाल के जुलाहों को अर्थिक क्षति पहुँची। कम्पनी के गुमाश्ते उन्हें उनके माल की कम कीमत देते थे। अनेक जुलाहों ने अपना कार्य छोड़ दिया। 1769 ईसवी में, बेचर नामक एक अंग्रेज अधिकारी ने स्वीकार किया कि कम्पनी की नीतियों के कारण बंगाल का सुन्दर प्रवेश, जो स्वेच्छाचारी शासन में भी सम्पन्न था, वर्बादी की ओर बढ़ रहा है।

द्वैध शासन के अन्तर्गत कम्पनी के अधिकारी की शक्ति का दुरुपयोग कर अपने निजी व्यापार में वृद्धि की तथा भ्रष्टाचार में लिप्त रहे। इससे कम्पनी की आर्थिक स्थिति पर प्रतिकूल प्रभाव पड़ा। क्लाइव ने स्वयं यह माना कि अंग्रेजों ने अनेक भारतीय व्यापारियों रोजी रोटी छीन ली है। इंग्लैंड की संसद में कार्नवालिस ने कहा कि बंगाल में अंग्रेजों जैसी भ्रष्ट,विश्वासघाती और लोभी सरकार अन्यत्र देखने को नहीं मिलती।

इस व्यवस्था के अन्तर्गत नवाब को शांति बनाये रखने, फौजदारी मुकदमों का निर्णय करने तथा कारागृहों की देख-रेख करनी पड़ती थी। सैनिक शक्ति न होने के कारण उसे काफी कठिनाईयों को सामना करना पड़ा। उसके कोष में धन का अभाव भी था। इसलिये वह राज्य की

पुलिस और न्यायाधीशों को समय पर तथा पूर्ण वेतन नहीं दे सका। फलस्वरूप भ्रष्टाचार बढ़ता गया। न्यायाधीश व अन्य अधिकारी अपराधियों व कैदियों से रिश्वत लेने लगे। इसका प्रतिकूल प्रभाव राज्य की शांति व सुव्यवस्था पर पड़ा। दीवानी मामलों के निबटारे के लिये प्रजा को कलकत्ता जाना पड़ता था। कभी-कभी कम्पनी के अधिकारी अंग्रेजी कानून से इनका न्याय करते थे। अतएव कानून की व्यवस्था की दशा एक गिरगिट के समान हो गई जो रंग बदलती रहती थी।

डाडवेल के मत में द्वैत शासन व्यवस्था उत्तरदायित्व व अधिकारों के बीच एक तलाक था। नवाब के पास अधिकार नहीं था तथा कम्पनी के पास शासन का उत्तरदायित्व नहीं था। कम्पनी वास्तविक और नवाब नाम मात्र का शासक था। क्लाइव ने लिखा कि हमने तत्कालीन परिस्थितियों मे जान बूझकर इस परछाई को सम्मान दिया है। नन्दलाल चटर्जी के मत में नवाब केवल एक रबर की मुहर था। क्लाइव ने इस बात की चिन्ता नहीं की कि सत्ता के विभाजन का परिणाम अराजकता होता है। नन्द लाल चटर्जी का यह कथन सही कि उसके द्वारा स्थापित द्वैध शासन तर्क संगत न होने के साथ अव्यवहारिक भी था। क्लाइव ने बंगाल में अपनी स्थिति को छुपाने के लिये एक एक कुटिल चाल चली। लॉरेंस के मत में इस व्यवस्था का लाभ उठाकर कम्पनी के अधिकारियों ने जल्दी से जल्दी लूट खसोट कर भारत से दस या बीस लाख रुपया लेकर स्वदेश लौटने का उद्देश्य अपने सामने रखा। उन्होंने एक ओर बंगाल की प्रशासनिक व्यवस्था को प्रभावहीन बनाया तथा बंगाल को विनाश की ओर अग्रसर किया तो दूसरी ओर कम्पनी के आर्थिक हितों को भी क्षति पहुँचाई। नन्द लाल चटर्जी का यह कथन उपयुक्त है कि द्वैध व्यवस्था बंगाल के विनाश का स्तम्भ थी।

कम्पनी की प्रशासनिक व्यवस्था में क्लाइव द्वारा किये गये सुधार (1765-67 ईसवी):

1765 ईसवी में भारत आने पर क्लाइव ने संचालकों को लिखा कि कलकत्ता में भ्रष्टाचार, विलासिता और सिद्धान्तहीनता के विचार कर्मचारियों के मस्तिष्कों पर छाये हुए है। उसने कम्पनी के कर्मचारियों की शीघ्रता के साथ धनवान होने की प्रवृति की निन्दा की। वास्तव में अराजकता, अनिश्चिता, रिश्वत और भ्रष्टाचार का ऐसा दृश्य बंगाल के अतिरिक्त अन्यत्र कहीं न देखा गया अथवा सुना गया। क्लाइव के अनुसार इस प्रदेश मे अंग्रेजों का नाम बहुत अधिक बदनाम हो गया था। लेकिन क्लाइव यह भूल गया कि उसने स्वयं मीर जाफर से उपहार लेकर यह प्रथा प्रारम्भ की थी। 1772 ईसवी में इंगलैण्ड के संसद की सिलेक्ट सिक्रेट कमेटी ने अपने प्रतिवेदन में इस मामले में क्लाइव की निन्दा की थी। क्लाइव के इंग्लैंड जाने के बाद भी कम्पनी के अधिकारियों ने कम्पनी के आर्थिक हितों की चिन्ता न करते हुए नवाब व उसके अधिकारियों के से काफी धन वसूल किया था। उनके निजी व्यापार ने कम्पनी के व्यापार को हानि पहुँचाई थी। अतएव 1765 ईसवी में क्लाइव के लिए कम्पनी के अधिकारियों के भ्रष्टाचार और निजी व्यापार को रोकना आवश्यक था। ऐसा केवल सख्ती के साथ पेश किया जा सकता था क्योंकि लगभग सभी अधिकारी अपने निजी स्वार्थो के कारण इसका प्रबल विरोध करने के लिये तैयार थे। क्लाइव इस परिस्थिति को जानता था। इसलिये उसने लिखा कि मुझे हरक्यूलिस के समान 'आजियन स्टेबल' को साफ करना है।

सबसे पहले क्लाइव के कम्पनी के प्रत्येक कर्मचारी से प्रतिज्ञा पत्र पर हस्ताक्षर करवाये।

इसके अनुसार उन्होंने वचन दिया कि वे भविष्य में रिश्वत और भेंट नहीं लेंगे। इसका विरोध कम्पनी के संचालक मण्डल के कुछ सदस्यों ने किया। इसमें जानस्टन प्रमुख था। लेकिन क्लाइव का यह कदम सफल नहीं हुआ। डेविस के अनुसार स्वयं क्लाइव आलम से दो लाख रुपये पुरस्कार के रूप में लिये। क्लाइव ने इंग्लैण्ड में अपने गुमाश्ते द्वारा कम्पनी के हिस्से खरीदे क्योंकि उसे कम्पनी की आमदनी बढ़ने व अधिक लाभांश वितरित होने की आशा थी। थाम्पसन व गैरेट के मत में क्लाइव ने उच्च अधिकारियों द्वारा अनुचित रूप से धन कमाने पर रोक नहीं लगाई। उसका आदेश केवल अन्य कर्मचारियों पर लागू किया गया। उसने मत प्रकट किया कि कम्पनी के एक सैनिक अधिकार के पास कर्नल बनने के पहले इतना धन नहीं होना चाहिए कि वह शान के साथ रह सके, किन्तु कर्नल बनते ही उसका धनी होना जरूरी है।

उसने निजी व्यापार पर प्रतिबन्ध लगाया। इससे कम्पनी के वरिष्ठ कर्मचारियों को होने वाली हानि आंशिक पूर्ति के लिये उसने एक व्यापारिक संस्था सोसाइटी ऑफ ट्रेड खोली। इसे नमक, तम्बाकू व सूपारी के निःशुल्क व्यापार का एकाधिकार दिया गया। इसका लाभ वरिष्ठ अधिकारियों के हितों की चिन्ता थी। 1768 ईसवी में इस संस्था को बंद कर दिया गया।

अंग्रेजी सेना को कलकत्ता कौंसिल के प्रभावशाली नियन्त्रण में लाने के लिये क्लाइव ने उसे तीन ब्रिगेडों में विभक्त किया। इनका मुख्यालय मुंगेर, बांकीपुर व पटना में रखा गया। प्रत्येक ब्रिगेड में यूरोपियन पैदल फौज, एक तोपखाना व देशी घुड़सवार दस्ता रखा गया।

कम्पनी के व्यय में कमी करने के लिए उसने सैनिकों को दोहरे भत्ते की अदायगी समाप्त की। इसके अनुसार कम्पनी के सैनिकों को अपनी मुख्य छावनी से दूसरे स्थान पर जाने पर अतिरिक्त भत्ता दिया जाता था। यह भत्ता उस देशी शासक से वसूल किया जाता था, जिसकी सहायता के लिये सैनिक दस्ता भेजा जाता था। अब उसने बंगाल सूबे से बाहर जाने वाले सैनिकों को ही दो गुना भत्ता देने की अनुमति दी। उसके इस आदेश का कड़ा विरोध हुआ। कम्पनी के तीनों ब्रिगेडियर, फ्लेचर, स्मिथ तथा बाकर ने विरोध पत्र लिखे। फ्लेचर के नेतृत्व में विद्रोह भी हुआ। लेकिन मद्रास से आये सैनिक दस्ते की सहायता से इसे दबा दिया गया।

कम्पनी के अवकाश प्राप्त अपाहिज सैनिकों की सहायता के लिय क्लाइव ने एक कोष स्थापित किया जिसे क्लाइव कोष कहते हैं। इसके लिये क्लाइव ने मीर जाफर से उपहार के रूप में प्राप्त पाँच लाख रुपया दिया।

क्लाइव की उपलब्धियाँ:

1740 ईसवी में सत्रह वर्ष की आयु में क्लाइव एक बाबू के पद पर कार्य करने मद्रास आया था। लेकिन उसने अपनी प्रतिभा व योग्यता के आधार पर असाधारण सफलताएँ प्राप्त की। यहाँ तक कि भारत में ब्रिटिश साम्राज्य का संस्थापक होने का श्रेय उसे मिला। सर्व प्रथम उसने अर्काट के घेरे का सुझाव देकर तथा उसका सफलतापूर्वक नेतृत्व कर एक कुशल, निडर तथा साहसी सेनापति होने का प्रमाण दिया। वस्तुतः उसने कर्नाटक युद्ध का पासा ही पलट दिया। उसकी दूसरी सफलता बंगाल में सिराजुद्दौला को हराना था।

❑❑❑

28

राष्ट्रीय आन्दोलन

राष्ट्रीयता सरल शब्दों में उस भावना को कहते हैं जो एक जनसमूह मे परस्पर एकता तथा अन्य जन-समूहों से पृथकता के रूप मे पाई जाती है। इस एकता को प्रोत्साहन देने वाले ब्राह्य लक्षण धार्मिक, सांस्कृतिक, जातीय, भाषाई, भौगोलिक, राजनीतिक एकता अथवा इनमें कोई एक या एक से अधिक हो सकते हैं। लेकिन उस जन-समूह में उस इकाई अर्थात् कल्पना के दो आधार रहे हैं- पश्चिमी प्रतिमान के अनुसार अथवा भारतीय सांस्कृतिक एकता के आधार पर। पश्चिमी प्रतिमान के मौलिक आधार राजनीतिक एकता था, जो 19वीं सदी में पूर्ण रूप से स्थापित हुई। भारत में एकता के आधारों-भाषा, जाति,धर्म- का अभाव दिखाई पड़ा इसलिए राष्ट्रीयता को भौगोलिक और राजनीतिक आधारों पर स्थापित किया। इस आधार पर भारतीय नेता अंग्रेजी साम्राज्य के प्रति आभारी रहे तथा उसके गुणगान करने और राजनीतिक सुविधाएँ माँगने तक सीमित रहे। राष्ट्रीयता का दूसरा प्रतिमान भारतीय सांस्कृतिक एकता और प्राचीन भारतीय संस्कृति, धर्म तथा उपलब्धियों के आधार पर था। 19वीं सदी में प्राचीन भारतीय संस्कृति, धर्म तथा इतिहास का पुन: अध्ययन आरम्भ हुआ। बहुत से विद्वानों तथा विचारकों ने एकता की प्रेरणा भारतीय साहित्य, धर्म तथा पुरानी महानता से ली। अंग्रेजी साम्राज्य के प्रति उनका विनीत और विनम्र दृष्टिकोण नही था जैसा पश्चिमी प्रतिमान पर राष्ट्रीयता की कल्पना करने वाले का था। राजनीतिक एकता के आधार पर राष्ट्रीयता का प्रतिमान भारतीय विचारकों को अंग्रेजी साम्राज्य के प्रति ऋणी भाव से भर देता था। जबकि सांस्कृतिक आधार पर राष्ट्रीय एकता की कल्पना उन्हें भारतीय गौरव से ओत-प्रोत करती थी।

सामान्यत: राजनीतिक अधिकारों की चेतना और राष्ट्रीयता की भावना के विकास को पर्यायवाची समझा जाता है लेकिन वास्तव में ऐसा नहीं है। विभिन्न उपनिवेशों में अथवा अधीन राज्यों में राष्ट्रीय आन्दोलन हुए है लेकिन वे आवश्यक रूप से राजनीतिक सुविधाओं और अधिकारों तक सीमित नहीं रहे हैं। राजनीतिक अधिकारों के आंदोलन भी राष्ट्रीय बन सकते है यदि वह आंदोलन समस्त देशवासियों को प्रेरित तथा प्रभावित कर सकें। राजनीतिक अधिकार के संबंध मे यह प्रश्न महत्त्वपूर्ण है कि उन्हें किस प्रकार प्राप्त किया गया? माँगकर, कृपापात्र बनकर, अपनी राज्य भक्ति का आश्वासन देकर अथवा अपने राष्ट्रीय अधिकार के रूप में प्रस्तुत करके। स्वराज्य शब्द का प्रयोग दोनों ही प्रकार के विचारकों ने किया है। लेकिन इसका अर्थ दोनों में भिन्न दिखाई पड़ता है। सामान्यत: एकता से प्रेरित राष्ट्रीयता के समर्थक स्वराज्य की माँग राष्ट्रीय अधिकार की प्राप्ति के लिए करते थे। जबकि भौगोलिक राजनीतिक एकता से प्रेरित

विचारक इसका अर्थ अंग्रेज सरकार से केवल कुछ ऐसी सुविधाएँ समझते थे जिनसे प्रशासन से संबद्ध होने का अधिकार प्राप्त हो जाए। इंडियन नेशनल कांग्रेस के अधिकांश नेता 1916 ई. तक प्राय: राष्ट्रीय अधिकार की बात नहीं करते। कुछ नेताओं के चिंतन में 19वीं सदी में राष्ट्रीय अधिकार की कल्पना पाई जाती है जो राष्ट्रीय आंदोलन का सूत्रपात कर सकती थी। ऐसे नेता कांग्रेस के वार्षिक अधिवेशनों में भी भाग लेते थे। लेकिन उनकी आवाज अल्पमत होती थी जब उनका मत कुछ प्रभावशाली हुआ तब उन्हें कांग्रेस से बाहर आना पड़ा और कुछ वर्षों पश्चात् जब उनका पलड़ा भारी हुआ तब राजनीतिक सुविधाओं के समर्थक विचारकों को कांग्रेस से बाहर जाना पड़ा। इंडियन नेशनल कांग्रेस का रूप बदलता रहा है। आरंभ में यह केवल राजनीतिक अधिकारों अथवा सुविधाओं की माँग प्रस्तुत करने वाली संस्था थी।

राष्ट्रीयता में सहायक तत्त्व

राष्ट्रीयता की परिभाषा से ही स्पष्ट हो जाता है कि इस विकास में वे तत्त्व सहायक हुए जिन्होंने भारतीय एकता की भावना को प्रोत्साहन दिया। राजनीतिक जागरण को देशव्यापी बनाने के लिए सहायक तत्त्वों के अतिरिक्त (जिनका पिछले अध्याय में वर्णन किया है) निम्नलिखित उल्लेखनीय है-

1. धर्म सुधार आंदोलन-19वीं सदी में बंगाल, महाराष्ट और उत्तरी भारत में विभिन्न धर्म सुधार आन्दोलन हुए इनमें से कुछ आंदोलन तो अंग्रेजीकरण और ईसाई मत की ओर आकर्षित होने की रोकथाम के लिए हुए। कुछ अन्य आंदोलन उस प्रहार के प्रति उत्तर में हुए जिसका अभिप्राय भारतीय सांस्कृतिक अथवा धार्मिक व्यक्तित्व को समाप्त करना था। कुछ अन्य आन्दोलन उस सामान्य सुधार परम्परा के प्रतीक थे जो भारतीय समाज मे समय-समय पर होते रहे हैं। ब्रह्म समाज प्रथम प्रकार का आंदोलन था। आर्य समाज और रामकृष्ण मिशन दूसरी प्रकार के आंदोलन तीसरी प्रकार के थे और महाराष्ट्र में हुए 18वीं-19वीं सदी के धर्म तथा समाज सुधार आंदोलन थे। इन तीनों प्रकार के आंदोलनों का वर्णन करेंगे। बंगाल में अंग्रेजीकरण और ईसाई धर्म की ओर आकर्षित होने की भावना को कम करने में ब्रह्म समाज कुछ सफल रही लेकिन यह केवल बंगाल में अंग्रेज पढ़े लिखे व्यक्तियों तक ही सीमित रहा। आर्यसमाज ने भारतीय परंपरा और महान् भारत की कल्पना को अत्यधिक प्रोत्साहित दिया। स्वामी विवेकानंद ने पश्चिमी देशों की अपेक्षा भारत में अध्यात्मिक ज्ञान अधिक विकसित बताया और यह बात अमरीका और यूरोप के अन्य देशों में कहीं। आर्य समाज ने वेदों को समस्त ज्ञान का भंडार बताकर भारत का मस्तिष्क ऊंचा किया। इन दोनों सुधार आंदोलनों का परिणाम भारतीय होने में गौरव पैदा करना हुआ। 18वी-19वीं सदी में हुए महाराष्ट्र में विभिन्न आदोंलनों का ही परिणाम था कि महाराष्ट्र में सामाजिक और धार्मिक प्रश्नों पर ईसाई धर्म और पश्चिम के प्रति आकर्षक बंगाल की भांति नहीं हुआ। महाराष्ट्र में सामाजिक ढ़ाचा अधिक व्यवस्थित था। सरदार गोपाल हरी देशमुख लोकहिंतवादी तथा ज्योतिबा फुले जैसे सुधारकों ने समाज सुधार हिंदू समाज में दलित वर्गों के उत्थान के लिए अंग्रेजी साम्राज्य का स्वागत किया किन्तु विष्णु कृष्ण चिपलंकर, वसुदेव फड़के जैसे सुधारकों ने ईसाई मिशनरियों तथा अंग्रेज शासकों की आलोचना की तथा समाज में दोषों की अपेक्षा विदेशी नियंत्रण को अधिक आपत्तिजनक बताया। इन धर्म सुधार आंदोलनों ने हिंदुओं में आत्मविश्वास तथा अपनी परंपरा के प्रति श्रद्धा प्रोत्साहित की।

कुछ आधुनिक इतिहासकारों ने इन धर्म सुधार आदोंलनों को प्रतिक्रियावादी कहा है तथा सांप्रदायिकता के लिए उत्तरदायी माना है। यह अनुचित है क्योंकि इन सुधारकों के समक्ष समस्या अंग्रेज लेखकों तथा ईसाई मिशनरियों के आपेक्षों से भारतीय समाज को बचाने की थी। ये आक्षेप एक ऐसी हीनता की भावना पैदा कर रहे थे कि विदेशी सत्ता के विरुद्ध संघर्ष करने का साहस ही लुप्त हो रहा था। विश्व के उन देशों में राष्ट्रीयता की भावना जिन्हें विदेशी सत्ता के विरुद्ध संघर्ष करना पड़ा है, अतीत में गौरव ढूंढ़कर ही जागृत हुई है। इसलिए भारत मे भी इस गौरवपूर्ण समय की तलाश हुई। हिंदू धर्म सुधार आंदोलनों ने वैदिक काल अथवा गुप्त काल में यह महानता ढूंढी। उससे भारतीय राष्ट्रीयता के विकास में कोई बाधा नहीं पड़ सकती थी। वेदों में भारतीय राष्ट्र की व्याख्या पर्याप्त दी हुई है और वह वैदिक युग की महानता तथा वैदिक पुनर्रुत्थान का अर्थ सांप्रदायिकता बताना गलत है।

2. प्राचीन इतिहास का पुनः अध्ययन– 19वीं सदी के आरंभ में प्राचीन इतिहास का ज्ञान बहुत कम था। केवल मध्यकालीन तथा 18वीं सदी के इतिहास का कुछ ज्ञान था। पश्चिमी इतिहासकारों ने अतीत के विषय मे ज्ञान प्राप्त करने के लिए विश्व के अन्य देशों की प्राचीन सभ्यताओं का पता लगाया। मिश्र की चित्रात्मक तथा सुमेरिया और बैबिलोनिया की कलाकार लिपियों को इसी समय पढ़ा गया। प्राचीन खरोष्ठी तथा गुप्त लिपि को भी पढ़ा गया और प्राचीन भारतीय सभ्यताओं का पता लगा। उनकी उपलब्धियों तथा महानता के ज्ञान से भारतीय नेताओं को गौरवान्वित होने का अवसर मिला। भारतीय ग़ौरव के विकास से ही अंग्रेज साम्राज्यवादियों और ईसाई के आलोचनात्मक प्रचार का प्रतिकार हो सका। ईसाई मिशनरियों और अंग्रेज लेखकों पैदा ही नहीं हो सकता था और सवैधानिक सुविधाओं की माँग करने से अंग्रेजीकरण, पाश्चात्यकरण ही संभव था। स्वतंत्र प्राप्ति और धर्म निरपेक्ष राज्य की स्थापना के पश्चात् कुछ लेखकों ने समस्त प्राचीन इतिहास में गौरव को ही सांप्रदायिकता का द्योतक मान लिया है। यह राष्ट्रीयता क विकास में एक प्रमुख तत्त्व को भुला देना तथा सांप्रदायिकता के विकास के वास्तविक कारणों की ओर से मुँह मोड़ना है। हिंदुओं में मुसलमानों में सांप्रदायिकता का विकास हुआ है। उस सांप्रदायिकता की आलोचना आवश्यक है लेकिन उसके साथ समस्त प्राचीन संस्कृति, इतिहास आदि में गौरव अनुभव करने को सांप्रदायिकता का सूचक बताना अनैतिहासिक है।

3. साहित्य का विकास–19वीं सदी में क्षेत्रीय भाषाओं के साहित्य का विकास हुआ। इस साहित्य में सामाजिक सुधार तथा राष्ट्रीय भावनाओं की अभिव्यक्ति भी थी। बंगला और हिंदी तथा मराठी साहित्य में भारतीय होने में गौरव, भारत माता के प्रति भक्ति अथवा बंगला भाषी क्षेत्र को एक माता के समान मानना क्षेत्रीयता को प्रोत्साहन अवश्य देता था लेकिन यह क्षेत्रीयता राष्ट्रीयता विरोधी नहीं थी। मराठी साहित्य में शिवाजी के गुणगान तथा उनका मुगलों के विरुद्ध संघर्ष का वर्णन विदेशी सत्ता के विरुद्ध संघर्ष को प्रोत्साहन देने के लिए किया गया। इसी प्रकार हिंदी साहित्य में प्राचीन संस्कृत साहित्य की महानता, वेदों मे वर्णित उपलब्धियों की व्याख्या स्वाभाविक रूप से भारतीय देशप्रेम और गौरव को बढ़ाने मे सहायक हुई। इन क्षेत्रीय भाषाई साहित्यों में भावनात्मक आधार पर जागरण पैदा करने का प्रयत्न किया गया। यह भावनात्मक एकता तथा जागरण राष्ट्रीयता को प्रोत्साहन देने वाली बनी।

बंगला और मराठी भाषाओं में 19वीं सदी के उत्तरार्ध में साहित्य का पर्याप्त विकास हुआ।

इस साहित्य मे जहाँ एक ओर क्षेत्रीयता दिखाई पड़ती है साथ ही उस क्षेत्र के प्रति भक्ति, बलिदान और त्याग की भावना का भी विकास हुआ। यह कल्पना आगे चलकर राष्ट्रीयता में सहायक हुई। राष्ट्रीयता मातृभूमि के साथ लगाव के बिना नहीं पैदा हो सकती थी। भारतीय राष्ट्रीयता प्राचीन समय से सांस्कृतिक एकता पर आधारित थी विभिन्नताएँ यहाँ पहले से विद्यमान थीं और उन विभिन्नताओं को मानते हुए एकता स्थापित थी। राजनीतिक एकता अवश्य इस कल्पना में नहीं थी इसलिए यह भ्रांति बहुत बार पैदा हो जाती है कि राजनीतिक एकता के अभाव में राष्ट्रीयता नही हो सकती। राष्ट्रीयता को राजनीतिक सीमाओं पर आधारित रखना (राष्ट्रीयता राज्यों की कल्पना) अवश्य पश्चिमी देन है। इसलिए राजनीतिक सुविधाओं की माँग करने वाले विचारक अंग्रेजों द्वारा राजनीतिक एकता स्थापित किए जाने को ही राष्ट्रीयता के लिए उत्तरदायी मानते थे। लेकिन वास्तविकता उससे भिन्न है। राष्ट्रीयता की भावना के लिए उन विचारकों का कुछ राष्ट्रीय आदर्शों तथा मूल्यों के लिए सन्निहित होना आवश्यक है।

नेशनल कांग्रेस ने पहले 20 वर्षों में राजनीतिक जागरण अवश्य पैदा किया लेकिन कांग्रेस का सारा ढाचा दो मौलिक कल्पनाओं पर टिका हुआ था- अंगरेज सम्राट के प्रति अटूट भक्ति और भारत का अंग्रेज साम्राज्य का अभिन्न अंग होना। इनमें से कोई भी कल्पना भारतीय राष्ट्रीयता की पर्यायवाची नहीं हो सकता थी। कांग्रेस ने परोक्ष रूप में सभी प्रांतों के नेताओं को एक मंच पर एकत्र करने में सहायता दी। इससे अंतर्क्षेत्रीय संम्पर्क से भारतीय राष्ट्रीयता को बढ़ावा मिला यद्यपि कांग्रेस अपने वार्षिक अधिवेशन में अथवा प्रस्तावों में उसकी अभिव्यक्ति ने कर सकी। कांग्रेस मे पारित प्रस्तावों से ऐसा लगता था कि वह केवल एक वर्ग के स्वार्थों तक ही सीमित हो। राष्ट्रीयता से प्रेरित नेता पहले कांग्रेस में एक छोटे दल के रूप में थे। धीर-धीरे उनका प्रभाव नवयुवकों पर बढ़ता गया और एक प्रभावशाली वर्ग बन जाने पर वे कांग्रेस के बाहर हो गए।

19वीं सदी भारतीय राष्ट्रीयता के सांस्कृति एकता पर आधारित परिकल्पना के प्रमुख राजनीतिक विचारक तथा समर्थक बालगंगाधर तिलक थे।

बाल गंगाधर तिलक 1856-1920

तिलक का जन्म जुलाई, 1856 ई. में रत्नगिरी के एक चितपावन ब्राह्मण परिवार में हुआ। उनके पिता गंगाधर रामचन्द्र तिलक संस्कृत के विद्वान थे। बाल गंगाधर तिलक अपने विद्यार्थी जीवन में ही अपनी स्वतंत्रता, अध्ययन और निडरता के लिए विख्यात थे। 17 वर्ष की आयु में उनका पिता का देहान्त हो गया। 1879 ई. में. तिलक ने डेकन कॉलेज से बी.ए.एल.एल. बी पास किया। कालेज से निकलते समय उन्होंने लोक सेवा और जनहित कार्यों में लगे रहने तथा सरकारी नौकरी न करने का संकल्प किया। सर्वप्रथम एक इंग्लिश स्कूल की स्थापना की। शिक्षा संबंधी प्रयत्नों को व्यक्ति प्रधान न रखकर संस्थागत करने के लिए डेकन एजुकेशन सोसायटी की 1884 ई. में स्थापना की गई। तिलक ने 1881 में दो सामाचार-पत्र 'केसरी' के संपादन का उत्तरदायित्व तिलक के मित्र गोपाल गणेश अगरकर पर और 'मराठा' का संपादन स्वयं तिलक पर था। दोनों में गहरी दोस्ती तथा विचारों की एकता थी। 'केसरी' का लक्ष्य सामान्य लोगों को राजनीतिक शिक्षा प्रदान करना और 'मराठा' का लक्ष्य महाराष्ट्र के लोगों के विचारों को सरकार तथा अन्य प्रांतों तक पहुँचाना था। दोनों समाचार-पत्रों मे निडरता से लेखक अपने विचार

अभिव्यक्ति करते थे।

तिलक का अपने अन्य समकालीन राजनीतिक विचारों से मौलिकता अंतर यह था कि उनके लिए राष्ट्रीयता केवल एक राजनीतिक कल्पना मात्र नहीं थी बल्कि एक ऐसी भावना थी जो उनके लिए समस्त जीवन को प्रभावित किए हुए थी। पश्चिमी सभ्यता तथा संस्कृति ने भारतीय नेताओं के मस्तिष्क पर अपनी प्रधानता की छाप लगा दी थी। तिलक उस प्रधानता को समाप्त करके भारतीय धरोहर और अतीत में गौरव अनुभव कराना चाहते थे। वह पहले नेता थे। जिसने यह बताया कि अंग्रेज आधिपत्य का मूल कारण नैतिक था न कि सैनिक। अंग्रेज नैतिक उच्चता स्वीकार करके भारतवासी अंग्रेज साम्राज्य के साथ सहयोग की नीति अपना लेते थे। तिलक का जीवन भर प्रयत्न अंग्रेज नैतिक उच्चता को उच्चता के मंत्र जाल को तोड़ना रहा। इसी लक्ष्य को पूरा करने के लिए उन्होंने अपने ही साधन तैयार किए जैसे केसरी, मराठा, न्यू इंग्लिश स्कूल, डेकन एजुकेशन सोसायटी आदि। राष्ट्रीयता के प्रति ऐसा उत्साह उन्होंने अपने अनुयाइयों में भर दिया जैसा किसी अनुयाइयों में भर दिया जैसा किसी धर्म प्रचारकों में होता है।

अंग्रेजी चिंतन प्रणाली से मुक्ति प्राप्त करने के लिए भारतीय इतिहास से कुछ ऐसे नायकों का चयन भी आवश्यक था जो भारतीयों को प्रेरणा तथा उत्साह से भर सके। शिवाजी ऐसे नायक थे जिनके औरंगजेब के साथ संघर्ष को एक विदेशी सत्ता के विरुद्ध संघर्ष बताया जा सकता था। तिलक का उद्देश्य भारतीय इतिहास को सांप्रदायिक दृष्टि से देखना नहीं था। यह आपेक्ष लेखकों तथा प्रशासकों ने तिलक पर लगाया। बेलेंटाइन शिरोल, पोवेल प्राइस ने तिलक पर मुस्लिम विरोधी होने का आक्षेप लगाया, इसके विपरीत मौलाना मोहम्मद अली, शौकत अली, जिन्ना जैसे सांप्रदायिक ने तिलक उन्हें राष्ट्रीयता समर्थक बताया है।

तिलक का उद्देश्य महाराष्ट्र के लोगों को जागृत करना था और इस कार्य के लिए शिवाजी से अधिक अच्छा कोई नहीं हो सकता था। इसी प्रकार उन्होंने गणपति उत्सवों को राष्ट्रीयता जगाने में सहायक बनाया। गणपति उत्सव महाराष्ट्र में पहले से प्रचलित था। लेकिन तिलक ने उसको राजनीतिक उपयोग किया। उस अवसर पर राजनीतिक भाषण आदि का आयोजन करके उन लोगों को जो राजनीतिक सम्मेलनों से अलग रहते थे राजनीतिक शिक्षा प्रदान की। यह कार्य 1895 ई. मे आरम्भ किया गया। तिलक के राजनीतिक चिंतन में भी एक विशेषता थी जो अन्य समकालीन विचारकों से भिन्न थी। वह भारतवासियों के लिए केवल प्रशासन से संबद्ध होने का अधिकार नहीं माँगते थे बल्कि यह भारत में स्वराज्य एक अधिकार के रूप में चाहते थे। अंग्रेजों द्वारा सुविधाएँ दिए जाने की अपेक्षा वह अपने देशवासियों की ओर से अधिकारों को प्रस्तुत करना अधिक आवश्यक समझते थे। उनका इस सम्बन्ध में कहा गया वाक्य प्रसिद्ध है–'स्वराज्य मेरा जन्म सिद्ध अधिकार है और मै इसे लेकर रहूंगा।' तिलक के उपरोक्त कार्यों से अंग्रेज से केवल कुछ सुविधाओं की याचना करते थे।

जून, 1897 ई. में पूना में शिवाजी उत्सव कुछ दिनों पश्चात् वहाँ के कलक्टर रेड और अन्य अंग्रेज अधिकारी आयर्स्ट ने तिलक को अंग्रेज विरोधी ठहराया और उन्हें 18 महीने की कड़ी सजा दी। यद्यपि न्यायाधीश ने भी यह स्वीकार किया कि तिलक को कारावास दिए जाने से तिलक की वाणी का महत्त्व और भी अधिक हुआ। स्वतंत्रता तथा अधिकारियों की बात और अधिक लोकप्रिय हुई। तिलक ने अपने लेखों और भाषणों के प्रति अंग्रेज सरकार से क्षमा याचना की।

तिलक ने राष्ट्रीयता के लिए त्याग, बलिदान और कष्ट सहन करने के मार्ग को अधिक लोकप्रिय बनाया।

तिलक पर सांप्रदायिकता को प्रोत्साहन देने का आक्षेप एक अन्य आधार पर भी लगाया जाता है कि उन्होंने गौरक्षिणी सभाओं को प्रोत्साहन दिया। शिरोल ने अपनी पुस्तक 'इंडियन अनरेस्ट' में यह आक्षेप तिलक पर लगाया। शिरोल ने तिलक पर मुकदमा चलाया और शिरोल समस्त सरकारी रिकार्ड की सहायता से भी यह सिद्ध नहीं कर सका कि तिलक ने 1893 ई. के हिंदू-मुस्लिम उपद्रवों में, उसके पूर्व अथवा उसके बाद में, किसी प्रकार से सांप्रदायिकता को प्रोत्साहन दिया।

1906-7 ई. में तिलक ने नए दल के निर्माण तथा गठन में बहुत अधिक सहायता दी। वास्तव में उन्होंने ही सबसे पहले अंग्रेजी साम्राज्य के विरुद्ध शांतिपूर्ण प्रतिरोधक नीति अपनाने की बात कही। तिलक एक ऐसी राष्ट्रीयता को प्रोत्साहन देना चाहते थे जिनका लक्ष्य राजनीतिक था। वह स्वराज्य को भारतीय स्वतंत्रता के लिए आवश्यक समझते थे। 1908-1914 ई. तक तिलक कारावास में रहे। 1914-15 ई. में कुछ प्रयत्न कांग्रेस के दोनों दलों में समझौते के हुए लेकिन कोई विशेष सफलता का विकास हुआ। मुसलमानों में तुर्की के प्रति अंग्रेजी व्यवहार से असंतोष बढ़ा। अधिकांश प्रभावशाली मुस्लिम नेता भी जेल में थे। भारतीय सेना पर अंग्रेज निर्भरता बढ़ रही थी और भारत का औद्यौगिक तथा मध्य शिक्षित वर्ग अंग्रेजी साम्राज्यवादी नीतियों के दुष्परिणामों से दु:खी था वे भी उग्र राष्ट्रीय आंदोलन आरंभ किया। होमरूल अर्थात स्वराज्य का अभिप्राय इस समय अंग्रेज साम्राज्य को समाप्त करना नहीं था। इसका अर्थ था अंग्रेज साम्राज्य के अधीन स्वायत्ता प्राप्त करना। 1919 ई. मे तिलक ने पेरिस शांति सम्मेलन में भारत के भाग लेने के अधिकार तथा विल्सन के आत्मनिर्णय के सिद्धान्त के आधार पर भारत के लिए भी इसी अधिकार की माँग प्रस्तुत की। वह खिलाफत आंदोलन के समर्थक थे। तिलक और ऐनिबेसेंट के होम रूल आंदोलन के अभिप्राय का अंतर दोनों के उस कार्य से स्पष्ट होगा जो 1918 ई. के बाद हट गई और उन्होंने किसी अन्य राजनीतिक रंगमंच से एकदम हट लिया न ही और किसी अन्य राजनीतिक आंदोलन में सक्रिय भाग लिया।

19वीं सदी के अंतिम दशक तथा 20वीं सदी के प्रथम दशकों मे भारतीय राजनीतिक त्रिमूर्ति-बाल, लाल, पाल-में बाल सबसे अधिक प्रभावशाली रहे। उनके प्रभाव का रहस्य यह था कि उन्होंने अपने आदर्शों को स्वयं साकार किया। उनमें अपने लक्ष्यों के प्रति संघर्ष करने का साहस था। उनके समकालीन अन्य महान नेता- रानाडे, गोखले, सुरेंद्रनाथ बनर्जी, अरविन्द्र, विपिचन्द्र पाल, लाला लाजपतराय आदि थे। तिलक उन परोक्ष या प्रत्यक्ष रूप से निर्भर रहते थे सुरेन्द्रनाथ बनर्जी और फिराजशाह मेहता पारिवारिक परिस्थितियों से विवश थे। अरविंद यद्यपि प्रभावशाली वक्ता थे लेकिन राजनीतिक जीवन के संघर्ष को सहन नहीं कर सके। विपिनचंद्र पाल अधिक प्रभावशाली वक्ता थे लेकिन राजनीतिक अनुशासन से कम परिचित थे। लाला लाजपतराय की दृष्टि स्पष्ट थी लेकिन उन्हें भी अधिकांश प्रचार कार्य भारत से बाहर जाकर ही करना पड़ा। तिलक ने अंग्रेजों के विरुद्ध एक धर्म प्रचारक की भांति उत्साह से कार्य किया। उनके कार्यों का उनके जीवन काल में अंग्रेजों ने जान-बूझकर गलत प्रस्तुत किया। वह उनकी देशभक्ति को राजद्रोह मानते थे। इसलिए उनके संबंध में बहुत सी गलत धारणाएँ फैलाते थे।

उग्र राष्ट्रवाद का विकास

19वीं सदी के अंतिम दशक में इंडियन नेशनल कांग्रेस की लोकप्रियता बहुत कम हो चुकी थी। इसका सामान्य जनता पर प्रभाव भी बहुत कम था। वर्ष में एक बार केवल तीन दिन के लिए सम्मिलित होकर कुछ प्रस्तावों के पास कर देने से अधिक इसका कोई कार्य नहीं था। सरकार इसकी माँगों की अनदेखी करती थी लेकिन 1895-1905 ई. के दशक में कुछ घटनाएँ ऐसी हुईं जिन्होंने ने केवल कांग्रेस में एक नया जीवन डाल दिया बल्कि राष्ट्रीय आंदोलन में अंग्रेज विरोधी भावनाओं को प्रोत्साहन दिया। यह प्रोत्साहन इतना अधिक हुआ कि कांग्रेस के दो दल हो गए। अंग्रेज लेखकों ने इस विकास को उग्र राष्ट्रीयता का विकास कहा है। इसमे निम्नलिखित तत्त्व सहायक हुए-

1. कांग्रेसी संवैधानिक आंदोलन की असफलता- सरकार से अधिकारी की माँग करने की कांग्रेसी नीति स्पष्ट रूप से असफल दिखाई पड़ी। 1892 ई. के सुधारों में कोई भी वह सिद्धान्त स्वीकार नहीं किया गया जिस पर कांग्रेस ने 1885 ई. से बल दिया था। केवल भारतीय सदस्यों की संख्या मात्र ही बढ़ाई गई थी। अंग्रेज सरकार की साम्राज्यवादी नीतियों में कोई फेर बदल नही हुआ और न ही प्रजातीय विभेद नीति किसी प्रकार कम होती दिखाई दी। कांग्रेसी आंदोलन की लोकप्रियता भी कम थी लाला लाजपतराय के अनुसार कांग्रेसी नेताओं के कुछ राजनीतिक विचार मात्र थे। इस समय तक त्याग और बलिदान की कल्पना कांग्रेस के अधिकांश राजनीतिक नेताओं मे नहीं थी।

2. कंजरवेंटिव दल की अकुशल प्रशानिक नीति- 1888 से 1905 ई. तक इंग्लैंड में कजरवेंटिक दल की सरकार सत्ताधारी रही। इस अवधि में गवर्नर जनरल तथा अंग्रेज नौकरशाही ने भारतीय के प्रति अविश्वास तथा प्रजातीय विभेद नीति व्यापक रूप से लागू की। लोकसेवा आयोग की रिपोर्ट ने भारतीय क लिए आई.सी. एस. में समानता का तर्क स्वीकार नहीं किया और उनके लिए प्रोविंशियल सिविल सर्विस की स्थापना की। 1896-97 ई. के पश्चात् कई ऐसी घटनाएँ हुई जिनसे प्रशासन का जनता के प्रति क्रूर तथा अमानवीय व्यवहार स्पष्ट हुआ। 1896-97 ई. में बंबई प्रांत में प्लेग के प्रकोप की रोकथाम के लिए अंग्रेज अधिकारियों का भारतीय जीवन प्रणाली की आलोचना तथा लोगों को बलपूर्वक घरों से निकालकर बाहर करना, दो अंग्रेज अधिकारियों की हत्या के लिए नाटू भाइयों को बिना मुकदमा चलाए जेल में बंद रखना तथा तिलक पर मुकदमा चलाकर उन्हें दंड देना इस बात के स्पष्ट उदाहरण थे कि अंग्रेज भारतवासियों को प्रशासन के दोषों का ज्ञान उपलब्ध नहीं होने देना चाहते थे। 1899-1901 ई. के मध्य दो बार अकालग्रस्त क्षेत्रों के राहत कार्यों में अंग्रेज अधिकारियों का औपचारिक दृष्टिकोण अत्यंत कठोर था। अंग्रेज भक्त भारतवासियों का अंग्रेज न्यायाप्रियता तथा ईमानदारी पर विश्वास डगमगाने लगा। प्रजातीय विभेद यहाँ तक बढ़ा कि रुड़की इंजीनियरिंग कालेज में प्रवेश शुद्ध भारतीय के लिए मना कर दिया गया। कर्जन की प्रशासनिक नीतियों का परिणाम विस्फोटक हुआ। उच्च शिक्षा पर सरकारी नियंत्रण स्थापित करने, कलकत्ता कारपोरेशन पर सरकारी प्रभाव बढ़ाने, दिल्ली दरबार पर धन का अपव्यय और बंगाल का विभाजन आदि ऐसी घटनाएँ थी जिन्होंने अंग्रेज प्रशासन की ईमानदारी और उनके भारतीय शुभाकांक्षी होने में अधिकांश शिक्षित वर्ग का विश्वास समाप्त कर दिया।

3. भारत की बढ़ती हुई आर्थिक दरिद्रता- 1870 ई. के पश्चात् ही कुछ भारतीय नेताओं का अंग्रेजी साम्राज्य के आर्थिक परिणामों पर ध्यान आकर्षित होने लगा। धन निष्कासन और आर्थिक शोषण की अंग्रेज नीति सदी के अंत तक अधिक नेता समझने लगे थे। भारतीय कुटीर उद्योगों का विनाश, कृषि पर राजस्व का अत्यधिक बोझ, कृषकों की निर्धनता और सरकार की भारतीयों के लिए नौकरी अथवा उद्योग वृद्धि के अवसर उपलब्ध न होने देना ऐसी समस्याएँ थी जिनसे यह स्पष्ट हो गया कि अंग्रेज शासक केवल भारत से धन कूटकर ले जाने को अधिक महत्त्वपूर्ण मानते थे। 1860 ई. के पश्चात् ही अकालों का प्रकोप बढ़ने लगा। दादाभाई नौरोजी, रमेश चन्द्र दत्त और विलियम डिगवी की पुस्तकों द्वारा अंग्रेज नीति की वास्तविकता स्पष्ट हो रही थी। वास्तविक आर्थिक स्थिति भी इतनी खराब थी। भारतीयों को पूंजी संचय का अवसर ही उपलब्ध नहीं था। प्रभावशाली व्यापारिक प्रतिष्ठान भी अंग्रेजों के नियंत्रण में अवश्य था लेकिन उसके विकास मार्ग में अंग्रेजों ने आयात कर समाप्त करके विभिन्न कठिनाइयाँ खड़ी कर दी थीं। नए मध्यवर्ग के लिए उचित अवसर नहीं थे। सरकारी सेवाओं को मार्ग उनके लिए प्राय: बंद ही था। उस व्यापक आर्थिक कठिन परिस्थितियों में उग्र विचारों का विकास स्वाभाविक ही था।

इन उग्र विचारों के विकास में भारतीय व्यापारियों तथा उद्योगपतियों ने भी सहयोग दिया। इंग्लैंड में बने हुए कपड़े खुले आयात से और भारत मे कपड़ा उद्योग पर लगे उत्पादन कर से यहाँ औद्योगिक विकास बहुत कठिन हो गया था। कांग्रेस ने भी उद्योगों में पूंजी लगाने के लिए भारतीय पूंजीपतियों को प्रोत्साहन दिया। 19वीं सदी के उत्तरार्द्ध में जापान की आर्थिक प्रगति अत्यधिक प्रसंशनीय तथा अनुकरणीय थी। भारत में यह प्रगति केवल इसलिए नहीं हो सकी थी कि यहाँ अंग्रेज नीति का नियंत्रण अत्यधिक था।

4. पश्चिमी सर्वोच्चता की कल्पना का अंत-अंग्रेज इतिहासकारों तथा प्रशासकों ने विभिन्न प्रकार से इस बात पर बल दिया कि भारतीय इतिहास में आक्रान्ता सदा ही सफल रहे। भारतीय पराजय के लिए यहाँ की सामाजिक, धार्मिक, राजनीतिक, सैनिक दुर्बलताओं पर बल दिया गया। साथ ही–जलवायु, जाति, आर्थिक तथा सामाजिक ढाँचे के आधार पर –विभिन्न प्रकार के मतों के प्रतिपादन से पश्चिमी देशों की तुलना में भारतीय हीनता पर ध्यान केंद्रित करके पश्चिमी सर्वोच्चता की कल्पना को व्यापक बनाई गई। जिससे पश्चिमी साम्राज्य सुरक्षित रह सकें। 1896 ई. में एबीसीनिया द्वारा इटली को और 1904-5 ई. में जापान द्वारा रूस को पराजित कर दिए जाने के बाद पश्चिमी सर्वोच्चता की यह कल्पना आरंभ हो गई। कुछ भारतीय नेताओं ने जापान की प्रगति का अध्ययन आरंभ किया। जब जापान जैसा छोटा पूर्वी देश रूस जैसे विशाल पश्चिमी देश को हरा सकता था तब भारत भी उन्हीं आधारों पर चलकर बड़ी सरलता से शक्तिशाली बन सकता था। इसलिए भारत की दुर्बलता वास्तविक नहीं थी।

5. बंगाल विभाजन: 1905- अंग्रेजी साम्राज्यवादी नीति के विरुद्ध असंतोष बंगाल विभाजन के पश्चात् बड़ी सरलता से उग्र रूप धारण कर सका। 19वीं सदी के उत्तरार्द्ध में बंगाल भाषी क्षेत्र को मातृभूमि मानने की कल्पना का विकास हुआ। कर्जन द्वारा किया गया बंगाल विभाजन प्रांतीय नेताओं को प्रशासनिक सीमाओं का फेर बदल न होकर मातृभूमि का विभाजन प्रतीत हुआ। इसलिए विभाजन के विरुद्ध सामान्य बंगालियों की भावनाओं को उत्तेजित किया जा सका। बंगाल की नई पीढ़ी के कुछ युवक अंग्रेजी सत्ता के विरुद्ध सशस्त्र विद्रोह की भी योजना बनाने लगी।

वहाँ के अधिकांश राजनीतिक नेता निश्चित रूप से प्रार्थना-पत्र प्रस्तुत करने को पर्याप्त समझने लगे और उग्र आंदोलन का सूत्रपात हुआ।

5. हिंदू पुनरुत्थान तथा भारतीय महानता से प्रेरणा- राजनीतिक अधिकारों की माँग प्रस्तुत करने वाले अधिकांश नेता पश्चिमी दर्शन, साहित्य, राजनीतिक संस्थाओं की सर्वोच्चता से प्रभावित थे। इसलिए उनका अंग्रेजी साम्राज्य के प्रति दृष्टिकोण विनम्र तथा विनीत था। 19वीं सदी के अंतिम चतुर्थांश में प्राचीन भारतीय सांस्कृतिक महानता हिंदुओं की आध्यात्मिक तथा धार्मिक उपलब्धियों का ज्ञान भारतीय जनता में फैलने लगा। दयानन्द सरस्वती, स्वामी विवेकानन्द, लोकमान्य तिलक, अरविंद घोष आदि ने इस भावना को लोकप्रिय बनाया। भारतीय महानता तथा आत्मस्वाभिमान से प्रेरित नेताओं ने अंग्रेजों के प्रति अत्यधिक विनीत दृष्टिकोण न रखकर उग्र विचार पद्धति के विकास मे सहायता दी।

उग्र दल का विकास सूरत फूट 1907:

कांग्रेस में उग्र विचारधारा के प्रमुख नेता बाल गंगाधर तिलक, लाला लाजपतराय और विपिनचंद्र पाल थे। 1904 ई. तक उग्र और नरम दल सम्मिलित थे। 1905 ई. में कांग्रेस के बनारस अधिवेशन में सबसे पहली बार इन नेताओं ने अपने अनुयाइयों के साथ अलग बैठक की। बंगाल विभाजन अक्टूबर, 1905 ई. में किया गया। फलस्वरूप कांग्रेस अधिवेशन मे सविनय प्रार्थना की पुरानी नीति से असंतुष्ट सदस्यों की संख्या बढ़ती दिखाई दी। स्वदेशी और बायकाट के प्रश्नों पर मतभेद स्पष्ट था। 1906 ई. में प्रिंस आफ वेल्स के भारत आगमन पर स्वागत के संबंधित प्रस्ताव कुछ सदस्यो की अनुपस्थिति में ही पास किया जा सका। तिलक चाहते थे कि सरकार के विरुद्ध शांतिपूर्ण प्रतिरोधक नीति के संबंध में एक प्रस्ताव किया जाए लेकिन न हो सका। फलस्वरूप 1905 ई. की समाप्ति पर इन दो विभिन्न विचारधाराओं के अनुयायियों में मनमुटाव बढ़ता दिखाई पड़ा। 1906 ई. में कलकत्ता कांग्रेस अधिवेशन उग्र पक्ष के लिए शक्ति परीक्षा स्थल बन गया। वे तिलक को कांग्रेस अध्यक्ष बनाना चाहते थे जिसे संवैधानिक नीति के समर्थक स्वीकार नहीं कर सकते थे।

अंत में वृद्ध दादाभाई नौराजी को अध्यक्ष बनाने पर दोनों सहमत हो गए। 1905 ई. में इंग्लैंड में लिबरल दल को निर्वाचन में बहुमत मिल जाने से संवैधानिक पक्ष को अपने कार्यक्रम के सफल होने की अंतिम आशा दिखाई पड़ी। 1906 ई. में बंगाल में स्वदेशी और बायकट (विदेशी कपड़े का बहिष्कार) की नीति जोरों पर रही। कांग्रेस के कलकत्ता अधिवेशन (1906 ई.) में उग्र दल की समस्त नीति अत्यधिक वाद-विवाद के पश्चात् स्वीकृत हुई। 'स्वराज्य', 'स्वदेशी', 'बायकाट' और 'राष्ट्रीय शिक्षा' से संबंधित चार प्रस्ताव पास किए गए। संवैधानिक मत वाले लोग प्रस्ताव पास कर देना मात्र ही पर्याप्त समझते थे। वे इस दिशा में कोई अन्य कार्य नहीं करना चाहते थे। इसलिए उग्र पक्ष की नीति का अनुमोदन भी संतोषप्रद नहीं था दूसरी ओर मिंटो ने उग्र पक्ष को प्रभावशाली न बनने देने के लिए भावी सुधारों के विषय में 'संवैधानिक' पक्ष के नेताओं से विचारों विमर्श आरंभ किया। मोर्ले और गोखले में एक प्रकार का समझौता इंग्लैंड में चुका था। उग्र पक्ष का संवैधानिक पक्ष पर संदेह स्वाभाविक ही था। इसलिए 1907 ई. में कांग्रेस संगठन पर दोनों पक्षों ने अपना प्रभुत्व स्थापित करने का प्रयत्न किया। संवैधानिक पक्ष ने 1906 ई. में पास किए गए प्रस्तावों से पीछे हटना चाहा। इस प्रकार 1907 ई. में आयोजित

कांग्रेस का सूरत अधिवेशन अत्यधिक महत्त्वपूर्ण सिद्ध हुआ।

सूरत में कांग्रेस फूट का मूल कारण यह था कि नरम दल के नेता 1906 ई. में पास किए गए प्रस्तावों को लागू नहीं करना चाहते थे। संभवत: इसके पीछे अंग्रेज सरकार का हाथ था जिससे उग्र पक्ष कांग्रेस से अलग हो जाए। अधिवेशन आरंभ होन के पूर्व तिलक ने अलग संगठन बनाने का सुझाव अस्वीकृत कर दिया। वह 1906 ई. में पास किए हुए कार्यक्रम को लागू करना अथवा आगे बढ़ाना चाहते थे। 1907 ई. के लिए लाजपत राय के स्थान पर रासबिहारी घोष को अध्यक्ष बनाना चाहते थे। अधिवेशन आरंभ होने के पश्चात् तिलक ने मंच पर आकर निर्वाचन के संबंध में कुछ आपत्तियाँ उठानी चाहीं लेकिन उन्हें बोलने की अनुमति नहीं दी गई। इस अवसर पर श्रोताओं में से किसी ने एक जूता सुरेन्द्रनाथ बनर्जी पर फेंका और फिर पंडाल मे अव्यवस्था फैल गई। कुर्सी और मेजों को एक दूसरे पर फेंका गया। कांग्रेस अधिवेशन स्थगित कर दिया गया। यह घटना 24 दिसम्बर, 1907 ई. की थी।

इस घटना के बाद उग्र दल के अनुयाइयों को कांग्रेस से बाहर होना पड़ा। कांग्रेस नरम दल के हाथों में रही। सूरत फूट के लिए सामान्यत: उग्र दल के अनुयाइयों को दोषी ठहराया जाता है लेकिन वास्तव में ऐसा नहीं था। स्वयं रासबिहारी घोष ने अपने अपठित अध्यक्षीय भाषण में उग्र के सदस्यों को कांग्रेस से बाहर जाने का परामर्श दिया था। उग्र विचारों वाले सदस्यों को कांग्रेस से निकल जाने पर विवश किया गया।

उग्र दल की कार्य पद्धति–उग्र दल का विकास उदारवाद के विरुद्ध हुआ। इसलिए उसका संवैधानिक प्रार्थना पत्रों की उपयोगिता में विश्वास नहीं था। वह अंग्रेज साम्राज्य को नैतिकता अथवा न्याय पर आधारित नहीं समझता था इसलिए नैतिक तर्कों का प्रयोग उसे प्रभावित करने में निरर्थक अथवा व्यर्थ था। संवैधानिक तथा नरम नीति के समर्थक उस समय अंग्रेजी साम्राज्य के बाहर भारत की कल्पना नहीं करते थे। उग्र दल के नेता समझते थे कि अंग्रेजी साम्राज्य से सहयोग नैतिक तथा आर्थिक दृष्टि से भारत के लिए हानिकारक था।

संवैधानिक दल की भांति वे अपने कार्य को वर्ष में केवल तीन या चार दिनों तक ही सीमित नहीं रखना चाहते थे। उनके लक्ष्य वर्ष भर प्रभावशाली ढंग से आंदोलन करते रहना था। सामान्य जनता तथा समस्त राष्ट्र को प्रभावशाली आंदोलन से इस प्रकार गठित तथा जागृत किया जाए, उसमें स्वतंत्रता के प्रति ऐसी बलिदान की भावना पैदा की जाए कि शासकों को विवश होकर उसके समक्ष झुकना पड़े। वे अहिंसात्मक प्रतिरोधक(सत्याग्रह) से उस नैतिक प्रभुत्व को तोड़ना चाहते थे। जो अंग्रेज साम्राज्यवादियों द्वारा भारतीयों के ऊपर स्थापित किया हुआ था। वे स्वतंत्रता के प्रति गहरा लगाव पैदा करके देश के लिए त्याग तथा बलिदान की भावना जागृत करना चाहते थे उनको कार्यक्रम केवल सत्याग्रह तक ही सीमित नहीं था बल्कि रचनात्मक भी था। वे स्वदेशी (भारतीय वस्तुओं के प्रयोग) को प्रोत्साहन देना तथा विदेशी वस्तुओं का बायकट करना चाहते थे। वे सरकारी शिक्षा पद्धति का छोड़कर एक अलग राष्ट्रीय शिक्षा पद्धति की स्थापना करना चाहते थे और यदि संभव हो सके तो एक पृथक प्रशासन पद्धति भी स्थापित की जाए जिससे सरकार पर निर्भरता कम हो सके। उनकी यह पृथक योजना सरकार के विरुद्ध थी बल्कि सरकार के नियंत्रण से मुक्त थी। यह मुक्ति ही सरकार के लिए असह्य थी। उग्र दल ने राष्ट्रीय संघर्ष के लिए एक नया लक्ष्य 'स्वराज्य' प्रदान किया।

स्वराज्य तथा स्वदेशी का अर्थ- यद्यपि 'स्वराज्य' शब्द का अंग्रेजी अनुवाद 'सेल्फ गवर्नमेंट' होता है लेकिन उग्र नेताओं (तिलक, अरविंद, विपिनचंद पाल आदि) ने स्वराज्य शब्द का प्रयोग एक विशिष्ट रूप मे किया है। 'स्वराज्य' एक वैदिक शब्द है। इससे एक ऐसी राजनीतिक व्यवस्था की कल्पना की गई है जिसमें जनता का सर्वांगीण विकास हो सकें। मूलतः इस शब्द में 'स्व' पर अधिक बल दिया गया है और इसका अभिप्राय आत्मनियंत्रण, संयम, आत्मनिर्भरता से था। तिलक का कथन, 'स्वराज्य मेरा जन्मसिद्ध अधिकार है' की कल्पना अधिक व्यापक थी और उसमें नैतिक विकास की भी आवश्यकता पर बल दिया गया था। नैतिक विकास भी राजनीतिक परतंत्रता की अवस्था में नहीं हो सकता था। पाश्चात्यकरण भी भारतीयों की स्वतंत्रता (स्वराज्य) में उतना ही बाधक था जितना राजनीतिक नियंत्रण। साधारण नियंत्रण। साधारण परिकल्पना में इसका अभिप्राय केवल राजनीतिक मुक्ति से हुआ। अरविंद ने स्वराज्य का अर्थ उसी प्रकार पूर्ण स्वतंत्रता बताया जिस प्रकार की इंग्लैंड में थी। प्रत्येक राष्ट्र को अपने आदर्शों और स्वभाव के अनुसार अपने जीवन को ढ़ालने का अधिकार होना चाहिए। किसी बाह्य सभ्यता के आधार पर भारतीय जीवन में परिवर्तन केवल देश की परतंत्रता का द्योतक है।

'स्वदेशी' की चर्चा 19वीं सदी के अंतिम चतुर्थांश में भली-भाँति आंरभ हुई। इस समय इसका अभिप्राय देश में बढ़ती हुई निर्धनता को रोकने के लिए देश मे बनी वस्तुओं के प्रयोग से था जिससे देश से धन निष्कासन कम हो और निर्धनता अधिक न बढ़े। 'स्वदेशी' एक आर्थिक परिकल्पना थी। बहुत से राजनीतिक विचारक इसमें दोष ढूंढ़ते थे। तथा इसे अव्यावहारिक भी कहते थे क्योंकि देश में बनी वस्तुएँ महँगी तथा घटिया होती थी, इसलिए सस्ती और अच्छी विदेशी वस्तुओं की अपेक्षा प्रयोग नहीं की जा सकती थीं। 20वीं सदी के प्रथम दशक में स्वदेशी का नारा एक राजनीतिक लक्ष्य की प्राप्ति के लिए दिया गया। बंगाल विभाजन के पश्चात् इंग्लैंड के बने हुए कपड़ें का बहिष्कार करके लंकाशायर और मानचेस्टर के उद्योगपतियों पर दबाव डालकर विभाजन को समाप्त करवाने में सहायता करना इसका आंरभिक लक्ष्य था। शीघ्र ही स्वदेशी वस्तुओं का प्रयोग देशभक्ति के साथ जुड़ गया और स्वदेशी एक राजनीतिक आर्थिक ढ़ाँचे की समर्थक बन गई। स्वदेशी का पूरक पक्ष बायकाट था। जिससे विदेशी वस्तुओं का बहिष्कार किया जाता था।

क्रान्तिकारी तथा आतकंवादी विचारधारा-उग्र राष्ट्रवादियों में एक वर्ग ऐसा भी था जो बलपूर्वक अंग्रेजी साम्राज्य को समाप्त करना चाहता था। इस वर्ग मे भिन्न-भिन्न विचारों वाले कई समूह सम्मिलित थे। यह वर्ग अंग्रेज साम्राज्य को बल तथा धोखे पर आधारित समझता था इसलिए बलपूर्वक षड्यंत्र अथवा सशस्त्र विद्रोह से उसे समाप्त करना उचित मानता था। इस वर्ग कुछ अन्य क्रांतिकारी अंग्रेज प्रशासन को हिंदू धर्म तथा भारतभूमि के विरुद्ध मानते थे। इन विचारकों के समर्थक बंगाल में अधिक थे और बंगाल विभाजन को अपनी मातृभूमि का विभाजन मानते थे। यह वर्ग अंगरेज अधिकारियों की हत्या तथा सरकारी खजाने की लूटमार को अपराध नहीं समझता था। एक अन्य वर्ग अंग्रेजी साम्राज्य का तख्ता ही पलट देना चाहता था। सेना में अंग्रेजी विरोधी प्रचार अथवा विद्रोह एवं संगठित प्रयत्नों द्वारा वे अपना लक्ष्य प्राप्त करना चाहते थे। कुछ लोग स्वतंत्रता प्रेम से इतना अधिक प्रभावित थे कि वे किसी प्रकार के प्रयत्नों को उचित मानते थे।

विभिन्न प्रांतों के क्रान्तिकारी आंदोलन- यह आंदोलन मुख्यत: तीन प्रातों में केंद्रित रहा- बंगाल, महाराष्ट्र तथा पंजाब। बंगाल में यह 1905 ई. के विभाजन के पश्चात् आरंभ हुआ। वरिन्द्र कुमार घोष और भूपेन्द्रदत्त ने 'युगांतर' पत्रिका की स्थापना की। यह पत्र सबसे अधिक क्रान्ति का प्रचारक था। इसी प्रकार की अन्य पत्रिका 'संध्या' व 'नवशक्ति' थीं। अरविंद ने जोशीले लेखों द्वारा राष्ट्रीय प्रयत्नों की अधिक प्रोत्साहन दिया। उनके लेख 'बंदे मातरम' में प्रकाशित होते थे। उन्हें अलीपुर बम मुकदमें के संबंध में बंदी बना लिया गया। बंदी बना लेने से उनके उग्र विचारों में कोई परिवर्तन नही आया। इतना अवश्य हुआ कि वह राजनीतिक से अलग हटकर धार्मिक और सांस्कृतिक एकता पर प्रचार करने लगे। बंगाल के बहुत से नवयुवक फ्रांस और रूस जाकर बम बनाने की विधि सीखने लगे। अक्टूबर, 1907 ई. बंगाल के गर्वनर की गाड़ी को बम से उड़ाने का असफल प्रयास किया गया। अलीपुर बम मुकदमें में सरकारी प्रोसीक्यूटर और पुलिस के डिप्टी सुपरिटेंडेंट की हत्या कर दी गई। वरींद और उनके सहयोगियों का कार्य 'अनुशीलन' के द्वारा चलाया जाता रहा। 1907 से 1917 ई. तक 60 व्यक्तियों से अधिक की हत्या कर दी गई। 100 से अधिक राजनीतिक डकैतियों में सरकारी खजाने अथवा साम्राज्य समर्थक व्यक्तियों को लूटने के प्रयत्न किए गए। हथियारों और बमों को विदेशों से मंगवाया गया। इसी प्रकार की क्रान्तिकारी संस्थाएं तथा घटनाएँ बिहार, उड़ीसा, पंजाब, महाराष्ट्र तथा भारत के अन्य भागों में भी हुई।

विदेशों मे क्रान्तिकारी आंदोलन- अंग्रेज साम्राज्य के निरंकुश नियंत्रण से बचने के लिए क्रान्तिकारी को बहुत बार भारतीय स्वतंत्रता के लिए अपने प्रयत्नों का मुख्य कार्यालय अन्य देशों मे स्थापित करना पड़ा। सबसे पहले लंदन मे श्री श्यामजी कृष्ण वर्मा ने फरवरी, 1905 ई. में इण्डियन होम रूल सोसायटी की स्थापना की। उन्होंने साहसी भारतीय युवकों को आर्थिक सहायता देकर विदेशी मे भ्रमण तथा अनुभव अर्जित करने की प्रेरणा दी, हरदयाल, मदन लाल ढींगरा, विनायक दामोदर सावरकर आदि उनके सहयोगी बने। श्यामजी को अपना कार्यालय शीघ्र ही लंदन से हटाना पड़ा।

अमरीका में गदर आन्दोलन- 19वीं सदी के अन्तिम दशक में पंजाब के किसान काफी संख्या मे संयुक्त राज्य अमरीका में जाकर रहने लगे। वहाँ 2-3 डालर प्रतिदिन मजदूरी मिल जाती थी। भारतीय श्रमिक अपेक्षाकृत सस्ते होने के कारण अमरीकी उनकी सहायता से अमरीकी मजदूरी संगठनों के नियंत्रण से मुक्त हो जाते थे। किन्तु वे उसी कारण सामान्य अमरीकी दृष्टि से अपमानित समझे जाते थे। अमरीका में रहने वाले भारतीय स्वराज्य और स्वदेशी भावनाओं से परिचित थे। अमरीका में उन्हें प्रचार की स्वतंत्रता भी इसलिए अंग्रेज अत्याचारों तथा निरंकुश नौकरशाही के विरुद्ध अमरीका में प्रचार आरम्भ हुआ। 1913 ई. में विभिन्न भारतीयों ने मिलकर सेन फ्रांसिसकों में 1 नवम्बर, 1913 ई. को गदर पार्टी की स्थापना की और एक साप्ताहिक (बाद में मासिक) पत्रिका 'गदर' का प्रकाशन आरम्भ किया। लाला हरदयाल इसके मुख्य कार्य संचालक थे। इस पत्रिका में अंग्रेजी अन्याय और अत्याचार का खुला वर्णन होता था। इससे एक ओर अंग्रेजों के विरुद्ध प्रचार होता था। तथा दूसरी ओर भारतीय नागरिकों को स्वतंत्रता प्राप्त करने के लिए प्रेरणा मिलती थी। भारत मे अंग्रेजी अत्याचारों का अन्तर्राष्ट्रीय प्रचार इसके माध्यम से हुआ।

प्रथम विश्व युद्ध काल में क्रान्तिकारी गतिविधियाँ- क्रांतिकारी को प्रथम विश्व युद्ध एक स्वर्ण अवसर प्रतीत हुआ। उन्हें जर्मनी (इंग्लैण्ड के शत्रु) से सहायता की आशा प्रतीत हुई। इंग्लैंड की कठिनाई से लाभ उठाने का भी यह अच्छा अवसर था। जर्मनी भी सहायता देने के लिए उत्सुक था, क्योंकि भारत के विद्रोह का इंग्लैंड की सैनिक शक्ति पर प्रभाव निश्चित ही था। उसका दृष्टिकोण भारतीय आंदोलन के प्रति सहानुभूति न होकर इंग्लैंड से शत्रुता का परिणाम था। जर्मनी में एक 'इंडियन इंडिपेंडेंस कमेटी' की स्थापना की गई। भारतीय क्रांतिकारियों को अस्त्र-शस्त्र पहुँचाना तथा आर्थिक सहायता देना इस संस्था का मुख्य कार्य था। अमरीका में गदर पार्टी भी काफी प्रयत्नशील रही।

बंगाल विभाजन को 1911 ई. में रद्द कर दिए जाने के पश्चात् वहाँ क्रांतिकारी घटनाएँ बहुत कम हो गई। तुर्की के युद्ध में अंग्रेजों के विरुद्ध हो जाने तथा तुर्की के सुल्तान द्वारा खिलाफत की सुरक्षा के लिए मुसलमानों से सहायता की प्रार्थना करने पर तथा पंजाबियों के अमरीका से लौटने पर अंग्रेज विरोधी भावनाएँ वहाँ अत्यधिक व्यापक हुई। मौलवी उबैदुल्ला सिंधी, मौलाना महमूद हसन का योगदान उल्लेखनीय था। उबैदुल्ला द्वारा कुछ पत्र महमूद हसन को लिखे गए। ये पत्र पीली सिल्क पर फारसी में लिखे गए और पकड़े जाने पर 'सिल्क पेपर्स षड्यंत्र' समाप्त हुआ। इसी प्रकार अमरीका से लौटे हुए पंजाबियों ने भी सशस्त्र विद्रोह की योजना बनाई लेकिन एक कार्यकर्त्ता ने गुप्त सूचना दे दी और वह षड्यंत्र अधूरा ही रह गया।

क्रांतिकारियों की असफलता- सशस्त्र प्रयत्नों अथवा बलपूर्वक अंग्रेजी साम्राज्य को पलटने के भारतीय क्रान्तिकारियों के प्रयत्न सामान्यत: असफल रहे। इन प्रयत्नों की असफलता के कई कारण थे। भारतीय समुदाय के अत्यन्त छोटे वर्ग ने ही इस प्रकार के प्रयत्नों का समर्थन किया। अधिकांश प्रतिष्ठित व्यक्तियों ने इस प्रकार के प्रयत्नों को आलोचानात्मक दृष्टि से देखा। विभिन्न प्रांतों के क्रान्तिकारियों ने कोई संगठित प्रयत्न नहीं किए। सरकार ने दमनकारी नीति, खुफिया विभाग तथा क्रान्तिकारियों में से ही किसी एक की सहायता से विभिन्न प्रयत्नों को समय से पूर्व समाप्त कर दिया।

महत्त्व- अंग्रेज इतिहासकारों, कांग्रेस समर्थकों तथा प्रतिष्ठित वर्गों की व्यापक आलोचना के कारण क्रांन्तिकारियों के प्रयत्नों का महत्त्व ठीक तरह से नहीं आका जाता है। व्यक्तिगत प्रयत्नों की निरर्थकता, युवक वर्गों का भावनाओं से प्रेरित होना तथा सशस्त्र विद्रोह का अनैतिक होना आदि तर्क प्रस्तुत करके इन क्रान्तिकारियों के योगदान को नगण्य बताया जाता है। इसमें संदेह नहीं कि क्रान्तिकारी अपने लक्ष्य को प्राप्त करने से असफल रहे, गाँधीजी के नेतृत्व में अहिंसात्मक आंदोलन की कालांतर में सफलता से सशस्त्र प्रयत्नों की ओर अधिक आलोचना होती रही है, लेकिन कुछ तथ्य ध्यान में रखने चाहिए। 1906 ई. के पश्चात् अंग्रेज सरकार ने कांग्रेसी तथा अन्य नेताओं की बात को अपेक्षाकृत अधिक ध्यान से सुना, यह इसीलिए संभव हो सका क्योंकि अंग्रेजी सशस्त्र विद्रोह की भावना तथा आंदोलन की वृद्धि को रोकना चाहते थे। दूसरे राष्ट्रीय स्मृति मे शहीदों का स्थान उन लोगों को प्राप्त हुआ जिन्होंने अंग्रेजों के विरुद्ध असफल सशस्त्र प्रयास किया। प्रसिद्ध भारतीय नेताओं -तिलक, अरविंद, लाजपत राय, अश्विनी कुमार दत्त- ने प्रत्यक्ष अथवा परोक्ष रूप से क्रान्तिकारियों का समर्थन किया। आयरलैंड, इटली, रूस में व्यक्तिगत तथा समुदायिक सशस्त्र प्रयत्न विदेशी अथवा निरंकुश सत्ता के विरुद्ध किए गए। क्रान्तिकारियों ने देश प्रेम के लिए त्याग और बलिदान का उज्ज्वल उदाहरण समस्त जनता

के समक्ष प्रस्तुत किया। त्याग की यह भावना ही अन्तत: अहिंसात्मक आंदोलन की सफलता के लिए उत्तरदायी हुई। स्वयं इंग्लैंड मे भी सशस्त्र विद्रोह और गृह युद्ध के पश्चात् ही 1688 ई. की रक्तहीन क्रान्ति संभव हो सकी थी। 1832 ई. के सुधार अधिनियम के पूर्व भी इंग्लैंड में विद्रोह की संभावना थी। इसलिए सशस्त्र प्रयत्नों को निष्फल कहना ठीक नहीं है।

उग्र दल के तीन प्रमुख नेता थे जो लाल-बाल-पाल की त्रिमूर्ति से जाने जाते हैं। बालगंगाधर तिलक के संबंध मे हम पहले ही वर्णन कर चुके हैं। वह अपनी लोकप्रियता के कारण लोकमान्य कहलाए गए। दूसरे प्रमुख नेता लाला लाजपतराय बिपिनचंद्र पाल थे।

लाल लाजपत राय 1865-1928: राष्ट्रीय आंदोलन में पंजाब के सबसे प्रसिद्ध नेता लाजपत राय थे। उनका जन्म लुधियाना जिले में जनवरी, 1865 ई. में हुआ। 1886 ई. में उन्होंने कांग्रेस आरम्भ की और 1892 ई. में वह लाहौर आ गए। 1888 ई. में उन्होंने कांग्रेस में भाग लेना आरम्भ किया। उन्होंने सर सैयद के कांग्रेस विरोध की आलोचना की और इसे उनके विचारों में अन्तर्विरोध बताया। 1899 ई. के पश्चात् कांग्रेसी विचारधारा और कार्य पद्धति से लाला लाजपत राय को असन्तोष हुए और उन्होंने इसकी आलोचना की। 1905 ई. में कांग्रेस के शिष्टमंडल का सदस्य बनाकर उन्हें इंग्लैंड भेजा गया। 1905 ई. के वार्षिक अधिवेशन में उन्होने कांग्रेस के दो दलों में समझौता कराने का प्रयत्न किया लेकिन नरम दल के नेता सहमत नही हुए।

1907 ई. में उन्हें पंजाब मे असंतोष बढ़ाने के आरापों मे बंदी बना लिया गया। लेकिन शीघ्र ही सरकार ने उन्हें छोड़ दिया। 1914 ई. में वह इंग्लैंड और अमरीका गए और वहाँ **'होम रूल'** आंदोलन का प्रचार और समर्थन किया। सितम्बर, 1920 ई. में उन्होंने कांग्रेस के विशिष्ट अधिवेशन की अध्यक्षता की जिसमें असहयोग सम्बन्धी प्रस्ताव पास किया गया। लेकिन शीघ्र ही वह गाँधीजी की अहिंसात्मक कार्य पद्धति तथा राजनीतिक विचार प्रणाली से असहमत हो गए। 1925 ई. में वह केन्द्रीय विधान सभा में स्वराज्य दल के उपनेता निर्वाचित हुए। बाद में उन्होंने नेशनलिस्ट दल की स्थापना की। 30 अक्टूबर, 1928 ई. में उनकी मृत्यु हो गई।

अपने राजनीतिक विचारों में लाला लाजपतराय नई पीढ़ी का प्रतिनिधित्व करते थे। वह अंग्रेज प्रशासन के आलोचक थे तथा कांग्रेस को अंग्रेज साम्राज्य की सुरक्षा के लिए अंग्रेजों द्वारा स्थापित की गई एक संस्था मानते थे। इसलिए वह भारतीय स्वतंत्रता प्राप्त कर सकने में उस संस्था को पूर्णरूप से अपर्याप्त मानते थे। उनका कथन था कि कांग्रेस की उत्पत्ति ही राष्ट्रीयता के समर्थकों की दृष्टि मे उसे निंदनीय बना देती है। 1916 ई. में पहली बार उन्होंने 'यंग इंडिया' पुस्तक की रचना की, जिसमें इंडियन नेशनल क्राग्रेस को राष्ट्रीय आंदोलन का द्योतक नहीं बताया। कांग्रेस की जितनी आलोचना 1916 ई. में लालापत राय ने की उससे अधिक सम्भव नहीं है। कांग्रेस आंदोलन मूलत: इसलिए असफल रहा, क्योंकि वह न तो जन आंदोलन था। और न लोगों का उसमे विश्वास था। 1905 ई. तक कांग्रेस की माँगों पर कोई ध्यान नहीं दिया गया। 1906 ई. में 'सेल्फ गवर्नमेट' का लक्ष्य अपनाने और देना आरम्भ किया जिससे वह दल जो सरकार सुविधाओं की याचना करता था। सरकार की ओर मिला रहे।

लाजपत राय राष्ट्रीय आंदोलन को जन-आंदोलन बनाना चाहते थे। इस कार्य के लिए कुछ राष्ट्रीय नायकों तथा शहीदों की आवश्यकता समझते थे। यद्यपि वह आर्य समाज से प्रभावित थे लेकिन वह हिंदुत्व को भारतीय राष्ट्रीयता में मिला देना चाहते थे। वह सुविधाओं के स्थान पर

अधिकार चाहते थे। इसलिए लोगों में पद प्राप्त करने की लालसा के स्थान पर त्याग करने की भावना जागृत करना चाहते थे। लाजपत राय पहले नेता थे जो समाजवादी विचार से प्रभावित थे। 1920 ई. में इंडियन ट्रेड यूनियन कांग्रेस के पहले अध्यक्ष के रूप में उन्होंने इस बात का प्रयत्न किया कि भारतीय मजदूर संगठन का अन्तर्राष्ट्रीय मजदूर संघ के साथ संबद्ध कर दिया जाए। उनका अंग्रेजी लिबरल दल पर विश्वास नहीं थी बल्कि वे लेबर दल पर अधिक विश्वास करते थे। उनका अंगरेजी साम्राज्य को विरोध कुछ अंशों में इसलिए भी था कि वह अंग्रेज पूंजीपतियों और साम्राज्यवादियों को विश्व शोषण के लिए उत्तरदायी मानते थे। रूसी साम्यवादियों की नीतियों के प्रति उनके मन में कोई आकर्षण नहीं था। रूस में बोलशेविक क्रान्ति हो जाने से वह इस बात को अधिक आवश्यक मानते थे कि भारत में निरंकुश प्रशासन के स्थान पर प्रजातंत्र स्थापित हो।

लाजपत राय आर्य समाज और हिंदू महासभा के एक प्रमुख नेता थे। सांप्रदायिक निर्वाचन-पद्धति को वह भारत के लिए हितकर नहीं मानते थे। हिंदू महासभा का अध्यक्षीय भाषण देते हुए वह हिदू और मुसलमानों में सद्भावना को बढ़ावा चाहते थे। वह उन कुछ नेताओं मे से थे जो त्याग तथा कष्ट सहन करने को राष्ट्रीय स्वतंत्रता के लिए आवश्यक मानते थे। वह अत्यन्त स्पष्ट वक्ता तथा राजनीतिक परिस्थितियों के कुशल पारखी थे तथा त्याग और बलिदान की मूर्ति थे। वह पहले नेता थे जिन्होंने समाजवाद, पूंजीवाद और श्रमिकों के संगठन की समस्याओं पर अपने विचार प्रकट किए। मरने से कुछ सप्ताह पूर्व ही हिंदू महासभा के अधिवेशन में उन्होंने यह विचार व्यक्त किए थे कि भारत में हिंदू राज्य अथवा मुस्लिम राज्य का नारा लगाना शरारतपूर्ण कार्य है। देश में प्रजातंत्र की स्थापना ही ठीक है, जिसमें हिंदू, मुसलमान तथा अन्य संप्रदायों के लोग भारतीयों की भाँति न कि किसी धार्मिक सम्प्रदाय के सदस्य की भाँति भाग लें।

विपिनचंद पाल 1885-1932

उग्र नेताओं की त्रिमूर्ति मे तीसरे नेता बिपिनचंद्र पाल थे। उनकी अत्यधिक लोकप्रियता बहुत थोड़े समय तक रही। 1904 ई. के पूर्व पाल एक उदारवादी नरम दल के सदस्य थे। लेकिन 1904-8 ई. के मध्य बंगाल में स्वदेशी आंदोलन के वह प्रमुख संचालन और बंगाल में उग्र विचारों के प्रमुख नेता थे। अगस्त 1908 ई. में पाल इंग्लैंड गए और वहाँ से लौटने पर उनके विचारों में परिवर्तन स्पष्ट दिखाई पड़ने लगा। जहाँ वह पहले 'स्वराज्य' के समर्थक थे। 1908 ई. के पश्चात् वह अंग्रेजी साम्राज्य में रहकर ही भारत की कल्पना करने लगे। समय के व्यतीत होने के साथ-साथ वह नरम विचारों के होते गए। उन्हें 1906 में अहिंसात्मक प्रतिरोध की नीति का संस्थापक कहा जाता है। लेकिन 1920 ई. में गांधीजी के असहयोग आंदोलन का वह समर्थन नहीं कर सके। पाल द्वारा अहिंसात्मक आंदोलन समर्थन अहिंसा के प्रति किसी आकर्षण के कारण नही था। वह नीति केवल भारतीय परिस्थितियों को देखकर ही उचित ठहराई गई थी। इसलिए वह गाँधीजी के सैद्धांतिक रूप से अहिंसात्मक आंदोलन के साथ सहमत नहीं हो सके। 1906 ई. में स्वदेशी, बायकट और राष्ट्रीय शिक्षा के संबंध में पास किए गए प्रस्तावों में पाल का काफी योगदान रहा। लेकिन उनका राष्ट्रीय आंदोलन में प्रभाव बहुत घटता गया और अपने अंतिम दिनों में वह एक अत्यन्त नरम विचारों के व्यक्ति बन गए।

भारतीय आन्दोलन का विकास

"....कांग्रेस की स्थापना 1885 के पहले कुछ वर्षों से देश में चल रहे राजनीतिक कार्यकलाप और गतिविधियों की स्वाभाविक परिणति थी।"

कुछ ब्रिटिश उपनिवेशवादी भारत को एक राष्ट्र नहीं मानते थे। जॉन सीले ने कहा था कि "भारत कोई एक राजनीतिक नाम नहीं है, केवल एक भौगोलिक अभिव्यक्ति है।" जॉन स्टेंची के अनुसार, "भारत के विषय में यह समझ लेना आवश्यक है कि यह कोई देश है और न पहले कभी था।" सम्भवत: उन्नीसवीं सदी का भारत राष्ट्र की आधुनिक परिभाषाओं के अनुकूल न रहा हो किन्तु इस देश में सदैव से मूलभूत एकता रही है। विपिन चंद्र के मत में उस समय भी भारत में वे सभी तत्व मौजूद थे जिनके आधार पर आधुनिक अर्थों में किसी राष्ट्र का निर्माण होता है। लेकिन यह मानना पड़ेगा कि ब्रिटिश शासकों ने बहुत हद तक इन संभावनाओं को बढ़ावा दिया था- परोक्ष रूप में राष्ट्रीयता का उदय इनकी सहायता से और भी जोर पकड़ता गया।

अंग्रेजों का यह दावा भी गलत है कि भारतीय राष्ट्रवाद अंग्रेजी शासन की देन है। भारत पर अंग्रेज या किसी अन्य विदेशी शक्ति का शासन होता या नहीं, राष्ट्रवाद और राष्ट्रीय आन्दोन का जन्म अवश्य होता। आधुनिक युग में राष्ट्रीयता और लोकतांत्रिक व्यवस्था की जड़े ब्रिटेन के अलावा कई अन्य राष्ट्रों में भी फैली हैं, अत: इसे अकेले ब्रिटेन की देन नहीं माना जा सकता। फिर भी हमें यह मानना पड़ेगा कि ब्रिटिश शासन के आधारभूत औपनिवेशिक स्वरूप और भारतीय जनता के जीवन पर उसे विनाशकारी प्रभाव ने भारत में एक शक्तिशाली साम्राज्यवादी विरोधी आन्दोलन को जन्म दिया तथा उसे विकसित भी किया। शोषण के विरुद्ध किए गये प्रत्येक आन्दोलन को राष्ट्रीय आन्दोलन माना जा सकता है क्योंकि इसमें समाज के विभिन्न वर्ग भाग लेते हैं। यद्यपि इन विभिन्न वर्गों ने भिन्न-भिन्न कारणों से साम्राज्यवाद का विरोध किया किन्तु वे अपने मतभेदों को भुलाकर एक सूत्र में बँध गये थे। ऐसे विरोध आन्दोलनों में जनता, आदि निवासियों और कृषकों के विद्रोहों व आन्दोलनों को भी सम्मिलित किया जा सकता है। बंगाल में ब्रिटिश राज्य की स्थापना के तुरन्त बाद से ही ऐसे आन्दोलन आरम्भ हुए और समय-समय पर होते रहे। इनकी पराकाष्ठा हमें 1857 के विद्रोह में देखने को मिलती है। इसमें सहस्त्रों सैनिको, कृषकों और कारीगरों ने भाग लिया।

विपिन चन्द्र के मत में उन्नीसवीं शताब्दी के उत्तरार्द्ध में राजनीतिक चेतना को विकसित होते तथा उसे एक राष्ट्रीय आन्दोलन में परिणित होते देखा। ब्रिटिश भारत के अनेक नगरों में स्थापित संस्थाओं ने स्मरण पत्रों व अपीलों के माध्यम से जनता की माँगों को सरकार के सम्मुख प्रस्तुत किया। अन्त में 1885 ई. में इण्डियन नेशनल कांग्रेस की स्थापना हुई। ए.आर. देसाई के मत में भारतीय राष्ट्रवाद का आविर्भाव राजनीतिक पराधीनता के काल में हुआ जबकि अधिकांश पश्चिमी देशों में राष्ट्रीयता का उदय स्वतंत्र देशों में हुआ। यहाँ यह भी बता देना उचित है कि यह चेतना धीरे-धीरे जागृत हुई। यह एक लम्बी व लगातार चलने वाली प्रक्रिया थी। इस सन्दर्भ में हम यह भी कह सकते है कि प्राचीन व मध्ययुगीन भारत में धार्मिक क्षेत्र में विचारधारा की एक एकता की चेतना दृष्टिगोचर होती है किन्तु राजनीतिक तथा आर्थिक एकता की चेतना आधुनिक युग मे ही दिखाई देती है। रमेश चन्द्र मजूमदार के मत में "भारत की एकता की भावना प्राचीन साहित्य में ही मिलती थी और उत्पत्ति रूप में आधुनिक काल में भी किन्तु 19वीं शताब्दी के

सातवें और आठवें दशक के पूर्व यह वास्तविक नीतियों में वस्तुतः लागू नहीं थी।''

भारतीय राष्ट्रीय आन्दोलन के उदय के कारण

1. भारत का राजनीतिक व प्रशासकीय एकीकरण-प्राचीन काल से ही भारत में मौलिक एकता की भावना होते हुए भी प्रायः राजनीतिक एकता का अभाव रहा है। प्रथम बार अंग्रेजों ने प्रत्यक्ष व अप्रत्यक्ष रूप से समस्त देश पर अपना नियन्त्रण स्थापित किया। उन्होंने ब्रिटिश शासित प्रदेशों में समान व्यवस्था प्रचलित की तथा देशी राज्यों को भी इस सम्बन्ध में समय-समय पर आवश्यक निर्देश दिये। पाश्चात्य शिक्षा, यातायात व संचार के साधनों के विकास, शान्ति व सुव्यवस्था की स्थापना, मुद्र की एकता, समान दण्ड व्यवस्था तथा समान करों ने राजनीतिक एकता को दृढ़ किया।

2. पाश्चात्य विचारों तथा शिक्षा का प्रभाव-विलियम बैंटिक के काल में अंग्रेजी भाषा को शिक्षा का माध्यम बनाया गया। यद्यपि मैकाले का उद्देश्य भारतीयों को विचार, शब्द और मस्तिष्क से अंग्रेज बनाकर एक स्वामिभक्त वर्ग को जन्म देना तथा प्रशासनिक पदों के लिए अंग्रेजी बढ़े लिखे बाबुओं को तैयार करना था किन्तु पाश्चात्य शिक्षा के प्रभाव से भारतीयों में राष्ट्रीय चेताना भी जागृत हुई। इसने भारत के बुद्धिजीवियों को पाश्चात्य विचारधारा से परिचित कराया। वे रूसो, पेन, जान स्टूअर्ट मिल, वाल्टेयर और बेन्थम आदि पाश्चात्य विचारकों से अत्यन्त प्रभावित हुए। मैजिनी और गेरीबाल्डी जैसे राष्ट्रीय नेतों ने उन्हें अपने आदर्शों व उपलब्धियों से प्रेरित किया। फ्रांसीसी क्रांति व उसके बाद हुए राष्ट्रीय आन्दोलनों के अध्ययन ने पढ़े लिखे भारतीयों को को विदेशी शासन से होनी वाली हानियों से परिचित कराया। अंग्रेजी भाषा भारत के विभिन्न प्रदेशों के निवासियों के मध्य एक सम्पर्क भाषा के रूप में भीउपयोगी सिद्ध हुर्द। यद्यपि इसके पहले भी संस्कृत व फारसी द्वारा भारत के विभिन्न भागों में रहने वाले निवासी विचारों का आदान प्रदान कर सकते थे किन्तु अंग्रेजी भाषा ने इस प्रकार के विचार विनिमय को पहले की अपेक्षा अधिक सुलभ बना दिया।

इसके साथ-साथ अंग्रेजी भाषा के माध्यम से भारतीयों का विश्व के अनेक देशों की जनता से सम्पर्क स्थापित हुआ। विदेशों में जाने वाले भारतीय यूरोप के स्वतंत्र वातावरण से अत्यन्त प्रभावित हुए। भारत के स्कूलों व कॉलेजो में समान पाठ्य क्रम ने अंग्रेजी पढ़ने वाले भारतीयों में एकता की भावना को विकसित किया। निष्कर्ष के रूप में हम यह कह सकते हैं कि अंग्रेजों के न चाहते हुए भी पाश्चात्य शिक्षा भारत में राष्ट्रीय चेतना को जागृत करने में एक महत्त्वपूर्ण प्रेरक तत्व सिद्ध हुई। किन्तु यहाँ पर यह भी बात देना उचित होगा कि अंग्रेजी की आर्थिक नीतियों, भारतीयों के साथ भेद भाव का व्यवहार तथा अन्य कारणों से क्षुब्ध होकर भारतीय अवश्य अपना असंतोष व्यक्त करते। वास्तव में राष्ट्रीय चेतना का विकास आधुनिक विचारों का अनिवार्य परिणाम है। चीन, इंडोनेशिया तथा अफ्रीका के देशों में स्कूलों व कॉलेजों की संख्या भारत की अपेक्षा बहुत कम होने पर भी राष्ट्रीयता का प्रसार हुआ।

□□□